U0925001

张建设 / 摄

民国史巨子

——张宪文教授学术生涯纪传

主　编／陈谦平　陈红民

编　委／李继锋　齐春风
姜良芹　薛　恒

南京大学出版社

序

著名学者张宪文教授在南京大学学习工作已经有六十多年了，为推动我校历史学科的发展作出了重要贡献。

张宪文教授1934年10月生于山东泰安，1954年考入南京大学历史学系，1958年毕业后留校任教至今。他历任南京大学历史研究所所长、历史学系主任、教育部高等学校历史学科教学指导委员会委员。虽然已近耄耋之年，但他始终以极大的热情活跃在学术舞台上，担任教育部人文社科重点研究基地南京大学中华民国史研究中心主任、中国现代史学会名誉会长、中国近现代史史料学学会名誉会长、南京历史学会名誉会长、南京中华民国史研究会名誉会长、南京档案学会名誉理事长等多项职务，至今仍在学术道路上孜孜求索、笔耕不辍。他先后独立完成或主编了《中华民国史纲》、《中国现代史史料学》、《抗日战争的正面战场》、《蒋介石全传》、《中国抗日战争史（1931～1945）》、《中华民国史大辞典》、《中华民国史》、《南京大屠杀史料集》、《南京大屠杀全史》等一系列具有广泛影响的学术著作。2013年，张宪文教授荣获中华全国总工会授予的“全国五一劳动奖章”，并入选江苏省委、省政府评选的首届“江苏社科名家”。

在长达六十年的学术生涯中，张宪文教授潜心治学、精心育人。早在改革开放初期，张宪文教授就在国内高校中率先开展中华民国史的研究，由其主编或撰写的一系列著作构建了民国史研究的基本轮廓。他积极推动学术交流与科研合作，创建了南京大学中华民国史研究中心，并使之逐步发展成为南京大学文科学术建设的一面旗帜。同时，他探索并形成了“名家＋团队”的运作模式，打造了一支以南京大学中华民国史研究中心为核心、汇聚海内外知名学者的民国史研究团队，被学界誉为中华民国史研究领域的“南京学派”。

值得一提的是，张宪文教授秉承中国历史学研究的优良传统，坚持真理、维护正义，表现出较强的学术责任感。为了还原历史真相、捍卫历史尊严，他毅然承担起南京大屠杀史料搜集整理的重任。在他的擘划下，南京地区数十位学者通力合作，远赴台港和世界各地，对南京大屠杀史料进行全面系统的搜集整理，以无可辩驳的史料，展示了侵华日军实施南京大屠杀暴行的铁证。在此基础上，他又率领研究团队撰写并出版了我国首部南京大屠杀“全史”，坚持从客观历史事实出发，对南京大屠杀历史作出科学判断，不仅有利于进一步澄清历史事实，驳斥日本右翼势力的谬论邪说，而且为促进中华民族乃至人类文明进步的正义事业作出了积极贡献。

作为一位历史学家，张宪文教授数十年如一日，始终以严守师道、作育英才为己任。他以言传道、以行垂范，奖掖后学、诲人不倦，先后培养硕士、博士研究生和进修学者近百名，其中不少已经在各自的学术领域崭露头角，成为推动相关领域学术发展的重要力量。

南京大学是张宪文教授学术之路的起点，他的毕生精力也奉献于此。作为一所历史悠久、底蕴深厚的高等学府，南京大学在 110 余年的办学历程中，坚持以国家富强、民族复兴为己任，为传承和发扬中华民族优秀传统文化而努力奋斗。跨入新世纪以来，南京大学哲学社会科学研究坚持“顶天立地”战略，积极打造“南京大学学派”，涌现出一批具有高显示度、高影响力的哲学社会科学研究成果，形成了一批具有南京大学特色的大型文科研究集群，有力促进了我国哲学社会科学的大繁荣、大发展。

教师是高校办学发展的骨干力量，南京大学今天的办学成就离不开全体教师的辛勤工作、无私奉献，张宪文教授就是其中的代表之一。在张宪文教授八十岁寿辰来临之际，记录其一生学术踪迹的《民国史巨子》一书即将付梓出版。我相信，张宪文教授的治学精神将会激励更多的年轻学人不断进取，努力取得更多一流的学术成就。

是为序。

洪银兴

2013 年 9 月 20 日于南京大学

目 次

一 / 学术身影

在娴静贤淑母亲的怀抱中，戴着荷花帽的宪文师，表情生动可人。

孩子与母亲。一袭长衫，年方 8 岁的宪文师（左一）呈标准的民国范。

中学时代的宪文师，端正庄敬。

英气逼人的宪文师（中）与中学同学合影。

中学时，宪文师（左一）擅长体操，杠上高难英姿，令人惊叹。1953年摄于青岛训练时。

山东省运动会上，宪文师脱颖而出，入选山东队，参加华东六省一市体育运动会。

1954年，考入南京大学历史系。宪文师（前排右一）和同学们在南大校门（原金陵大学校门）前合影。

历史系同学表演歌舞剧跑马灯，宪文师闪耀亮相，裹着头巾，举着“恭贺新禧”的条幅。

宪文师大学期间对考古情有独钟。图为他（左一）参与发掘南京市北阴阳营新石器时代晚期遗址的情景。

2008年，宪文师（后排左一）与历史系1954级同学在毕业五十年聚会时的合影。毕业时风华正茂，相聚已满头华发。

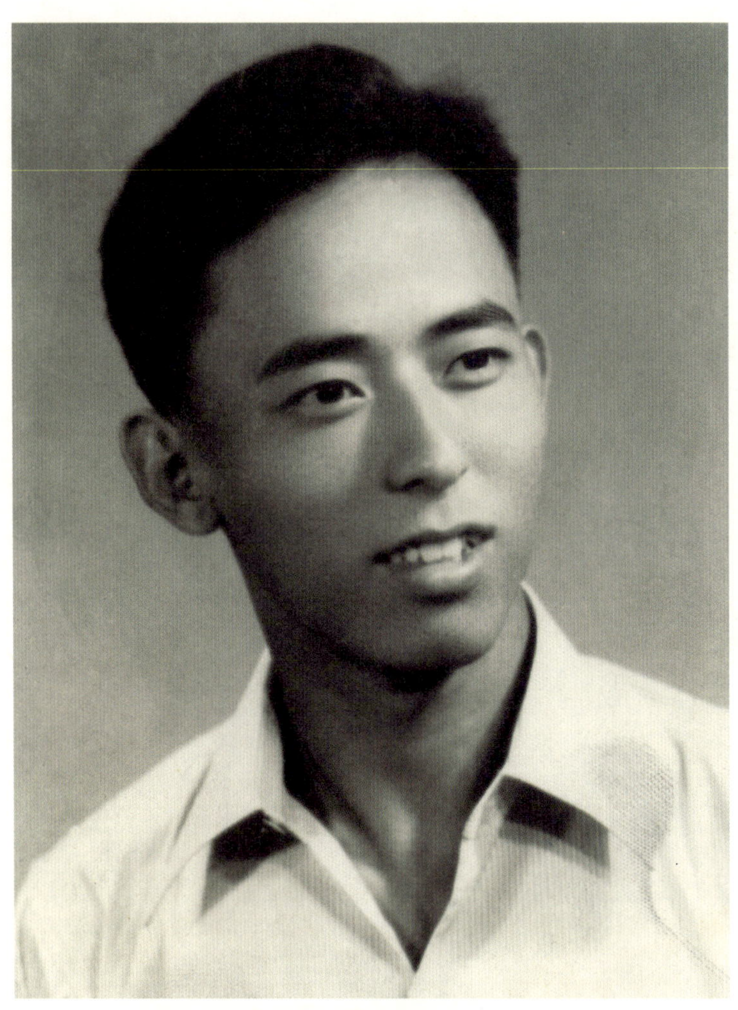

留校之初的他，活力四射，满面春风。

稀见！宪文师（黑板前）初登讲台前试讲的场景。前排右二为系主任韩儒林，右三为总支书记聂启坤。

1966 年 2 月，南大历史系教职工最珍贵的一张同仁合影，主题却是“溧阳建校”。可惜照片中缺韩儒林(时已调内蒙古大学任副校长)、陈恭禄(因病住院)、王觉非等几位名师。第四排右起第三人为宪文师。

宪文师(二排右一)曾担任 1972 级首届工农兵学员的政治辅导员，图为该班的毕业照。

1978年恢复全国高考统一命题考试,教学科研开始恢复常态。这是历史试卷命题组的5位教师,前排右一为宪文师。

南京大学历史系中国近现代史教研室最初只有6位教师。后排左起为陈恭禄、茅家琦、王荣先、宪文师、王栻;前排中为丁金平(女)。

1982年，与马洪武、王德宝等编制了一套中国革命史教学挂图，中宣部、教育部、文化部官员与中共党史界知名学者出席审稿会。后该挂图在高校被广泛采用。

前排：彭明（右二）、缪楚黄（右三）、马齐彬（右四）、胡华（右五）、廖盖隆（右六）；

后排：阎景堂（右二）、宪文师（右三）、阮家新（右五）、马洪武（右九）等。

1981年8月，赴大连参加中国现代史学会第二次年会，因大水绕道，中转丹东时留影。

前排从左到右：章德（南大副校长）、姜平、宪文师。后站立者为杨振亚。

李新遵国务院总理周恩来指示，启动了大陆的民国史研究，成为旗帜性的学者。他与宪文师合作颇多。图为与李新（右）在珠海海滨漫步。

1984年在胡乔木的指示下，军事博物馆的两位学者与宪文师商讨如何改变国内学界忽视和否定抗日正面战场的状况。这次会晤改变了中国人民革命军事博物馆的陈列内容，影响了《中华民国史纲》的写作。2010年三人再欢聚于北京，左一为原军事博物馆副馆长阮家新、左二为军事博物馆研究员阎景堂。

宪文师主编的《中华民国史纲》1985 年 10 月出版后轰动海内外，为民国史研究的里程碑之作。图为作者们的合影。

前排左起：高秋萍、方庆秋、宪文师、史全生；

后排左起：孙宅巍、范崇山、蒋顺兴、丁永隆、陈谦平。

《中华民国史纲》的作者们在南京环球照相馆正装留影。

前排左起：高秋萍、方庆秋、宪文师、史全生；

后排左起：丁永隆、孙宅巍、范崇山、蒋顺兴、陈谦平。

改革开放初期，横山宏章教授成为第一位访问南京大学的日本历史学家。1981 年摄于南京大学斗鸡闸。

前排从右至左：宪文师、横山宏章、姜平、史全生、路哲、杨振亚。

台湾开放大陆探亲后，宪文师托齐锡生教授带信邀请张玉法、张朋园、张忠栋三教授来宁访问。张玉法教授（左）1989 年夏首登南京，开启了两岸历史学者交流的大门。

1987年，宪文师率领众弟子倾力完成《抗日战争的正面战场》，这是中国大陆第一部研究抗日战争正面战场的著作。

宪文师感叹说："他们年龄长了，学问更长了。猜猜看，都是谁？"

从右至左，对号入座。

第一排：汪利平、宪文师、朱宝琴；

第二排：陈红民、陈谦平；

第三排：张益民、高红光；

第四排：李继锋、高华、贺军；

摄于是年南京大学北大楼前。

吴相湘教授（柱拐杖者）是史学泰斗，著述等身，在抗战研究方面造诣颇深，后由台湾旅居美国。他以80多岁高龄，受宪文师（右一）邀请，访问南大。

海内外华人学者共同携手推动民国史研究走向深入。留影于曲阜孔子墓前。
左起:宪文师、唐德刚、张玉法、蒋永敬夫妇、张黛、熊宗仁。

中华民国史学术讨论会从 1984 年 5 月 5 日首次在南京举办开始,至今已持续六届,成为民国史学界的盛会。历次会议的举办与组织,宪文师均为核心人物。图为他在第二次中华民国史学术讨论会闭幕式上作学术总结。

摄于 1987 年 10 月。

1994 年 12 月，第三次中华民国史学术讨论会在南京大学举行。宪文师主持大会开幕式。

2000 年，在第四次中华民国史学术讨论会上主持大会报告，左为台湾学者张玉法院士。

第四次中华民国史学术讨论会期间，与台湾学者合影于南京。
前排左起：张玉法、李国祁、陈鹏仁；
后排左起：周惠民、张哲郎、李恩涵、宪文师、陈三井、邵铭煌、吕芳上、张力。

南京大学前党委书记陆渝蓉教授（右）在第五次中华民国史国际学术讨论会上致词。左为原中共中央文献研究室常务副主任金冲及先生。

在浙江奉化蒋介石故里溪口举办的第五次中华民国史国际学术讨论会上，宪文师就“民国史的若干重大问题”作会议总结。

2010 年 8 月，南京大学联合哈佛大学等世界五所顶级大学在南京举办第六次中华民国史国际学术讨论会。会上，李小敏副省长（右五）等出席，洪银兴书记（右四）致开幕词，右一为宪文师。

2005 年 7 月底，在“纪念同盟会 100 周年暨孙中山逝世 80 周年学术研讨会”上作大会总结发言。

2009 年 5 月 31 日，在南京召开“孙中山奉安 80 周年会议”。会前，宪文师与多位学者合影留念。自右起为：陈红民、陈忠平、胡春惠、宪文师、蒋永敬、胡太太、郑会欣。

1993 年，南京大学中华民国史研究中心成立，宪文师出任中心主任。20 年来，他为中心的发展殚精竭虑，居功至伟。在中心成立仪式上，中国社会科学院近代史所陈铁健研究员（发言者）代表李新先生致贺词。

民国史研究中心人数虽少，但志向高远。图为 2008 年中心工作人员的合影。
前排右起：陈谦平、朱宝琴、崔之清、宪文师、朱庆葆、陈红民、申晓云；
后排右起：顾芗、吕晶、陈蕴茜、姜良芹、张生、马俊亚、李玉、曹大臣、翟意安。

在民国史研究中心最困难的时期，台湾企业家陈清坤先生（左）曾伸出援手。右为陈清坤母亲，中间是陈清坤夫人。

赴台北郭俊鉌先生（右）家，感谢他多年来对民国史研究中心的支持。2000年，郭先生提供4万美元，资助中心开展日本侵华历史研究，并将收藏的珍贵图书赠送给中心。中心设立了郭俊鉌图书特藏室。

崔之清教授(右,中心副主任)为中华民国史研究中心的发展付出了辛劳。图为宪文师、崔之清和台湾著名历史学家蒋永敬教授(中)的合影。

民国史研究中心邀请国内著名学者组成邱进益博士论文答辩委员会。图为答辩委员会成员,从右至左:宪文师、姜义华、邱进益(答辩人)、张同新、张磊、崔之清。

陈骏校长代表南京大学学位委员会授予邱进益博士学位。民国史研究中心为学术界培养了大批博士与硕士。

宪文师与著名史学家姜义华教授（右）合影。姜教授担任民国史研究中心学术委员会主席。

宪文师(右)担任一些大学的兼职教授和研究机构的顾问。图为出席受聘为南开大学兼职教授的仪式,左为南开大学李治安教授。

台湾著名电视主持人陈文茜(左)来民国史中心对宪文师进行专访。

2000年10月，中华民国史研究中心被批准为教育部人文社会科学重点研究基地。

自左至右：洪银兴（南大副校长）、蒋树声（南大校长）、胡序建（江苏省政协副主席）、韩星臣（南大党委书记）、卜承祖（江苏省政协秘书长）。

南京大学中华民国史研究中心成立十余年来，在宪文师的经营下硕果累累，成为海内外公认的民国史研究重镇。2008年12月中华民国史研究中心获“人文社会科学优秀学术团队”称号。

中研院院士张玉法(左)与宪文师同为民国史学界前辈,海峡两岸的两位山东老乡誓为民国史研究作更多贡献。

2006 年 11 月 17 日上午,蒋方智怡女士出席受聘为南京大学中华民国史研究中心客座研究员的典礼。张异宾副校长代表南京大学向她颁发了聘书和校徽,并致词。

2007年4月9日，教育部社会科学司副司长张东刚教授来中心指导工作，并作学术演讲。右二为南大社科处处长王明生教授，左一为宪文师，左二为崔之清教授。

2006年3月13日，在南京大学知行楼举行了《中华民国史》(四卷本)的首发式暨出版座谈会。江苏省新闻出版局局长徐毅英(右二)、江苏省社会科学联合会党组书记孙艳丽(左二)，及南京大学党委书记洪银兴(右三)、校长助理周宪(右一)等出席并致词。会上，各界专家对《中华民国史》出版的价值和意义给予了高度评价。

杨忠副校长(左三)关心南大民国史研究的发展,这是他在台湾与连战先生(左四)主持《居正与近代中国》的首发式。右二为居蜜、左二为左健、左一为金鑫荣、右一为杨金荣。

宪文师的重要著作多由南京大学出版社出版,南大社对宪文师及其团队也支持有加。右起为社长左健、宪文师、杨金荣、总编辑金鑫荣。

2006 年 11 月 6 日，宪文师与南京大学出版社杨金荣编审向全国人大常委会副委员长、民革中央主席何鲁丽赠送《中华民国史》。

《中华民国史》书影。2006 年，《中华民国史》（四卷本）由南京大学出版社出版，成为南京大学民国史研究中心的标志性成果。

宪文师、张玉法院士领衔，两岸四地68位历史学者合撰《中华民国专题史》，共分18个专题。图为作者们的合影，前排右七为张玉法院士，右八为宪文师。

参加两岸四地合撰《中华民国专题史》项目的部分作者留影。前排右四为宪文师，右五为张玉法院士。

2006年4月，南京大学南京大屠杀史研究所成立。宪文师（左一）在成立仪式上发言。

自右至左：张异宾副书记，洪银兴书记，江苏省委常委、宣传部长孙志军，南京市委常委、宣传部长叶皓。

2008年4月30日，法国驻华使馆文化科技合作处官员柯蓉等一行来南京大学协商合作研究二战后的有关历史问题。与柯蓉（前排右三）一行合影留念。

2007 年 12 月 3 日举行《南京大屠杀史料集》第 29—55 卷出版发行式。江苏省委常委、宣传部长孙志军(右二),洪银兴书记(右一),南京市委常委、宣传部长叶皓(右四)等出席。

《南京大屠杀史料集》陆续出版后,反响强烈。2007 年 12 月 11 日,美国著名的《基督教科学箴言报》资深记者(左)专程采访宪文师。

《南京大屠杀史料集》出版后，迅速引起日本官方关注。2006年、2008年，日方两次派驻上海总领事馆领事（左）和军方代表（中），来南大与宪文师等对话。

荣誉证书

授予 丛书《南京大屠杀史料集》
南京市首届“十大文化精品”荣誉称号。
特发此证，以资鼓励。

中国共产党南京市委员会
南京市人民政府
二〇〇六年九月

2006年9月，《南京大屠杀史料集》获南京市首届“十大文化精品”荣誉称号。

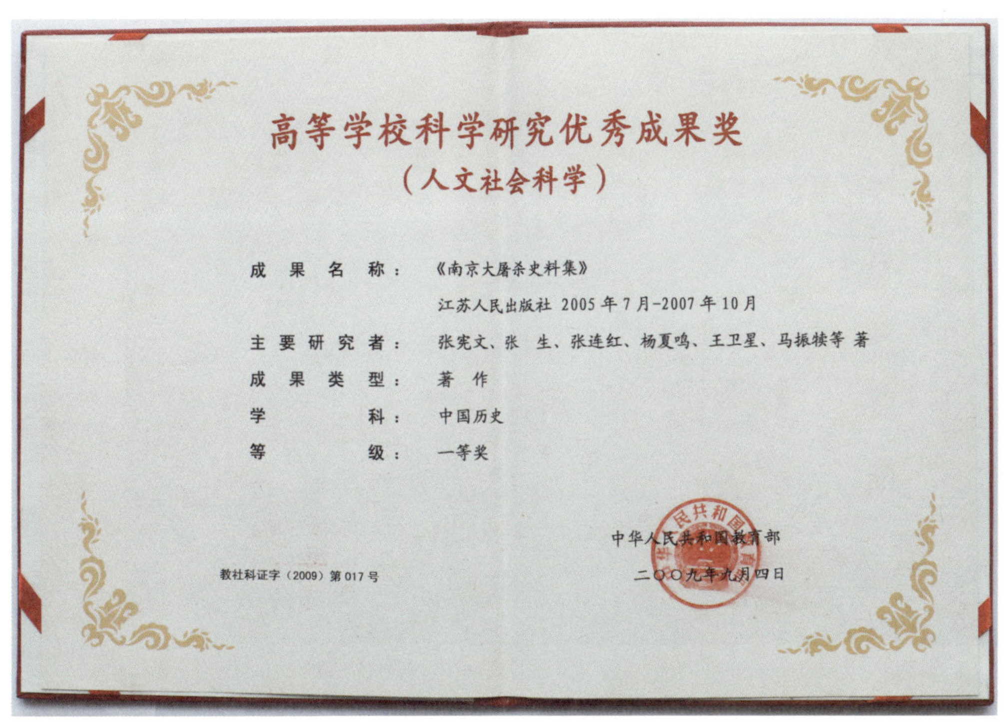

高等学校科学研究优秀成果奖
（人文社会科学）

成 果 名 称：《南京大屠杀史料集》
江苏人民出版社 2005年7月-2007年10月
主 要 研 究 者：张宪文、张 生、张连红、杨夏鸣、王卫星、马振犊等 著
成 果 类 型：著 作
学 科：中国历史
等 级：一等奖

中华人民共和国教育部
二〇〇九年九月四日

教社科证字（2009）第017号

2009年,《南京大屠杀史料集》获教育部高等学校科学研究优秀成果一等奖。

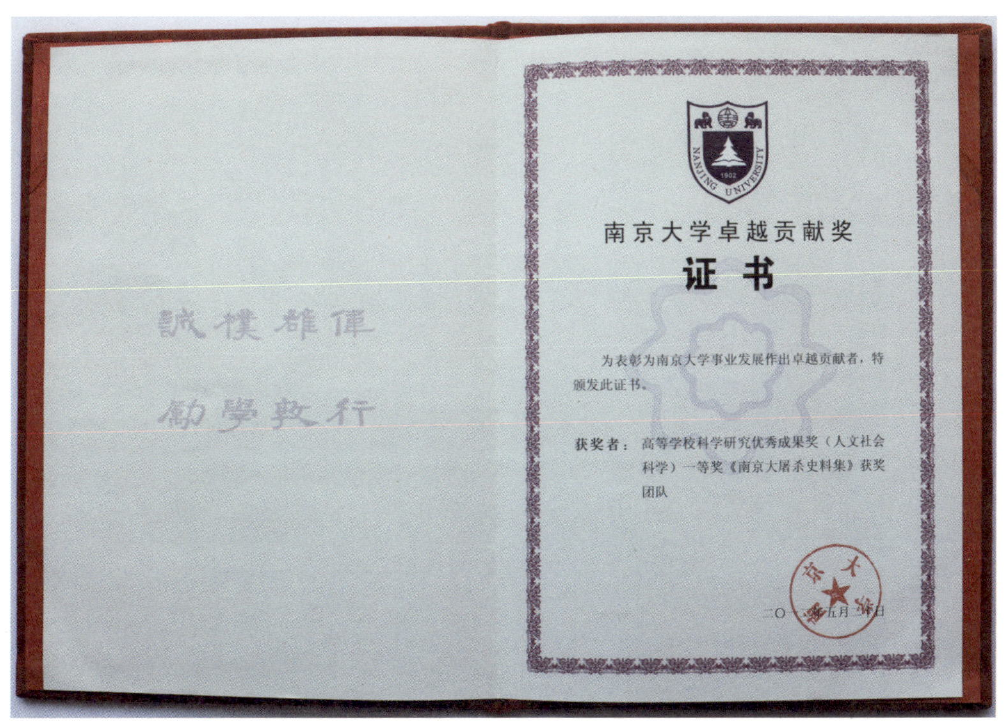

南京大学卓越贡献奖
证 书

为表彰为南京大学事业发展作出卓越贡献者，特颁发此证书。

获奖者：高等学校科学研究优秀成果奖（人文社会科学）一等奖《南京大屠杀史料集》获奖团队

二〇一[illegible]年五月[illegible]日

2012年5月,《南京大屠杀史料集》获奖团队获“南京大学卓越贡献奖”。

2007年12月13日是南京大屠杀遇难同胞70周年纪念日，诺贝尔奖获得者杨振宁来南京大学与师生举行座谈。图为杨振宁教授（右）与宪文师（左）握手，其后为洪银兴书记（右二）、陈骏校长（右一）。

宪文师在座谈会上发言。右一为杨振宁夫人翁帆。

南京大学洪银兴书记主持《南京大屠杀全史》在北京的首发式。图为出席首发仪式的中央有关部门领导和在京的著名历史学者，前排左一为宪文师。

《南京大屠杀全史》出版后，在北京接受新华社记者的深度采访。

中央电视台播出采访宪文师的画面。

《南京大屠杀全史》出版后，接受中央电视台采访。

1994年7月13日，出席在台北举行的首次两岸历史学学术会议，双方均派出强大阵容。研讨会主题为“中国历史上的分与合”，可谓意味深长。

前排右一为茅家琦教授，后排右三为宪文师。

1994年9月，宪文师在台期间首次访问国史馆，为全馆人员作了学术讲演。图为在馆长室与朱重圣副馆长(右一)等欢谈。

1994年赴台访问，受到台北故宫博物院院长秦孝仪(左)的设宴款待。秦先生曾任中国国民党党史会主任委员。作陪者有国民党政要马树礼(中)及著名学者蒋永敬、李云汉、陈三井等教授。

1997年2月，宪文师(后排左四)在台期间曾赴中央大学讲学，与该校历史系研究生在一起。

1997 年 2 月起，在中央大学讲学半年。刘兆汉校长（右）在中坜市酒店个人宴请宪文师。

在中央大学讲学期间，受到台湾著名学人的宴请，济济一堂，相聚甚欢。
自左至右：蒋永敬、刘绍唐、宪文师、李国祁、张朋园、王寿南等。

2001 年，出席在台北举行的纪念辛亥革命 90 周年学术研讨会。
自右至左为李云汉、齐锡生、章开沅、吕实强、宪文师。

中研院近代史研究所沈怀玉女士为两岸的史学交流作出了贡献。图为宪文师与沈怀玉女士在台湾参观胡适纪念馆。

在胡适墓前缅怀先哲。

2009 年 9 月，宪文师赴台进行学术交流，赠送《中华民国史》给台湾负责大陆事务行政部门的刘德勋副主任。

2009年1月，受南京大学洪银兴书记委托，与朱庆葆、陈谦平、姜良芹赴台北邀请国民党荣誉主席连战(左一)访问南大，中为邱进益。

2009年1月，受南京大学洪银兴书记委托，与朱庆葆、陈谦平、姜良芹赴台北邀请国民党荣誉主席吴伯雄(右)访问南大。是年5月，南大授予吴伯雄荣誉博士学位。

2009 年 1 月，与朱庆葆(中)拜访台湾海基会，与高孔廉秘书长(右)互赠礼品。

2009 年 1 月，在蒋介石孙媳蒋方智怡陪同下，参观慈湖蒋介石的生活遗址。
前排左起：朱庆葆、宪文师、蒋方智怡。后排左一姜良芹、左四陈谦平。

2009年，在台北与蒋介石孙媳蒋方智怡女士洽谈蒋介石日记等有关史料的利用问题。

2009年，在台北与原籍江苏盐城的郝柏村将军（左）举行座谈，研讨抗日战争等双方共同关心的问题。

2009年9月访问台北中研院近代史研究所，该所在民国史研究方面声名远播。中为所长黄克武，左为前所长陈永发。

宪文师访问台北，欢晤同行老友。从左至右：陈三井、宪文师、李云汉、张玉法。

2009年10月，宪文师赴台北淡江大学作学术讲演。

与台湾妇联会主任委员、辜振甫夫人严倬云女士互赠礼品，双方继续在宋美龄研究方面紧密合作。

率宋美龄研究课题组全体成员赴台北拜访台湾妇联会，与妇联会常委们合影留念。
前排：宪文师（右一）、林澄枝（右四，前国民党副主席）、严倬云（右五）、邱进益（左一，海基会前秘书长）。

1988年7月赴日本讲学，此为宪文师（前排右五）首赴海外。在东京举办报告会后与学者们合影。前排右四为野泽丰教授。

1988年宪文师（前排右五）赴日本神户讲学，会后与著名学者山口一郎（右三）等合影。

1988年，首访东京庆应大学，并作学术报告。日本许多著名史学家出席报告会。

刘大年先生率中日历史研究中心专家向京都周恩来岚山遗址献花。后排右五为刘大年，右三为宪文师。

2001 年 3 月 13 日，宪文师（后排右四）在日本大阪作题为“中华民国史研究的新视野”的学术讲演。先进的电子设备可使日本各地学者同时参与研讨。

后排右三为西村成雄教授，右五为田中仁教授。

2001 年 12 月 13 日，赴日出席纪念辛亥革命 90 周年国际学术讨论会。在日本神户与日本知名学者狭间直树教授（中）重逢。

2002 年 12 月，出席中日韩三国学者参加的共同研究东亚史料国际研讨会。期间应邀担任韩国国史编纂委员会海外委员。

1988 年除夕，东德社会科学院举办中德关系史研讨会，宪文师（戴眼镜者）与会。

1988年在东德著名史学家费路教授(左一)家做客,左二为宪文师,左三为章百家,左四为丁名楠。

德国两位前驻华大使在柏林研讨会上曾对中国人权发表不当言论。受批驳后,向中方学者表示友好。右三为宪文师,右一为中国第一历史档案馆馆长徐艺圃。

学术会议后，柏林自由大学罗梅君教授陪同宪文师参观德国文化遗迹。

1996年，在德国图宾根大学历史系为欧洲学者讲授史料学专题。

1999 年在意大利威尼斯大学主办的学术会议上主持学术研讨。

意大利古罗马城的废墟是人类宝贵的文化遗产。宪文师与美国西雅图大学梁侃教授(右)同游。

受富布赖特基金会邀请，1991 年 8 月至次年 2 月，在美国伊利诺伊大学讲学半年。

1991 年，访问美国斯坦福大学，受到范力沛教授的热情接待。

宪文师（左三）访问美国加州大学圣地亚哥分校，受到热情款待。

1991 年 12 月，在哈佛大学费正清东亚研究中心作关于蒋介石的评论报告，引起学者们的极大兴趣。

在加州大学伯克利分校校园内留影。

1991 年 12 月在加州大学伯克利分校讲学后，受到著名历史学家魏斐德（前排左一）宴请，出席者有裴宜理（前排右一）、叶文心（后排右一）等。

前往华盛顿白宫游览。当时白宫二楼供总统办公，一楼开放参观。

在美期间，两度参观珍珠港事件遗址。照片远景处为日本签订投降书的"密苏里号"军舰。

蓝天白云，迷人的海岸沙滩，宪文师在风光绮丽的夏威夷。

2011 年 11 月，首次造访新加坡，出席辛亥革命百年研讨会。

2006年，宪文师与齐赫文斯基院士(俄罗斯最著名的中国历史研究专家)再会于莫斯科。

与高念甫教授(右)合影于莫斯科国立大学，背后的建筑是俄罗斯的标志性建筑。

踏上曾经是共产主义者向往的圣地——莫斯科红场，研究过中共党史的宪文师颇多感慨。

俄罗斯科学院远东研究所一批研究近代中国的老专家与宪文师（右一）合影。

凯旋门是法国首都巴黎的象征，在这里留下永久的纪念。
从右至左：宪文师、师母、陈红民。

彭明教授在中共党史和民国史方面均卓有成就，与宪文师是多年好友。摄于福建永定。

金陵大学校友章开沅教授（左）对南京有特殊的情感，他不仅是辛亥革命的研究专家，而且对南京大屠杀研究贡献颇多。

与同访东德、后任中共中央党史研究室副主任的章百家研究员（左）合影。2010 年 8 月摄于南京。

与郭德宏教授同游于诸暨山林中。宪文师为中国现代史学会名誉会长，郭教授为中国现代史学会会长。

河南人民出版社出版多卷本《中华民国史》丛书，为推动民国史研究作出了突出贡献，责任编辑张黛深受学者赞许。左一为张黛，左二为宪文师，左三为社长杨凤阁。

2005 年，陪同学界老友畅游总统府。
右起：冯祖贻、林家有、萧致治、李云汉、金冲及、宪文师。

2009年6月，好友相聚南京的“张生记”，自左依次为胡春惠、茅家琦、宪文师、蒋永敬、张玉法。

访问台湾时，张玉法院士(右)在台北家宴款待宪文师。

与宪文师老友加老乡的李云汉。他是台湾著名史学家、前国民党中央党史委员会主任委员。

在台湾时,曾与唐德刚合影于中央大学。诙谐幽默的唐德刚曾对蒋介石戏言:“我是天子的门生。”唐曾就读于蒋任校长时的重庆中央大学历史系。

与台湾的山东籍老乡孙若怡教授合影。宪文师笑言："她说，我是她大哥。"

与澳门基金会主席吴志良（右一）等。翻阅这张摄于二十多年前的照片时，宪文师称吴先生那时还像小伙子。

易劳逸教授是美国最具影响力的民国史学者，著有《流产的革命》等。宪文师痛称这位老友的不幸逝世是学术界的巨大损失。

宪文师与澳大利亚费约翰教授为三十年的好朋友。此照摄于 1981 年同游南京东郊梅花山时。

在家里接待山田辰雄教授。从左至右：土田哲夫、宪文师、山田辰雄、师母。

在东京与日本历史学界同行好友的聚会。
前排左起：横山宏章、山田辰雄、宪文师、山极晃；
后排左起：土田哲夫、高田幸男、久保亨、张昕。

宪文师赞久保亨教授(左)已是日本历史学界研究近代中国的中坚人物。

1987 年柯伟林(左)来南京访问时还很年轻。后在哈佛大学举办的一次学术研讨会上,宪文师在主持词中赞扬柯伟林是美国学界“冉冉上升的一颗新星”,引起与会者的鼓掌赞许。

闵斗基教授(中)是韩国著名历史学家，桃李满天下。左为其弟子裴京汉教授。

2009年9月，在第四次中华民国史讨论会上，韩国学者与宪文师合影留念。此次共10余位韩国学者参会，自左依次为车雄焕、李昇辉、白永瑞、姜明喜、宪文师、尹惠英、罗弦洙、裴京汉、孙承希教授。这些学者都曾访问过南京，并深受张宪文先生帮助，现又都是活跃在韩国的中国近现代史学界的领军性人物。

南京大学历史系1978级这几位本科生毕业论文均由宪文师指导。授业弟子遵照孙中山“做人民公仆”的遗训，毕业后多数走上从政道路，成为优秀的政府官员。

前排左起：王虎华、唐立鸣、宪文师、杜蒙樨；

后排左起：陈红民、卜幼凡、徐冰、刘金田。

与朱宝琴教授摄于南京紫金山庄。他们有师生之谊，更曾是合作伙伴：系主任与系总支书记。

宪文师与弟子陈谦平。谦平与恩师渊源颇深，本科毕业论文与博士论文均为恩师所指导，长期为恩师学术事业的主要助手，现为南大历史系主任。

与弟子陈红民同游香港湿地。陈红民为首位民国史硕士，最初研究胡汉民，后来潜心解读蒋介石，成就斐然。如今在浙江大学独辟蹊径，行走海内外，风头正劲。

宪文师、师母，与朱宝琴、申晓云（右一）两位教授合影。晓云先与恩师为同事，后为其弟子，她笔耕不辍，视野开阔，著述甚丰。

1985年，高华（左）、李继锋随宪文师赴四川参加中国现代史学会会议，在青城山留影。高华初攻民国史，后转而研究中共党史，成果为学界所瞩目。不幸盛年病故，令人痛惜。

宪文师与弟子李继锋。继锋是恩师指导的第一位民国史博士，后迷上历史纪录片，爱用电视书写民国史，虽别有洞天，但恩师常惜其剑走偏锋。

弟子张神根(左)与朱庆葆。神根现供职于中共中央党史研究室，任职第三研究部主任，精研当代政治，为主政者出谋划策。庆葆研究领域横跨晚清民国，现任南京大学党委副书记。

宪文师、师母与众弟子。后排从左到右：张生、张连红、李峻、叶美兰、陈仁霞。

宪文师与弟子张生(左)、周宗根(右)。

张生年轻多才,深受宪文师青睐,为首位留校的民国史博士,是恩师的重要助手。周宗根是张生培养的硕士,却又成为宪文师的博士,有趣的传承。

宪文师、师母与张生。

宪文师与弟子张连红。连红在南京师范大学独树一帜，成名于南京大屠杀史研究，是恩师编成《南京大屠杀史料集》的主要助手之一。

宪文师、师母与弟子吴伟荣、张燕萍。伟荣任职于江苏省台办，燕萍执教于南京陆军指挥学院。故同门戏言：一文一武，张弛有度。

弟子叶美兰(左)、谷小水(右)与宪文师、师母合影。美兰女中翘楚,如今为南京邮电大学副校长。小水在中山大学任教。

宪文师与叶美兰。

宪文师与女弟子洪小夏。小夏好学勤奋，虽为女性，对军事史却情有独钟，于抗战研究尤有心得，现执教于上海师范大学。

戴上了博士帽，圆了学术梦。宪文师（前坐者）和他的博士们。右起：潘敏、姜良芹、陈谦平、陈仁霞。

宪文师、师母与弟子岳谦厚(右一)夫妇合影。谦厚为博士后,如今在山西大学任教,据称酒后微醺,则下笔千言,故著述多多。

2005年6月,弟子岳谦厚陪宪文师考察山西解州关帝庙时合影。

弟子江沛与宪文师。江沛为博士后，学识优长，对国民党及日伪等课题着力甚深，任教于南开大学。

与弟子们畅游溧阳天目湖景区。

前排右起：陈红民、宪文师、李继锋、张连红、王云骏；

后排右起：谷小水、陈希亮、钟声、陈谦平、姚群民、刘孟信、齐春风、徐畅、张生。

宪文师与弟子王云骏。云骏文理兼优，思维缜密，运用民国史知识于统战工作，可谓得其所也。

宪文师、师母与弟子薛恒。薛恒精力充沛，思虑精细，对北洋政制研究颇深，现执教于南京信息工程大学。

宪文师、师母与弟子陈橹。陈橹思维活跃，重视前沿理论，颇关注社会、文化等领域，现任教于南京理工大学。

宪文师与弟子齐春风。春风是网络高手，擅于搜获史料，踏实厚重，对日伪时代的经济研究颇深，现任教于南京师范大学。

宪文师与弟子刘孟信。孟信任教于空军军校，对中共党史、军事史着力甚勤。

宪文师与弟子钟声。钟声任教于湖南师范大学，对民国时代湖南的历史文化研究甚深。

宪文师与弟子吴永明。永明一直研究法制史，著述颇丰，现为江西省社科联副主席。

与女弟子们畅游天目湖景区。
前排右起：陈仁霞、朱宝琴、宪文师、姜良芹、潘敏、李峻；
后排右起：侯风云、张燕萍、杨菁。

宪文师与女弟子张燕萍。燕萍任职于南京陆军指挥学院，对国防经济学研究经年，著述颇丰。

宪文师与日本女弟子栋近美雪在日本神户留影。美雪温雅知礼，曾在日本外务省供职。

乐翻了！怪不得宪文师精力充沛，原来有了这样一群会搞怪的弟子。
前排右起：王生怀、宪文师、查灿长；
后排右起：娄胜华、张立杰、张玉龙、李峻。

和弟子碰杯！
左为雷国山，右为田玄。

宪文师与弟子雷国山。国山精通日语，也深谙日本文化，潜心研究过日本侵华的来龙去脉。

宪文师与石黑维亚。石黑维亚是宪文师的日本弟子，在日本大阪外国语大学任教。

宪文师、师母和弟子们赴无锡旅游。

与众弟子出游，谈古论今，妙趣横生。
摄于无锡蠡园。

宪文师与弟子赵兴胜。兴胜与恩师为泰安小同乡，厚重笃实，任职于山东大学，长期专心于民国公营经济与乡村经济研究。

宪文师与徐畅。徐畅任教于山东大学，一直潜心研究民国乡村经济，尤其是农村金融方面。

宪文师与朱宝琴、任桐(右)。弟子任桐为江苏人民广播电台副总裁，曾获得江苏省新闻界最高奖“戈公振新闻奖”。

宪文师与弟子娄胜华。胜华才思敏捷，专注于澳门历史文化的研究，已成澳门特区的公民。

宪文师与弟子傅光中。光中为山东画报出版社总编辑，对于民国题材图书出版十分热心。

宪文师与弟子李建军合影。建军兴趣点在文化史，尤致力于胡适的研究，现在北京从事出版工作。

2009年10月5日，率众弟子访问台湾妇联会。
从右至左：潘敏、杨菁、张瑾、郭红娟、邱进益、宪文师、武菁、姜良芹、吕晶。

2009年，宪文师与弟子邱进益(右)在台湾合影。进益先生为促进大陆、台湾海峡两岸交流的大功臣，功成名就的他以70多岁高龄入宪文师门下攻读博士学位，求知欲之强令人赞叹。

“慈湖风光如溪口”，两蒋决定身后暂厝慈湖。宪文师与女弟子们在慈湖留影。她们是研究宋美龄的“美女军团”。左起：潘敏、姜良芹、张立杰、宪文师、杨菁、吕晶、郭红娟、武菁。

宪文师与女弟子姜良芹。良芹不仅为恩师弟子，还是老乡，更是助手，观照片可谓情同父女。

宪文师与女弟子武菁。合肥与南京，不知往返多少回，任教于安徽大学的武菁应是宪文师最有韧性的追随者。她对抗战及安徽社会文化多有研究。

宪文师和女弟子张瑾。张瑾求学在“首都”，任教在“陪都”，和恩师一样都曾得到过美国富布赖特基金的资助。

宪文师与女弟子杨菁。杨菁为恩师门下培养的首位女博士，算起来恩师与杨树标、杨菁父女已有两代的学术交谊。

宪文师与女弟子张立杰。立杰长期潜心研究盐政史，如今任教于天津市委党校。

宪文师与女弟子潘敏。潘敏任教于同济大学，她既研究宋美龄，还研究遥远北极的原住民。

宪文师与女弟子郭红娟。红娟任教于古都洛阳，执着于民国史特别是经济史的研究，也是恩师麾下宋美龄研究团队之一员。

弟子田玄（左）为宪文师祝寿。右为师母。

弟子陈谦平向宪文师、师母敬酒祝寿。

春风化雨恩泽厚。宪文师携师母在七十华诞庆典上回味与弟子们相处日子的点点滴滴，并勉励多多。

女弟子武菁在恩师七十寿诞盛会上翩翩起舞，满座尽欢。

温情一幕。弟子们为宪文师和师母捶背，以谢师恩。
宪文师后为郭红娟，师母后为薛恒（左）与杨家余（右）。

弟子马俊亚（右站立者）、乙维清与宪文师、师母。俊亚为张门最早的博士后，在民国农村经济方面的研究独树一帜。乙维清任职于南京玄武区党史办，主要研究中共党史、民国出版史等。

宪文师与女弟子刘慧宇。慧宇深得恩师赏识，如今在福建侨乡亦政亦学，大展长才。

宪文师与女弟子邓亦武。亦武对北洋时代的军阀政治颇有兴致，曾写有专著，现任教于武汉理工大学。

宪文师和他的两个军人弟子田玄（右）与杨家余（左）。田玄已解甲归田，他一直痴迷历史研究，擅长领域为近现代中国军事史。家余还在军校任教，对军史，尤其是军事教育心得颇多。

田玄（站立者）发表谢师感言，虽然便装，却终究不脱军人本色。左为乙维清，右为汪汉忠。

听到了师门什么惊心动魄的消息，三位弟子表情如此专注。
前排：谷小水（右）、齐春风（中）、徐畅（左）。
后排左一：金亨冽。

弟子王云骏和陈仁霞。他们的姿态、神情相当默契。

弟子李峻与陈仁霞。仁霞如今远在中国驻德国大使馆任职，她的博士论文研究的是民国时期的中德关系，备受好评。李峻女中豪杰，在南京解放军政治学院任教，为国防事业尽心尽力。

寿诞宴上，弟子李继锋夫妇为恩师准备了一束鲜花。

弟子李继锋夫妇献花后与宪文师、师母合影。

师母生日，弟子为师母拜寿欢聚的场面。宴席上，弟子们问及宪文师当初怎么能追到师母，他呵呵一笑，王顾左右而言他。

李峻（穿军服者）、姜良芹（着红衣者）给师母献花，鼓掌助兴者为美国西雅图大学的梁侃教授。

三代同堂。宪文师与弟子张连红及连红的弟子范国平（左一）、多国丽（左二）、严海建（右一）合影。

宪文师与吕晶。算起来，吕晶是谦平教授的博士，按师承可是第三代，不过如今要知道恩师行踪，请致电吕晶秘书。

恩师七秩华诞祝寿纪念

宪文师和弟子们的全家福。来了58位弟子，阵容何其鼎盛，需知这些还远不是全部。

从左到右

第一排：陶鹤山、邱霖、杨冬梅、张立杰、申晓云、师母、宪文师、朱宝琴、潘敏、武菁、李峻、郭红娟；

第二排：陈红民、朱庆葆、洪小夏、张燕萍、邓亦武、侯风云、杨菁、刘慧宇、叶美兰、陈仁霞、陈谦平、姜良芹；

第三排：吴恒心、张佩国、齐春风、徐畅、宋开友、张连红、薛恒、陈希亮、周益跃、乙维清、赵兴胜、雷国山；

第四排：陈橹、姚群民、王生怀、任桐、张玉龙、谢晓鹏、陈勤、郑明武、汪汉忠、李继锋、娄胜华、石黑亚维；

第五排：刘孟信、张生、谷小水、纪乃旺、钟声、杨家余、马俊亚、张神根、金亨洌、田玄、查灿长、周宗根。

宪文师与师母刘可文女士于1959年结婚。照片为婚后留影，依旧是时尚的帅哥美女，点滴不沾那个时代特有的乡土味。

摄于1962年12月。

恋爱中的师母。师母知性、大方、温厚，婚后不仅相夫教子，且执掌南大幼儿园多年，培养教职工子女无数。师门温馨如家，师母之功不可没也。

宪文师的两位爱子。长子张昕(右)、次子张榕幼时合影。

一岁半时的长子张昕。

一岁半时的次子张榕。

宪文师大家族的全家福。
前排坐者为宪文师父母。前排右二为张昕，右三为张榕。
后排右一为师母，右六为宪文师。
摄于 1975 年。

宪文师长子张昕夫妇。

宪文师次子张榕夫妇。

2007年,宪文师次子张榕(右三)结婚时在香港拍摄的全家福。左为张昕夫妇,中为张榕夫妇,右为宪文师夫妇。

2008年，五台山祈福。

2008年，参观山西阎锡山故居时在中山先生题字前留影。

共享海南风光。

相濡以沫，相依为伴，恩爱到白头。2012 年，摄于澳门。

2009 年 8 月，宪文师受党中央、国务院邀请，与 60 名各方面代表，赴北戴河休假。其间，中央政治局委员、组织部长李源潮就人才问题举行了一天座谈会。

在李源潮主持的座谈会上发言。

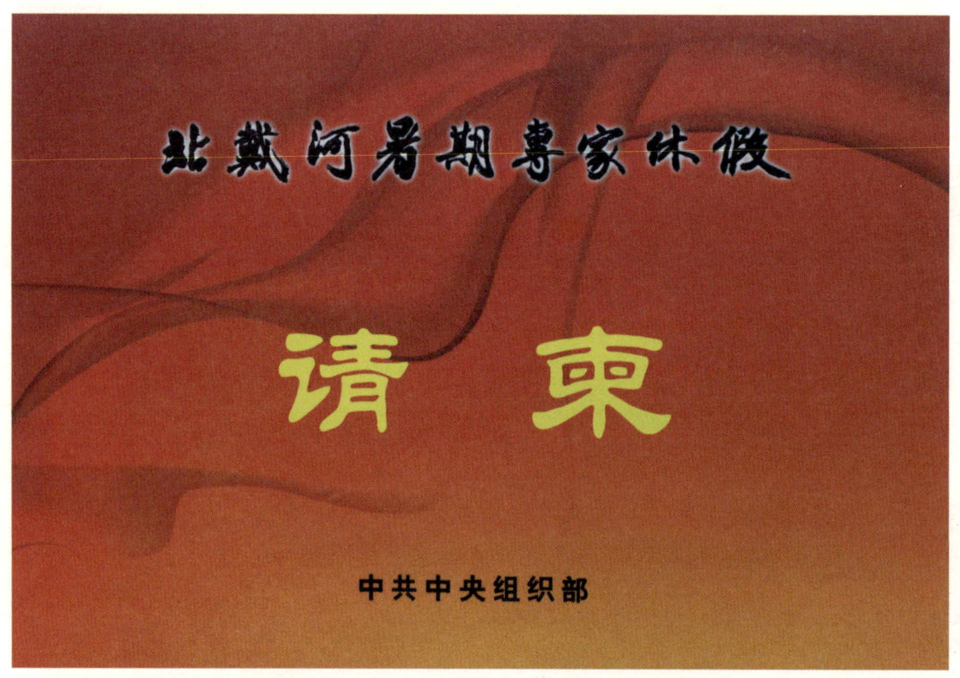

2009年8月，获邀参加北戴河暑期休假活动。图为中央组织部代表中共中央、国务院印发的请柬。

張宪文同志：

经中央批准，2009年8月4日—10日以党中央、国务院名义组织北戴河暑期专家休假活动。

特邀您参加。

中央组织部

2009年8月4日

请柬内页。

北戴河休假结束后，代表们乘专列返回北京，武警战士在北戴河火车站列队为宪文师等送行。

2003年，宪文师七十寿诞时，洪银兴（站立讲话者）、郭广银（左一）两位校领导出席庆贺会。

教师节期间，南京大学陈骏校长专程看望宪文师。

2009 年 12 月 30 日，教育部在北京人民大会堂举行颁奖大会，宪文师主编的《南京大屠杀史料集》获得一等奖。国务委员刘延东出席。图为各校获一等奖者合影，右三为宪文师。

宪文师与教育部高教司司长张大良（原南大副校长）、南京大学党委副书记任利剑（左）在颁奖大会上合影。

在教育部颁奖大会上代表获奖者发言。

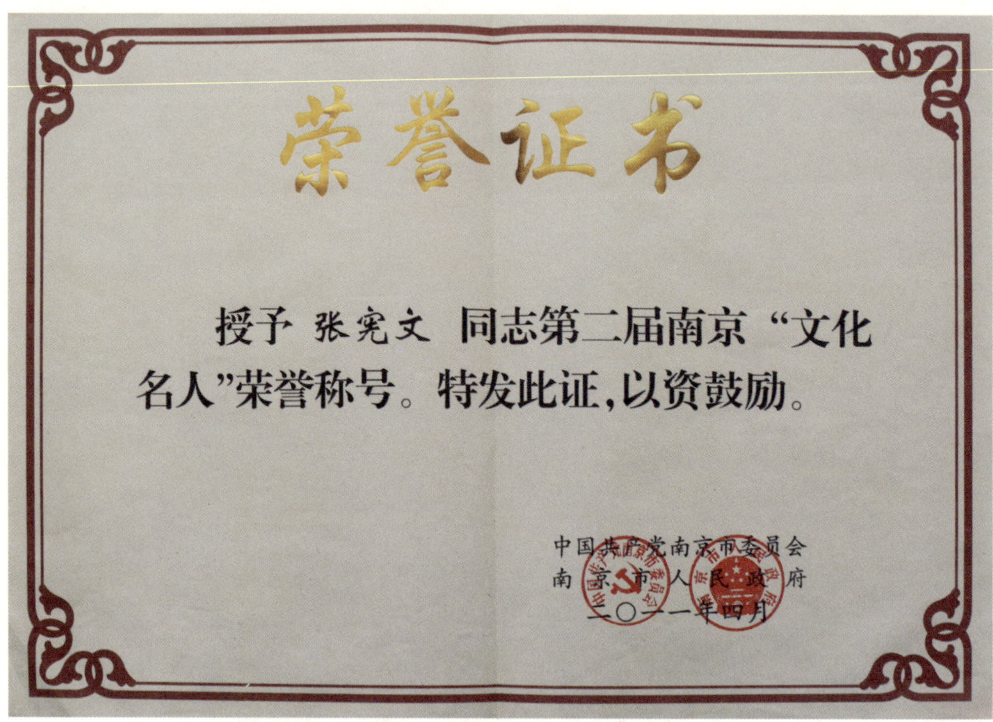

2011年4月，获南京“文化名人”荣誉称号。

获全国五一劳动奖章时所颁发的证书。

2012年，荣获江苏省五一劳动奖章。

2013年，荣获全国五一劳动奖章。

2013年5月获江苏省省委省政府授予的"江苏社科名家"荣誉称号。图为上台领奖时的情形。

宪文师和洪银兴教授同获“江苏社科名家”荣誉称号。洪银兴教授对我国当代经济研究贡献卓著。

宪文师与率先提出“实践是检验真理的唯一标准”的胡福明教授同获“江苏社科名家”称号。两人有长达五十年的友情。

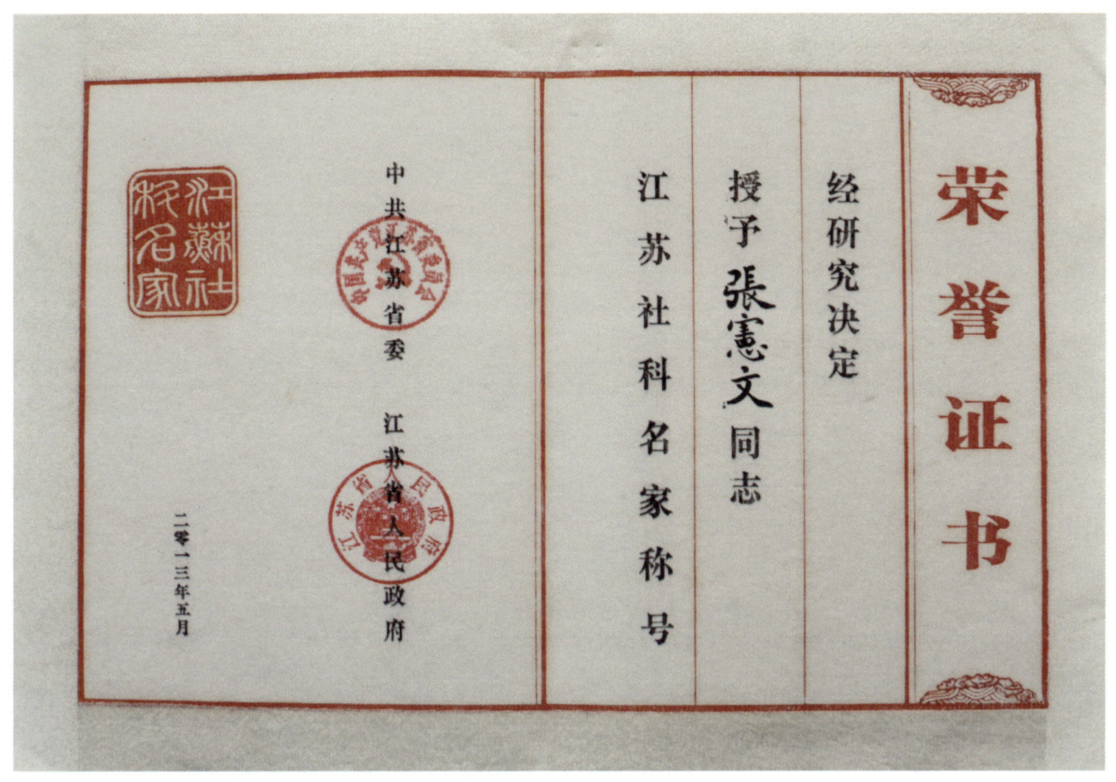
荣誉证书

经研究决定

授予張憲文同志

江苏社科名家称号

中共江苏省委 江苏省人民政府

二零一三年五月

2013 年“江苏社科名家”荣誉证书。

2013 年获“江苏社科名家”荣誉证书与奖章。

二 / 学术纪年

1954 年

夏，报考大学，志愿为北京、上海、沈阳三所财经学院。

8 月 18 日，意外收到南京大学历史学系（历史系）的录取通知书和一封该系学生会欢迎新同学的来信。

8 月 24 日，由济南乘火车踏上去南京的旅途。

1955 年

5 月 20 日，南京大学校庆纪念大会上，表彰了全校 160 名学习较好的学生。张宪文和历史系其他同学共 12 名，亦在其列。

12 月 10 日，学校领导在大操场召开全体学生大会，宣布 1954 至 1955 学年优秀生和优秀班级名单。甲级优秀生有历史系陈得芝，乙级优秀生有历史系孙应祥和张宪文。张宪文获得奖章一枚和奖金 10 元。

是年，加入中国共产主义青年团。

1958 年

4 月 3 日，与同班瞿季木、宋堃等 7 位同学，参与南京博物院组织的第三次发掘南京北阴阳营新石器时代晚期遗址。历时约两月，清理出大量原始社会的文物。结束后，张宪文在著名考古学家尹焕章指导下，以该遗址为主题，撰写毕业论文，题目为“新石器时代晚期遗址特征”。

6 月，与吕作燮老师、同班同学瞿季木等，赴南京东郊十月农业合作社进行社会调查，撰写了《十月农业合作社史》。

7 月 4 日，加入中国共产党。是月，毕业留校任教，被分配教授中国现代史。

11 月 7 日至 12 月 30 日，带领 1955 级同学 7 人，赴徐州贾汪煤矿考察，编写了《贾汪煤矿史》。

1959 年

春，和蒋孟引、王荣先、洪家义等教师，与江苏省历史研究所的研究人员以及其他借调人员，一起参与编写了《江苏十年史（1949—1959）》初稿。

5 月 4 日，初步尝试进行学术研究工作，完成两篇关于五四运动的文章，《谈谈五四运动的领导问题》与《五四运动在南京》，由历史系印刷，但未正式发表。

秋，带领 1956 级数十位同学赴南通唐家闸大生纱厂进行社会调查，整理、制作了大批有关张謇和大生纱厂的资料卡片，耗时两个多月。“文革”中，该资料不知去向。

1963 年

是年，与王荣先合撰论文《从中国新民主主义革命的形成看五四运动的性质》，发表于当年《南京大学学报》第 2 期。

1964 年

是年，撰写论文《五四时期中国人民对帝国主义的认识》，交《南京大学学报》。因文章较多涉及传言有“变节”行为的李大钊，故不予发表。

1969 年

11 月，全校师生步行 100 公里去溧阳果园农场参加劳动和政治运动。历史系教职工亦在其中，在农场劳动约两年，1972 年春返回南京。

1972 年

是年，多次受派带领学生下厂、下乡劳动并进行社会调查。

1974 年

是年，受李新邀请，开始参与中国科学院（后为中国社会科学院）近代史研究所关于中华民国史的研究项目。

1978 年

7 月，因教育部决定恢复高校全国统一命题招生考试，张宪文受命赴青岛参加历史试卷的命题。是年，在《南京大学学报》上发表了《李大钊同志是坚定的马克思主义者》一文，此文为“文革”后最早客观评价李大钊的文章，引起学界关注。

年底，与杨振亚赴北京中央档案馆、军事科学院等单位搜集史料，以撰写《渡江与解放南京》一书，多次被拒绝，遂放弃中共党史研究，转向民国史研究。

1979 年

3 月底至 4 月初，出席在成都举行的第六个五年计划历史学规划会议，在民国史研究规划中，第一次提出了“蒋介石研究”的重大课题。张宪文认领了此敏感项目。

是年，张宪文在《南京大学学报》丛刊上发表《五四时期的陈独秀》，研究了陈独秀的民主主义革命思想的演变过程。“文革”期间,四人帮视陈独秀为叛徒集团。改革开放后,拨乱反正,这是上文写作的背景。

1980 年

5 月,在郑州大学召开了中国现代史学会的成立大会,黎澍任会长,张宪文担任副秘书长。

1981 年

是年,张宪文与姜平共同筹备成立了江苏省中国现代史学会,后更名为江苏省中国近现代史学会,受聘担任学会顾问。

南京大学访问学者、澳大利亚费约翰利用赴台搜集史料的机会,协助南大与台湾学者进行资料交流。这是两岸间第一次史学资料交流。

1982 年

是年,张宪文与马洪武、王德宝等编制了中国革命史教学挂图,被全国高校广泛采用。

1984 年

1984 年至 1986 年因中华民国史、抗日战争史、蒋介石等人物研究,均有重大变化。这一时期也是张宪文学术思想和学术成果向前发展的转折时期。

春,国家教育委员会批复了南京大学关于建立中国史研究所和世界史研究所的申请报告,同意建立历史研究所,编制 20 人。南京大学根据批复,在历史研究所内设立 4 个研究室。其中,中华民国史研究室由张宪文担任主任。

5 月 5 日至 10 日,南京大学联合江苏省社会科学院、中国第二历史档案馆、中国社会科学院、全国政协文史资料研究委员会和中国现代史学会共同主办了中国大陆首次中华民国史学术讨论会,与会者 200 余人。这次会议对中华民国史研究具有重大的历史意义。张宪文是会议的主要负责人之一。

秋,胡乔木指示中国人民解放军军事博物馆修改其抗日战争馆的陈列内容,以全面反映正面战场和敌后战场在抗日战争中的地位和作用。张宪文参与了军博抗日战争馆陈列方案的修订。此项活动对国内抗战史研究影响巨大。

省委拟调张宪文任职中国第二历史档案馆馆长(正厅级),经多次谈话,张宪文婉拒,仍留在南大从事教学与研究工作。

是年,张宪文与陈谦平合撰论文《简论台儿庄战役》,发表于《历史档案》1984 年第 3 期,为

1949 年后中国大陆最早研究正面战场战役的论文。

1985 年

8 月,江苏省在南京丁山宾馆举行纪念抗日战争胜利 40 周年学术研讨会。张宪文应邀在会上作了关于正面战场的学术报告。

10 月,主编的《中华民国史纲》出版,陆续引起海内外的广泛关注和媒体报道。

11 月,《中国现代史史料学》由山东人民出版社出版,国家教委发布文件将之列为高校历史系课程教材。

1986 年

7 月 15 日,新华社向海内外播发了《中华民国史纲》出版的电讯。美联社总部闻讯,指令驻北京分社采访。随后,美联社北京分社记者对张宪文进行了采访,并连续发布三篇报道。美国《华盛顿邮报》,香港《南华早报》、《明报》等,均对此发表了评论。

7 月 21 日,新华社编发的《参考资料》转载了美联社的报道。

9 月 20 日,新华社以“《中华民国史纲》的出版受到中外有关方面关注”为题,专门编发了一期呈送中央的“内参”。

9 月 25 日,张宪文曾建议江苏省有关部门向中央宣传部申请编纂《蒋介石言论选集》,中宣部是日批示同意,令出版后内部发行。

是年,张宪文担任南京大学历史研究所所长。

张宪文开始主编《中华民国史丛书》,由河南人民出版社陆续出版,共 48 种。

在中山东路江苏省委招待所举办的 1987 年民国史会议筹备会期间,邀约著名经济学家丁日初商谈改变“中国四大家族”的概念。丁日初向张宪文表示支持,并由丁于 1987 年先后发表两篇相关文章。此后,“中国四大家族”的概念在有关史学教材中逐渐消失。

参加安徽马鞍山市社科联举办的纪念孙中山大会和江苏省政协举办的纪念北伐战争大会,在会上就“蒋介石投机革命”这一传统错误观念,依据大量档案史料,作了修正,指出:蒋介石在孙中山的影响和带领下,参加了民族民主革命,是一个民主主义革命者。

全国社会科学规划办公室,在“七五”规划中制定了唯一的一项抗日战争重点研究课题,可是无人承担。中国社会科学院近代史研究所李宗一副所长动员张宪文承担了这一重大项目。

1987 年

1 月 16 日,《文汇报》发表报道,认为《中华民国史纲》“对民国人物作出比较客观公正的评价,对民国时期的一些历史事件作出全面分析这一实事求是的学术态度，引起海内外学者的广泛兴趣”。

5月，美国华人期刊《台湾与世界》发表了长篇书评，认为：“《中华民国史纲》是目前所见大陆唯一一本完整的民国史通论著作，就这层意义而言，其重要性实不可小视。”台湾方面，则持两种看法，有的学者表示赞赏，有的则持批判态度，认为这是中共史学家的“宣传”。《中央日报》在头版头条消息中指出张宪文“不得不承认蒋公的伟业”，“仍是中共对我（指台湾）统战策略的一个新方式”。

6月，主编的《抗日战争的正面战场》在纪念抗日战争全面爆发50周年前夕出版。这是中国大陆第一部研究抗日战争正面战场的著作。

10月7日至10日，在南京金陵饭店举办第二次中华民国史国际学术讨论会，即民国档案与民国史学术讨论会，张宪文担任会议组织委员会副主任委员兼秘书长。会议闭幕式上，张宪文作了会议的学术总结，后将其发表于《历史研究》。会议期间，鉴于台湾已开放大陆探亲活动，张宪文在齐锡生教授协助下，曾写信邀请台湾张玉法、张朋园、张忠栋三教授访问南京，从而开启了两岸历史学者交流访问的大门。

1988年

7月1日，受邀第一次赴日本进行短期讲学，先后在庆应大学、东京大学、亚细亚大学、东京女子大学、京都大学、神户大学以及日本的一些学术团体，如中国现代史学会、中华民国史研究会、孙文研究会、辛亥革命史研究会等，进行学术讲演。其后20年间，访问日本在15次以上。

9月12日，第一次赴德意志民主共和国（东德）访问，出席中德关系史学术讨论会。会后，出席在魏玛举行的第32届欧洲汉学家学术会议。

1989年

是年，参与组建中国近现代史史料学学会，初任副会长，后受聘为名誉会长。

1990年

7月1日至28日，与蔡少卿教授一起受邀赴澳大利亚访问，期间，参加亚洲学会年会，并在悉尼大学等单位作学术讲演。

1991年

春，经省委报告中央，决定于8月15日召开南京大屠杀史国际学术研讨会及有关纪念活动。

省市设立了筹备机构，并由曲钦岳校长任组委会主任委员，张宪文任秘书长。后接到通知暂停召开。

6月14日，受韩国汉城大学(今首尔大学)闵斗基教授邀请，首次赴韩国参加中国现代史史料学国际学术研讨会。同时与会的中国学者还有章开沅、骆宝善教授。他们是中国大陆最早赴韩访问的历史学者。是时，中韩两国尚未建交，需绕道香港转飞汉城。

6月，张宪文担任南京大学历史系系主任。

8月20日，受美国富布赖特基金会邀请，启程赴美国伊利诺伊大学讲学半年。其间，依美方安排，先后赴哈佛大学，耶鲁大学，哥伦比亚大学，圣若望大学，斯坦福大学，加州大学伯克利分校、圣地亚哥分校，圣路易斯华盛顿大学等校作学术讲演。

是年，张宪文主编的国家"七五"重点项目《中国抗日战争史(1931～1945)》完稿，山西人民出版社拟作为国家重点图书出版，后因故未成。

1992年

是年，获国务院"政府特殊津贴"。

1993年

上半年，李新教授建议南京大学成立中华民国史研究中心，以联合国内外学者共同开展民国史研究。此议获学校批准，由张宪文担任主任，王学庄、黄美真、万仁元担任副主任，李新任名誉主任，并邀请一批海内外知名学者担任客座教授。

6月18日，中华民国史研究中心举行成立大会，各地专家40余人出席。

是年，《民国研究》正式创刊。

1994年

7月6日至9日，赴德国柏林出席由柏林自由大学主办的中德关系史学术研讨会。

7月13日，首次赴台湾，参加"中国历史上的分与合学术研讨会"。这是两岸间第一次大型历史学研讨会。会后，张宪文受邀访问台北中研院近代史研究所一个月。

9月10日，赴美国哈佛大学费正清东亚研究中心出席"中国革命转变时期历史"国际学术会议，并主持开幕式。出席者有魏斐德、叶文心、柯伟林、白吉尔、张玉法等人。

12月18日至20日，举行第三次中华民国史国际学术讨论会。此次会议在台湾实业家陈清坤先生的支持下，由南京大学中华民国史研究中心主办。台湾学者首次出席大陆举办的民国史学术会议。曲钦岳校长致开幕词，张宪文在闭幕式上作了学术总结。

是年，获南京市委宣传部等颁发的"发展南京社会科学事业特别奖"。

1995 年

此年为抗日战争胜利50周年，学术活动频繁。

7月，《求是》杂志第13期刊登了张宪文的论文《评“大东亚战争史观”》。全国20余家国家与省级报纸受国务院新闻办公室、国家外交部指示同日转载，新华社以5种文字向海外播发。

8月，张宪文赴日本早稻田大学文学部访问，作《民国时期的民众运动》学术讲演。

8月14日，侵华日军南京大屠杀史研究会成立，南京大学历史系高兴祖教授担任会长，张宪文为顾问。

8月18日，赴美国纽约哥伦比亚大学出席由华界相关机构举办的“纪念抗日战争胜利五十周年学术研讨会”，并提交论文《试论抗战时期国民政府经济战略的转变》。会议期间再次与吴相湘、唐德刚等著名华人史学家相聚。

9月，赴台北出席“庆祝抗日战争胜利五十周年学术研讨会”，张宪文提供论文《抗日战争时期中国高等教育评析》。这是大陆学者出席人数最多的一次史学会议，双方在抗日战争问题上形成了较多的共识。

是年，《历史研究》1995年第2期刊登了张宪文的《民国史研究述评》。

1996 年

2月下旬，赴德国图宾根大学历史系主办的欧洲学者讲习班讲授史料学。后经巴黎，与同行的中国第一历史档案馆徐艺圃馆长返回北京。

是年，张宪文等主编的《蒋介石全传》由河南人民出版社出版。

1997 年

2月，应台湾中央大学邀请，赴该校历史研究所讲学半年。期间，蒋介石档案（俗称“大溪档案”）正式开放，张宪文为使用该档案的第一位大陆学者。为表示两岸史学界重视该档案，在张玉法院士的建议下，蒋永敬、李云汉、张玉法和张宪文四位教授同驻国史馆查阅蒋档。台湾媒体对此事进行了报道。

7月，张宪文从台湾返回南京。在台期间，张宪文先后赴政治大学、台湾师范大学、淡江大学及中研院社会科学研究所等单位作学术讲演。

12月，受邀赴英国剑桥大学参加由东亚研究院主办的“中国军事思想与战争实践学术研讨会”。会上，宣读论文《试析二三十年代蒋介石的军事政治战略》。会后，访问大英博物馆、图书馆。

1999 年

1 月,赴香港珠海书院讲学一个月。

6 月,《五十年来的中国大陆史学》发表于台湾《近代中国》第 131 期。

6 月 30 日,经法国转罗马、威尼斯,参加由威尼斯大学主办的民国时期历史的学术讨论会,除主持一场研讨会外,并作了关于"五十年来的中国史学"的学术报告。

2000 年

9 月 22 日至 24 日,南京大学与江苏省政协共同举办第四次中华民国史国际学术讨论会,与会学者 152 人。省政协副主席胡福明致开幕词,南京大学蒋树声校长、洪银兴副校长出席会议。张宪文作为会议的主要筹办者之一,在闭幕式上作了学术总结,后以"民国史研究的几个问题"为题,发表于 2000 年 11 月 2 日的《人民日报》,《新华文摘》予以转载。

是年,中国社会科学院中日历史研究中心,决定组织有关抗日战争人口伤亡、财产损失及南京大屠杀史料的三项大型课题研究。张宪文作为中心专家委员会委员,负责南京大屠杀史料的搜集、整理工作。

2001 年

1 月,出席在夏威夷召开的"孙中山先生与中国改造学术研讨会"。出席者主要为大陆和台湾学者。张宪文在会上就孙中山研究的相关问题作了学术发言。

8 月,张宪文等主编的《中华民国史大辞典》由江苏古籍出版社出版,获教育部第四届人文社会科学优秀成果三等奖。该辞典从酝酿到编成出版,历经 16 年,近 150 名作者参与,收录词条 16000 条,约 450 万字。由于经费紧张,每次编纂、修改都选在寒暑假,该辞典的完成是学者团结协作的典范。

9 月 9 日,南京大学民国史研究中心与南京市社会科学界联合会、中国第二历史档案馆等单位,组织了纪念辛亥革命 90 周年的学术研讨会。出席会议的有南京地区的学者和中国台湾、香港地区的学者,还有国外的学者,张宪文是会议的主要筹办者之一。

10 月 9 日,"辛亥革命 90 周年纪念大会"在北京人民大会堂举行,中共中央总书记江泽民在大会报告中指出:辛亥革命是一次伟大的民族民主革命。

10 月 22 日,赴台北出席纪念辛亥革命 90 周年学术研讨会。连战出席,秦孝仪致开幕词。大陆学者金冲及、章开沅、张宪文等均作了报告。

10 月,发表《南京临时政府评析——纪念辛亥革命 90 周年》,载《南京社会科学》2001 年第

10 期。

11 月，张宪文主编的《中国抗日战争史(1931～1945)》，几经周折，最后由南京大学出版社出版，并获得江苏省哲学社会科学优秀成果一等奖和江苏省“五个一工程”奖。该书坚持全面反映国共两党、两军、两个战场、全国各族人民共同抗日的民族战争思想，受到学界好评。

12 月 13 日，赴日本神户出席“纪念辛亥革命 90 周年国际学术讨论会”。期间，再次会见了野泽丰、卫藤沈吉、久保田文次、横山宏章、山田辰雄、安井三吉、中村哲夫等日本学界老朋友。

2002 年

11 月 27 日，中国社科院中日历史研究中心代表团访问日本，张宪文作为代表团成员之一，亦在其中。代表团先后访问了广岛大学、岛根大学。

12 月 2 日，中国社科院中日历史研究中心代表团抵东京，与日方举行双边会谈。

12 月 16 日至 18 日，应韩国国史编纂委员会邀请，赴汉城(今首尔)出席“东亚历史编纂传统与各国史料编纂研究”学术会议，有中、日、韩三国学者出席。张宪文在会上报告了民国史料的编纂与研究状况。会后，张宪文受聘担任该委员会海外委员。

是年，为筹集搜集、整理南京大屠杀史料的启动资金，张宪文先后以个人名义向中央外宣办、南京市委市政府、江苏省委省政府请求支持。年底，梁保华省长对此表示“支持这个项目比支持写一部小说更重要”，要求上报预算。对此，梁省长根据预算如数批复经费 70 万元。

《辛亥革命若干问题的再认识》发表于《复旦学报》第 2 期。

2003 年

8 月，张宪文派研究人员分赴日本、美国等国家，以及中国台湾等地区，搜集南京大屠杀的相关史料。

2004 年

1 月，张宪文等开始启动经教育部批准的人文社会科学重大课题攻关项目“民国史研究”，由南京大学、复旦大学、北京师范大学、中国第二历史档案馆和军科院合作攻关。该项目为教育部首批推出的 39 个攻关项目中唯一的历史学科项目，由张宪文担任首席专家。

3 月 26 日至 31 日，赴台北国父纪念馆出席“第七届孙中山与现代中国学术研讨会”，发表论文《辛亥革命前后孙中山建设现代国家的理论与实践》。

8 月 9 日至 14 日，参与主办“中国近现代史史料学国际学术研讨会”。

是年，与澳大利亚拉筹伯大学的学术合作项目正式启动，先后派出多名教师赴澳作学术研究。

2005 年

1 月，主持教育部重大项目“民国时期长江三角洲地区中等城市发展类型分析”，参加者有朱庆葆、马俊亚等人。

3 月 31 日至 4 月 1 日，访问韩国济州岛，出席纪念“4・3 事件”和平人权论坛，同行者有朱宝琴教授。

8 月 10 日，“12・13——侵华日军南京大屠杀史实展”在北京国家博物馆举行。在隆重举行的开幕式上，中共江苏省委副书记任彦申和专家代表张宪文发表了讲话。

8 月 19 日至 21 日，与中山陵管理局共同举办“纪念同盟会成立 100 周年暨孙中山逝世 80 周年学术研讨会”，有 100 多名海内外学者出席，提交论文 80 余篇，张宪文在闭幕式上作了学术讲话。

12 月 27 日，张宪文主编的《南京大屠杀史料集》(简称《史料集》)第一批 28 卷，由江苏人民出版社正式出版，并在南京举行首发式，中共江苏省委常委、宣传部长孙志军和有关领导出席。中共江苏省委书记李源潮、江苏省省长梁保华担任该书名誉顾问，孙志军和洪银兴担任顾问。《史料集》出版后，在海内外引起强烈反响，也引起中央和省市领导的高度重视。

是年，侵华日军南京大屠杀史研究会换届，张宪文因年逾 70，坚辞会长一职，由南京市政协副主席张伯兴为会长，省市委宣传部动员张宪文留任副会长。

张宪文等著的《中华民国史》(四卷本)，由南京大学出版社出版。该书为国家“九五”重点规划项目，作者坚持新史料、新体系、新观点，是在《中华民国史纲》的基础上的发展，获江苏省人文社科优秀成果一等奖。

《关于抗日战争几个问题的思考》发表于《南京大学学报》第 4 期。

被评为“全国优秀博士论文指导教师”。

2006 年

4 月，日本外务省指令其驻上海总领事馆派领事来南京大学，就南京大屠杀问题采访张宪文。随后，日本外务省在对内阁会议的答辩书中称：“根据截至目前公开的文献等进行综合判断”，“不能否定日军进入南京后，对城内非战斗人员进行的杀害和掠夺行为”。

4 月 29 日，中共江苏省委宣传部、南京市委宣传部与南京大学签署协议，共建南京大屠杀史研究所，孙志军、洪银兴、张异宾、叶皓出席仪式，张宪文任所长。

5 月 26 日，受莫斯科大学邀请，赴俄罗斯参加该校著名的亚非学院建院 50 周年庆祝典礼。

期间，访问俄罗斯科学院远东研究所，与一批研究中国历史的老专家座谈，并赴红场拜谒列宁墓。

7月28日至8月1日，南京大学中华民国史研究中心与浙江奉化市溪口旅游集团共同主办第五次中华民国史国际学术讨论会，张宪文主持会议，并在闭幕式上作了会议学术总结。讲话修改后，以《再论民国史研究中的几个重大问题》刊登于《江海学刊》2008年第5期，并被《新华文摘》和《高等学校文科学术文摘》等刊物转载。

9月，《南京大屠杀史料集》获南京市人民政府颁发的“十大文化精品奖”。

11月4日，台北中研院近代史研究所和中国近代史学会就《中华民国史》(四卷本)，联合举办“南京观点的‘中华民国’学术讨论会”。

11月10日至12日，承办“江苏省纪念孙中山先生诞辰140周年学术研讨会”，江苏各地70多位学者出席，闭幕式上张宪文就孙中山研究的若干问题作了总结发言。

是年，被评为江苏省第四届优秀哲学社会科学工作者。

2007年

2月3日，日本东京大学举办“《中华民国史》合评读书会”，会期一天，就张宪文主编的这部书，发表论文10篇。

7月，中共中央外宣办、国务院新闻办，以成功的、典型的“外宣工作案例”，联合向各省市委宣传部、外宣办发布文件，指出《史料集》“是我国南京大屠杀史研究的重要突破，具有较高的学术价值和社会效益”，对“促进人类理性反思，真正实现中日友好及世界和平具有重要意义”。

12月3日，在南京大屠杀历史事件发生70周年前夕，由张宪文主编的《南京大屠杀史料集》第29—55卷，在南京出版，并举行首发式。省委常委、宣传部长孙志军，南京大学党委书记洪银兴，市委常委、宣传部长叶皓等出席了首发仪式。

12月11日，美国《基督教科学箴言报》记者就南京大屠杀问题采访了张宪文。

12月14日，张宪文在《光明日报》发表《永恒的记忆——写在南京大屠杀70周年之际》。

12月17日，张宪文在江苏省哲学社会科学界学术大会上作了《南京大屠杀史研究的理性思考》的学术报告。

12月23日，日本《每日新闻》上海支局、日本共同社记者就南京大屠杀问题采访张宪文。

是年，在《南京大学学报》第1期发表了《〈南京大屠杀史料集〉的学术价值与政治意义》。

2008年

1月，日本方面再次派遣驻上海总领事馆副总领事与军方代表，赴南京大学与张宪文等就南京大屠杀问题进行对话。

日本岩波书店出版的《世界》杂志发表了张宪文撰写的《检证与认知:南京大屠杀七十年》。

2009 年

1 月,张宪文、朱庆葆、陈谦平、姜良芹等受南京大学洪银兴书记委托赴台,在邱进益先生的陪同下,拜会了连战、吴伯雄两位国民党荣誉主席,并邀请他们访问南京大学。在台期间,在邱进益先生的支持下,张宪文等专程赴台湾妇联会,与辜严倬云主委协商合作开展宋美龄系列研究,顺利达成协议。

5 月下旬,吴伯雄率中国国民党代表团拜谒中山陵以纪念孙中山奉安 80 周年,并赴南京大学接受名誉博士学位。南京大学举行了隆重的学位授予典礼。

8 月 4 日至 10 日,受党中央、国务院邀请,作为新中国建立 60 年来创新创业创优 60 名代表之一,赴北戴河休假,并出席李源潮召开的人才问题座谈会。

9 月,张宪文带领 8 位女博士、女教授赴台,再次拜会辜严倬云主委,查阅宋美龄有关史料,引起台湾史学界的关注。期间,曾赴淡江大学和东华大学作学术讲演。

12 月 30 日,教育部在北京人民大会堂举行全国高校人文社会科学优秀成果颁奖大会,《南京大屠杀史料集》获一等奖。张宪文作为获奖代表在大会上发言。中共中央政治局委员、国务委员刘延东同志和教育部领导出席了颁奖大会。

是年,张宪文任首席专家的教育部重大课题攻关项目成果《民国史研究》(10 卷)完成,经教育部专家组鉴定,成绩为“优秀”。

教育部宣布第二次重点研究基地评估结果,南京大学中华民国史研究中心被评为“优秀”,在历史学基地中,评估指标名列前茅。

2010 年

7 月 7 日,张宪文主编的《南京大屠杀史料集》72 卷全部出齐,共约 4000 万字。十年间,课题组先后赴日本、美国、德国、英国、法国、俄罗斯、意大利、西班牙和我国台湾地区搜集史料,参与这项工作的历史学者、档案学者和外文翻译人员达 110 人,他们为中华民族和人类正义事业作出了重大贡献。

8 月 21 日,南京大学联合哈佛大学、剑桥大学、牛津大学、东京大学、莫斯科国立大学共同主办第六次中华民国史国际学术讨论会。会议在南京中山陵国际会议中心举行,讨论主题为民国社会转型研究,由六家主办单位担任联合主席。会议闭幕式上,张宪文就“民国时期社会转型的若干问题”作了学术总结。会议期间,两岸四地学者合撰《中华民国专题史》项目启动,张宪文与张玉法担任总编纂。

2011 年

4 月，获南京市第二届“十大文化名人”荣誉称号。

7 月，发表《新时期再议辛亥革命》，载《近代史研究》2011 年第 4 期。

10 月 9 日，胡锦涛在北京人民大会堂举行的纪念辛亥革命 100 周年大会上，再次指出辛亥革命是一次完全意义上的民族民主革命。

10 月 10 日，《新华日报》刊载了张宪文的文章《传承辛亥精神　建设现代国家》。

10 月 16 日，江苏省暨南京市举行“纪念辛亥革命与南京临时政府成立国际学术讨论会”。张宪文参与了会议的筹备工作，并在会议上就辛亥革命的若干问题作了闭幕讲话。

11 月，赴新加坡出席纪念辛亥革命的学术研讨会。

是年，张宪文鉴于已届高龄，辞去侵华日军南京大屠杀研究会中的职务。

2012 年

5 月，获江苏省五一劳动奖章。

5 月 20 日，南京大学 110 周年校庆典礼上，张宪文团队获“南京大学卓越贡献奖”。

12 月 6 日，《南京大屠杀全史》(三卷本)由南京大学出版社出版，南京大学党委书记洪银兴教授在北京主持了新书首发式。在京有关领导和著名历史学家出席了仪式，国内各主要媒体进行了采访和报道，并产生良好影响。

是年，发表了《构建科学的中国现代史学科体系》，载《安徽大学学报》2012 年第 1 期，人民大学复印资料《中国现代史》2012 年第 7 期予以转载。

2013 年

5 月，张宪文与南京市档案局合作编纂的南京百年城市史项目(13 卷)，已经完成全部书稿，进入审稿阶段。

5 月，获全国五一劳动奖章。同月，获江苏省委省政府授予的“江苏社科名家”荣誉称号。

夏，与张玉法共同主持的两岸四地合撰《中华民国专题史》(18 卷)项目，已经统稿完毕，进入审稿阶段。

是年，“宋美龄研究系列”项目成果(8 卷)与多卷本《宋美龄文集》已经完稿，送出版社出版。

三 / 学术之旅：“我在南大六十年”

泰山之子

公元1934年10月27日,我出生在山东省泰安县。泰安,寓意国泰民安,历史上曾设州、府,居五岳之首的泰山南麓。孔子“登泰山而小天下”,杜甫“会当凌绝顶,一览众山小”的名句广为流传。泰山道观佛寺遍布,善男信女络绎不绝,文人墨客纷至沓来,更为历代帝王封禅祭天的神山。其间的碧霞元君祠,自1759年始,清朝皇帝每年登山祭祀,成为定制。历代帝王所到之处,建庙塑像,刻石题字,古刹名寺留下众多文物古迹。

我生于泰安南关一个大家族。作为家族长孙,小时候得到爷爷奶奶的百般宠爱。娇惯的孩子常常生病,有人说到庙里认个师父,可免却病灾。家人带我到泰山斗母宫认了师父,排正字辈,取名正海。又因族谱为宪字辈,取名宪文。

小学中学时代,大部分时间处于日伪和国民党统治下。日伪时期,汪精卫的“和平军”开进泰安。听大人说,汪精卫是南京政府的,重庆还有个蒋介石。那时年少,懵懵懂懂,不知他们是干什么的,相互关系如何。

大概是1942年夏天的一个早上,天才蒙蒙亮,就听见家里的狗一阵狂吠,一群日本鬼子(那时我们都这样称呼日本人)持枪闯入家门,把我爷爷和爷爷的五弟带走,关进宪兵队。日军对他们进行拷打,用烧红的烙铁烫其胸背,要他们交代怎样“通八路”的。我爷爷是地方名士,长期服务家乡,家族中虽然人口多,但没有听说哪个人与共产党、八路军有往来。日军抓不到把柄,13天后把我爷爷放回家。那时候我虽年幼,对这件事却记忆深刻。

抗日战争时期,八路军挺进山东,在各地建立游击区,泰安南部的徂徕山有游击队活动。盘踞泰安的日军多在早上下乡扫荡,傍晚时分匆匆收缩回城,不敢在乡下久留。我常见日军骑着战马狼狈返城的景象。

1943年,我七爷爷送我去徐州念书。当时,父亲在徐州做事,母亲和弟弟、妹妹都随在身边。我和七爷爷乘的火车到滕县、临城间突然停下了,听说前面铁轨被八路军游击队扒掉了。火车停了几个小时,铁轨修好后继续向前开动,眼见路旁倒了几节车厢。新中国成立后才听说这一带当时有著名的铁道游击队活动。50年代,铁道游击队的大队长还到南京大学给学生作过报告,介绍他们当年英勇抗敌的事迹。

1945年8月10日听到广播,说是日本天皇宣布投降,中国的抗日战争胜利了!日军有些将领接受不了这一事实,剖腹自杀,以表示效忠天皇。那时我刚刚小学六年级,也懂事了。学校组织学生上街游行,每人手持三角彩旗,欢呼抗战胜利。徐州地处沦陷区,深受日伪统治的苦难,期盼国民政府、国军赶快回来。当时,蒋介石身着戎装的头像满街飞,其威望达于高峰。不少抗战将领成了青少年崇拜的英雄。

抗日战争胜利了，经历了八年战争劫难的广大民众，迫切需要重建家园，休养生息。战后中国的发展方向，一度出现和平曙光。可是，蒋介石因坚持一己立场，没有抓住这个难得的机遇。国共两党未能达成共识，中国大地重燃战火。国共内战三年，我在徐州经历了再临战争的苦难。

抗战胜利的喜悦，瞬间即逝。中央军军纪松弛，接收大员据国库为己有，政府官员掠夺、贪腐，收复区百姓，“盼中央，中央来了更遭殃”，政府拉大了他们与民众的距离。国统区经济不断下滑，危机四伏，政府虽实施金圆券币制改革，却已难挽财政经济崩溃的厄运。决定国民党命运的淮海战役，1948 年底在徐州打响。淮海战役进行了两个多月，国民政府所辖部队损失了 22 个军约 55 万人，其参战精锐嫡系大部被歼，伤兵、败兵大量流落徐州街头。战争虽然在徐州四郊进行，但城内充满战争气氛。到了夜晚，战场上的照明弹腾空而起，照亮南郊上空。我家老小和邻居们不断躲进院内自挖的防空洞。随着战争的发展，国共双方的战斗转至皖北永城陈官庄、青龙集一带。

徐州解放那天早上，听邻居讲，街上已有不少八路军。那时，我们还不知道八路军、新四军已经更名为中国人民解放军，仍习惯称其为“八路”。我一个人跑上街，眼见一队队军人走过。他们穿着不那么合体的土布黄军装，显得有些土气。这第一眼给我留下的深刻印象，至今记忆犹新。国民党败退，对失掉的城市进行疯狂报复。记得有一天，我奉母命上街购物，忽听警报声响起，我拼命往家跑。这时，敌机已临上空，炸弹像下元宵一样，一串串丢下来，在阳光的照射下分外耀眼。回家后，听说飞机炸了火车站。我家住的顺河街，距火车站不远，炸弹的爆炸声震耳欲聋。我一生经历过三次飞机轰炸。一次是家乡泰安沦陷时，日机轰炸泰城，炸弹就在头上飞过，二叔把我扑倒在空地上。一次是抗战胜利前夕，中国飞机轰炸徐州，我和母亲、弟弟、妹妹每天躲到云龙山。第三次就是上述国共战争期间。

入读南大

1949 年中国共产党取得全国政权，毛泽东宣布中国人民站起来了，中国再也不受西方列强的欺侮。可是，日本侵华、国共内战，两次大战争已把中国社会经济推向崩溃的边缘，仅钢铁一项在 1949 年产量已下降至 60 万吨，其他经济项目也已十分薄弱。

建国初期，在经过三年的国民经济恢复之后，1953 年开始了第一个五年建设计划，进入大规模经济建设时期。中国共产党提出过渡时期总路线，制定了“一化三改造”的政策，即实现工业化和进行对农业、手工业和资本主义工商业的改造。苏联作为社会主义国家“老大哥”，对中国援建的 156 项重点工程，主要设置于东北地区。

百废待兴，人才稀缺。在这样大规模的建设形势下，高级人才更显稀缺。1952 年大学招生 5 万人，报考人数只有 5 万余人，记得那一届只要未考“零蛋”都能被录取。知识分子受传统思想影响,仍然相信“学而优则仕”、“学好数理化,走遍天下都不怕”。那时我的理想也很简单,被热火朝天的经济建设所吸引,想当一名工程师,对进入工厂工作十分羡慕和向往。可是,1954 年我报考大学却报了财政经济专业,志愿填的是北京、上海、沈阳三所财经学院。日夜奋战了几个月,到考试那天我只吃了一个烧饼,即赴考场。那一届招生 9 万人,全国报考人数为 13 万人,录取名单都发表在各大区的主要党报上。华东地区的刊登在上海《解放日报》上。1954 年 8 月 15 日,终于等来了发榜的那一天。学生们都拥在邮局门口,争购当日的《解放日报》。我遍查三校录取名单,没有我的名字。是不是没有被录取?听说志愿填报只供参考,国家需要才是主要的。我不死心,再查其他学校录取名单,突然发现南京大学历史系录取名单中有个张宪文。这个人是不是我呢?是否重名呢?狐疑中,忽见《大众日报》刊载了山东劳动模范张宪文发表的谈话。我想哪里来了这么多张宪文。苦等三天,收到了南京大学的录取通知书和一封历史系学生会欢迎新同学的来信。这样,我就与历史学结下了终生不解之缘。

为什么学历史,学历史有什么用?我当时没有感觉,更无理性认识。中学时代,我读的是天主教办的徐州昕昕中学,男女生实行分校,有一年历史课考试,我是男女生中唯一考了 100 分的,受到老师的表扬。记得后来 1960 年翦伯赞教授访问南京大学,在历史系举行的座谈会上,有的青年教师问翦伯赞学历史有什么用,翦老也未告知明确答案。

中学时代,我喜欢体育运动,并受体育教师影响,爱好体操。由徐州回山东后,1953 年 7 月,我参加了在青岛举行的山东省人民体育大会,获男子普通组体操第 3 名。接着作为山东省队运动员出席华东六省一市举办的华东区运动大会。由此,我与山东省体委熟悉。当他们知道我考取南京大学以后,动员我别学历史,打算介绍我去上海体育学院学习。我爱好体育运动,但受传统观念影响,不愿意一辈子从事体育工作,仍坚持到南京大学历史系报到。

1954 年 8 月 24 日,我由济南乘火车踏上去南京的旅途,从此走上漫长的历史研究的道路。

50 年代,受经济条件限制,学生离家上学,携带的生活用品都很简单。我打了一个行李卷,里面捆了一条被子、一条褥子、一条床单、一个枕头、几件换洗衣服和冬天穿的棉袄、绒裤。另外,用网袋装了一个脸盆、一个水瓶和喝水用的搪瓷杯等。多数同学都是这种简单的行装。除家境较富裕的同学外,难得有人带箱子,穿皮鞋,戴手表。

1954 年,新中国建立后第一次发大水。我在火车上沿途看到各地遭遇水灾。从安徽蚌埠往南,许多乡镇、农田都泡在水里,洪水漫过铁道,火车基本上是在水里行进,隐约可见水中的铁轨。车过临淮关,其城墙也有半截浸在水中。当时尚未修建长江大桥,火车抵达浦口后,车厢被拉上长江轮渡,乘客依然坐在车厢内。经过差不多两小时的折腾,轮渡把火车运至江南,抵达下关火车站。候车室内有南大的一群老同学在迎接新生。接待我的是气象系的学生,为首的是金汉良同学,大学毕业后也留校任教。

大学四年，终生难以忘怀。我们班上50多位同学，有应届高中毕业生，也有调干生。大家思想都很单纯，遵守校纪校规，听党组织的话。班上共产党员多，有党支部、团支部，我在入学第二年加入共青团。

南京大学在1949年前原名中央大学，设于成贤街。那里地方小，无法进一步发展。1952年高校院系调整后，南京大学将工学院留在原址，成立南京工学院，而将文、理学科院系迁往地处天津路、汉口路的金陵大学，合并建立新的南京大学。金陵大学周边空地多，有许多菜地、农田、树林、高坡，甚至还有坟地。依照50年代中国高等教育发展的设想，像南京大学这样的综合性大学要发展成万人大学。当1954年我们入学时，南大的学生有3300人，其中光地质专修科就有800个学生。全校13个系，原来中央大学的一些社会学科、经济学科、法学院系，不是被撤销，就是被并入其他大学。当时，文科只剩下中文、历史、西语（英、德、法语）和俄语系。后来中苏关系破裂，学习俄语的人少了，北京、上海等地的俄语学院也宣布解散，学生纷纷转学，南大俄语系也免不了被撤销的命运。当时，许多人认为心理学是唯心主义的，没有必要研究。原中央大学心理系的一些教师无所适从，整天在校园内闲逛。南大校长潘菽是著名的心理学家，九三学社的中央负责人，后来他离开南大去北京组建中国科学院心理学研究所，这批心理学教师才随潘菽校长去了北京继续研究工作。

我们入学时，生活标准都很低，伙食标准每月9元3角，应届高中毕业生由国家全包，各种费用全免，调干生也只缴纳伙食费。那时南大没有像样的学生餐厅，只在南园盖了两个特大草棚。学生用餐、全校师生大会，包括学生晚自习都在这两个大草棚内。学生用餐，8个人一桌，每顿饭都由一个学生轮流值日分菜，每人一份。草棚中央放着若干大饭桶，学生自由取饭，从未感到不够吃的。

1952年高校院系调整后，大学教育全面学习苏联，否定欧美资本主义教育制度。当时两种教育制度优劣在何处，对刚入学的年轻人来说，根本就弄不清楚。我们1954级新生每人收到一个小型的蓝布封面记分册，最后一页印着学习完毕“经国家考试合格，换取专家证书”。一个大学刚毕业的学生怎么会成为专家呢？没有哪位老师解释过，那个时候也未看到哪个系的同学参加过国家考试和获得专家文凭。这大概也是苏联教育制度的一个表现吧！

历史系除开设两门通史课程及一些历史学选修课外，还开设了几门考古学课程，如梁白泉先生讲授的“原始社会史”，南京博物院曾昭燏院长讲授的“秦汉考古”。曾院长是中国著名的女考古学家，早年留学英国，终生未嫁，是晚清曾国藩之弟曾国荃的后裔。在阶级斗争意识泛滥的年代，这种无法选择的出身成为沉重的政治包袱。1964年她在南京灵谷寺跳塔自杀，十分遗憾。我受曾昭燏院长影响，也读过一些考古学的著作，因而对考古产生浓厚兴趣，以至于今天我仍十分关注考古事业的发展。大学四年级时遇上南京博物院组织力量第三次发掘南京北阴阳营新石器时代晚期遗址。这个遗址在长江以南具有代表性。我和同班瞿季木、宋堃等7位同学参加发掘实习,成立考古队,于1958年4月3日在南京博物院著名考古学家尹焕章先生等指导下,开始了发掘工作。土方工作由历史系、气象系同学以勤工俭学名义承担,我们每个同学负责一个坑位。整个发掘工作进行了大约两个月时间,我们学会了如何判断历史文化堆积层,熟悉了新石器时代的各种器物。该遗址清理出大量文物,其中包括各种石器、陶器和珍贵的卜骨、卜甲等,还有若干具当时的人类骨架,我们都会小心翼翼地用特制工具将骨架挑剔出来。实践中我们学会了考古发掘的一些基本技能。我们都以该遗址为主撰写毕业论文,我选定的论文题目是“新石器时代晚期遗址特征”。这篇毕业论文在我大学毕业留校任教后,曾被校方选送至北京参加全国高等学校勤工俭学科研成果展览。论文被《考古学报》看中,准备发表。我将文章送给南京博物院征求修改意见,他们却阻挠发表,说是要等他们发表了发掘报告之后,才允许发表我的论文,其学术垄断的作风可见一斑。我作为初出茅庐的小青年也无可奈何。事实上,北阴阳营遗址的发掘报告,在许多年之后才整理出版。

那个年代,南京大学的学习气氛还是比较浓厚的,学生的活动也比较多,对校长、著名学者特别关注,议论也多。潘菽校长是著名的心理学家,书生气十足。记得他在出席第一届全国人大会议返校后,在大草棚餐厅向全校师生员工传达会议精神。他的宜兴话十分浓重,一个多小时的报告我只听懂了一两句话。

1957年“反右”后,中央加强高校领导,原云南省长郭影秋调任南京大学校长。南大以及后来郭校长就职的中国人民大学,都流传着他的许多“佳话”。他曾手持介绍信去中国人民大学人事处报到,惊呆了人事处的干部。他不仅关注国家政治及学校发展,也十分关注同学们的学习和生活,他常深入学生房间和学生食堂。我在担任学生会体育部长时,有一年国家运动队一大批著名运动员来南京活动,我通过熟悉的运动员把他们请来南大与学生联欢,在灯光球场举行舞会。事后,郭校长批评我说,这么大的事情为什么不请他出面接待。那时,我作为一名学生,既想不到什么礼节,更不敢去惊动校长。1957年他刚调来南大,在大操场召开全校学生大会,学生们都争睹新校长风采。散会时,他请全体女生留下来坐在操场中间,用自己背的相机给女同学照了一张合影。有的男同学对此有点“吃醋”。次年,一位男生给他贴大字报,问他为什么只给女生照相?郭校长在回复他时说:“我为什么不能给女同学照相?”郭校长在南大工作6年,在师生中威信很高,大家都很尊敬他。他在南大工作中的最大缺失是不盖房子,每年都将基建经费上缴。他在教师大会上说:“国家有困难,我们要勒紧裤腰带熬。”他的治校风格与后任校长匡亚明完全不同。匡校长一到南大,就在全校教职工大会上说:国家给你钱,你就应该花掉,否则是破坏国家计划。后来,郭影秋校长也认识到不盖房子,确实给南大带来许多困难。郭校长十分喜欢历史,他在云南工作时,作过李定国的历史调查,编辑出版了《李定国纪年》。他多次与历史系师生研讨明清史。

他用《李定国纪年》的稿费2000元，给学生会买了一套大型乐器。

我对学习历史的目的性虽然不那么明确，但是学习态度还是认真的。1955年5月20日校庆纪念大会上，表彰了全校160名学习较好的同学，我和历史系其他的同学共12名也在其中。是年12月10日，学校领导又在大操场召开全体学生大会，宣布1954至1955学年优秀生和优秀班级名单。学生们都坐在操场上。会议由团委副书记陈炳湘主持，副校长李方训讲话并颁奖。全校共评选出甲级优秀生7名，乙级优秀生39名。历史系甲级优秀生为陈得芝，乙级优秀生为孙应祥和我。学校给每个人颁发奖章一枚和奖金若干（甲级30元，乙级10元）。当时，全校有3000多名学生，历史系也有100多名学生。当喊到我的名字到前面领奖时，我从没想到自己会获奖。

1956年，中央制定了十二年科学发展规划，提出了"向科学进军"的口号，这在全国知识界引起强烈反响，对推动中国科学事业的发展，发挥了动员作用。各高等院校学习苏联人才培养制度，开始招收副博士研究生（相当于欧美教育制度中的硕士研究生）。南大校园内到处张贴"向科学进军"的标语，历史系也在本系选拔了几名大学生读副博士研究生。后来，1958年"大跃进"时期这种培养制度被取消，一些副博士研究生转为助教，留校任教。

1954年我考入南大时，正好有山东师范学院体育系刘德池、马庆贺两位老师来南大任教。他们认识我，并在体育教研室宣传历史系有一个新生体操练得不错，是山东省代表队的成员。这样，我就被拉到学生会体育部当了一名干事。当然，在体育部的学生工作都是业余的、自愿的。后来，高年级同学离开，由我担任了体育部长和团委军体委员。三年间，我常协助体育教研室组织学生参加省市的一些学生运动会和其他竞赛活动。那个时候，南大的体育活动十分活跃。同学们都十分注意锻炼身体，每天下午4点钟，操场上跑步的同学如潮水一般，少说也在千人以上。四年级时，我放弃了学生会的义务工作，回到班级被选担任团支部书记。1958年7月4日毕业前夕，我加入了中国共产党。

南京大学历史上也发生过一次大规模流行性感冒，时间大约在1956年春夏之交，迅速在全校学生中蔓延开来。由于传染性强，患病学生达数百人。学校临时将大操场西边的两个特大平房教室（每间可容200人）作为病房，用一部三轮小汽车往返南园与北园间拉送病员。我们班上也有许多同学病倒，我多次往返护送他们。大家痊愈多日之后，我也病倒了。我拿着铺盖离开宿舍找了个地方自我隔离了几天。

上世纪五六十年代，由于居住条件简陋以及人们没有良好的卫生习惯，在集体生活环境中，各种寄生虫很多，当时南大学生宿舍有很多臭虫或跳蚤，大家想方设法灭虫。除在床缝里抹上许多六六六粉等杀虫剂外，到了夏天，学校多次集体行动消灭臭虫。总务处在南园空地上放一些大铁桶烧开水，许多同学将自己的草席放进滚开的热水中，将臭虫烫死。这种土办法确实有效。几次灭虫大战,南园宿舍的臭虫基本被消灭光。这段校园生活简朴而又快乐。

肃反与反右

新中国建立以后,政治运动接连不断,多数民众生活在紧张的政治空气之中。

在民主革命胜利前夕,1949年3月5日,中国共产党在河北省平山县西柏坡村召开了七届二中全会。毛泽东在会上作了报告,全面阐述了中国共产党在取得革命胜利后的路线、方针、政策。这次会议成为中国共产党1949年后在全国进行经济建设、继续开展政治斗争的十分重要的行动纲领。毛泽东在会上说:"决不可以认为反革命力量顺从我们了,他们就成了革命党了,他们的反革命思想和反革命企图就不存在了。绝不是这样。他们中的许多人将被改造,他们中的一部分人将被淘汰,某些坚决反革命分子将受到镇压。"他说:"在拿枪的敌人被消灭以后,不拿枪的敌人依然存在,他们必然地要和我们作拼死的斗争,我们决不可以轻视这些敌人。"

毛泽东坚持以阶级斗争为纲,在政治、经济、文化、社会各领域中,坚持进行资产阶级与无产阶级两条道路的斗争。在取得政权初期,实施清匪反霸,土地改革,"三反"、"五反",以及抗美援朝运动之后,在知识界和干部队伍中开展了一系列政治运动。

第一炮瞄准了电影《武训传》。武训,出生于清道光年间的1838年,行七,山东堂邑县(今冠县)柳林镇武庄人。家境贫寒,一生靠乞讨兴办义学,在当时和此后相当长的时期,受到社会的广泛关注和赞誉。清政府曾予表扬并封为"义学正",建祠供奉。民国时期,其义学精神也广为传颂。1951年2月在全国各地上映了由著名电影演员赵丹主演的《武训传》,受到社会各方的好评。但是,几个月之后,《人民日报》发表社论《应当重视电影〈武训传〉的讨论》(1951年5月20日),说这部电影是歌颂和宣传"污蔑农民革命斗争,污蔑中国历史,污蔑中国民族"的,号召开展关于《武训传》的讨论,矛头直指编导孙瑜和演员赵丹。当时,江青还组织所谓的调查组去山东武训家乡调查,事后在《人民日报》发表了《武训历史调查记》,完全歪曲事实,把武训描写成向封建势力奴颜婢膝的"奴才"。

出于对资产阶级和无产阶级两个阶级、两条道路斗争的认识,中国共产党在1949年掌握政权后,在知识分子成堆的高等院校加强清理资产阶级思想,并试图消灭资产阶级思想。

大约在1952年上半年,在高等院校开展了最早的一场知识分子的思想改造运动。每一位教师都检查了自身的资产阶级思想及其表现。记得南大历史系王绳祖教授事后表示他检查了历史研究中的客观主义思想。这个运动留下的资料不多,在人们的记忆中也不深刻,说明这次运动并非急风暴雨式的,还称得上是和风细雨,运动的参加者并未感到太大的压力。

1954年,即我们刚刚入学的那一年,毛泽东发动了"胡适思想批判"运动。而在这之前,中国共产党在建国之初开展"三大改造运动"的同时,就开始批判胡适,不过当时仅限于在知识界举行小范围会议。1954 年，中国学术界掀起了一场全国性的、范围广阔的胡适思想批判运动。这年的 10 月 16 日，毛泽东就《红楼梦》研究致函中国共产党中央政治局委员及有关人员，号召开展“反对在古典文学领域毒害青年三十余年的胡适派资产阶级唯心论的斗争”。中国共产党认定胡适是五四运动以来中国最重要的资产阶级知识分子，是资产阶级右翼知识分子的主要代表人物。要清理知识分子的资产阶级思想以及资产阶级观点在学术界各领域的表现，就必须批判胡适。学术界发表了一系列文章，对胡适个人及其各种学术思想和观点作了全面批判，可以说除白话文以外，把胡适说得一钱不值，批得体无完肤。不少文章缺乏理论和事实根据，常常无限上纲，把胡适痛批一通。有关批判文章汇集成多卷本的《胡适思想批判》，在全国广为发行。高等学校文科学生也卷入了这场批判运动。但是由于对胡适思想缺乏了解，学生自身更缺乏理论修养，所谓批判，也只能起着呼喊口号的作用。经过这场批判运动，胡适的形象在广大青年知识分子中受到很大损害。

1955 年，毛泽东主导发起了对胡风的批判。报纸上连篇累牍地刊出胡风和学界朋友之间的往来信函，这些信函被批为“反党反社会主义的大毒草”。很快，胡风和他的朋友们被打成“胡风反革命集团”。“胡风反革命集团”案是 1949 年后第一个发生在精英知识分子中的冤案。然后是“五七反右”，50 万人被打成右派，“文革”中被全面清算。知识精英被打翻在地。从此，中国知识界鲜有敢说真话的人了。这一事件，不久发展成为全国性的“肃反运动”，在各党政机关和高等院校全面展开，南京大学也不例外，正常的教学科研受到干扰和冲击。有各种政治经历的师生员工，如参加过国民党、三青团者，都被筛选了一遍。当时，我们年级多调干生，政治经历清楚、简单，因而无“反”可“肃”，全班同学被调至老大哥班级去“帮忙”。记得我们班组正在西平房教室学习文件，忽听得教室外面大声呼喊，有一位中文系的女同学经受不了严厉的政治审查，跑至西园跳井自杀，我班同学设法把她捞了上来。可以说，肃反运动是 1949 年新中国建立后，除“三反”以外，在党政机关、高等院校内部开展的一场较大规模的政治运动。

毛泽东在 1949 年召开的中共七届二中全会上说：“夺取全国胜利，这只是万里长征走完了第一步……革命以后的路程更长，工作更伟大，更艰苦。这一点现在就必须向党内讲明白，务必使同志们继续地保持谦虚、谨慎、不骄、不躁的作风，务必使同志们继续地保持艰苦奋斗的作风。”中国共产党取得全国政权，由农村转入城市之初，确使社会面貌大为改观，出现一片清新气象；干部也比较廉洁奉公，密切联系群众，保持着艰苦朴素的作风，甚受民众好评。可是，进城没有几年时间，许多共产党干部的工作作风、生活作风开始变化，不少人日益脱离群众，官僚主义严重，贪污腐败滋生蔓延。面对这一影响全局的严重现象，中国共产党于 1956 年在全党开展了整风运动，特别要求党外朋友帮助整风。中国共产党从中央到地方召开了一系列座谈会，许多群众也卷入“大鸣大放”。曾经和共产党长期合作的一些民主人士，向共产党提出了较为尖锐的意见，流露了对官僚领导的不满情绪,有的也仅仅是向自己的领导指出了些不痛不痒的缺点。对于这些推心置腹的意见,中共的领导人坐不住了,何时听到过这么多的批评。针对这一局面,毛泽东自有他的方针和对策。

南京大学师生在整风反右运动中表现活跃。在“大鸣大放”阶段,有几件事很有影响。一是南京大学部分师生在新街口的《新华日报》社贴大字报。在其大门上贴了一副对联:“上天言好事,下界保平安。”当时学生与市民群众堵塞了新街口的交通,这件事惊动了毛泽东。另一件事是毛泽东批评南大党委书记陈毅人右倾。当时陈对压制群众大鸣大放的做法有些想不通。有一天晚上,省委几个书记坐镇南大戊字楼学生会楼上,听说南大部分学生正在校门口“闹事”,要陈毅人去校门口平息事态。陈毅人勉强地站在南园校门口台子上对同学讲了话,做了说服工作。再一件事就是历史系讲师刘敬坤(中央大学时期中共地下党员)在南大校刊上发表了一篇文章,标题为“是什么东西害了南京大学”。文章开头称“六代豪华,春去矣,更无消息……”,接着向南大党委提了几条在今天看来都是微不足道的缺点。后来,刘敬坤被打成“极右派”,送去“劳动教养”。还有一件事就是学生冲击斗鸡闸“将军住宅”。1956 年至 1957 年间,南京军区政治部主任钟期光上将住在南大附近的斗鸡闸(原何应钦公馆,今为南京大学国际交流处办公室)。斗鸡闸大门坐落在当时较为简单的南大北园校门之内。钟期光经常晚上回家甚迟,座车司机常与南大门卫发生纠纷,从而引起部分学生不满,认为钟期光上将搞特权。大鸣大放阶段,不少学生贴钟期光将军的大字报,向斗鸡闸院内扔石块。这些学生后来有的也被划为右派。

毛泽东十分关注南京大学在整风反右中的表现,据说后来还补拍了一些纪录片。南京大学的“反右”斗争开展得轰轰烈烈,师生中大约有 200 多人被划成资产阶级右派。中文系二年级全班五六十位学生,就有 10 名被划为右派。记得在其班级宿舍南园的“一舍”山墙上出版了一期专栏,名为“右派小辞典”,介绍了这 10 名“右派学生”的简历和“右派言论”。历史系教师党支部三位支部委员均被划为右派,这三名支委在新中国成立前都曾是中共地下党员。其中,支部书记郭勋没有任何所谓右派言论,只是不满南大党委将支委刘敬坤划为右派,因而郭本人也被划为右派,其后郭勋在校内被监督劳动,吃尽苦头。“反右”斗争中,历史系除一年级外,每个年级都有 5 名至 7 名学生被划为右派。值得一提的是,广大师生被划分为左派、右派和中间派,中间派又分为中左、中中和中右,中左是靠拢党的,中中是政治态度不明朗的,中右则与右派差一步之遥。许多所谓中右分子的材料装入个人档案,本人并不知道。记得在“文革”后,我被选为历史系党总支委员,在分工清理部分毕业学生的档案时,发现我班有几位同学被定为中右。我们设法通知本人提出“改正”的申请。据说,当时被打成右派分子的人数有五六十万。“文革”后,给右派摘帽平反,恢复名誉。北京只保留了民主党派中的几个大右派。南京大学也曾试图保留刘敬坤一个人为右派,遭到历史系党总支委员的一致反对。刘敬坤老师为人忠恳,生活简朴,热爱中国共产党,右派帽子摘掉后写申请报告想回历史系工作，未获首肯。后刘敬坤老师考取中国科学院(后为中国社会科学院)近代史研究所，担任副研究员，前两年逝世。

“文革”结束后，中共中央在通过《关于建国以来党的若干历史问题的决议》之前，派员携草案赴各省征求意见。我曾在中共江苏省委党校听取中共中央党史研究室主任廖盖隆宣读决议草案，其中讲到反右运动整个是错误的。可是，《决议》正式形成后，反右运动被改为反右运动被严重地“扩大化”是错误的。

南京大学的反右斗争至1958年初结束。3月29日召开全校大会，宣布对右派分子的处理。教职员工中的右派，有的被开除公职，实行劳动教养；有的被撤销职务，送农村劳动场所监督劳动；有的被撤销原职务，另行安排工作。学生中的右派，有的被开除学籍，实行劳动教养；有的被定为坏分子，开除学籍，实行劳动教养。

反右运动结束后，在全国范围内又开展了“交心运动”。南京大学的交心运动自1958年5月30日开始，至6月下旬结束。这次运动要求“把心交给党”，交出对党的领导、方针政策，对历次政治运动和国际问题的错误看法，交出反动的立场和资产阶级个人主义。许多人响应中国共产党的号召，听党的话，把这方面的所谓错误思想、不满情绪，用大字报、小字报一条一条地写出来，或在会议上讲出来。能把这些思想认识说出来、写出来，表示你对党的靠拢和忠诚。南大全校1000多名师生还排着整齐的队伍，抬着一个画有大红心的标牌去中共江苏省委表示决心。运动后期，每人对自己的错误观点进行梳理，当时叫作“梳辫子”，然后在政治上“上纲上线”，将自己批判一通。国内有些地区的交心运动走歪了，又整了一些人。南大的交心运动，尚未发生大的政治偏差。

留校任教

四年的大学生活结束了，1958年7月开始毕业分配，照例学政策、表决心、宣布分配方案、整理行装、办理离校手续。时间大约一周到十天。那时，我们每人都要表示决心，服从分配，到边疆去，到祖国最需要的地方去。这时期政治空气仍十分浓厚。经过1957年反右派斗争，知识分子的政治地位有所下降。有人提出，大学毕业生的待遇太高了，要降低一些。大学毕业生的工资由最低59元降为53元。同时，加强高校的领导力量，除调原云南省省长郭影秋任南京大学校长兼党委书记外，原江苏省委文教部部长俞铭璜为南京大学中文系系主任，原省委宣传部理论处处长聂启坤为南京大学历史系新成立的党总支书记。同时，1957年的毕业生已充实高等学校政治理论课的教学队伍。我们1958年毕业生到底去向何处？这是毕业生同学最为关心的。那个年代的年轻人以祖国需要为理想，甚少有同学想回原籍工作，只希望有一个专业对口的岗位。当得知我班分配方案有4名去青海、3名去山西、2名去黑龙江等边远地区后，不知为什么我总认为自己可能被分配去青海，因此整理行李用品做了去青海的准备。有一天走在校园内，遇到校团委书记潘洁同志。她向我打招呼，告诉我说："你留校了。"听到这一消息，思想上并未荡起太大波澜。

大学四年，我为南大的学生体育作了一点贡献，与体育老师们相处较好。毕业了，体育教研室以全体教师的名义送我一份礼物——纪念册。体育教研室主任钟季卿教授以浓重的宁波口音与我谈话，动员我去体育教研室工作。我依然坚持自己的理念，体育运动是我的爱好，可我不愿以此作为终身职业。我十分礼貌地谢绝了钟季卿老师的诚意。

我到历史系报到，当了一名历史学科的助教。

报到第一天，系主任韩儒林教授找我班留校的 4 个同学谈话，宣布方积根做系党务工作，瞿季木教世界近代史，丁金平教中国近代史，而我教中国现代史。一下子把我从最喜欢的考古学拉到了比较为难的现代史教学。这是我一生中第二次被安排。当时中国近现代史教研室只有 6 位教师，即陈恭禄教授、王栻教授，他们两位都是我的老师，另外 4 位年轻教师中年龄最大的是茅家琦，31 岁，年龄最小的是我，24 岁。用今天的年龄标准衡量，陈、王两位仍可说是中年教师，可是他们当时已是享誉史坛的著名史学家。我初登史学教学讲台，不知道应该如何授课，系党政领导为我举行了试讲活动。我不知道如何写讲稿，借了王荣先的讲稿来参考。王荣先是由南大马列主义教研室调到历史系的，原来教中共党史，比我这个初出茅庐的新人有教学经验。那个年代教中国现代史有诸多困难，第一，必须坚持以阶级斗争为纲，在教学体系中要突出红线(革命力量)、批判黑线(反革命势力)，多讲中国共产党如何领导人民推翻国民党统治的。第二，要以毛泽东著作为教材，何干之的《中国现代革命史讲义》与胡华的《中国革命史讲义》，只能作为参考书。毛泽东的著作，大家都很熟悉，但如何进行教学是很大的困难。第三，没有任何教学参考资料，只有一套《中共党史教学参考资料》(活页，中宣部编印，时称"三口袋")，并限定只给中共党员教师阅读。实际上这套资料只是中共党内两条路线斗争的文件，没有任何保密性。第四，谈不上科学研究，没有研究著作出版，报刊上发表的文章多是学习毛泽东著作的体会或解读。当时出版的两套丛书，一是《红旗飘飘》，一是《星火燎原》，基本上是革命史和革命战争回忆录。

任教后，我尝试着做点学术研究的工作。1959 年 5 月 4 日是五四运动 40 周年纪念日，我写了两篇关于五四运动的文章，一篇为《谈谈五四运动领导问题》，一篇为《五四运动在南京》。两篇文章虽然都由系里印出来，但未正式发表，特别是第一篇受当时的意识形态观念影响甚浓。60 年代初，又写了一篇关于五四时期中国人民对帝国主义认识的文章，内容涉及孙中山、陈独秀和李大钊，文章交给《南京大学学报》后也未发表。几年后，原南京大学党委主管意识形态的戈平副书记在闲谈时告诉我，李大钊在 1927 年被捕后有变节行为，因此那篇文章不能发表。同时我也发现报刊上介绍李大钊事迹的文章确实少了。"文革"后 1978 年，我又写了关于李大钊的文章，题目为“李大钊同志是坚定的马克思主义者”，主旨是为李大钊恢复名誉。文章发表在《南京大学学报》。当时，北京师范大学张静如教授也在《光明日报》上发表了关于李大钊的文章。这两篇文章是“文革”后最早客观评价李大钊的文章，从而受到当时学界的关注与肯定。

那个年代从事中国现代史或中共党史教学的教师，不太敢搞本专业方面的学术研究，因其内容的敏感性，生怕犯政治错误。茅家琦老师由南大教务处调到历史系后被安排在中国近现代史教研室工作，除教中国近代史主干课程外，还开设中国近代国民经济史。我们两人商量，他研究民族资本主义，我研究官僚资本主义。当时，我坚持在中国科学院历史研究所第三所南京史料整理处（即中国第二历史档案馆前身）查阅有关经济史的档案，也做了不少资料卡片。差不多做了一年多的研究工作，我感到自己缺乏经济学理论功底，最终没有继续下去。

后来我与王荣先老师商量，合作研究中国共产党成立以前的中国历史，把研究的目标和范围放在五四时期文化运动方面。两人多次一起在南京大学图书馆查阅五四时期的期刊和报纸。王荣先老师业务功底很好，但是政治上比较谨慎，教学上不敢越雷池半步。记得“文革”快结束时，我们历史系一批教师在江北大厂镇南京化学工业公司为工人开设讲习班。王荣先老师在临上讲台授课前五分钟，还与我商量中共一大代表讲哪几个人。1987 年王荣先老师与其夫人王秀鑫老师一起由南京大学调往中共中央党校党史教研室（后来，王秀鑫老师转入中共中央党史研究室抗战组）。

从 1958 年毕业留校工作，我主要给历史系各年级讲授中国现代史。进入 60 年代，教研室的教师不断增加，先后有杨振亚、刘仲民（后调校部）、姜平、黄双宝（“文革”中更名为黄征）、孙应祥等。那个年代，国内高校学术交流甚少，国际交流更谈不上，学术上十分闭塞。大概在 1960 年前后，我们发现南大有一大批中央大学时期由重庆运回南京尚未开箱的图书，都堆放在北园东南角的大草棚内。既然自 1946 年后十多年无人过问，我们决心把它弄到历史系来。我和杨振亚、黄双宝老师花大力气打开一个个木箱，发现有些书不仅已经霉烂，而且虫蛀十分严重。我们花了好几天的时间，选了一大批民国时期的珍贵出版物，弄回中国近现代史教研室，编辑目录、上架陈列，供教师教学研究参考。不久，校图书馆发现后，想将其中一部分书要回去，我们“耍赖皮”没有给他们。

大跃进年代

1958 年，在中国共产党提出的“鼓足干劲，力争上游，多快好省地建设社会主义”总路线的号召下，农村掀起了建设人民公社的高潮，城市则开始到处大炼钢铁。面对三面红旗，南京大学师生不能置身事外，必须要以实际行动积极投入。南京大学大炼钢铁，是由历史系我们班级开始的。当时，中共中央提出 15 年“超英赶美”，全国要年产 1070 万吨钢。

我们年级虽面临毕业,在党支部带领下,仍最早投入了炼钢行动。我们在南园8舍南面东南角的平地上,挖了一个大坑,大约有一人多深,从化学系实验室借来一个坩埚。这种坩埚是用来熔化金属或其他物质的,它多用陶土或白金制成,能耐高温。我们把所谓“炼钢原料”放入坩埚,点着燃料,用鼓风机吹,其中的温度至少1000度以上,我们这些科技盲也搞不清楚如何操作,总之,将原料都熬化了。班上指定我和周继中两人,穿着耐火衣,手持钢钎在坩埚内搅拌。由于温度过高,在坑边也只能停留十多秒钟,最后用大金属夹子将埚提出来,把“钢水”倒入预先准备好的灰堆上,等待冷却。炼出来的是钢还是铁渣,谁也搞不清楚。这种行动,获得校党委的充分肯定。接下来,大炼钢铁在全国遍地开花。南京大学指定中文系和历史系的学生炼钢铁。中文系由政治辅导员陆锡书(后来调到南京建筑工程学院任党委书记)负责,历史系则由我和吕作燮老师负责。我们带领学生在上海路和金银街交汇处路西的空地上,用耐火砖砌了一个小高炉。这些耐火砖主要是同学从校内民国时期建筑“小洋房”的壁炉中扒出来的,还拆了校内一些房屋的钢窗。当时,孙叔平副校长住在小粉桥一号(今拉贝故居),同学们去他家拆壁炉时,听说他十分不高兴,也只好忍着。同学们还到一些地方弄来石英石、铁矿石等原材料,就这样敲敲打打地炼起来,却也炼出一些“钢水”。由于把钢窗也拿来炼钢,同学们戏称是“以钢炼钢”。同学们抬着炼出的“钢块”,扎上红绸子,敲锣打鼓地去党委报喜。校党委书记、校长郭影秋站在戊字楼前热情地给同学们以鼓励。有一天,炉子坏了,同学们昼夜连续干了几天,十分劳累,我和吕老师决定让他们回南园宿舍睡觉休息。可是,就在这天晚上,南京市政府决定第二天“放卫星”,要全市炼出××吨钢。南京大学也接到通知,要报告钢产量,而我们的小高炉炉膛坏了,怎么办?历史系党总支要求我们立即把同学喊回来修炉子。我说修好炉子,也干不了啊!我勉强快步去南园学生宿舍大声喊同学起床,赶快去工地修炉子。当时,我和吕老师已几天几夜守在高炉旁,累得眼睛一闭就打瞌睡。我们只好买包香烟抽,以刺激一下神经,坚持工作。

大跃进不光大炼钢铁,所有工作都要大跃进。最典型的是体育也要大跃进,当时规定同学的体育成绩都要达到劳卫制合格。其中百米及格成绩为13秒8,许多同学达不到。于是“挑灯夜战”,晚上一次一次地在操场上跑。有的干脆弄虚作假,当同学跑出10米之外,才开始掐码表计时,这样成绩自然合格,班干部也睁一只眼闭一只眼,装着没看见。

伴随着社会上各行各业大跃进,教育战线也开展了教育革命。一方面,教师带着学生编教材,譬如一年级同学编的中国现代史教材,给三年级同学学习。因为中国现代史课到三年级时才开出。每个年级每个小组都办“杂志”,由小组把每个同学的课程作业、读书报告,汇集在一起,装订成册,起个名,画个封面,就是一本“杂志”。每个年级可以办许多“杂志”。另一方面,全系对老教师的著述、学术思想开始大批判,最具代表性的是1958年10月16日在校大礼堂举行了批判陈恭禄教授的大会。陈恭禄教授是我国著名的中国近代史专家,他从大学时代就开始撰写那部著名的《中国近代史》，后来成为国民政府教育部的部定大学教科书。大学毕业后，他从武汉转南京金陵大学历史学系教书。一生除做学问、教书外，未参与过政治活动。他未出过国或留学，戏称自己是土博士，王绳祖是洋博士（王教授早年与陈恭禄教授在金陵大学是同事，两人关系很好。王留学英国牛津大学，获史学博士学位）。陈恭禄教授因那部著名的《中国近代史》而遭难。陈伯达批判他是“反动的资产阶级史学家”，导致陈老师终生不得翻身。对那次批判大会，陈恭禄教授并不服气，我清楚记得他由大礼堂返回教研室后，将雨衣（那一天是阴雨天气）往桌上一摔，表示对批判会的不满。陈老师学术造诣深厚，他开设的“中国近代史史料学”课程，对我影响甚大。“文革”结束后，我开设了“中国现代史史料学”课程。陈老师对太平天国历史与史料十分熟悉，茅家琦老师研究太平天国史，应该受陈恭禄影响。

“文革”前夕的1965年下半年，陈老师查出胃癌，我送他去鼓楼医院住院。1966年秋，“文革”开始后，陈老师被红卫兵拉到学校批斗过一次，不久去世。两年前，工人出版社再版了陈恭禄教授的《中国近代史》。

高等学校开展教育革命，培养人才，提出“两个结合”，即“教育与生产劳动相结合”，“教育与工农相结合”。在大跃进年代及其以后的时期，我常常被系领导安排带领学生下厂矿、去农村劳动，编写厂矿史。1958年11月7日，我带领1955级的唐玉田、吴家坤、霍光汉、翟国璋、杨如林、王迅、曹惠民等7位同学，去贾汪煤矿编写“贾汪煤矿史”。当时该矿隶属于徐州矿务管理局。徐州是矿区，周边多煤田。我们先到徐州市委、徐州矿务局作了汇报，带着介绍信乘短途火车直达贾汪。我们8个人住在一起，在工人食堂吃饭，每天到各科室搜集材料，找老工人和部分干部谈话。依照规定，我们必须下矿井体验工人劳动生活。我们常跟着工人师傅去“掌子面”（采煤的地方）。我们不会使用采煤机，也只是在旁边看看，下班后再跟着工人返回井上。工人最危险的工作是回收矿柱。当一些“掌子面”的煤采完后，支撑在那里的矿柱都要收回来，移往他处使用。而那些采空的“掌子面”，往往会塌陷下来，再也不能去那里。矿区地面出现下凹的现象，即是这种原因造成的。有一天，工人回收矿柱，我们8个人分配给8位8级工（工人最高技术级别）带领下井。带我的工人为防危险，不让我去“掌子面”，让我坐在巷道边等候，他去拖矿柱。除头顶上矿灯有一丝光亮外，周边一片黑暗，死一般的寂静。我当时想，如果工人把我忘掉或找不到我了，后果真难设想。矿上生活留给我最不好的记忆是食堂满是苍蝇，我们就在这种环境中吃了50多天，根本谈不上卫生。

12月30日结束编写“贾汪煤矿史”的任务，回到了久别的南京。晚上参加教师元旦联欢会，已调往南大幼儿园工作的历史系教务员戴淑庄老师也回来参加联欢会。戴老师是数学系主任叶南薰教授的夫人，孙钟秀院士的岳母。那时，一个系的工作人员很少，历史系有一个工勤员，一个教务员，一个系秘书。戴淑庄像大管家一样，管着系里的种种事务。她在联欢会后拉住我，要介绍南大幼儿园刘可文女士与我认识。我答应了她,并约好元旦那天上午去幼儿园见面,中午去小桃园戴家用午餐。

大跃进期间,编写各种厂矿史、农村史,遍地开花,进入高潮。历史系先后派师生到宜兴编陶都史,到常州编大成纱厂史,到苏北盐城编新四军军部史和苏北盐场史。1959 年正值新中国建立十周年,江苏省委宣传部拟组织队伍编江苏十年史。早在 1958 年 10 月 20 日,省委宣传部长欧阳惠林召集会议,动员历史学系一批学生下基层搜集材料。1959 年春,调南大历史系几位教师,其中有蒋孟引、王荣先、洪家义和我等人,先后集中在中山东路、洪武路口的江苏省历史研究所,和该所研究人员以及从外地借调来的人员,共同进行江苏十年史的编写工作。这项工作花费几个月时间,后来搬到中央路历史所办公新址继续工作。经过多次修改,顺利完成了这部著作。

1959 年秋,系里决定 1956 级同学分成两批外出作社会调查。一批由洪焕椿老师带领明清史组去苏州进行明末资本主义经济萌芽史料调查,一批由我带领去南通唐家闸大生纱厂进行张謇企业历史调查,与我同行的有陈恭禄、王栻两位教授。同学除参加部分劳动外,主要搜集、整理大生纱厂的企业档案。大生纱厂的档案很多,装在木箱内,堆满一个房间。同学们翻箱倒柜,进行整理,做了大量卡片。因为那时候没有复印机,完全靠人工抄写。几十个同学抄的卡片,后来带回历史系,放在系资料室,“文革”中均不知去向。

在大生纱厂进行社会调查,差不多用了两个月时间。工作结束前,陈恭禄要去上海师范学院探望朋友。南通、上海间只有轮船通行。茅家琦老师不放心陈恭禄一个人去上海,建议我与他同行,以便照顾。当时我们两人坐船抵达上海时,已经是晚上 8 点多钟,找旅馆住宿十分困难。陈恭禄有些抱怨,说如果只他一个人的话,可以去朋友家住,我说咱们只好住澡堂。五六十年代,许多城市的澡堂在晚上洗浴结束后,均接待旅客住宿,价格也很便宜,都是睡在躺椅上。陈恭禄唉声叹气,说一辈子第一次住澡堂,很不愉快。像陈恭禄这种大教授,哪里遇到过这种低层次的待遇。第二天,他也不去看朋友了,我们两人买了火车票直接回南京。当时南京下关火车站所在地热河路正在翻修,马路挖了很长的深沟,上面放了一些木板条供路人行走。这些木板条颤动着,陈恭禄胆小不敢走动,怕掉入坑内。我搀扶着他,艰难地一步一步走过热河路才上了公共汽车。后来他在教研室的老师面前,一再向我表示感谢,说如果没有我陪同帮忙,他即使回到南京也无法回家。

大跃进期间,不断地搞爱国卫生运动,周末不是全校大扫除,就是除“四害”。经过全校的集体行动,学生宿舍中的臭虫,早已消灭殆尽,但是老师的集体宿舍,臭虫还很猖狂。有的老师不怕臭虫。记得我刚毕业时,校产科分配我与某老师同住一间房,我坚决不干。我知道他不怕臭虫,其房间臭虫到处爬,半夜里开灯捉臭虫,实在可怕。有一位外系教师,其父与他同住,这位老爷子,房间墙壁上满是他摁死的臭虫血,触目惊心。有一天,南京市统一行动,要消灭“四害”之一的麻雀。全市各家各户、机关、学校，大家一齐在上午10点钟，敲打各种铁器，如脸盆等，吓得麻雀不敢落地而一直飞，最后累死坠地。全民动员用这种土办法灭杀许多麻雀。

我系教师，除八九位老教师外，基本上都是年轻教师。许多教师结婚，都是我帮忙张罗。教师按习惯送份子钱，最初是每人5角钱，后来改为一元钱，加在一起有几十元钱，还是很顶用的。青年教师结婚，学校可以分配一间房，房租不到一元钱。校产科可以借给一张棕绷木床、一张双抽桌、两只木凳。结婚典礼常在晚上进行，将会议室布置一下，摆些糖果、茶水，由领导讲讲话，致些贺词，教师们闹腾一番，最主要的节目是叫新郎、新娘讲恋爱史，让两人共啃吊在空中的苹果，然后送新人去洞房。南大住房一向很紧张。青年夫妇生了小孩，家中来了老人帮忙照顾，常常是两家家属同住一间房，左右各一半，“互不侵犯”。

三年困难时期

大跃进，这种史无前例的盲动行为，是违反社会发展规律的。当时不断宣传“共产主义是天堂，人民公社架桥梁”，共产主义就是“楼上楼下，电灯电话”，共产主义似乎已在眼前。有的群众扬言“只要想得到，就能做得到”，“干部能下海，群众能擒龙”。许多干部头脑发热，说现在粮食亩产万斤，粮食多了，要赶快盖仓库。南大党委副书记陆子敏一天晚上在大礼堂召开的全校党员大会上说：“南大明年吃饭不要钱。”全体党员热烈鼓掌。学校宣传城市里也要成立人民公社，大家都要吃食堂。在教研室讨论时，王栻教授说，我有十二指肠溃疡，吃食堂不方便，怎么办？王栻是3级教授，当时的工资为230元，能够养活8口人，他的子女很多，有6个儿子。他住小粉桥陶园宿舍区，平时饮食比较讲究，早上从珠江路买回的早点，要师母先尝尝，如果好吃，王老师才动筷子。王老师是浙江温州人，家乡养成的生活习惯，比镇江出身的陈恭禄老师讲究得多。实际上那时的生活质量远不如今天。老教师们的住房也不宽裕，家里有两只布质小沙发、华生牌的小电扇，就很使人羡慕。记得“文革”结束后，南大仪器厂为全校教职工做台式电扇，每人只许买一台，价格50多元。历史系刘毓璜老师的夫人舍不得花钱买，同事们一再说服刘师母买一台。

1959年下半年，大跃进、人民公社造成的社会破坏性已经开始显露。彭德怀回湖南家乡调查，将发现的诸多问题，坦诚地报告毛泽东主席。可是，庐山会议却批判彭德怀为右倾机会主义，攻击“三面红旗”。这种斗争，按照以往做法，会上挂下连。南大也批判了两位中层干部，在大礼堂召开全校党员大会，宣布他们的所谓错误。历史系经过摸底，两位老党员教师受到批判，一位被批革命意志衰退，一位被批闹个人主义，他们两人多次在党支部大会上作检查。

1960年，人们的生活日用品开始紧张起来，各种生活必需品要凭票供应。除粮票外，食油、鸡、鱼、猪肉、蛋、布、棉花等，也要凭票供应，买家具要凭结婚证，自行车、手表也要凭票购买。记得有一年历史系分得一张自行车票，系办公室主任询问我要不要。学生时代，我的饭量大，大家混在一块吃食堂,显不出来。毕业留校后,教师每人每月28斤粮票,我一个月的饭票20天就吃光,每个月都由系里的女教师和刘可文支援我。1960年以后,大家肚子里的油水少了,连带粮食也紧张了。我和妻子刘可文每天计划着吃粮,有时晚上饿得不行,两人把第二天的早餐也吃掉了。老师们都在校园里或宿舍旁种菜,有的还种胡萝卜和蚕豆,作为主食的补充。各个系都把校园里的草坪挖掉,集体种蔬菜。我常带领全系教师种菜,收割后只能卖给南园食堂,不许集体私分。我们把卖菜的钱积攒起来,抽空一起到街上高级餐馆吃一顿。一方面解馋,另一方面也是想增加点油水。困难时期,政府允许一部分餐馆高价供应鱼肉等荤食,食品店也有高价点心供应。记得有一天,我系种菜已经攒了一些钱,决定全系教职工去中山陵博爱坊左侧的餐馆吃鱼。全体老师乘公共汽车下午3点多钟到达,先占好餐桌席位,在那里看书聊天。5点多钟吃完饭后,纷纷起身乘车回城。那一天特别冷,我因吃了荤菜,加上天冷受凉,回到家后,半夜里上吐下泻。这顿饭,营养没有补上,反而遭了罪,得不偿失。由于家家户户粮食紧张,副食品供应不足,许多人因为营养不良闹浮肿。有人饿了,就吃辣酱、喝酱油。当时说,三年经济困难,是帝国主义、修正主义反华大合唱加上自然灾害造成的。我们认为天灾和苏联逼债是客观事实,那时大量优质农产品输往苏联,如花生、鸡蛋等,但是人祸尤为重要。大跃进、人民公社违背经济发展规律,破坏了生产力,搞乱了生产关系。

1962年虽然实践了“调整、巩固、充实、提高”的“八字方针”,对经济的整顿、提升发挥了一定作用。但是毛泽东又提出“千万不要忘记阶级斗争”,说阶级斗争要天天讲、月月讲、年年讲。面对困难的经济形势,毛泽东仍然继续强调抓阶级斗争。各地开展的“四清”运动,在农村干部中抓“走资本主义道路的当权派”,实为即将到来的“文化大革命”作铺垫。江青也由“后宫”走向前台,借搞革命样板戏,否定传统戏剧,称传统戏剧宣扬帝王将相、才子佳人。在所谓的革命样板戏中,英雄人物被典型化、偶像化,描绘得完美无缺。这些英雄人物形象都是“高、大、全”,没有家庭、没有爱情、没有温情,没有七情六欲,只有空洞生硬的革命说教。党和群众都被抽象化、概念化了,那些所谓的英雄人物使人们感到可望而不可即。

1961年是辛亥革命50周年,董必武在纪念大会上再次号召重修清史,研究民国史。可是,由于毛泽东不断强化阶级斗争,故无人敢于响应董必武的号召。民国史仍然是人们望而生畏的学术荒地和研究禁区。

“文革”之难

1964年“四清”运动(指1963年至1966年,中共中央在全国城乡开展的社会主义教育运动。运动内容,前期在农村是“清工分、清账目、清仓库和清财物”,后期在城乡表现为“清思想、清政治、清组织和清经济”)之后,匡亚明提出要建南京大学溧阳分校,使文科走与工农相结合的道路,以发扬延安抗大精神。为了加强战备，中央决定北京大学、清华大学、上海化工学院和南京大学四个学校的尖端专业内迁，新建校址代号为651、652、653、654工程。南京大学选定京广铁路以西属于三线地区的湖南常德郊区，以654(1965年第4号)工程名义建设湖南分校。从1965年至1966年“文革”开始，差不多用了近两年时间在常德建成了一座相当于南京大学本部规模的新校区，江苏省委决定调刘子见(原任地委书记)、戈平(校党委副书记)去主持校务。1966年初，校党委决定调我去湖南分校工作，并暂时留在校长办公室管理湖南分校的搬迁事宜。那时，文史哲三系已去溧阳果园农场建校。主持溧阳分校校务的是康贻宽、徐福基、胡福明三位。回顾南京大学的办校历史，多次受到折腾。先是1952年全国高校院系调整，如前所述，南京大学的一些院系被撤销或拆散或调离。我入学时，文科只剩中文、历史和西语三系，俄语系算是新建系。1958年，以历史系学生为主，在栖霞山开垦农场，实际上要建与工农相结合的分校，后来到60年代初被撤销，至今还留有公共汽车“南大农场”站这个历史遗迹。1965年至1966年开始建设湖南分校和溧阳分校，后又因“文革”，两分校师生全部返回南京。

1966年6月2日，继北京大学“六一”事件之后，南京大学溧阳分校发生“六二”事件，矛头直指校长匡亚明。学校秩序开始混乱，两个分校的建设也停顿下来。我提出回历史系去，党委领导让我留在校办帮忙。南大师生最初分为造反派和保守派两个阵营，继而在“1·26夺权”后保守派消失，造反派占据统治地位，成立了形形色色的造反组织。学校各级党政机构、各系各专业，都陷入瘫痪状态，出现无政府主义局面。运动开始时，声称学校停课半年，搞“文化革命”，工人农民不得介入。谁知越闹越大，工人农民都陆续参与进来。局面越来越难收拾，最终演化成为大规模的“文化大革命”，实际上是政治大斗争。

1967年初“1·26夺权”、1967年8月“揪军内一小撮”，两派势如水火，陷于严重分裂状态，武斗不断升级。毛泽东说：“天下大乱，达到天下大治。”实际上已无法大治。周恩来不断做两派工作，促使联合，但在“四人帮”的挑动下，收效甚微。江苏两派头头在北京参加活动，周恩来接见他们时，要他们握手，他们仍貌合心不合，走不到一起去。中央人民广播电台不断在晚间新闻联播时发布毛泽东的“最高指示”。干部、群众正襟危坐，洗耳恭听电台广播，不少人一字一句甚至连标点符号也一个不漏地记录下来。听完广播则排着队敲锣打鼓去江苏省革委会“报喜”，实际上省革委根本无人，完全是一种“仪式”，“报喜”群众往往是在马路上绕一圈各自回家，次日必然组织学习，领会“最高指示”精神。有一次，毛泽东说，大学还是要办的，主要是理工科大学要办。人们则把其理解为文科可以不办了。这不仅对文科师生造成很大迷茫，对文科学科也带来灾难性的打击。

在“文革”混乱状态下，决定不办湖南分校了，全部校产转给军事系统，他们办了一个国防工厂。当年教育部投资870万元，这在当时来说是个不小的数字，后来连一个板凳也未拿回南京。

混乱状态稍平稳后,我回到了历史系。

1969年10月的一天下午,大约4点多钟,学校广播台通知,要求全校教职员工迅速到大操场集合,听候传达“重要指示”。不久,校军宣队王政委乘吉普车从省里赶回学校,在大操场宣布了林彪的第一号战备命令。说现在要准备打仗,疏散人口,全校师生全部步行去溧阳农场,次日晨7时在校门口集合,留气象系守护校园。这突然的决定使全校7000多名师生毫无思想准备,教职工们来不及安排家庭生活,老人小孩也无法安顿好,甚至有的老师身边没有粮票,外出怎么生活。我的邻居孟克夫妇(后来孟克任历史系党总支书记)有两个年幼小孩,儿子10岁,女儿7岁,无人照看,只好请同事家属代为照应。

南京距溧阳农场200华里,学校安排步行4天,平均每天走50华里。大家背着如解放军那样的行李卷,成群结队一步步走在宁杭公路上,晚上住宿在农村,或公共场所,或农民家里。我走到第二天大约90华里时,脚上已经磨出水泡,无法再继续行走。学校安排了卡车随行,沿途收容“残兵”、病号。我上了汽车,提前到达溧阳农场。

溧阳农场是果园,属溧阳县辖区,有三个小队,分别种有苹果、桃子和梨。在果园南约五华里的村镇称“旧县”,这里本来是溧阳县城所在地,后因无水源而南迁50华里重建了新的县城。南大溧阳分校建在果园,没有水源无法生活。匡亚明校长命令地质系著名的找水专家肖楠森教授,必须在果园打出水来,不然不放他回南京。肖楠森没有办法,只好在二队水塘边打了一口井,塘中有水,井里就有水;池塘干枯,井里也无水。南京大学一下子来了7000多名师生,果园怎能容得下来,只好分散到周边农村居住。果园都是大房间,教职工们铺上稻草睡地铺。平时,洗脸、刷牙、喝水都用塘水。水缸里放上明矾,将泥污沉淀下去,就可使用。有时,教师在水塘洗漱,旁边就有农民洗菜、刷马桶。各种污水混杂在一起,对教师的思想、生活都是考验。

我们在农场,一面劳动,一面搞政治运动,早上有两小时的政治学习。在南方,农村都是种水稻的,我也学会了插秧。稻田灌水后,还要施肥。那时多施人粪,甚少用化肥,教师们也顾不上粪脏,赤脚走在粪水里。冬天,要积肥备用。夏天,农民在田里车水,常常脱得一丝不挂。有时农民挑担,腰间前后围上两片布,走起路来飘飘的,往往“露光”,南大教师初到溧阳时,吓得女教职工直叫。“文革”前,省领导彭冲在南京作报告时就批评过溧阳农民的这种习俗。记得有一次我休假由南京返回溧阳,路过句容,汽车刚出城,就看到一位农民在大白天一丝不挂、大摇大摆地走在公路上。

果园水果成熟后,教师们要在夜里轮流值班守护桃子、苹果和梨,以防止农民来偷。当时,我在这一点上很是想不通。白天喊着口号“向贫下中农学习”,“向贫下中农致敬!”怎么晚上却将他们当贼防。教师们夜晚值班,听到树林里沙沙作响,赶快用电筒一照,大喝一声,农民拔脚就跑。每天的政治学习,除学习时政外,主要是学毛选,背诵“老三篇”。我把毛选四卷当作历史来研究,还真提高不少。庐山会议后，毛泽东提出“要学点马列”，这样才指定了学习马列的六本书。对大多数南大教职工来说，从来没有那么长的时间离开自己的家。在果园农场平时不放假休息，学校将每个月的四个星期天集中起来，放大家轮流回南京与家属相会或料理家务。教师们都盼着回南京的那一天，常常是学校大客车一进果园，休假的教师们都呼喊着“来了”、“来了”，接着蜂拥而上。那时，汽车司机是很神气的，背着手在车前走来走去。熟悉的教师常央求他们捎点农产品回南京，“臭老九”的颜面扫地殆尽。

在农场，大家生活都很简单，穿着补丁裤子老土布衣服。我系一位职工在腰上还围上一条自编的草绳，像叫花子一样大摇大摆地走来走去，老师们感叹不已。有的老师学会了理发，还有的老师学会做煤油炉，自己烧点好吃的。碰上休息日，三五成群去上新镇玩，在镇上胡乱转悠一趟，最远时可跑至南渡镇，在那里洗个澡，往返有 30 多里路。我们近现代史教研室的教师们同住在一个草屋里，晚上无聊常拿王栻老师开玩笑。他的胃不好，夜里要吃饼干，黑暗里常弄出响声。次日，有的老师说：“夜里有老鼠！”王老师一笑置之。晚饭后，王老师常一个人跑到公路上吃东西。公路上无灯，黑灯瞎火的。老师们迎面而上，用手电筒一照，王老师两腮鼓鼓的，很不好意思。虽然是恶作剧，但因为王老师已经“解放”，相互开玩笑还是轻松的。有一天，我们发现草屋电灯的电线断了，而且断口十分整齐。有的老师十分紧张，认为一定是阶级敌人搞破坏，赶快报告学校保卫部门。保卫干部来检查后，认为是老鼠咬断的，不是阶级敌人干的。可见阶级斗争的观念对人们的影响有多深啊！军宣队有一位团政委负责管教历史系教职工，常把我们召集起来训话、教育。虽然我们多数教师没有“文革”要打击批斗的问题，但都是“臭老九”，要接受思想改造和劳动锻炼。这位团政委有时候还给我们讲历史，讲到三国时都是《三国演义》的内容，老师们只好忍住不敢笑。我的第二个孩子出生时，我在溧阳果园，学校只准了一个星期的假回南京。我妻子一个人在南京照顾 3 岁的大孩子和刚出生的老二，白天她还要参加南大校园内的劳动，挖防空洞。在那个“政治挂帅”的年代，只有所谓的“无产阶级政治”。

“文化大革命”在斗完“走资派”后，党的许多干部成了“死老虎”，开始挖“五一六”反革命集团。南大师生也从溧阳调回校本部参加运动，斗争的目标转向“五一六”分子。运动后据统计，南大抓了 1500 名“五一六”分子。几年中，因之致死者 27 人，有上吊、跳楼、卧轨、投江等方式自杀。工宣队公开宣称“南大林深老虎大，池浅王八多”，说南大到处都是坏人，批斗大会不断召开。工宣队常在批斗大会宣称，坏人就坐在你身旁，搞得大家人人自危。

“文革”中，许多人无所事事，有的养金鱼，自我排遣。社会上到处流行“鸡血疗法”，或在瓷盆里培养“红茶菌”，说是喝了可以治病。大家看不清国家的前途和未来，中国向何处去？人们忧心如焚。俗话说，物极必反。“四人帮”作恶多端，1976 年，被扫进历史的垃圾堆。

改革开放初期

"文化大革命"期间,"四人帮"为了篡党夺权,把历史搞得颠倒、混乱。许多干部、革命家被打成黑帮、坏人、反革命、走资派。他们的历史贡献不仅被一笔勾销,而且身心受到严重摧残。"读书无用论",使许多中学生不念书,不学历史。他们甚至连刘邦、汉武帝都不知道是谁,历史知识一片空白。

邓小平拨正中国发展航向,历史人物、历史事件急需恢复真实的、正常的面貌,学生们亟待加强历史知识的学习。

1978年,在邓小平的指示下,高等学校恢复全国统一考试。我接到学校通知,赴青岛参加教育部高考命题,时间两个月。行前只有系党总支书记蒋克和系主任茅家琦知道我的行踪。我的秘密消失,引起同事们的猜测。我与参加命题的南大教师周勋初、余绍裔等,乘飞机先到济南,然后转乘火车去青岛。这是我第一次乘飞机,是苏式的安-24机型,螺旋桨,飞行速度不快,票价仅57元。命题组教师都住在青岛著名的别墅区八大关。我们把行李一放,教育部工作人员宣布,自现在起断绝与外界一切联系。如果给家里写信,必须交给教育部,并不得封口。外出要两人以上同行,并不得离开八大关范围。我们花了一周时间,出了A、B两套历史试卷,试卷送北京印好纸型后转各省分发。一天,教育部工作人员召集大家宣布,在浙江,历史科目试卷被分卷人员偷了一张,后被发觉,幸未流出。弄得我们历史组教师也十分紧张,如果真的泄露出去,我们还得重新命题。半个月后,命题任务结束,仍不得回家,教育部把我们送去庐山休息。那年是暑假,天气异常炎热,南京有好几天高温达摄氏40度以上。我们从青岛乘船,经上海,进长江,上庐山。途经南京停留时向港口人员打听气候状况,对家里很不放心。这次高考历史试卷难度并不高,涉及的多是最基本的历史知识,然而在评卷后观察,考试成绩0分或10分上下的学生不在少数。可见"文革"对中学历史教学破坏之严重。

次年,教育部两个干部来南大,把我喊到校长办公室,通知我出一套高考历史试卷,并交代了政策,不得泄露,否则须负法律责任。我虽完成了任务,但也给教育部写了一个报告,指出这种命题方法不当,命题人责任太重大,万一有失误影响全局。

1978年,上海人民出版社为了纪念中华人民共和国建国三十周年,拟编著一套丛书,其中有一个纪念渡江战役和南京解放的选题,委托南京市委宣传部组织编写。市委宣传部将此任务交由我们几位教师承担。在做过一些资料准备之后,我和杨振亚老师专程去北京搜集史料。我们携带着中共江苏省委的介绍信,打算去中央档案馆和解放军政治学院查阅军史资料,但是几乎到处碰壁。一天,我们去中国人民解放军军事科学院申请查阅军事档案。该院有人两次问我们:"渡江战役渡什么江?"我说:"渡长江。"当时,国内正在放映"突破乌江"的电影,我特别给这位人员讲:“不是渡乌江。”我很纳闷,一位解放军科学院的人员竟然不知道“渡江战役”。当他们了解了我们的意图后告知:“你们回去吧!等候答复。”以后再也没有下文。这次北京之行,使我很灰心,下决心放弃中共党史研究,转向研究民国史。

早在1972年还在“文革”期间,周恩来在中共中央政治局会议上提出编写中华民国史,并在紧接着召开的出版工作会议上提出任务,要人民出版社组织力量编写,后来人民出版社将此任务转给了中华书局。1973年,中国科学院近代史研究所在李新、孙思白两位教授的领导下,建立中华民国史研究室,开始研究工作,计划编写大事记、人物传,以及一部多卷本的《中华民国史》。次年,李新教授派尚明轩、李静之两位研究人员来南京大学,动员我们参与这个大型研究项目。当时,南京大学刚刚恢复招生,教师除经常带领工农兵大学生下厂、下乡劳动外,教学任务并不重。我征求其他两三位教师的意见,表示愿意参与民国史研究。开始,我们研究一些江苏籍的民国人物,并写了这些人物的传记,后来承担了《中华民国史》(多卷本)之“抗日战争卷”。当时,我们并没有完全放弃中共党史的研究,但对党史研究心有余悸,担心“文化大革命”过七八年再来一次,再被批判。1978年的北京之行,使我完全转向民国史研究领域。

“文化大革命”给中国社会造成严重破坏,时历史学研究,成为四人帮篡党夺权的工具。每期《历史研究》出版,中央人民广播电台都要播放该刊的“要目”。中国现代史在高校教学中被取消,改为中共党史,后来又改为两条路线斗争史,甚至改为十次路线斗争史。整个中国历史人妖颠倒、黑白不分。历史学成为政治说教,历史上的英雄、群众成为空洞的概念,许多有贡献的革命家,纷纷被打倒。

1978年中共十一届三中全会召开,中国历史翻开新的一页。全党、全国拨乱反正,邓小平以战略眼光,拨正了中国共产党的发展航向。历史学研究要消除“四人帮”的余毒和影响,使历史学科真正走向正常、健康的发展道路。

1979年3月底至4月初,在四川省成都锦江饭店举行了第六个五年计划历史学规划会议。这次会议在中国历史学发展史上具有里程碑和划时代的意义。这次会议是经历了“文革”的磨难而幸存下来的老一辈史学家的最后一次大聚会。一大批著名史学工作者出席会议,有老、中、青三代,其中老一代史学家有唐长孺、邓广铭、郑天挺、韩儒林、严中平、翁独健、蔡尚思、王仲荦、傅衣凌、黎澍等,南京大学出席会议的是韩儒林、洪焕椿、茅家琦、张宪文共4位。我们4人乘火车,经过漫长的旅途抵达成都。我和茅家琦老师参加中国近现代史组。在讨论民国史课题规划时,复旦大学历史系蔡尚思先生质疑:民国史研究是哪个司令部提出的?因为他之前听说江青在中共中央政治局会议上表示要开展民国史研究。蔡尚思先生的提问,引起与会者思想中的混乱。之后,中国社会科学院近代史研究所孙思白先生就此事在会上作了详细说明,指出民国史研究是周恩来总理在政治局会议上提出的,江青不过表示支持而已。这样,大家的思想才安定下来。在民国史研究的规划中有“蒋介石研究”课题,这是在史学研究中第一次提出这一研究项目。会上,我表示认领这一课题,同时建议南京、上海、浙江三地协同开展蒋介石研究。会后,茅家琦老师陪韩儒林老师乘火车返宁,我和洪焕椿老师则经重庆乘长江轮船回南京。这次是我头一回去四川。我和洪老师在重庆由胡大泽老师陪同参观游览了红岩纪念馆、渣滓洞和白公馆以及抗战时期国民政府在重庆的一些旧址。那时,长江航轮开得很慢,途中欣赏了雄伟秀丽的三峡风光。船过万县,乘客有两个小时登岸购物,我买了一条竹凉席。洪老师善烹饪,他买了一个小石磨,拟带回家磨豆浆。船还未抵达南京,他左思右想竟将石磨丢入长江。这件小事一直未忘记。

“文革”后,各高校历史系又重新开设中国现代史课程。但是,这门课被“四人帮”搅乱,到底应如何开展教学,许多教师仍理不清头绪,亟待加强高校之间的学术交流。

1979 年在北京开会纪念五四运动六十周年之际,几位中国现代史的教师商议成立中国现代史学会,之后,在安徽大学、郑州大学连续举行两次筹备会议。1980 年 5 月,在河南郑州大学召开了成立大会。大家在会前商量请李新任会长,可是李新却推荐黎澍任会长,大家接受了李新的建议,因为大家十分敬重黎澍的道德和学问。黎澍是中国共产党有影响的马克思主义理论家和新闻事业的开拓者、奠基人,他为人敦厚,政治上从不随波逐流,深受学者们的敬仰。他 70 多岁时,因心脏病发作不幸病逝,我们深为惋惜。学会于成立大会上推选几位国内著名史学家任副会长,其中有彭明、孙思白、陈旭麓、魏宏运等。郑州大学校领导十分支持学会工作,表示如果将学会设在郑大的话,可以为学会提供办公用房、经费和专职秘书。为此,大家决定将学会原定挂靠南开大学改为挂靠郑州大学,并以郑州大学蒋相炎老师为秘书长。王维礼、王桧林、王宗华、陈善学、张建祥和我等为副秘书长,分管各大区会务。

学会对中国现代史学科建设、学术水平的提高、教学内容的改进,发挥了重大作用,作出了极大的贡献,每届年会按历史时期分别讨论一些重大历史问题。最初几年,曾先后在西安、昆明、青岛举办中国现代史教师讲习班,邀请国内现代史学界一批有专长的教师作学术讲座。我曾两次在西安讲习班和青岛讲习班上讲授中国现代史史料学。

中国现代史学会是改革开放后最早成立的全国学会之一,30 多年来学术研究和交流坚持不断。学会一大批知名学者为中国现代史学科发展作出了积极贡献,他们中间的李新、黎澍、彭明、孙思白、陈旭麓、丁守和、董谦、王维礼、王桧林、王宗华、张建祥等教授,都已逝世。当年我们一起为中国现代史拨乱反正、创新发展、共同奋斗的诸多事迹,至今仍历历在目。我十分怀念他们!学会初成立时,成员多为中青年教师,学术追求积极迫切,今天学会已完成世代交替。80 岁以上成员,只有我和魏宏运教授还担任着名誉会长。我们期望学会在为推动中国现代史学科体系、结构等方面的改革,作出新的贡献。

学术研究新起点

回顾我个人的学术成长和进步，经过了一个漫长的、艰难的、由自发到自觉的认识过程。大学期间，学习方向不明确，只是接受和消化老师的讲课内容，一切处在被动状态，没有什么深入的独立思考。毕业留校，政治运动不断，现代史教学与现实政治十分密切，教学内容要教研室集体备课，哪些该讲，哪些不该讲，十分谨慎，根本谈不上自由发挥。"文革"十年，更不用谈，一切都被颠倒了、歪曲了，中国现代史、中共党史的真实内容多被掩盖。1978 年改革开放，中国大地拨开云雾见青天。经过打碎精神枷锁、拨乱反正，历史学研究逐步重回真实。自 1979 年到 1983 年，中国现代史学界最大的愿望和特点是加强学术交流，教师们迫切需要获得更多的信息和学术资料，以改进和提高自身的教学研究水平。这时成立了一些地方性的学会，我曾参与组织了新四军研究会，之后由于研究方向的改变，未参加该会更多的学术活动。在全国性的中国现代史学会成立之后，我和姜平老师酝酿成立江苏省中国现代史学会。在筹备过程中，他的胳膊骨折，被迫在家休息，我只好承担了较多的会议准备工作。学会在扬州成立后，我表示只担任一名理事，而由姜平老师任秘书长。该学会开展学术较活跃，之后更名为江苏省中国近现代史学会，并聘我为学会顾问。

80 年代初，为了加强学术交流，我请南大印刷厂帮忙，买了一吨白纸，以便印刷一些资料与兄弟院校交换。这一时期，国内各类书刊影印甚多，也进口了一些国外的和台湾地区的书刊，扩大了我们的视野。譬如，影响较大的有《张国焘回忆录》、王健民的《中国共产党史》以及"陈诚档案"等。陈诚在反共的第五次"围剿"中，十分注意收集中共的文件及各类文献材料。他将这些材料装了两船，由瑞金运往南昌，途中有一轮船翻了，资料沉入赣江，所余材料运至南京放入他的"石叟资料室"。后来，这些资料被卖给美国，由哥伦比亚大学做成资料胶卷对外出卖，记得这套胶卷在大陆要卖 2000 元。澳大利亚访问学者费约翰，两次来南京大学访问研究，学校指定我作为他的指导教师。1981 年，他打算去台湾搜集史料，问我需要台湾的什么资料，我说可以购买一套《革命文献》。这套史料当时在大陆只有北京、上海和广州有收藏，而且不完整。费约翰由台湾返回后，带来中国国民党中央党史委员会吕芳上研究员赠送的这套材料。同时，吕芳上先生也希望我们帮他在大陆上复印一套《星期评论》和《民国日报》"觉悟"副刊。我们迅速将材料复印好，请示学校及江苏省有关部门，他们都表示这是一件好事，但是谁也不承担批准与台湾交流的责任。中共江苏省委宣传部副部长还专程来南大与校党委领导协商处理此事，最后决定经邮局寄出。这件事整整花了两个月时间。多年后，我去台湾访问见到吕芳上先生，我说海峡两岸史学界我们两人最早开启了交流的大门。

1982 年，我们中国近现代史专业开始招收中华民国史方向的硕士生。第一个硕士生是陈红民。老一辈学者的培养方式是让研究生读没有标注的《资治通鉴》,我们也让陈红民读《革命文献》。后来感到这不是一个好办法,应该有一部民国史教材。于是,1983 年我和两位教师去北京拜访孙思白先生,协商合作编一部简明民国史。孙先生召集近代史所民国史研究室全体研究人员开会,说明我们的意图。会上,合作编书的事被否决,他们认为当今的任务是整理资料,开展专题研究,编简明中华民国史的时机不成熟。

返宁后,我们仍然认为必须编一部简明的中华民国史,以应研究生培养的需要。我邀请了中国第二历史档案馆、江苏省社会科学院和南大的几位先生合作,共同编著《中华民国史纲》(简称《史纲》)。中华民国史体系没有任何先例可循。过去,虽出版过邹鲁的《中国国民党史稿》、张其昀的《中华民国史纲》、冯自由的《革命逸史》等名著,但是均无法采用他们的体系。为了与现有的中国现代史、中共党史体例有所区别,我们采取了一个"过渡性"的民国史体系,即少讲中国共产党的活动,加强北洋政府和国民政府统治历史的内容,从而制定了一个较新的民国史体系。它虽然很不完善,但在中国大陆也算是初创。我们决心大量采用未曾公布过的新档案、新史料。我找了中国第二历史档案馆施宣岑副馆长,请求支持与协助。他要求该馆档案目录的管理人员向我们开放全部档案目录,这在中国第二历史档案馆历史上是空前的。我们全体编写人员花了近一个月时间翻阅了大量目录,取得了我们所需要的材料,以至于《史纲》出版后,许多人携带这本书去二档馆要求查阅书中引用的档案。

1984 年 6 月间,各位编者陆续提交书稿,我也开始了全书的统稿工作。从 6 月至次年 2 月,我花了大约 8 个月时间修改这部仅 48 万字(版面字数 54 万字)的书稿,基本上每天从早上 7 点开始直到晚间 12 点,均伏案工作。在当时中华民国史尚未被多数人所接受的形势下,我必须认真思考全书的每一条史料、每一个观点是否站得住脚、是否符合历史真实。我坚持的第一个原则是,有真实史料根据的历史事件、历史人物,该肯定的就应肯定,该否定的就应否定,否则历史认识不能进步,历史研究不能发展;第二个原则是对历史认识的改进,采取"半步走"的方针,即反映历史真实应"一步到位",但是现实状况不能做到这一点,就像一部汽车如果采取 90 度急转弯,就可能翻车。人们对历史问题的认识也如此,有一个逐步的接受过程,要一步一步实现,如果采取"倾盆大雨"的办法是不可行的。

《史纲》让我花费很大精力,这是我从未有过的艰难付出,要纠正那么多的错误认识和不当观点,必须有充分的史料根据、无畏的学术勇气和历史责任感。为此,既耗神,又要谨慎从事。历史认识既要前进,又要经得起不同声音的质疑甚至被否定。《史纲》应该说在那个年代作出了它的历史贡献。

第一,提出了一个虽不够完善的过渡性体系和提纲,但它是新中国建立后的第一个民国史研究体系。

第二，采用了过去大量未曾公布过的档案史料，从而对一些历史问题提出了新认识、新观点。

第三，纠正了一些过去广为流传的、受意识形态影响较大的错误观点或片面认识，有利于学术研究进一步发展。

第四，《史纲》出版时，适逢高校政治理论课设置由中共党史改为中国革命史，《史纲》配合了该项课程的改革，较多的高校教师以此作为教学参考书。多年后，在各地碰到一些中年以上的教师，他们都主动讲过去读过这本书并受其影响。

《中华民国史纲》于 1985 年 10 月出版后，受到国内外史学界好评和中外有关方面的广泛关注。中国大陆、香港、台湾和国外有四五十种报纸、刊物和通讯社，发表了书评和报道。

中华书局总编辑、著名历史学家李侃，在中共中央宣传部等单位公开出版的《中国图书评论》杂志上，发表长篇书评，认为《史纲》"是一部严肃认真的历史著作"。中华民国史资料与研究协调委员会和南京地区的各学术单位，曾于 1986 年 5 月、8 月两次召开《中华民国史纲》学术讨论会，邀请北京、上海、天津、长春、武汉、重庆、昆明、杭州、苏州、南京等地的著名民国史专家数十人出席，其中有李新、李宗一、来新夏、丁日初、任建树、王桧林、毛磊、黄美真、金普森等，他们认为《史纲》"摆脱了'左'的思想的影响"，"在民国史研究范畴内向前迈出了一大步"，"是近几年来史学研究中的一件喜事"。《人民日报》(国内版、海外版)、《光明日报》、《文汇报》以及一些省报、地方报，作了大量报道。

新华社于 1986 年 7 月 15 日向海外播发了《史纲》出版的电讯，立即引起美联社的关注，其总社指示驻北京分社记者向我采访。长途电话打到南大校长办公室，并约好次日上午 10 点通话(那时我们教师都没有家庭电话)。该社记者第一句话就问我，您编这本书有没有政治背景？我告诉他，没有政治背景，他哈哈大笑。我说你别笑，我确实没有政治背景。我们编书的目的，第一是爱好，我们喜欢研究民国史；第二是教学的需要，我们培养学生，需要一部民国史教材。在那个年代，我担心他采访后把我的话加以歪曲报道，那就麻烦了。我要求他按我的原话报道，并希望将报道稿寄给我看看。他答应了，次日即将三篇稿件电传到南大校长办公室。三篇报道的题目是"中国重写历史——中国给国民党人、美国人以历史声誉"，电讯说："被采访的主编张宪文说：'本书与中国和台湾建立联系并最终重新统一的运动没有直接的关系，但我们通过历史研究从事实寻找真理的态度，可能有助于成为中国大陆与台湾之间的桥梁。'"电讯还对蒋介石、邓小平与中国改革开放评论一通，把学术著作与政治联系起来，一向是海外记者们的做法。受美联社影响，美国《华盛顿邮报》，香港《南华早报》、《明报》都发表了评论。《文汇报》在 1987 年 1 月 16 日的报道中说：本书"对民国人物作出比较客观公正的评价，对民国时期的一些历史事件作出全面分析这一实事求是的学术态度，引起海内外学者的广泛兴趣"。美国华人期刊《台湾与世界》在 1987 年 5 月号上发表长篇书评，指出："《中华民国史纲》是目前所见大陆唯一一本完整的民国史通论著作,就这层意义而言,其重要性实不可小视”,“它的特色是站在中共的立场介绍民国史”,并认为“在还历史本来面目上,功不可没”。

由于海内外各方关注《中华民国史纲》,并作了广泛报道,为此,1986 年 7 月 21 日新华社编发的《参考资料》(俗称《大参考》),刊登了美联社的电讯。9 月 20 日,又以“《中华民国史纲》的出版受到中外有关方面关注”为题,编发了一期呈中央的“内参”。

《中华民国史纲》的出版以及这一时期我对蒋介石等国民党军政人物发表的一些言论被著名的《瞭望》杂志海外版报道并由许多报刊转载后,引起了不同的反响。

台北《中央日报》以“本报记者”的名义,在该报头版头条报道,说我“不得不承认蒋公的伟业”,说“张先闻(宪文)虽否认此书与中共‘和平统一’的企图有关”,但台湾学者也指出,“中共恰在此时,出版此书,显然有其统战的意味”,“仍是中共对我(台湾)统战策略一个新的方式”。直到 90 年代,台湾的《中共编写“中华民国史”真相探讨》一书和台北中研院一位历史上曾坚决反共的先生撰写长文,均持否定《史纲》的态度,说我“歪曲历史事实”,是“共产党的宣传”。

1986 年,中国大陆开展了一场反对资产阶级自由化的运动,矛头直指理论界和人文社会科学界。报纸上发表了一些文章,气氛有些紧张。《史纲》的作者们有的感到精神压力,当时我还比较镇静,心想书中的观点都曾经过我仔细推敲、思索,没有什么“出轨”的地方。然而,在这种形势下,问题还是出现了。东北地区两位老干部写了长篇文章,批判我为国民党蒋介石“树碑立传”(那个年代,只能给所谓好人、正面人物树碑立传),要求北京的一家国家级刊物刊出。这家刊物不赞同两位老干部的批判口吻,因而未予刊登。与此同时,另一篇批判我的官方文章,由中央某大机关下达给北京一家国家级报纸,要其刊登。该报领导部门经研究后回报有关部门,认为张宪文的观点是好的,学术界反应也好,不宜进行批判。

后来,我去台湾讲学,在课堂上我对学生说,台湾和大陆都有人要批判我,并持截然不同的观点。我说,大概我是对的。

从 1984 年至 1986 年,是我个人学术观点的转变和发展时期,扭转了过去一些不正确的看法,也提出了一些比较符合历史实际的新认识。这个阶段做的几项重大学术活动反映了我学术思想的演变和进展,如编写《中华民国史纲》和主编《中华民国史丛书》(最后达 48 种),出版《中国现代史史料学》和开展抗日战争正面战场与蒋介石研究,以及组织召开首次中华民国史学术讨论会等。

长期以来,我们的教学研究和宣传工作,都是讲蒋介石、国民党不抗战,或消极抗战、积极反共。少得可怜的有关抗日战争的著述,也是主要宣传八路军、新四军敌后抗战,讲的都是游击战、地道战、地雷战、敌后武工队等。对于正面战场,除八一三淞沪抗战、台儿庄战役外,其他许多重大战役甚少提及,学生对正面战场的知识了解很少。抗战后期,只讲所谓的豫湘桂大溃退,更不提国民党官兵坚持抗战、浴血奋战；把实际上是一场战斗的平型关伏击战，极大地扩大它的效果和影响，把“战斗”说成是“战役”；比较符合历史事实的电影片《血战台儿庄》被禁止放映。

在编写《中华民国史纲》过程中，我在“二档”查阅了大量抗日战争的档案，感到正面战场许多战役最终虽然失败了，但是大批国民党官兵坚持抗战，流血牺牲，是可歌可泣的，是值得我们纪念的。一度受贬的衡阳保卫战，国民党军以弱势力量抗击日军的优势兵力，战斗中牺牲的国民党官兵遗体因来不及从战壕中运出而生蛆。这些都是档案中的真实记载。豫湘桂作战中，蒋介石发出两份军事电报命令国军坚持，凡擅自弃守者，其将领就地枪决。1986 年编写《抗日战争的正面战场》一书时，甚难处理这两份电报，因为它与我们的传统认识和结论相悖。在急速要交稿的情况下，在去邮局寄稿的那一天，我将这两份电报从书稿中删除。后来很长一段时间我甚觉遗憾。

1984 年，我和陈谦平老师合写了《简论台儿庄战役》的论文，发表在当年《历史档案》第 3 期上。应该说，这篇文章是新中国成立后较早研究正面战场的论文，对台儿庄战役作了全面、客观的分析，是一篇有学术价值的战史论文。同年，中共中央主管意识形态的领导人胡乔木，指示中国人民解放军军事博物馆修改其抗日战争馆的陈列，要求全面反映两个战场的战争，不能只反映敌后八路军、新四军的抗战；同时提出要在北京卢沟桥筹建中国人民抗日战争纪念馆。这是一个重大的战略措施，直接影响着抗日战争及整个民国史和中共党史的研究。

1984 年秋后的一天，主持军事博物馆抗战馆陈列修改工作的原副馆长阮家新和我一起，在该馆阎景堂研究员家里商讨修改方案，研究陈列思路和内容。这个方案全面反映了正面战场和敌后战场在抗日战争中的地位和作用，摆正了两个战场相互支持和相互依存的关系，对国民党官兵在抗战中英勇杀敌的精神予以充分肯定，对国共两党在抗战中的关系也作了实事求是的处理。修正方案对我们编写《中华民国史纲》抗日战争的历史起了重要的参考作用。鉴于我们对抗日战争的正面战争有了比较实事求是的认识，加之在“二档”查阅了较丰富的军事档案，我们编写的一部《抗日战争的正面战场》于 1987 年 6 月纪念抗日战争全面爆发 50 周年前夕出版。这部著作在中国大陆第一次全面论述了正面战场各次战役的准备、战争过程和对战役胜负的分析，它对抗日战争正面战场的研究，起了开拓和推动作用。

1985 年抗日战争胜利 40 周年纪念日，全国都举行了大规模的纪念活动。江苏也不例外，在南京丁山饭店举行了全省的学术研讨会。会议组委会要我在大会上作了抗日战争正面战场的学术报告。据会议会务组程彩霞同志告诉我，各小组在讨论时，有一批与会学者特别是苏北的朋友不赞成我的观点，他们认为怎么能说国民党也抗日呢？毫不奇怪，苏北某些纪念馆的朋友，看到的都是说国民党不抗日和专搞摩擦的资料，想不通可以理解。

在纪念抗日战争胜利 40 周年活动之后，全国各地抗日战争史的研究进入深入发展的阶段，许多地区转入对正面战场历史的研究。在胡耀邦同志的指示下，四川地区学者开始研究抗日战争大后方的历史，特别是抗日战争时期国民政府的经济战略对坚持抗战所起的作用；重庆地区学者还着力研究日军对重庆的大轰炸。鉴于日本教科书否定侵华战争和日本的战争责任，否定南京大屠杀，因此，1985 年 8 月南京市人民政府建立了侵华日军南京大屠杀遇难同胞纪念馆。我曾参与该馆馆址的破土活动，并协助该馆开展资料的搜集工作。

全国哲学社会科学规划办公室在第七个五年计划项目中制定了抗日战争的研究课题，但是很奇怪无人承担。1986 年中国社会科学院近代史研究所李宗一副所长来宁开会时，动员我承担这个项目，并且告诉我可以申请 5 万元经费。5 万元在当时来说是一笔大数目。我说如果报上去人家会笑话我要那么多钱，还是报 4 万吧！最后规划办批准我主持这个重大课题的研究。当时史学界这种大项目也不多。我组织了由年轻学者参与的课题组，1991 年完成《中国抗日战争史(1931～1945)》。这部著作的指导思想是全面反映国共两党合作抗战，肯定国民党、共产党在抗日战争的地位和作用，一改过去有些抗战著作的片面性，是在参阅大量军事档案和国内外各种史料基础上完成的，应该说是一部比较实事求是、有学术价值的著作。我逐字逐句对大家提供的稿件作了认真的修改，特别对一些评论性的观点都十分仔细地斟酌审定。对《抗日战争的正面战场》和这部《中国抗日战争史(1931～1945)》书稿，我都作了大量修改，体现了我个人对抗日战争的基本观点和新的认识。《中国抗日战争史(1931～1945)》原定由河南人民出版社出版，可是该社经济发生了困难，转由山西人民出版社出版，并列入了国家重点出版规划。1995 年纪念抗日战争胜利 50 周年前夕，中共中央宣传部在石家庄召开学习邓小平理论研讨会期间，丁关根要求各省汇报抗日战争纪念活动的准备状况，他发现各地即将出版的著述和举行的相关活动，多是反映正面战场的，因而批评"宏观失控"，要求各省迅速清理。南京方面，中共江苏省委宣传部某负责人召开各部门负责人和有关干部大会，表示坚决贯彻石家庄会议的清理要求，会上还不点名地批评了我，说什么南大有一教授不了解情况，要搞什么南京大屠杀研究(详情，下面谈南京大屠杀部分再说)。

石家庄会议以后，各地出版社 180 部有关抗日战争的著述被清理掉。南大教师组织编写的一批关于反法西斯战争的著作，弄到少儿出版社出版了。一时间，电视上关于抗日战争的节目也多转向敌后战场，有些老干部坐在那里大谈打了什么战斗，消灭了一二十个日本鬼子。正面战场的声音消失了。山西人民出版社副总编辑找我谈话，希望将《中国抗日战争史(1931～1945)》内容基调改为国民党不抗战，削减正面战场的内容。我说，这样做不是倒退到 50 年代了吗？人家会笑话我的，我不难为你们，请把书稿退还给我，不出版了。

1995 年，中央电视台吴子牛导演了一部关于南京大屠杀的电影，是由台湾著名演员秦汉和一位日本女演员主演的。我和"二档"万仁元副馆长、省社科院孙宅巍研究员受邀去北京参加审片，与会者有广电部副部长、中宣部副部长等领导。看完片子在讨论时，某副部长批评影片对中国共产党反对日军暴行的作用没有反映。我们却为编导讲了几句公道话，指出中共南京地下党就那么一点人，日军占领南京时他们在何处活动，根本无史料可查。那时新四军在江西尚未组建，1938年六七月间陈毅、张云逸才率新四军在茅山建立抗日根据地。我们讲过话后，领导们才不再追问。

1995年，经过这么一折腾，各地虽然也举行了一些纪念抗战的活动，但是，基调有些变化，突出了敌后战场和抗日根据地。学术活动一度趋于消沉。到2005年纪念抗日战争胜利60周年，胡锦涛总书记在北京人民大会堂举行的纪念会上，在报告中充分肯定了国民党的抗战行动和正面战场的地位和作用。之后，抗日战争史的研究再次走向高潮。我们编著的《中国抗日战争史(1931～1945)》到2001年才由南京大学出版社出版，并且获得了江苏省社会科学优秀成果一等奖和江苏省“五个一工程”奖。然而，学术界仍然有一些人的思想始终顽固、陈旧、保守，对我们这部全面肯定国共合作抗战的著作想不通。北京学界有两位先生向某杂志社提出组织会议“讨论讨论”，实际是想开我们这部书的“批判会”，其要求未被这个杂志社采纳。

早在1979年成都史学规划会上，我接受了“蒋介石研究”这个项目，回南京后深感研究难度很大，但是也要硬着头皮干下去。我邀请杨振亚老师和“二档”方庆秋参与研究活动，我们深入南京图书馆特藏部、中国第二历史档案馆和南大图书馆寻找蒋介石的资料。我们做了蒋介石各种文集、选集、全集的目录，也整理了他留在大陆的早期日记、信函、家书、文电及各种讲话等，我们还初步拟定了一个写作提纲。在那个年代，对负面人物不能立传或撰写评传，而蒋介石自被共产党打败后，在人物评价上还未由“鬼”变回人，因而按惯例不能立传。怎么办？我们只好暂定书名为“蒋介石其人”。蒋介石有几顶帽子戴了很久，其中陈伯达给他戴的“人民公敌”的帽子很快被摘掉了；“蒋匪帮”称呼大约在五六十年代，上级有关部门通知不要这样叫了，可改为国民党当局。唯独“四大家族”和“投机革命”两顶帽子不好处理。1978年，我给学生上课时，指出蒋介石不应被称“四大家族官僚资本主义集团”，因为除宋孔两家有较多资产外，蒋介石没有什么财产，更未经营实业，陈立夫是国民党的大管家，掌管国民党的党产，非他个人所有，他去美国办养鸡场，其资金还是向朋友借的。70年代末，我虽有此认识，但我不是经济学者，缺乏第一手资料来论证。1986年，著名经济学家、上海社会科学院经济研究所丁日初研究员来宁开会。会议休息时，我把他约到场外，问他是否赞同修改“四大家族”这个概念。他十分赞同，并且说：“文章由我写，您别写。”会后不久，他撰写了关于抗战时期官僚资本的论文，在学术界产生了重大影响。至90年代，“四大家族”这一概念慢慢地从历史教科书中消失了。

自上世纪50年代以来，我们一直都在讲蒋介石“投机革命”。这种说法最早出自哪里，不得而知。何干之的著作《中国民主革命时期的资产阶级》中曾说，蒋介石在上海证券物品交易所投机失败之后，“究竟要到哪里去呢？蒋介石认为投机‘革命’是他的出路”。受何干之观点影响，当年我在教学中也讲蒋介石投机革命。

1984 年我在中国第二历史档案馆查阅张静江档案,发现蒋介石、张静江虽然是极为要好的朋友,但在经济上双方算得清清楚楚,毫不马虎。蒋介石在上海证券物品交易所做投机买卖,其资本都是向张静江借支,而张静江档案里保存了一张张蒋介石的借款证据。1922 年 6 月,陈炯明武装背叛孙中山,孙中山被迫登上永丰舰(后改称中山舰)。孙电召蒋介石,称“事紧急,盼速来”。蒋介石权衡形势,决心赴广东“救驾”。行前,蒋介石写了两封信,一封给张静江,一封请张转另一朋友(信件今仍保存在张静江档案中)。在致张的信件中表示,赴广州“非铲除叛贼,誓不生还”,他并嘱托后事说:“惟对于两儿教育之责未完,吾爱纬儿,思之尤难为怀。惟此不无挂念,如有不测,则请照弟留某之函代行之。”后来,蒋去广州登上永丰舰陪伴孙中山 42 天,终使孙脱险抵达上海。孙中山对蒋介石此举甚为赞扬,在为蒋撰写的《孙大总统广州蒙难记》的“序言”中称:“陈逆之变,介石赴难来粤入舰,日侍余侧而筹策多中,乐与余及海军将士共生死。”孙中山对蒋介石的信任,还表现在孙为蒋母撰写的祭文中,祭文说:“文与郎君介石游十余年,共历艰险,出入死生,如身之臂,如骖之靳,朝夕未曾离失。介石昂昂千里之资,虽夷险不测,成败无定,而守经达变,如江山之自适,山岳之不移。”

蒋介石留学日本学习军事,在闻知国内辛亥革命爆发后,与张群一起躲过日本警方视线,返回国内,在江浙地区参加起义活动。之后随着革命运动的进展,蒋介石一直活跃在孙中山领导之下。1923 年 8 月曾受孙中山之命率团访问苏联,学习其建国、建党、建军经验。蒋介石在孙中山危难时毫不犹豫地赴广东救驾,这种举动不能定为“投机革命”。历史研究应以可靠的原始材料为依据,并作出符合真实的科学分析。我们应该抛弃那些带有意识形态偏见的认识,尊重历史事实。但是,改变错误的认识和结论,需要学术勇气和科学的态度。1986 年后,我在一些公开场合尝试着提出我对蒋介石的看法。

1986 年,我与瞿季木老师赴安徽马鞍山,受邀参加该市社科联举行的纪念孙中山诞辰的学术活动,出席者有学术界的朋友和一些干部。我在大会的报告中介绍了孙蒋关系等相关史实和史料后,我说:蒋介石是在孙中山的影响和带动下,参加了民族民主革命,是一个民主主义的革命者。我观看台下听众的表情,似乎赞同我的分析和结论。同年,我在江苏省政协于南京总统府大礼堂举办的纪念北伐战争 60 周年的学术报告会上,同样讲了对蒋介石的认识和结论以及北伐战争是国共两党共同进行的革命战争。从会场的情绪看,大家点头似乎同意我的认识和分析。之后,在许多次讲学中都介绍了我的看法,在著述中也公开分析了我对蒋介石一生各历史阶段的认识和结论。

80 年代初,在整理蒋介石有关史料的过程中,我们拜访了著名历史学家、中国社科院近代史研究所荣孟源研究员。荣先生是山东德州人,与我也算是大老乡,他人很朴实,有山东人敦厚坦诚的气质。他告诉我,“文革”前,毛泽东指示要编纂蒋介石全集。这项工作由中华书局组织力量进行，荣孟源先生参与了这个项目，在编好第一卷后因“文革”来临而停顿下来。在与荣先生会面之后，我有了编纂《蒋介石文选》(后称《蒋介石言论选集》)的考虑。当时也不知道从哪里来的勇气敢碰这个难题，我建议江苏省有关部门给中共中央宣传部写报告申请这个项目。1986 年 9 月 25 日中共中央宣传部(以办公厅名义)正式批复同意编纂《蒋介石言论选集》，并且表示“鉴于蒋介石的言论、文稿、函电等历史档案资料是研究和编写中国现代史特别是中华民国史不可缺少的重要史料，同时对中共党史研究也具有一定的参考价值；而规模宏大的《蒋介石全集》近年内还不能出版，为适应研究和编写民国史的工作之急需，同意你省古籍出版社经过精选、编辑出版《蒋介石言论选集》，内部发行”，“印数不要超过两万册(套)”。之后，我们加紧了资料的整理工作，而我越来越感到《选集》的编选工作难度很大。因为蒋介石的许多讲话、文章，持有强烈的反共立场和反共观念。在当时正在开展全国性的反资产阶级自由化的形势下，怎样编好并顺利出版这种反共色彩十分浓厚的出版物，十分棘手。恰在此时，中国第二历史档案馆在香港举办的新书发布会上，将中国大陆要编蒋介石选集的消息透露出去，法新社等海外主流媒体以重要新闻广为传播，从而惊动了中宣部并给江苏以批评。我本人也知难而退，放弃了继续编纂蒋介石选集的打算。

80 年代中后期，我在完成《中华民国史纲》、《中国现代史史料学》、《中国抗日战争史(1931～1945)》、《抗日战争的正面战场》等著作基础上，在学术环境进一步宽松的形势下，开始转入《蒋介石全传》(简称《全传》)的写作。《全传》于 1996 年由河南人民出版社出版。在当时的认识水平下，加上受资料的局限，《全传》仍算得上是比较客观、公正的著作，对蒋的一生作了比较实事求是的评述，因而也受到图书市场的关注。据我们所知，该《全传》至少有五种盗版，他们冒用北京、上海等地其他出版社名义，非法出版，在印刷质量上较为低劣，内容上也有篡改。由于该《全传》在学术上反映较好，有的出版社希望我们再版。该传最大的不足是未能运用台北国史馆收藏的蒋介石“大溪档案”(本书 1996 年出版，“大溪档案”1997 年 2 月开放)和蒋介石日记。我希望能有机会对《全传》补充修改后再版。

1984 年，我在查阅中国第二历史档案馆目录时，偶然发现河南许昌郑发致蒋介石的两封信，当即请“二档”方庆秋研究员从库房中调出。

第一封信说：

“主席钧鉴：敬启者，窃郑发年 62 岁，原籍河南许昌灵沟镇人，于清光绪二十五年曾在开封郑老师福安馆内求学时与主席系属同学，别后数十年，始终不克一晤，到民十八年秋蒙主座临见，因发离家未遇，殊觉怅然，发分别来京晋谒无门，同学敬请崇安　民卜郑发拜启。”

这封信是郑发自南京市升州路糯米巷 15 号寄出。国民政府 1946 年 12 月 13 日收文，总务局 1946 年 12 月 14 日收文，收文号 1854 号。

第二封信说：

“大总统钧鉴:敬禀者,窃发年六十四岁,原籍河南许昌灵沟镇人,于清光绪二十五年曾于开封郑老师馆内求学时与总座同学,别后数十年始终未克一晤,至三十五年发奔至南京,蒙总座派吴秘书长(原文官长)鼎昌召见,感莫忘发,今再来京,因许昌共匪扰乱寻获郑发等语,迫不得已,发不顾生死,星夜奔至南京,以避危险,专呈一函恳求总座恩准召见,以解数十年渴望,幸得一见感恩之至。肃此

敬请

崇安

步兵少校　郑发　鞠躬　　5 月 23 日”

这封信的信封书:

总统府文官处　吴秘书长鼎昌　转呈

大总统蒋钧启

这封信由南京升州路糯米巷 16 号寄出。总统府于 1948 年 6 月 2 日收文,第六局 1948 年 6 月 4 日收文。

这两封信,国民政府(1948 年 5 月之后的总统府)收到后,吴鼎昌以下的各级官员均十分慎重,并经严格的办文程序收归档案保存。这两封信,蒋介石有没有看过,或吴鼎昌有无向蒋报告过,无从知晓。信件内容虽然一定程度上与当年社会上一些传言相吻合,但仍不能说明蒋介石与郑发有什么关系。荣孟源先生对蒋介石有较多研究,对此问题他在 1980 年中国现代史学会成立大会的学术报告中说:“事出有因,查无实据。”我也看过学者在“文革”前和“文革”期间对蒋介石家世的一些调查报告和口述访问材料,调查十分广泛,包括溪口和蒋母家乡的许多当事人,均印证蒋介石出生于溪口无疑。我这里之所以将亲自看过的两份信抄录于此,是因为信件来源于国民政府档案,信封邮件,国民政府收发、办文、归档手续都是真实的、完整的。从信件内容、毛笔字的字迹看,写信人精神状态也是正常的。后来,方庆秋研究员就此信件撰文发表时,我建议他可将此资料作为蒋介石家世的一个谜,介绍给读者,不宜以此为据。

系主任兼所长

1983 年,南京大学上报国家教委(国家教育委员会)申请建立中国史研究所和世界史研究所,因当时规定部属院校建立研究机构必须报经国家教委批准。1984 年春,国家教委批复同意建立历史研究所(相当于系一级,可以含中国史和世界史研究),编制 20 人。经学校研究,历史所下设六朝史、明清史、太平天国史和中华民国史共 4 个研究室(90 年代,又设立了当代台湾研究室),由茅家琦任所长,蒋赞初、洪焕椿、茅家琦和我分别担任 4 个研究室的主任,世界史和元史的研究机构仍挂在历史系。2000 年以后,由于历史系专业设置和研究机构的不断变动,历史研究所员工、

机构仍然存在，但是实际上已有名无实。

民国史研究室初建，必须增加研究人员，先后有陈谦平、申晓云、张生进入研究室工作。陈红民、史全生虽然编制在中国近现代史教研室，但是一直参加民国史研究室的各项研究活动，陈红民也做了一些科研事务工作。

民国史研究室成立后，主要抓了前述几个重要科研项目及海内外学术交流工作。从80年代后期至90年代是民国史学术交流最活跃的时期，不少外国学者和台湾朋友来南大访问讲学。历史研究所没有活动经费，一切科研活动和外事接待费用全靠我和茅家琦两人的科研项目来支持。我们两人的项目经费大约各有四五万元，当时在历史系教师中算是最多的了。

两年后，茅家琦老师向学校提出不再担任所长。1986年，曲钦岳校长来历史系召开全系教职工大会，宣布姚大力担任系主任，我担任历史研究所所长。姚大力那时大约38岁，是全校系主任中最年轻的。有一次，曲校长说，换一个年轻人当历史系主任，试试看。

历史研究所虽然成立了，但是没有办公用房。当年，南京大学房屋很紧张，这是历史遗留问题。五六十年代，郭影秋校长考虑国家有困难，故每年的基建经费都上缴，不盖房子，因此直接影响到学校的发展。1963年匡亚明调来南大接替郭影秋出任党委第一书记兼校长。他在上任后第一次全校教职工大会上说：国家给您钱，您就应该花掉，不花掉就是破坏国家计划。不少教师听了匡校长的报告甚感不满，说后任怎么能在公开的大会上批评前任呢？南大那两年（1964年至1966年），又修马路，又建学校围墙，还盖了物理楼和校门正面的教学大楼。以前，南大校园内的马路都是碎石路，有许多泥土，学生一下课，马路上尘土飞扬。南大没有围墙，周边是绿篱或竹篱笆。但南京大学和匡校长好运不长，1966年“文革”降临，一切教学研究和学校建设都停顿下来了。

1989年，南京大学总算有了一幢不大的文科楼，文科各系除外语系外，都挤在这座只有8层的楼内。历史系得到两层楼，历史研究所作为新建的科研机构，得到三间房屋作为办公场所。但是历史所的外事活动在当时南大文科院系中算是比较多的，于是花了18000元装修了一间办公室作为对外接待用，实际上也只是在房间内打了一个大壁橱，铺了地板和放了两张极为普通的沙发。有的教师不断打听装修花了多少钱？我们也担心教师们攀比，不愿张扬。我任系主任时，公家安装空调是大事，在会议室装一台空调，要经南大5个职能部审查批准。八九十年代，南大仍然很穷，各方面经费都很紧张。土地多的高校时髦卖土地。南大也学习兄弟院校“经验”，将北京西路二号新村旁边的一块不大的土地卖给了开发商建商品房，出价2500万元。人家把房子盖好后，向南大索要土地证件，南大拿不出来。结果，土地给了人家，钱也没有拿到（一说，拿到一点钱），还挨了市政府的批评。

早在1984年时，匡亚明校长很有战略眼光，领衔给中央领导写报告，建议重点投资部分知名大学。中央采纳了匡校长等人的建议,给5所重点大学加大了投资力度,但是没有南大和浙大这两所名校,从而引起许多学生的不满。有一天晚上南大学生上街游行,还贴大字报,把时任党委书记章德的名字倒过来写。中央理解了南大师生的心情,派了国家教委副主任何东昌来南大召开教师大会安抚情绪,对南大的教学特别是科研水平讲了许多好听的话,多方加以鼓励。南大没有获得中央这项重要投资,拉大了南大与其他5校的差距。但是,南大人向来有自我奋斗的精神。南大地位的上升,是在曲钦岳担任校长的12年间,有几次在国内高校排名第3位,这是南大人自己奋斗的结果。曲钦岳校长的贡献,功不可没。

1984年,我50岁。这年下半年有一天,省委常委找我谈话,告诉我经过省委与国家档案局研究,并征求国务院人事局的意见,拟调我去中国第二历史档案馆担任馆长兼党组书记,正厅级。对这一突如其来的工作安排,我毫无思想准备,也不知道如何答复。我说,让我回去考虑一下再作决定。这件事也不便公开宣扬。我私下征求茅家琦老师的意见,他给了我模棱两可的回答。外地一位朋友知道后,问我省里有没有后台,我说我是一名普通教师,哪里有后台。他说,没有后台不能去,万一工作上出了问题,没有人为您讲话。我在犹豫中,最主要的一点是十分留念南大。我在南大30年,有难以割舍的感情。一天,历史研究所中共党支部改选,大家酝酿由谁担任党支部书记。我观察除年轻党员外,老教师茅家琦、洪焕椿以及老革命、老党员胡允恭,都不方便担任支部书记,于是我自告奋勇承担这一职务,我说:“我来干吧!”茅家琦在会上说,张宪文放着党组书记不当,来做支部书记。大家问其何意,这样我的工作调动事情就在系里和“二档”传开了。青年教师动员我去“二档”,说“屁股可以冒烟”(有专车上下班,那个年代只有领导干部才有专车),“南大教师去二档看材料就方便了”。“二档”的好友也欢迎我去工作。一天,李新老师和他的夫人来南大,我陪他吃饭时,他说:“我这次来南大,一是为你们的研究生讲讲课(李老师是我校兼职教授),二是动员您去二档工作。”我问,为什么?他说:“二档这个地方过去看材料很困难,我们应该有人进去。”我说:“我进去也不一定解决问题,说不定过了不久我的屁股也坐到他们那边了。”这时,省委组织部要求南大放我,南大党委表示应征求本人意见。省委领导又两次找我谈话,仍说服我去,我讲了一些理由最终谢绝了。这件事先后进行了约一年时间。后来听说,省委组织部对我甚有意见,说:“考察了半天,不肯去,如果是干部的话,就下调令了。”意思就是说,必须服从。

我在南大工作那么多年,有两次可能调离南大,一次是上述省委要把我调走;另一次是我主动要求离开南大,没有成功。80年代末,历史系矛盾很多,我想离开这个环境,经与我的好朋友南师历史系总支书记储镜明联系,我愿意带领几位中国近现代史骨干教师去南师工作。他们十分赞同,并由南师归鸿校长出面找曲钦岳校长联系,省委组织部也动员南大支持南师,放我们几个人。曲校长表示坚决不放。我们几个人又一起去找校党委书记陆渝蓉教授,她表示“免谈”。几次硬磨的结果,没有成功,只好作罢。

1991年，大约是6月份的一个星期一下午，党委副书记贾怀仁同志找我谈话，告诉我经党委研究让我担任系主任，并说先打个招呼，次日就宣布。谈话进行了一个下午，我一再表示不愿出任系主任。因为历史系问题较复杂，我没有能力解决，也不愿卷入本与我不相干的是非矛盾。另外，我将于两个月后赴美国讲学半年，系主任刚上任，就长期出国怎么行？按照南大任职惯例，教师到56岁就不能再选聘担任系主任等中层职务。贾书记对我提出的三条理由，一一进行了"反驳"，反复劝说我服从大局，接受组织的安排。直到谈话结束离开贾书记办公室，我也未表示同意。次日，党委就宣布了任命决定。

我就这样被"赶鸭子上架"当了系主任。学校又任命钱乘旦、沈学善、陈效鸿三位教师为副系主任。我面对的是历史系多年积累的众多矛盾，只好谨慎从事。当年，系一级都要解决两大难题：一是职称评定，二是创收。我在全系教职工大会上，多次宣布我的工作原则是坚持公开、公平、公正，任何重大问题都由每周一下午举行的系党政联席会议做决定，并欢迎全体教职工监督。

历史系是老系，老教师多，职称问题长期未能妥善解决。过去一般是每年有两个教授名额，由于竞争激烈，系里通过的名单上报学校后，经常会因本系的矛盾丢掉名额，因而职称积压的问题越来越多。1991年，我当系主任时，几乎每年都有15位教师提出申请，竞争这两个教授名额。当时，我采取的方针，只要是系评委会通过的，我在校评委会上都千方百计保住，防止丢失。在我任职的四年中，没有丢失过一个名额。那时，全校每年文理各系共有25个名额，其中文科只有8个，其竞争难度可想而知。四年间，历史系有5位教师的教授职称，在学校高评委评审时遇到很大困难。我积极努力，提出各种理由，说服理科占多数的高评委，最终予以化解。有一位海归博士，出国前是讲师，我说通了曲钦岳校长和主管职称的许廷官副校长，给他特批了教授职称，这在当时没有先例。回顾我任系主任那几年，教师队伍处在新老交替时期，老教师面临解决教授职称的严重困难，而一大批中青年教师则迫切希望当上副教授。我承受着极大的精神压力，心情苦恼、烦闷，可以说担任系主任那几年是我的"艰难岁月"。我在解决教师职称问题上尽了最大的努力，因而在系主任职务离任时，受到党委的肯定。一批批教师退下来，有的仍然是副教授甚至是讲师，我对他们表示深切的同情。

多年来，我在历史系和历史研究所除担任一些党政职务外，还承担着较多的教学任务，曾连续多年为历史系大学生开设通史课"中国现代史"、选修课"军阀派系史"和"中国现代史史料学"，为硕士生和博士生开设中华民国史和中国现代化研究方面的专门课程。"中国现代史史料学"是我在改革开放后，独自设计的一门课题，曾引起教育部的重视，发布文件要我进一步加工后作为高校历史系教材。可惜我因为工作忙碌，一直没有好好编写这部重要教材。1984年夏季，我在青岛中国现代史学会举办的教师讲习班上讲授史料学专题。课间休息时，一位东北地区的教师问我，《中国现代史史料学》何时可以出版。我说近期很忙，尚无具体打算。他说，您要抓紧。我问，为什么？他说，他的两位教师朋友已将我在各地高校讲课的录音和在南大上课的学生笔记搞到手，计划在此基础上整理出版，并且拉他一块干。我听后吓了一跳，东北的那两位教师怎么会这样干呢？这不是明目张胆的剽窃吗？他们拿我的讲稿出版，我将有口难辩。讲习班结束后，我经过济南，一方面回家探望年老的父母，另一方面去了山东人民出版社请他们帮忙。我回到南京，匆匆地将讲稿誊抄一遍即迅速交给了出版社，于 1985 年 11 月正式出版。我当时的思想是先保住我的讲稿，根本来不及扩充和仔细认真修改。我始终对这部书未能很好地加工重写而感到遗憾。我在步入晚年以后，想做的事很多，已感到力不从心。

90 年代，有几件事对南京大学中华民国史学科的发展，发挥了重要作用。

台湾台中市的陈清坤先生较早来南京经商办实业。经原南师大历史系教师顾宁介绍，他愿意在经费上给我们支持。90 年代是我们学科经济十分困难的时期，在陈清坤先生的帮助下，我们设立了中华民国史奖学金，举办了第三次大型的中华民国史国际学术讨论会，以及其他一些学术活动。我们十分感谢也不会忘记陈先生给我们的支持。

台湾郭俊鉌先生，抗日战争前就读于南京金陵大学化学系，毕业后留系担任戴安邦教授的助教，并曾协助化学系内迁成都。后来郭先生辗转去了台湾，办实业、建出版社。他曾资助美国"日本侵华史研究会"开展日本侵华暴行研究。在台北中研院近代史研究所李恩涵先生的介绍下，郭先生提供 4 万美元（当时约合 30 多万人民币），帮助南大民国史学科博士生、硕士生开展日本侵华历史研究。郭先生将其毕生收藏的中外历史珍贵图书，赠送给南大中华民国史研究中心。我们设立了郭俊鉌图书特藏室，多年来我们坚持每周向研究生开放阅览，使他们受益匪浅。两年前，郭先生逝世，我们十分怀念他的高尚品格和对我们的大力帮助。

1993 年，李新教授委托彭明教授写信给我，并派王学庄先生亲自来宁，建议南京大学成立中华民国史研究中心，以联合海内外各方学者共同开展中华民国史研究。我们接受了李新教授的建议，并报请校领导批准，正式成立了中华民国史研究中心，由我担任主任，王学庄、黄美真、万仁元担任副主任，并邀请了一批海内外知名学者担任客座教授。《民国研究》也正式创刊。中心的成立，对促进海内外学术交流和推动民国史研究的发展，发挥了重要作用。

主办学术会议

从 1984 年至 2010 年，共举办了六次中华民国史的国际性学术讨论会。这六次会议，在中华民国史的学术史上居有重要地位，各次会议都有其独特的作用。我为这些会议的筹备和召开，付出了心血。

1984 年 5 月 5 日至 10 日，由南京大学、江苏省社会科学院、中国第二历史档案馆、中国社会科学院近代史研究所、全国政协文史资料研究委员会和中国现代史学会联合发起召开了首次中华民国史学术讨论会，这次会议经上报中央，由杨尚昆、乔石批准召开。它在中华民国史研究中具有开拓性的重要意义，对中华民国史研究起了“正名”作用。民国史过去是禁区、荒地，甚少有人敢于涉足这一领域。在会议住宿的饭店里，有一位女服务员看着会议的标语，自言自语地读了两遍“中华民国史”，从她的神态和表情可以看出，对这一词汇甚感陌生和惊讶。

会议举行前，2 月 3 日春节那一天，台北国史馆馆长黄季陆先生发表文章，说国民党在离开大陆时，许多档案都遗弃在大陆，表示要想尽办法补充这些档案。大陆的《大参考》和《人民日报》都转载了这一消息。我们会议筹委会决定由中国第二历史档案馆施宣岑副馆长发表谈话，欢迎黄季陆先生和台湾学者来大陆中国第二历史档案馆使用档案，也欢迎台湾学者出席首次中华民国史学术讨论会。在海峡两岸尚未沟通的情况下，这种愿望自然是不可能实现的。

由于会议举行前，各省市报纸都刊登了“首次中华民国史学术讨论会将在南京举行”的消息，因此，报名出席会议的学者十分踊跃。会议场所白下饭店住不下，不少学者住到南京大学和中国第二历史档案馆招待所或自寻其他住处。出席会议的学者达 200 余人，分别来自全国 24 个省市和自治区。

会议期间，我收到美中文化交流委员会发来的电报，建议我们邀请正在南京大学访问研究的美国著名历史学家易劳逸教授出席会议。经会议筹委会决定，邀请了 5 位外国学者参会。

5 月 5 日上午，在原总统府大礼堂举行了隆重的开幕式，李新教授致开幕词，江苏省副省长杨泳沂和南京市市长张耀华分别代表省、市政府讲话。张耀华在讲话中说：“欢迎大家不远千里来到南京召开这个盛会，欢迎台湾史学界同仁随时来到南京使用档案和参加学术讨论，欢迎在南京成立民国史的研究中心，欢迎下次会议再来南京召开。”

会议进行了大会报告和分组讨论。中国社科院近代史研究所孙思白研究员作了《民国史上的若干特点》的报告；中国现代史学会副会长、中国人民大学彭明教授作了《关于评价民国人物问题》的专题报告；全国政协文史资料研究委员会办公室主任黄森在报告中阐述了文史资料工作和民国史研究的关系；南京市《侵华日军南京大屠杀暴行史》编写组副主编张允然介绍了南京大屠杀史的编写工作；中华书局总编辑李侃建议编写一本《民国简史》。会议分政治、经济、军事、外交、抗战及人物 6 个小组，围绕民国史上的一些重大问题、重大事件和重要人物，诸如如何评价蒋介石政权初期的内外政策、1928 年国民政府北伐和东北易帜、1935 年的法币政策、国民党在抗战中的作用、民国人物评价等，进行了广泛深入的讨论。可以说，在上述几个问题上，这次会议对其认识都有突破性进展。会后都有相关文章发表。

会议期间，李新教授邀请了 29 位代表座谈民国史研究和资料工作的协作问题。李新强调民国史研究要克服分散状态，摆脱小手工业的工作方式，在全国范围内逐步建立和发展协作关系。他建议在自愿和两利的原则下建立协作关系，设置协作机构。大家表示支持李新建议，决定建立

“民国史研究和资料协作委员会”,机构设在南京,确定了第一批团体会员和委员会的常务委员。

这次会议是中国历史上第一次大型民国史学术讨论会,具有里程碑式、划时代的意义。会议的经费是由几个发起单位凑的,每家 2000 元。会议食宿条件差,大家没有怨言,都心想学术、心[illegible]国史研究。白下饭店是一般性的市委招待所,设备差,房间小,会议代表两人住一间,每间住宿费仅 3 [illegible]角,伙食标准也不高。一次,主管会议食宿问题的市政府领导问我:“伙食如何?”我说:“大家反映菜不[illegible]”他说:“那好吧!我让饭店给每桌加一只老母鸡。”那时候,餐桌上能端上一只老母鸡就很不[illegible],而且常常是最后一道主菜。

出席会议的[illegible],很多是相互熟悉的老朋友。我们安排孙思白和陈旭麓两位老师同住一间。5 日中午,我[illegible]店大厅里遇见孙思白老师,他急急忙忙地告诉我:“老张,陈旭麓午睡,把脱下的裤子搭[illegible]背上,醒来发现裤子不见了。我现在去会场作报告,您赶快去陈旭麓那里处理一下。”我[illegible]报告了饭店负责人。饭店得知老专家裤子丢了,十分重视。一方面那个年代,人们的生活[illegible]平还不高,衣服还是比较珍贵的生活用品;另一方面,饭店负责人说,过去从未发生过丢失物品的现象,因此,饭店召集全体服务人员开会,宣布排查这一严重事件。折腾了一天,饭店上上下下未查出结果。晚上,孙思白老师准备脱衣就寝,发现自己穿了两条长裤,这才真相大白。孙思白老师的许多朋友知道后,都哈哈大笑,拿孙老师开心。特别是彭明老师,与孙、陈两位老师是多年的好友,以后每次开会,都会讲这个故事。会后,成立了南京中华民国史研究会。

1987 年 10 月 7 日至 10 日,在南京举办了第二次中华民国史国际学术讨论会,即民国档案与民国史学术讨论会。这次会议仍如首次会议一样由六家主办,由中国第二历史档案馆和中华民国史研究会承办。会议由第二历史档案馆通过国家档案局上报国务院,由万里、田纪云两位副总理批准召开,并由财政部拨发会议经费。会议成立了组织委员会,由二档馆施宣岑副馆长任主任委员,我为副主任委员兼秘书长。

会议在南京最顶级的五星级饭店——金陵饭店举行,出席会议的中外学者有 110 多人,其中有美国、日本、加拿大、法国、澳大利亚及德意志民主共和国的学者 20 余人,如美国易劳逸教授、于子桥教授,法国毕仰高教授、白吉尔教授,加拿大陈志让教授,日本卫藤沈吉教授、山田辰雄教授等。中国方面也有一批著名学者出席,大会主要研讨民国档案的开发利用和中华民国史上一些重大学术问题,特别是抗日战争问题。这次会议的最大特色是加强了中外学者的学术交流,有更多的外国学者出席中国举办的学术研讨会,在档案利用方面,扩大了档案界和史学界的联系和协作,有利于深入开展民国史研究。

民国史学界第一次在这样高档次的酒店举办学术会议,与首次研讨会会场白下饭店有很大差异。为了节省费用,只安排李新、金冲及和王明哲等几位领导每人住一间,其他学者都是两人住一间。金冲及老师坚决要求两人住一间,他说:“许多与会的学者都是我的老朋友,我怎能安心一人住一间。”我们安排住房时，没有注意到有的老师睡觉会打呼噜。上海社科院丁日初老师，人胖，晚上睡觉鼾声如雷。同房间的陈旭麓老师不好意思喊醒他，想来想去，自己睡到卫生间的洗漱台上。哪知一夜下来受凉感冒了，发高烧直至会议结束，返回上海直接送进医院。许多老师第一次吃自助餐，也不懂得吃完后可以再取。荤、素、冷、热，一起下肚，肠胃受不了啦！会议期间不断有学者拉肚子的消息传入我的耳朵。

1987年，台湾当局已经开放大陆籍人士返乡探亲。我曾写了几封信请美国北卡罗莱那大学齐锡生教授(后任教于香港科技大学)带给张玉法、张朋园、张忠栋三位教授，邀请他们来南京访问和讲学。两年后，张玉法、张朋园两教授首次来南京大学访问，而张忠栋教授却不久后离世。会议期间，二档馆从江苏省有关方面得知台湾官方关注这次会议，我提出可以将会议的学术论文带两套送给秦孝仪等台湾学界领导人。后来，1994年我去台湾访问，当时已转任台北故宫博物院院长的秦孝仪先生请我吃饭，双方虽未谈及此事，但是我想可能有这方面的因素。

本次学术讨论会于10日下午举行闭幕式，组委会确定由我作了会议的学术总结，总结的内容后来发表在《历史研究》上。在闭幕式上，易劳逸教授和卫藤沈吉教授代表与会的外国学者作了发言。卫藤沈吉教授为东京大学名誉教授，时任东京亚细亚大学校长，出生于中国沈阳，一向对中国友好，在日本学术界有较高威信。卫藤教授讲话幽默，喜欢开玩笑。他在闭幕式上讲了蒋介石，内容较随意。李新教授听了后较为担心，后来在小会上谈了这件事。可见历史研究在那时坚持实事求是仍不那么容易。

金陵饭店会议之后，经过了7年，至1994年12月18日才举行第三次中华民国史国际学术讨论会，之所以相隔那么长时间，主要是会议经费没有着落。1993年南京大学中华民国史研究中心成立后，台湾陈清坤先生表示愿意在经费上给我们以支持，这样会议才有条件召开。会议由南京大学中华民国史研究中心主办，会场设在南京大学北园知行楼，曲钦岳校长代表南京大学致开幕词。由于自上次会议后已经过了较长时间，学术进展较大，因此会议决定从政治、经济、军事、思想、文化等方面进行交流，以进一步促进民国史研究的发展。

会议依然受到海内外学者的广泛关注，收到论文132篇。出席会议的海内外学者近150人，其中海外学者达40多人，有日本、美国、德国、英国、法国、意大利、加拿大、韩国等国学者出席。这次会议最重要的特点是台湾地区学者首次出席在大陆举办的中华民国史学术讨论会，台北中央研究院近代史研究所张玉法院士、近代史研究所所长陈三井教授等在讨论会上作了学术报告。这次会议进一步沟通和加强了两岸间的学术交流，并在若干民国历史人物、历史事件等问题上逐步消除分歧、达成共识，增强了两岸学者的友好情谊。

会议进行了三天，至12月20日闭幕。

自50年代以来，位于南京长江路的原总统府，长期有一批政府机关和群众团体在那里办公，其中包括江苏省人民政府、人大和政协。70年代，南京大学历史系全体教师曾签名呼吁各机关迁出，将该址建成中国近代史博物馆。后来虽设立了博物馆的筹备处，但始终未付诸实施。90年代后期，中共江苏省委决定各机关全部迁出，将原总统府整理开放，由江苏政协成立管理建设办公室，具体抓这项工作，我和茅家琦等教授、专家担任顾问。在中心大酒店研讨建设规划时，我建议将该原址称为中国近代史遗址博物馆，后来考虑这个名称也不完全合适。因为种种原因，该馆并未正式挂牌。

当时主管总统府修建工作的为省政协常务副主席胡福明，他对民国史研究十分重视与支持。他与我相识已50余年。60年代初，他调来南大，在哲学系开设毛泽东著作研究，要我为哲学系学生讲授中国现代史，以配合他的课程。后来，他调离南大担任中共江苏省委常委、宣传部部长，也曾担任省委党校校长。他支持由省政协与南大共同举办第四次中华民国史国际学术讨论会，并由省政协向财政厅申请会议经费。经过认真的筹备，会议于2000年9月22日至24日在南京举行，由曹克明(省委副书记、省政协主席)、王珉(省政府副省长)、胡福明(省政协副主席)、蒋树声(南京大学校长)、段绪申(省政协副主席)、胡序建(省政协副主席)、冯健亲(省政协副主席)为名誉顾问，由金冲及、唐德刚、薛君度、山田辰雄、李国祁、张玉法、郭俊鉌、洪银兴、陈得芝、刘向东、周忠信、张宪文为学术顾问。出席会议的海内外代表和列席代表有152人，其中外国和中国港澳台地区学者有48人。

9月22日上午，在原总统府礼堂举行开幕式。省政协副主席胡福明致开幕词，洪银兴副校长代表南大致词，金冲及、唐德刚、张玉法教授在大会上作了学术发言。

会议代表的食宿和分组研讨，均设在新街口中心大酒店。由于出席会议的学者提供了丰富的学术论文，故会议分作36个场次进行报告与研讨。让我十分感动的是会议曾邀请韩国汉城大学(今首尔大学)闵斗基教授出席会议，但他因重病复发乃派他的一批弟子来宁出席会议。闵斗基教授是韩国著名历史学家，他在中国现代史领域重点研究国民革命运动，他和他的许多弟子已在中国现代史研究中作出成就。闵斗基教授不幸去世后，我写了一篇怀念他的文章。会前，我曾写信邀请唐德刚教授出席会议。他回信说:原不打算参加，因为您特别邀请我，我一定来。会议期间，我发现他走路已较缓慢，行动不太灵活，毕竟老了。没有想到这是与他最后一次见面。几年后，他在美国新泽西寓所去世。

会议结束，在中心大酒店举行闭幕，没有举行隆重仪式，只是邀请了海内外几位学者作了发言，抒发感想，最后由我作了会议的学术总结。这个总结经过修改，发表在《人民日报》上，后由《新华文摘》转载。

2006年，中共奉化市委宣传部有意与我们合作在溪口举办学术研讨活动。我们采纳了这一建议。双方经过多次往返协商、筹备，2006年7月28日至8月1日在溪口举办了第五次中华民国史国际学术讨论会。会议由南京大学中华民国史研究中心和溪口旅游集团共同主办，集团方面主要承担食宿、交通等方面会务。双方共同成立了会议组织委员会，由我主持。出席这次会议的学者仍有150人左右。按照教育部规定，中心的学术活动必须事先在网上公布，各地学者得知消息后，踊跃报名，申请者达30余人，我们选择了几位出席会议。会议一如既往，讨论内容较为广泛。由于在蒋介石家乡开会，涉蒋的问题较多。除外国学者外，我们邀请了较多的台湾学者出席，特别邀请了蒋家后裔蒋方智怡女士和宋子安儿媳宋曹琍璇女士出席。她们对整理蒋介石日记和孔祥熙档案作出了贡献。

由于会议是由南京大学主办，我们希望校方领导出席以向海内外学者表示欢迎之意。可是，因为会前我们未提早向学校提出上述要求，待会议召开前夕，学校校长助理以上的领导人均由于各种原因不在南京。我们邀请了身体欠佳的原校党委书记陆渝蓉教授代表学校致开幕词。陆书记在会后乘车返宁时，轿车在公路上抛锚。当时天气十分炎热，陆书记在公路上曝晒一个多小时，心脏突感不适，抵宁后直接赴医院就诊。对此，我们感到十分内疚。事情虽然已经过去几年了，我们仍要向陆书记表示歉意。

讨论会开得很好，学者们畅所欲言，表达了对民国史各种问题的认识。由于长期以来意识形态的影响，有人在观念上仍然放不开，对民国史研究还心有余悸。蒋介石家乡宁波地区有关部门对召开这次会议仍犹豫，为了打消他们的顾虑，我们特邀了国务院台办和江苏省台办的有关领导出席会议，使会议得以顺利举行。

会议闭幕式除邀请若干位海内外学者发言外，主要由我作了会议的学术总结，总结谈了我对民国史研究中若干重大问题的认识。会议一结束，好友山田辰雄教授索要发言稿，我说等我修改成文后寄给您，请您指教。后来，这个发言以《再论民国史研究中的几个重大问题》刊登在2008年第5期《江海学刊》上，当年《新华文摘》和《高等学校文科学术文摘》转载，并被收入《百年风云——中国现代史学会三十年论文选》。

2009年，我去教育部社会科学司汇报民国史中心的工作，同行的有张生教授。在社科司张东刚副司长办公室，他与我们谈了半小时的话，主题是民国史研究中心要实现国际化，不仅要“走出去”，更要“请进来”。他说，你们民国史研究中心不是要在国内争第一，你们已经在这一领域处于领先地位；而是要使外国学者到中国来研究民国史，必须来南京大学。你们要创造各种条件实现这一目标。张司长对我们民国史研究中心十分了解，也寄予厚望。当时我说，张司长的谈话非常重要，我们回去一定向学校领导汇报，制定规划，努力争取实现教育部对我们提出的要求。返宁后，我给洪书记、陈校长和张异宾副书记写了书面报告，汇报了张司长的谈话和对我们的要求。民国史研究中心经过多年的努力，有条件向这个目标发展，然而需要各方面的支持，否则困难很大。

为向国际化方向努力，我想先从与海外学界共同举办讨论会开始吧！2009年暑假，我写了几封信给哈佛大学、剑桥大学、牛津大学、东京大学和莫斯科国立大学的学者朋友,建议共同主办第六次中华民国史国际学术讨论会。当时我想,这些大学都是国际上最顶级的大学,从学校排名来说,南京大学远远落后于他们,他们愿意与我们共办讨论会吗?我有些犹豫。不久他们都回信,乐意与我们共襄盛举。

在南京中山陵园管理局局长王鹏善、副局长沈先金的大力支持下,第六次中华民国史国际学术讨论会得以在2010年8月21日至23日召开。会议食宿、讨论设在风景秀丽的中山陵园国际会议中心。会议由七家主办单位学者张宪文、沈先金、柯伟林、汉斯·方德万、米德、高念甫与川岛真担任联合主席,由章百家、瞿林东、张玉法、张磊、姜义华、步平、王鹏善担任学术顾问,还有20位知名学者组成学术委员会。会议于8月21日上午举行开幕式,南京大学党委书记洪银兴教授致开幕词,江苏省人民政府李小敏副省长、南京市人民政府陈刚副市长、江苏省孙中山研究会卜承祖会长以及省社科联廖进副主席先后致词。章百家、瞿林东、步平、川岛真、周勇、张玉法、何理、费约翰、鲁林、陈铁健、久保亨、张磊、吴景平、朴明照、林家有、姜义华、黄姆·赖特、汉斯·方德万、施耐德等教授在大会上作了学术报告。会议还设立16个分会场,由参会的学者分别报告了个人的论文和研究心得。

会议于23日上午举行综合讨论,由朱庆葆、陈红民、郑会欣、孙若怡、魏楚雄、左玉河等发表学术感言;我在会上围绕本次会议主题“民国社会转型”作了学术总结;最后由中山陵园管理局王鹏善局长致闭幕词。

自80年代以来,我先后在中国现代史、中华民国史、辛亥革命、同盟会、南京临时政府、孙中山、抗日战争、南京大屠杀、史料学等研究领域,主办或参与主办了一些学术研讨活动。这些活动对推动学术研究的发展、加强学者间的学术交流,起了有益的作用,我个人也贡献了一份力量。

出国访问

中国是东方大国,有悠久的历史文明,可是长期闭关自守,盲目自大。1840年西方侵略势力强行打开中国大门,中国先进分子发现我们落后了,要奋起直追。1949年中华人民共和国成立,中华民族成为独立自主的国家,被帝国主义任意宰割的日子一去不复返。而保守、封闭的观念仍然强烈地支配着我们,视西方大国为洪水猛兽。我们虽然高唱“朋友遍天下”,但是只有小朋友、黑朋友、穷朋友,在国际舞台上没有发言权。很多人没有见过外国人,在大街上、在闹市区,一旦看见外国人就尾随不放,左观右望,成为当年城市一景。

1978年改革开放后,与西方国家交往开始多起来。南京大学也陆续招收外国留学生,但是90%以上是学中文和历史。指导教师常邀请他们家访,请他们吃顿饭。那时候常有外国团体来校访问,各系都要打扫卫生接待,实际上不少是旅游团来校参观,让各系忙活一阵。南京大学与国外交流的第一个大学是美国威斯康辛大学，全校各系都作了充分的接待准备。由于该校访问团有历史系林毓生教授参加，因此我和茅家琦也参与了校方的接待。在章德书记举行的宴会上，我和茅老师不会喝酒，连啤酒也喝不习惯，在餐桌上只喝橘子水。章德拿我们开玩笑，说："你看你们两人连酒也不会喝。"之后，我才开始学着喝点啤酒。

80年代，出国很难，全校可以数得过来哪些人出过国。那时，出国较早、较多的是历史系，主要是茅家琦、蔡少卿和我三个人。茅家琦第一个出访法国，当时他还不是教授。章德书记在大会上说，茅家琦出国，给他戴上教授的帽子，回国后摘掉。

出国访问，有两大难处，第一，是经费问题，都是对方提供路费、生活费，国家或学校都不可能提供任何费用。第二，是办理出国手续十分复杂、艰难。有的部门或工作人员有意刁难，最后把你折腾到精疲力尽才让你成行。

我先后出访过日本、韩国、美国、澳大利亚、英国、法国、德国、意大利、俄罗斯、新加坡等国家和我国台湾、香港、澳门地区。出访的目的，主要是参加学术会议、讲学和学术交流。

出国访问，要考虑自身的服装。80年代，国内穿西装的人逐渐多起来，但是款式没有品位。南京新百商店专门设立出国服务部，为出国人员做西装。在国外大街上不用打听，一看西装就知道是不是中国人。记得在一次会议上，有位中国学者叫我帮他打领带，老是打不好。我问他，您这条领带多少钱买的？他说，一块五毛。我说，怪不得打不出领结来。那时商店里稍好些的领带也要卖几十块钱。我第一次去日本时，家里没有大箱子，街上也买不到，只好向考古专业借了一只学生实习用的大箱子，其寒酸相可想而知。

我出访的国家和地区，基本上都是对方提供机票、生活费或基金，在经费方面从未遇到过困难。最头痛的问题，是办理出国手续非常复杂，有好多事例可以说明。

1988年我第一次去日本(我曾去过日本15次以上)，山田辰雄教授在日本为我申请了"国际交流基金"。除参加学术会议外，还要访问庆应大学和一些学术团体并作学术讲演。会议是当年5月1日举行。我在国内办理审批手续，教育部反复来文审查，待批件下达时已是4月26日。我在省外办办理好护照，南大人事处为我去省里办好政审批件，我携带着相关材料赶到上海市外办。那时，凡有领事馆设在上海的国家，办理签证都要通过上海外办办理，华东各省不能直接与各领事馆接触。我赶到上海时已是4月28日。上海外办告诉我，4月29日是日本天皇的生日，领事馆的日本人均已返日本休假。即使日本领事馆不放假，在5月1日前也来不及办理签证手续。经与山田辰雄教授电话联系，放弃出席学术会议，延至7月1日才去日本进行短期讲学。遇到此类情况的人甚多，经常是文件批下来，对方的学术会议或学术活动已结束，给出国访问的学者造成极大困难。

1990年7月1日，我与蔡少卿教授受邀去澳大利亚访问讲学一个月。对方费约翰教授电话告知,机票已订好,应在南京民航索取。但与民航联系无此事。那一天是星期一,去澳大利亚的时间是星期四。机票尚无着落,我与蔡都不知如何是好。恰巧周一中午我收到一封明信片,通知我去北京民航取机票。当时正值各单位进行“整党”,我和蔡不能离开,乃派陈谦平老师代劳赴京,下午蔡老师爱人托关系弄到一张机票。陈谦平抵京时已是晚上,只好住下来,次日去北京民航取票。民航又告知,飞机是由上海起飞,经广州出国,必须去上海民航签注座位。周二下午,陈谦平又乘飞机由北京赴上海,抵达时已是傍晚,又住下来。次日(周三)在上海民航签好座位,下午陈谦平回到南京。这种乘坐着飞机取机票的经历真是天大的笑话,可以载入中国民航史,让人回味。

周四,我和蔡少卿老师乘火车去上海,尚未出车站检票口,就遇上黑车司机,他们拿着我们的箱子就向广场西南方向奔跑,我们两人跟在后面追。我们已经跑得没劲了,一批黑车停在那里,只好讨价还价,把我们拉去上海师大住宿。

周五晨,我们两人“打的”去虹桥机场,办好手续等候沈阳经上海去广州的飞机。谁知飞机晚点,我们将无法赶上广州飞澳大利亚的飞机,经与机场协商,同意我们换乘航班。我们问,行李怎么办?办手续的小姐说,自己取。我问,到哪里取?小姐指指旁边的一个甬道说,自己进去取。我一望,是一个一米高的甬道,里面黑黑的。我们两人已完全没有办法,只好弯着腰,钻进去,取得行李箱,重新办手续。

那时出国,必须填写行李申报单,主要是填写携出的照相机型号、牌子以及携出的外币数额。按照规定只能携出 15 美元,还要有外汇管理局的携带证明。我和蔡老师分别携带了 500 美元。他夫人要他在澳大利亚买套西装,我打算买些礼品带回送人。蔡老师只填了 15 美元,我老老实实地填了 515 美元。我想,这些钱是自己的,又不是偷来的,光明正大地填上去有什么关系。过海关时,工作人员要我出示证明,他们说携带证明仅限 15 美元,其余 500 美元不能携出。我问,要登飞机了,怎么办?他们指指旁边的中国银行说,存起来,回来再取。我没有办法,只好存进银行,心想,老实人总吃亏。记得有两次回国,一次由法国回北京,一次由日本回上海,两个机场的海关都叫我将带回的外币出示一下。他们拿过去,认真地数了一下。真是奇怪,携出外币,怕外汇流失,可以理解,从国外带回外币,还要检查,真有些说不通。

出国干什么,审查也很严格,除掉办理政审手续外,如果是参加学术会议,还要审查论文,至少要经本单位审查论文提纲,并提供审查结论文件。也是上述去澳大利亚,我和蔡老师除去墨尔本大学、悉尼大学等院校访问讲学外,还要参加亚洲学会年会。我提供的论文,题目是“新中国建立以来中国现代史研究的重大发展”,属于歌颂性质的文章,实际上我到澳大利亚要讲民国人物研究。我上报的论文题目顺利通过。而蔡老师的题目是“民主革命时期中国共产党与秘密社会的关系”,教育部在他的题目上打了一个大问号被退回学校。当时,学校交流科的负责人是邹亚军老师，他匆匆忙忙找到我，问我怎么办(当时蔡老师正住在医院)。我说，您可以告诉教育部，所谓秘密社会就是共产党与农民秘密地联合起来反对国民党，教育部的办事人员应不会细究的。我的解释也很不正确，但是能从字面上在教育部通过，教育部也就批准了。还有一次是去英国剑桥大学参加学术研讨会。凡是去国外出席学术会议，教育部或国台办都要质问会上有无"两个中国"或"一中一台"。这次去英国开会，会议日程上有两位台湾学者提出论文报告，教育部要我上报台湾学者的论文内容。我认为这非常不通情达理。会议是剑桥大学主办的，我有什么权利索取人家的学术论文，这是做不到的。我有些恼火，请南大外办将上述意思报告教育部，并且说明我不去了。最后，教育部还是批准我出席会议。

当年，我们老一辈的教师出国访问或讲学，都受到所在国学者的礼遇。在日本，山田辰雄教授把我的访问日程作了周密、细致的安排。在庆应大学的一次学术报告会，日本一大批资深教授出席。我先后访问过东京大学、早稻田大学、西细亚大学(卫藤沈吉教授担任校长)、京都大学、神户大学、广岛大学、大阪外国语大学、骏河台大学、中央大学、日本女子大学、金泽大学、岛根大学等，我在这些大学都作过学术报告。日本有许多关于中国当代历史的研究会，如中华民国史研究会、辛亥革命史研究会、孙文研究会、五四运动史研究会、中国妇女运动研究会等。仅中国现代史研究会就有两个，一在东京，一在关西地区。还有地区性的学会，如南京学会等。我访问日本，也在这些学术团体作过学术报告或交流活动。日本学者对中国历史有较深厚的研究基础，成果也很丰富。应该说，在国际上，日本、美国，是对中国历史研究最深入的国家。

1991 年 8 月我赴美国讲学半年，是易劳逸教授和于子桥教授在美国为我申请的富布赖特基金重大项目支持的。富布赖特基金是美国政府出资的最重要的基金会。早年，美国政府拿出一笔钱支援各国作各种研究工作。后来，美国议员富布赖特向政府建议，应该用这笔钱邀请各国人士到美国作研究，以便深入美国、了解美国，培养知美派，培养他们对美国的感情。美国政府接受了富布赖特的建议。中国每年都有一批人经过申请并经美国驻华使馆的面试，赴美国进行研究，一般是半年至一年。

1991 年 8 月 20 日，我接到美国驻上海总领事馆通知，已为我买好机票，并由文化领事与我在领事馆会见。会面时他告诉我，已经通知伊利诺伊大学届时去机场接我，并在我面前放了一个信封。我问这是什么，领事说，信封内有 100 美元，供您在路上零用。美方从为我办理签证到设法购买机票成行，都安排得细致、周到。当时正值暑假后开学时间，赴美机票十分紧张，总领事馆在电话中告诉我，好不容易为我弄到一张旅客退票，否则难以按时成行。

那时由中国去美国的航班并不多。在上海登机后，经东京停留 3 小时，转机后直飞旧金山。在旧金山办理入境手续，亦停留 3 小时，然后飞芝加哥，在芝加哥换乘螺旋桨小飞机飞伊利诺伊大学所在地 Urbana-Champaign。整个行程 24 小时，路上吃了四顿饭。到达目的地后，学校依富布赖特基金会的电话通知,派几位中国访问学者来接我。

我在伊利诺伊大学近半年时间,与易劳逸、于子桥合开一门课。易劳逸是美国著名历史学家。1984 年,美中文化交流委员会在给我的电报中,评价他是美国数一数二的民国史学者。他是费正清最早的弟子之一,曾去台湾访问研究,结识了他的夫人;他的代表作是《流产的革命》和《毁灭的种子》。1984 年来南京大学访问研究半年,南大把他当作一般学者对待,住在南园八舍,房间只有一张两抽桌和一个凳子,后来他自己买了两把藤椅。他没有什么怨言,集中精力做学问。现在回想起来,南京大学有些对不起他。1989 年他与他的中国太太去了北京,飞机上和北京的宾馆中,外国人极少。他和夫人专程来南京与我会面,然后再转赴台湾搜集资料,计划撰写蒋介石传。当时,我认为他是为蒋作传的最适合人选,他的学术水平高,观点也比较公正,但是当时也不可能看到“大溪档案”和蒋介石日记,在史料上也会有缺憾。可是抵台北不久,他时感头痛和昏昏欲睡,经检查患了脑癌,不得已提前返回美国,直接住院开刀。医生告诉他只能生存半年,但是他并不悲观。我 1991 年 8 月去美时,他的病情已较稳定,并决定继续为学生开课。期间,他常开车与我去郊区森林公园等处游玩。在我 1992 年结束在美国的讲学后不久,柯伟林教授写信告诉我,易劳逸教授因病情复发逝世。多年来,我一直十分怀念这位美国史学大师,也是与我友谊最深的美国朋友。

按照富布赖特基金会的规定,我不能只停留在美国一个地方、一个单位,必须到美国各地走走看看,以了解美国。为此,我在易劳逸和于子桥教授的帮助下制订了一个出访计划。花了一个多月时间,先后到哈佛大学、耶鲁大学、哥伦比亚大学、圣若望大学、圣路易斯大学、夏威夷大学、斯坦福大学、加州大学伯克利分校和圣地亚哥分校等高等学校讲学和访问交流。易劳逸还为我写信给他的朋友们,因此,我在这些学校都受到热情友好的接待或宴请,与美国一批有影响力的著名学者如马若孟、魏斐德、黎安友、范子沛、史景迁、裴宜理、叶文心等教授会见与学术交流。唐德刚在纽约唐人街请我吃饭,由那位《毛泽东与他的女人们》一书的女作家作陪。我问她,您怎么知道那么多毛泽东与这些女人单独会见的细节?她直言告诉我,是她编造的。当时,这本书在美国华人报纸《世界日报》上连载,对毛泽东的形象造成很坏影响,后来这部书在美国、台湾流传甚广,也从非正当渠道流入国内。

在伊利诺伊大学讲学后期,我收到美方寄给我的一张表格,让我考虑是否延长在美时间,对许多人来说这是求之不得的,而我坚决不多停留一天。我访问过十多个国家和地区,想留在这些国家不是不可能的,可是我未多留过一天。这不仅表示我遵守出国访问承诺,实际上我比较恋家。我在国内出差也是如此,好像人在外地犹如浮萍,不踏实。1989 年以后,出国访问、留学被作了许多规定。历史研究所有两三位青年教师出国读书或访问研究,我作为研究所领导,都要为他们作书面担保,如果将来他们不回国,不仅他们的家长要被罚款(好像当时规定 5000 元罚金),我也要承担责任。事实上，当年出国访问的历史系青年教师学成后都未回国。他们选择留在美国等国工作，也都在高校，这是可以理解的。90年代之前，中国的经济发展和人民的生活水平都与外国有较大差距。他们在国外也是不容易的，一切都要靠个人奋斗。

我先后到美国访问、讲学三次。1995年8月，受邀去美国哥伦比亚大学参加纪念抗日战争胜利五十周年的学术研讨会。这次会议是由美国"日本侵华史研究会"等华人团体举办的，我向会议提供的论文是关于抗日战争时期国民政府的经济战略问题。唐德刚教授主持了这次重要的学术会议。唐先生原籍安徽合肥，抗日战争时期就读于重庆中央大学历史学系，后赴美国，长期在哥伦比亚大学、纽约市立大学任教。唐先生在口述历史研究方面卓有贡献，曾与胡适边吃饭边谈话约18次，撰写了《胡适口述自传》。他所撰写的《李宗仁回忆录》，80年代在国内影响甚大。他来南大访问时，我与他谈及口述史的成就，他客气地说，那时是为了混口饭吃。唐先生才华横溢，所撰史书让人爱不释手。他虽留美数十年，但乡音未改，一口地道的合肥方言，是留美华人中最有影响力的人文学者。有一次在台湾，蒋介石接见一批学人，询问他们的学历，唐与蒋介石开玩笑说："我是天子的门生。"因为蒋介石在抗战期间曾兼任中央大学校长。1990年夏，唐先生专程来南京与我商讨举办抗日战争纪念大会事宜。我说，组织学术研讨会没有问题，搞纪念会要找政府解决。次日，省里有关部门领导请他吃饭，决定举办有关南京大屠杀方面的学术研讨和纪念活动（详情，后面再讲）。唐先生是做张学良口述历史的最佳人选，两个人有过一些接触和初步商谈，但是未进行下去，而被一位女作家抓过去。当时我猜想两人的乡音均十分浓重，加之双方都"耳背"，难以顺畅交流，实际并非如此。唐先生这位口述史大家未能做张学良的口述史，是张学良研究最遗憾之事。因为口述史并非所有人都能做好的。口述史是一门科学，采访者要有较强的口述史经验和较高的学术水平，才能挖掘出被访者的材料。唐德刚先生还是中央大学留美校友会的负责人。南京东南大学因为中央大学历史传承问题，有一个时期与南京大学争校友，其中包括文科和理科的校友（如留美物理学家吴健雄夫妇），弄得海外校友十分难处。他们也争取唐德刚先生。有一次，唐德刚来南京住在金陵饭店，我去看望他。他告诉我，刚出南京机场就在出口遇见东南大学的外办主任。唐向他们打招呼，对方说我们是来接您的。唐很惊讶地说，你们怎么知道我来南京的？事实上，东大得知唐先生抵达香港后将来南京，他们猜想唐先生来南京肯定住金陵饭店，又从金陵饭店获知唐先生预定了某一天的房间，这样，才有东大去机场迎接唐先生那一幕。我对东大着力争取中大校友的行动甚为感慨。我将情况告知南大校领导，他们在我的陪同下去金陵饭店探望了唐先生。

在哥伦比亚大学举办的抗日战争胜利五十周年纪念学术研讨会，有一批留美华人学者和中国大陆学者出席，是一次学术盛会。著名的历史学家吴相湘教授也由芝加哥赶来参加。当时他已80多岁高龄，在会议期间多次与我携手长谈。吴老师早年参与整理抗日战争的战史档案，他著作等身,撰写的《第二次中日战争史》在台湾出版后,影响很大。由于在国共两党关系问题上的观点与国民党不一致,因而受到官方打击,他出走新加坡转赴美国,并长期居留美国。80 年代初,他想回南京探望久卧病榻的弟弟吴相淦(南京农业大学教授),我为他作了安排,然而由于自身病情延至 90 年代初才得以由美国成行。此时吴相淦的病情更加恶化,不能认人,分离数十年的兄弟两人最终未能讲上话。吴老师在南大历史系与师生举行了学术座谈会,受到热烈欢迎。他的女弟子李又宁教授(美国纽约圣若望大学亚洲研究中心主任)出资在南京大学和北京大学设立了吴相湘讲座。

我第三次去美国,是应邀参加由柯伟林和法国白吉尔教授在哈佛大学费正清东亚研究中心联合举办的学术研讨会,主题是 40 年代后期至 50 年代初中国转变时期的历史。出席会议的有张玉法教授、魏斐德教授、叶文心教授等一批著名学者,由我主持了会议的开幕式,作了开幕发言并对部分论文作了评论。由于柯伟林正值盛年,学术成就突出,我在发言中赞扬他是“美国一颗冉冉上升的新星”,引起与会者一阵鼓掌大笑。

我去过德国三次。最早一次是在 1988 年,两德尚未统一,还是德意志民主共和国时代。我和丁名楠(中国社会科学院近代史研究所研究员、著名中美关系史专家)、章百家(亦在近史所工作,后任中共中央党史研究室副主任)等 4 位学者,应德意志民主共和国社会科学院和洪堡大学邀请赴柏林参加中德关系史学术研讨会。除德方学者外,只有我们 4 位外国学者。我们 4 人由北京出发,经巴基斯坦卡拉奇稍事休息,并在候机厅照了几张照片。在登机时进行安检,海关人员发现了章百家的照相机,拿过去左看右看,最后打开电池盖,将电池取出扔去远处,送还了照相机。我们对这一举动甚感奇怪,也说不清楚是为什么。飞机穿过阿拉伯半岛西亚大沙漠地区,到达了罗马尼亚首都布加勒斯特。我们在布加勒斯特停留了一天半再次转机飞东柏林。当时罗马尼亚是社会主义国家,是齐奥赛斯库执政时期,曾听说该国经济发达,实际上较落后。我们早上去参观菜市场,蔬菜并不丰盛,还有些男人拿着篮子排队买牛奶。我们在百货商场,发现商品很不丰富,货架上稀稀拉拉,一排排酒瓶如我们的酱油瓶,一点也不精致。发现一处排队很长,我走过去一看,是购买电池,服务员用小电灯泡一个一个地为顾客检验。走在大街上,人们很友好,汽车司机摆摆手,主动为行人让路。这在当时中国大陆从未看到过。

中德关系史学术研讨会结束后,费路教授陪同我会见了洪堡大学校长,双方商谈了学术合作及人员交流问题。然后,我们 4 人转赴魏玛,出席在那里举行的第 32 届欧洲汉学家学术会议。会议研讨的内容有中国文学、历史等方面。苏联派遣了由著名汉学家齐赫文斯基率领的庞大的学术代表团,我们和他们作了友好的学术交流。在魏玛会议上我们见到了日本山田辰雄教授以及中国台湾地区的陈永发教授和朱浤源教授。我们大陆四位学者受到会议的较高礼遇,在会场上坐在第一排中间,我们也主动把台湾两位学者请过来坐在一起。这是第一次与台湾学者会面。

东德当时在社会主义国家中经济水平是最高的，领先于苏联。他们自产的小轿车，号称“火柴盒”，与在街上奔跑的西柏林“奔驰”轿车相比，质量差得多。东柏林的建筑很有特色，全国都支持东柏林的经济和建设。然而，跨过柏林墙，与西柏林相比较，经济水平与商品质量有明显差异。

除德国外，我还访问过英国、法国、意大利等欧洲国家，都是出席国际学术会议。2006 年 5 月，我受邀访问俄罗斯，参加莫斯科国立大学亚非学院建院五十周年庆典。该院为俄罗斯培养了一大批外交与政治人才。我对这次访问怀有特别的兴趣。晚清以来，沙俄对中国的影响巨大。民国时期，国共两党关系都与苏联的插手分不开。新中国建立后，我们处处以苏联老大哥为榜样，他的集体农庄成为中国农村未来发展的幸福模式，但实际上在许多方面都体现了苏联的大国沙文主义和民族利己主义。90 年代，苏维埃联邦解体。这样一个庞大的国家，经济迅速下滑，物质生活极度困难，一些俄罗斯学者回国，都从中国带回大量食品和生活用品。这是苏联旧体制造成的必然恶果。当年，我国学习苏联，强调发展重工业，一度也忽视轻工业的发展，后来毛泽东提出轻工业、重工业并举的方针，才未陷入偏颇的厄运。俄罗斯毕竟有丰富的物质资源（如矿产、燃料、森林）、坚实的重工业基础和国防实力，因而能迅速恢复元气，走向新的康庄大道。

我到莫斯科大学，住在那座雄伟壮丽的大楼内，走进楼内一眼望不到头，规模实在大。它不仅是莫斯科大学的象征，也是俄罗斯人民曾经有过的骄傲。半个多世纪过去了，那座大楼仍然十分坚实、壮观。纪念庆典在莫斯科大学大礼堂举行。我坐在前排，回味着毛泽东当年接见我国留学生的情景，脑海中似乎响起毛泽东亲切、有力的话语：“你们好比早上八九点钟的太阳，世界是你们的，也是我们的，但最终是你们的。”莫斯科红场是苏联和社会主义的象征，是当年人们十分向往的圣地。然而，当我踏进红场，感到眼前的它是那么的小，与我的想象差之千里。人们记忆中的检阅台，斯大林挥手检阅红军，驱走德国法西斯侵略者，这一幕幕记忆犹新的情景，都已消失在人们的头脑中。检阅台下是列宁的陵墓，从一个不大的门进入，周边黑洞洞的，只有一束青光打在列宁的遗体上。卫兵不许参观者停留，只能鱼贯而过。对要不要保存列宁遗体，俄罗斯人民曾有过争论，也未取得一致意见，但是对列宁主义，政治家和学者们早已不再把它视为经典和需要继承与发展的革命理论。列宁、高尔基和一些前苏联著名革命领袖的铜像，被推倒后存放在一个公园内。俄罗斯国人对人物的评价甚至体现在墓地上。莫斯科有一个著名的墓园，那里安葬着许多政治家和文化名人。王明也安葬在那里一块十分显眼的地方，其墓是用黑白分明的两种大理石砌成，反映了俄罗斯国人对他一生的评价。莫斯科的种种现实，让人们对社会主义的过去和未来抱以无限的思考。

我去过韩国三次。第一次去韩国是 1991 年 6 月，受汉城大学（今首尔大学）闵斗基教授邀请出席中国现代史史料学国际学术研讨会。名为国际学术会议，实际上只章开沅、骆宝善和我三个外国人。章开沅教授由美国直飞汉城。那时，中韩尚未建交，由中国去韩国只有两条路可走，一是由山东从海上去仁川,这条路线多是商贸和民间活动;另一条路线则必须绕道香港,然后在香港换乘飞机再北上汉城,绕一个大弯子,要花费一天时间。两国没有外交关系,办签证手续也较困难麻烦,材料要递交给我国外交部办理,申请者不能直接与韩方打交道。当时韩方是由大韩民国驻北京商务代表处代行涉外事务。我们花了很长时间才把签证手续办好。我们三人是中国最早赴韩国访问的历史学者,因此,双方都感到新鲜,也受到韩方的重视。会议结束后,一位部长级领导在一个古典色彩十分浓厚的韩式饭店宴请我们三人。早年,韩国使用大量汉文,博物馆的文物和国史编纂委员会的文献多是汉字。然而现在汉字已在韩国大量消失,大街上只有中国饭店才见汉字招牌。在我们访韩后不久,两国建立了外交关系,韩国掀起“中国热”,大量韩国留学生由台湾转向大陆,双方的文化交流也日益增多,闵斗基教授甚至将韩国研究中国历史的研讨会搬到北京举行。会后,他率领一批学者来南京访问,双方史学界的交往更加密切。2002 年 12 月,我去韩国国史编纂委员会访问,出席他们举办的史料编纂研究的学术会议,并受聘担任该委员会的海外委员。稍后,2005 年 3 月,我去济州岛出席“4·3 事件”和平人权论坛。济州岛是韩国人休闲游览的胜地,许多新婚年轻人到那里度蜜月。

总之,从上世纪 80 年代后期至 2000 年代,大约 20 多年时间,我先后访问了十多个国家,有的国家访问了数次或十多次,扩展了眼界和视野,增长了见识,了解了不同制度国家的国情,学习了外国朋友的学术理念和学术研究方法,对个人的学术发展是有益的。但是,我自 70 岁之后,已甚少出国访问,曾经多次婉言谢绝了海外的一些邀请,其中包括美国、英国、意大利、澳大利亚和中国台湾地区的邀请。一方面,自己感到已届高龄,不宜再作长途奔波;另一方面,也认为作为一个学者应该赴海外交流,以学习人家的长处,但更多的应该坐下来,多思考,多研究,以此勉励自己。

访问台港澳

早年,访问台湾,简直是梦想,访问港澳也不容易。去香港访问办理相关手续,少说也得花上四五个月时间。先是在学校办理材料,再报告教育部,教育部转国务院港澳办,再转香港新华社(代行相关职权)、港英,香港方面同意后再转回北京。这样反反复复地审查、公文旅行,十分折腾人。但是,我有几次在海外办理,就很简单。1992 年我赴美讲学归国,美方富布赖特基金会给我的机票是由美国经香港返回南京的,上午在美国办赴港签证,下午即可取证。当时我十分欣赏这种办事的高效率。然而,今天由大陆赴港澳,手续更加简化,在公安局出入境管理处当场取证,半小时完成。回想当年我们的遭遇,人们是很难理解的。1992 年经香港回宁,富布赖特基金会很关心,给我一张 200 美元的支票,以便支付行李超重费。有几位中国学者知道后,让我帮忙替他们带衣服、玩具、礼品等许多物品回国,回宁后还要再转寄给他们家里。我原有的两只大箱子已不敷应用,只好花了 180 美元又买了一只大箱子。经过香港,朋友又送我一些礼物。这样,我有三个大箱子、三个大旅行包，还有一只手提包(放重要物品和旅行证件等)。我在机场(当时还是老机场启德机场)办完手续将三只大箱子托运后，在送行的郑会欣、张铭滨和妻妹的陪同下，带着三个包去了安检口。女性安检人员望望我，又望望送行的三个人说，东西多了！我问，怎么办。她说，托运。我只好去先前办登机手续的柜台，将一个包托运掉，然后回到安检口。安检人员又说，包超高了。这真是刁难，我无计可施，只好再去办手续的柜台询问怎么办，那里的工作人员也生气了，对我说，给您一个红牌。红牌意味着放行，不得阻拦，我才顺利通过安检口进入候机厅。安检人员如此反复折腾我，我猜想是把我视为大陆贩子或乡下佬，眼见有三个人送行，想让我把东西留在香港，她心里才舒服。当年港英统治时代，不少港人瞧不起大陆人，机场许多工作人员都气势逼人。我在机场曾多次看到工作人员那种对旅客不耐烦的表现。初次离台返大陆探亲的台胞，途经香港机场，一切都很生疏。台胞的大陆方言与机场工作人员的广东话致使双方无法沟通，情急之下，双方互相吵起来，不在少数。有一次，一位中年台胞陪老人返大陆探亲，拍着腰包大声斥责工作人员说，我把钱给大陆也不给你们。那个年代，我对香港的印象也不好，多次过香港却极少停留。早年，大陆经济落后，老百姓生活水平不高是事实。记得茅家琦教授有一次访港，香港的教授宴请茅老师和韩国教授后，让两人同搭出租车返宾馆，港大教授低声交代韩国教授支付车费。此话被茅老师听到，一阵心酸，面子上有些下不来。1991年我在美国，一次与美国教授闲聊，他问我工资多少，我说大约相当于50美元，他听后哈哈大笑。我说，你别笑，您虽然每月工资三四千美元，但大部分都支付了房贷，而我的三室一厅的住房，每月房租才相当于2美元。我们生活水平低，但是有保障。我去香港，主要访问中文大学、浸会大学和珠海书院，在香港讲学或出席学术会议。

台湾，我去过多次。第一次去台湾，是1994年7月赴台北出席“中国历史上的分与合学术研讨会”。这是两岸第一次也是最大的一次史学方面的学术研讨会，在台北中央图书馆大报告厅举行，台湾方面是开放式会议，与会者有200多人，而大陆方面有9位教授出席，从先秦至现代史，每一个断代都有一位研究教授。双方学术阵容都比较强大，台方也很重视，中研院院长李远哲致开会词。李远哲是诺贝尔奖金获得者，南京大学的名誉教授。会上，我和茅家琦教授代表学校邀请他访问南大。

由于是两岸学者第一次举行史学研讨会，个别台方学者政治火药味甚浓。一位学者在报告先秦历史时，话题一转，把矛头指向中共，致使大陆学者十分恼火。会上偶尔也有失控现象，蒋永敬先生常讲一些公道话，甚受学者们尊敬。

首次赴台，大家感受甚深。赴台的9位学者，都有国民党统治时代的经历。飞机在桃园中正机场一落地，我心想又到了国民党统治的地区，到处都是青天白日满地红的旗帜。在候机厅，大陆学者被引至一个接待窗口，那里的资料明示是大陆灾胞救济总署的接待处。显然，我们都成了大陆“灾区”的“灾胞”，想当年双方互相指责对方老百姓生活在统治者的“水深火热”之中。在台期间，我们向台方表达了抗议，后来机场这个窗口改为大陆人士接待处，消除了当年的政治气味。

会后，其他学者返回大陆，我受邀在中研院近代史研究所访问一个月。我先后在近代史研究所、国史馆等学术单位作民国史方面的学术报告。时任台北故宫博物院院长的秦孝仪先生知道我来台访问，他通过近史所所长陈三井先生邀请我吃饭，出席宴会作陪的有马树礼、蒋永敬、陈三井、李云汉、昌彼得(故宫博物院副院长、原中央大学校友)等。秦先生进入宴会厅与我热情握手，一见面就说，你们大陆研究民国史，是到 1949 年。秦先生的意思很清楚。当时是主人宴请，气氛友好，双方不能陷入争论。我说，我们是分段研究，有人研究 1949 年前的中国，也有人研究 1949 年后的台湾和 1949 年后的大陆；将来这三段历史要汇合在一起，但是，我和你秦先生恐怕都看不见了。

当时已届高龄的马树礼先生，是国民党元老，江苏涟水人，对家乡怀有感情，他在著名的凯悦大饭店请我吃饭。他表示要赠送我图书资料，并建议在南大设立奖学金。我回宁后向南大对台职能部门的主管汇报，该主管未接受马先生的建议。后来，我再次赴台时，打电话向马先生问候，当时他已病卧在床，不久逝世。

1997 年 2 月，我曾去台湾的中央大学历史研究所讲学半年，在政治大学、台湾师范大学、东华大学、中国文化大学、淡江大学等大学作学术讲演，也曾在台湾出席孙中山、辛亥革命、抗日战争等方面的学术研讨会。蒋介石档案(即俗称“大溪档案”)由阳明山移送国史馆后，1997 年 2 月正式宣布开放利用。当时我恰在中央大学讲学，是大陆学者第一个查阅并使用该档案者。我每天早上 6 点钟由中央大学(校址在中坜市，距台北约三四十公里)乘学校班车去台北，大约一小时后到达台湾大学校门附近，下车用早餐，然后乘公车(即公共汽车)去台北县北宜路国史馆，查阅档案，傍晚返回中央大学。当时为了表示海峡两岸学者重视蒋介石档案，张玉法教授建议由我们四个人，即蒋永敬、李云汉、张玉法和我，同去国史馆查阅档案，并在国史馆的简易住房住了两天，晚上促膝聊天。后来报纸上刊登了我们四人查阅档案的消息。现在学界十分重视蒋介石日记，而忽视对蒋档的利用，这是不恰当的。研究历史人物，应使用多方面史料相互印证。现在有人只靠蒋的日记即作历史判断，有可能对历史造成误解。

自从海峡两岸开放直航以及大陆同胞赴台旅游自由行以后，两岸往来已更加密切、更加方便。可是，早期并非如此。去台湾，要经香港，到中环金钟道台湾的中华旅行社换取入台证的正本，携往返台湾的机票才能乘机赴台。由于这一周折，往往需要在香港停留一天，次日才能飞赴台湾。

去台湾访问，比去任何地方都困难。双方办手续，都要经过曲折复杂的环节，有时候被折腾多日，最终不能成行。台方要邀请单位出具保证书，要声明受邀者是否是中共党员或是否担任中共职务，到期必须离台；大陆方面也层层审查，活动日程表，不仅要有白天的正式活动日程，晚上也必须有内容，那只好瞎填应付。1995 年，台北举办纪念抗战胜利五十周年学术研讨会，主办者张玉法教授要我推荐大陆学者 20 名，我如数推荐，台方也都采纳。当时名单中也包括我和南大的另外 3 位中年教师，3 位教师都是第一次赴台访问。我们交了相关材料，等候批示。可是过了很久，我推荐的其他单位的 10 多位教授、学者，都已接到国台办的批件，名单上独缺南京大学 4 位教师，其他单位的朋友打电话告诉我，我才知道真实情况。我质问南大有关部门的主管，他慌了神，说以为不需要报批了，乃急急忙忙地将我们的材料用特快寄往北京。

当然，这些年来，中国人富裕了，出国旅游的人也大大增加，出国和访台在人们的眼里已不稀奇。当年我们的遭遇和困惑已一去不复返了。

2009 年 1 月，在邱进益先生的帮助下，我和朱庆葆、陈谦平、姜良芹 4 人赴台，拟与台湾妇联会主委辜严倬云女士协商合作开展宋美龄系列研究事宜。双方达成了合作协议，由妇联会资助 1000 万台币开展研究工作。当年 9 月，我率领 8 位女博士教授访台，除集体拜访妇联会外，在台湾各史料单位查阅宋美龄有关材料。这样较大型的学术队伍访台做研究工作，甚是少见。大家戏称是娘子军，而我自称是“党代表”。在台一个月时间，大家甚为开心。

2009 年 1 月访台那次，行前洪书记要我们以南京大学名义邀请连战、吴伯雄访问南京大学，并打算授予名誉职务。在台期间，我们分别拜会了连、吴两位国民党名誉主席。当年 5 月底，吴伯雄借纪念孙中山奉安 80 周年之机会，访问南京大学，接受了南京大学授予的名誉博士学位。

大屠杀研究

南京大屠杀，是日军侵占南京后制造的一场大规模的人类惨剧，它包括大屠杀暴行、性暴行和城市破坏暴行三大罪行。可是，自抗日战争胜利后，日本政府始终未深刻反省战争罪行，承担战争责任，总结教训，以史为鉴，与曾被其侵略践踏过的国家开创新的国家关系，共同面向未来，而是不断地支持国内右翼势力散布歪曲战争性质、否定南京大屠杀的言论。

早年，我国史学界甚少关注南京大屠杀这一严重的事件，更缺乏研究，我们的教科书很少提及南京大屠杀。那时，中国现代史强调以阶级斗争为纲，以中国共产党领导的革命斗争为主体内容。南京大学中国现代史学科主要是研究革命斗争和中华民国史。我们历史系世界史专业，在前辈蒋孟引教授的建议下，由日本史小组高兴祖、胡允恭、吴世民、查瑞珍四位教师开始关注南京大屠杀的研究。在 1960 年前后，他们带领少数学生在南京地区开展了一些社会调查，访问幸存者，查阅一些史料。后来他们编写了关于南京大屠杀的小册子，原打算交江苏人民出版社出版，但是恰逢 1972 年中日建交，怕影响中日友好，虽然小册子排了版，仍未能出版。80 年代初，日本历史教科书问题出现，日本国内右翼势力在教科书中极力歪曲中日战争史实，从而引起中国领导人的进一步关注。南京大屠杀幸存者曾开过一系列控诉座谈会,我也曾出席,深受教育。

1985 年侵华日军南京大屠杀遇难同胞纪念馆举行破土典礼,我曾去参加破土仪式。如前所述,1990 年唐德刚先生来南京找我,协商举办抗日纪念活动事宜,江苏省有关领导建议举办南京大屠杀遇难同胞的纪念活动和学术研讨会。当时,江苏省委和省政协均向中央打了报告,建议举办上述活动。后来中共中央宣传小组和中共中央外事领导小组分别发布文件,同意举办有关南京大屠杀的学术研讨活动和遇难同胞的纪念活动,强调了这项活动的政治意义。为此,江苏省、市外办,省、市宣传部和有关部门联合成立了会议领导班子,并建立组织委员会,由南京大学曲钦岳校长担任主任委员,我担任秘书长,南京市委、市政府组织了会议领导小组,计划于 1991 年 8 月 15 日在南京举行。会议规划议定 200 人以上,其中包括海内外社会人士和研究学者。省、市多次开会研究会议筹备工作。一天,我与侵华日军南京大屠杀遇难同胞纪念馆段月萍副馆长,去中山东路钟山宾馆(省委招待所)向正在那里开会的省委常委、宣传部长王霞林请示会议有关筹备事项。王霞林部长表示他将以江苏省对外友好协会会长名义出席会议。台湾李庆华先生也打电话给我,希望同意台湾人士能出席会议,我在电话中表示赞同。唐德刚先生返美后,建立了“纪念南京大屠杀遇难同胞联合会”,他和邵子平先生,一方面积极组织在美华人出席南京的会议,另一方面计划募捐 50 万美元作为基金,与南京大学共同开展南京大屠杀史的研究。

会议正在积极筹备过程中,市委宣传部接到通知说会议暂不举行了。省委宣传部理论处把我喊去告诉我,会议不开了。我说海外朋友已经订了机票,并作好了出席会议准备,如何答复他们。理论处处长告诉我,要求以我的名义通知海外朋友,第一,暑假期间,南大放假没有学生,不好开会;第二,8 月份我要出国,没办法组织会议。我回复处长同志说,这两条理由都不恰当。第一,谁都知道 8 月份放暑假,会议本来就不要求学生参加;第二,8 月份我要去美国讲学,美方朋友知道我是在 8 月 15 日会议之后于 8 月 20 日才启程去美国,根本不影响会议的召开。他们把我个人的作用看得太大了。

我没有接受这两条理由。海外朋友询问会议不开的理由,我只好说:“无可奉告。”很久之后,我才知道是南京某部门不赞同召开这次会议。当时有种种传言和议论,均不符合事实。

几年之后,1995 年在省委宣传部召开的全省干部大会上,某负责人公开不点名(他已忘记我的姓名)地批评我说:南京大学一位教授不了解情况,搞什么南京大屠杀研究。会后,一些参加这次干部大会的朋友告诉我说,某负责人在大会上批评您了。我感到冤枉,我有什么本领要省委给中央打报告请示开会,同时,我对批评也不服气。我向南京大学党委书记韩星臣反映真实情况,并表示某负责人的批评是错误的。韩书记也无可奈何,只是安慰我一番。我想,自己也不可能与某负责人去理论。上面我详细地叙述会议筹备的前前后后,即可说明一切。

1991 年的会议未开成,我按原定计划去美国伊利诺伊大学讲学。次年返国后,南京市的朋友酝酿建立南京大屠杀史研究会，希望我与他们联名给市里写报告，我同意了。研究会建立后，聘我担任顾问，高兴祖任会长。那几年，南京大屠杀成为敏感的政治问题，经过 1991 年的折腾，南京大屠杀史的研究有所下降。高兴祖提出辞去会长职务，赴美国与女儿团聚。高老师爱人与长女均已离世，只有小女儿随夫留居美国。高老师一人在国内，甚感孤独，曾有教师为他介绍女友，均未成。他赴美国时间甚短，生活不习惯，又返回国内。一日，因肠梗塞病急，逝世于鼓楼医院急诊室。之前，他去美国后，市委宣传部领导找我谈话，要我接替他任会长，我一再拒绝。部领导反复动员，最后我勉强接受。

2005 年，研究会酝酿换届。当时我已 71 岁，在会议上提出不再担任会长。恰巧此时，省委决定要加强南京大屠杀史研究，并扩建江东门纪念馆，拟由省委常委、宣传部部长孙志军任会长，市委常委、宣传部部长叶皓任副会长兼秘书长，并告知我担任副会长。在这种安排下，我不好拒绝，表示同意。名单上报后，上级未同意这一安排，而改由原市政协副主席张伯兴担任会长，我仍被任为副会长。直至前年，我卸去研究会职务。

日本村山富市首相在任时，为了加强中日关系历史研究，推进中日友好，拨款 10 亿日元在日本学术界组织研究活动；同时，向中国外交部提出，希望中方配合。开始，中方并未答应。后在日方反复要求下，钱其琛副总理同意在中国社会科学院建立中日历史研究中心，以院党委书记王忍之为主任。该中心成立了学术委员会，以刘大年为主任，成员有张海鹏、张振鹍、张宪文、王桧林、王效贤、关捷、刘楠来、胡德坤、黄美真、解学诗。中心组织全国各地学者承担了约 100 个有关中日关系和日本侵华历史的课题。2000 年，中心决定组织有关抗战人口伤亡、财产损失及南京大屠杀史料三大课题的研究，并指定由我负责南京大屠杀史料的搜集、整理工作。

由北京开会回宁后，我组织了研究团队，制订了资料搜集的方案，但是中日历史研究中心给的经费远远不足。于是，在市委宣传部的建议下，我给市委书记李源潮、市长罗志军写了一份报告，希望市委、市政府支持。李源潮书记接到我的信件三天后，批示给罗志军市长，罗市长第九天批示给秘书长，秘书长指示由市委宣传部、市社科联、南京出版社三家组织这项工作。市社科联十分重视，常务副主席周直多次开会研究是项工作，并以文件形式给市委写了专项报告。最终，市里这条路还是未走通。

此后，在市委宣传部有关同志的建议下，我转移目标，写信给北京中央有关单位，有关领导。有的回音表示经费困难，有的则石沉大海。最后，我自报家门写信给中共江苏省委书记李源潮、省长梁保华，请求省里给予支持。大约半月之后，省政府副秘书长朱步楼打电话给我说，写给省长的信收到了。省长说："支持大屠杀史研究这个项目，比支持写一部小说更重要。"希望我从实际需要出发，上报一个经费预算。我迅速上报了一个开支计划，梁省长依照我的要求批了 70 万元。这样，加上中日研究中心支持的经费，共约 100 万元。我开始派团队学者赴海外搜集史料，从2000年至2006年,我们编辑出版了《南京大屠杀史料集》28卷,在海内外引起强烈的反响。中共江苏省委宣传部和南京市委宣传部决定给我们更大支持,并决定与南京大学三家共建南京大屠杀史研究所,由我担任所长。我们再次派学者赴海内外搜集资料。至2010年,我们先后编辑出版了《南京大屠杀史料集》72卷共4000万字。

《南京大屠杀史料集》编辑出版花费十年时间。我们的团队先后赴日本、美国、英国、德国、法国、意大利、俄罗斯、西班牙等国家及我国台北地区档案馆、图书馆及私人藏书机构,搜集、整理史料,翻译了日文、英文、德文、法文、俄文、意大利文、西班牙文等语种原始史料,包括加害方、受害方和第三方的材料。参与这项工作的有南京大学、南京师范大学、江苏省社会科学院、江苏省行政学院、中国第二历史档案馆、南京市档案馆等大学、研究机构的教授、研究人员,达110人。他们为《史料集》资料的搜集、整理、翻译、出版,作出了很大贡献。

《南京大屠杀史料集》是一项重大的政治工程、学术工程,这些第一手的原始材料,是日本侵略者制造南京大屠杀的铁证,它有力地回击了日本右翼势力企图否认南京大屠杀的种种谬论,维护了人类的尊严和人道主义精神,也为南京大屠杀史的研究提供了最丰富可靠的史料。

《南京大屠杀史料集》的出版,受到中央和省市委的重视,中共中央外宣办和国务院新闻办将《史料集》作为外宣工作的典型,向全国各省委宣传部、外宣办发布文件,介绍《史料集》出版的意义和贡献。《史料集》出版后引起了海内外的广泛关注,国内外报纸、杂志、电视、广播、网站等各类媒体作了大量报道,引起广大民众的关心。日本外务省曾责成驻上海总领事馆两次派领事、副总领事及军方代表来南京大学找我采访。《史料集》出版后,获南京市政府十大文化精品奖和教育部高等学校人文社会科学一等奖。

《南京大屠杀史料集》是反映日本侵略者制造南京大屠杀罪行的最直接史料。我们历史科学工作者有责任、有使命撰写一部全面研究日军南京大屠杀罪行的历史著作。研究团队经过三年努力,在掌握最丰富的史料基础上,于2012年12月由南京大学出版社出版了《南京大屠杀全史》(三卷本),这是中国历史学者在这一研究领域的代表性著作。2012年12月6日,以南京大学的名义在北京举行了新书的首发式。南京大学党委书记洪银兴教授、中国历史学会会长张海鹏研究员和国家新闻出版总署副署长邬书林分别致词,中央有关部门领导和北京的20多位著名学者出席会议。南京大学党委副书记朱庆葆、任利剑和有关部处领导也专程赴京参加会议。国内各类新闻媒体对《全史》的出版作了大量报道。

南京大屠杀是日本在侵华战争期间制造的重大事件之一,也是当今中日关系矛盾的焦点。日本右翼势力在这一重大历史问题上与中国纠缠不休,特别是在屠杀人数上制造是非,我们绝不可以陷入其圈套和陷阱。多年来日本右翼学者撰写了一大批所谓的著作,制造和散布种种谬论,我们应给予彻底的批判。与日本右翼势力的斗争是长期的任务,我国学术界应加强力量,写出更多的、水平更高的学术著作来。

建设国家科研基地

南京大学中华民国史学科，从1974年开始，经历了由无到有、由小到大、由弱到强的发展过程。它的发展，有天时、地利、人和的优越条件。南京曾是国民政府首都，这里保存着民国时期大量的档案和图书。经过多年的搜集、整理，中国第二历史档案馆保存的国民党中央政府一级的档案，上架总长度已达50公里；南京图书馆藏书的最大特色是民国图书。南京人民对民国历史文化遗存特别关注。南京大学的民国史学科和中华民国史研究中心受到校党政领导的关心，洪银兴书记、陈骏校长、张异宾副书记、杨忠副校长十分支持民国史研究中心的工作。2000年9月，南京大学中华民国史研究中心，经过教育部专家组的实地考察和评估，被批准为教育部人文社会科学重点研究基地。从此，南京大学民国史学科迈入了新的发展阶段。经教育部社科司批准，中心成立了学术委员会，第一届委员会由姜义华(主任)、李文海、章开沅、金普森、茅家琦、崔之清和我组成，由我担任中心主任，崔之清、陈谦平、陈红民担任副主任。中心研究力量日益壮大。

民国史研究中心作为教育部批准成立的国家级科研基地，在工作重点上应大力抓学术研究，抓大型的标志性成果、精品成果。而这些成果在民国史研究领域中，应该起奠基性、引领性的作用。这一思想在基地成立10多年来一直是我们工作的指导方针和工作导向。

我们完成的第一个大成果是《中华民国史》(四卷本)。这个课题是国家“九五”重点科研项目，是对《中华民国史纲》的继承和发展，在编书指导思想、框架体系、史料运用和学术观点等方面，都有提高和进步。在《史纲》中无法跨出的一些问题，在这一课题中得到解决，除非有些问题因史料局限或我们未能认识清楚而仍然沿用旧说。课题在史料运用上曾因个别作者学术态度不严谨而出现错误，经过一年多的再加工，逐条核对史料，总算达到了预期的学术目标，出版后也较放心。台湾的中国近代史学会、中研院近史所，以及日本东京大学，都为本书的出版举行了研讨会。国家社科基金会在总结报告中，对本书也作了肯定。我设想有机会时对本书再作一次补充修订，争取成为精品。这一愿望不知能否实现。

我们完成的第二个大成果，是教育部人文社会科学重大课题攻关项目《民国史研究》。这个项目起于2004年，是教育部第一批39个攻关项目中唯一的历史学项目，当时引起了高等学校的广泛关注。《民国史研究》由南京大学、复旦大学、北京师范大学、中国第二历史档案馆、中国人民解放军军事科学院合作，经过几年努力于2009年完成，全书共10卷，另有一部综合卷。经教育部专家组审定，被评为优秀成果。十分遗憾，本书至今尚未交付出版。

我们完成的第三个大成果，即《南京大屠杀史料集》(72卷)和《南京大屠杀全史》，已如前述，这里不再介绍。

我们还有三个即将完成的重大项目。

其一是宋美龄研究系列。如前所述,是与台湾妇联会的合作项目。经过几年努力,宋美龄研究著作8部书稿已交九州出版社编辑出版,原计划稍后编纂的宋美龄文集也提前进行。课题组从美国、中国台湾地区搜集到大批宋美龄的书信、演讲、著述等,其中有较多的英文手书信件,极难辨认。我们邀请南京大学、安徽大学几位在英语翻译方面水平很高的老教授承担翻译工作,我们相信这将有利于准确使用宋美龄的有关著述。

其二是两岸四地合撰《中华民国专题史》项目。这个项目启动于2010年8月第六次中华民国史国际会议期间,参与这个项目的有两岸四地40所大学和研究机构的68位教授、研究员,共计18卷,由两岸四地学者合作完成。这个项目在两岸四地间多年来学术交流的基础上,争取在更多的历史问题上达成共识,化解分歧,求同化异。有些历史问题尚不能形成共同认识,就暂时存异。我们相信,通过这个研究项目,两岸合作研究民国史将走向一个新的历史阶段,对两岸的和平发展及未来的和平统一,有重大的政治意义。目前,该项目已全部完稿,争取早日出版。

其三是南京百年城市史项目。南京市档案局(馆)与我中心有较久的友好合作关系,曾在南京大屠杀史料整理方面作出过贡献。2011年,新任局长梁洁前来拜访。我与之商定合作开展南京城市史的研究,梁局长深表赞同并开始了筹备工作。城市史研究虽不是新的研究方向,但它的跨学科性质较为明显,不少历史学者不甚明确。在确定13个课题及作者后,我对城市史的特征、内涵,其与通史的异同多次作了说明,并对撰写提纲和初稿多次进行修订。2013年5月已全部完成书稿,目前进入审稿阶段。南京市委、市政府主要领导十分重视该项目的写作,并已纳入2013年南京市文化建设重点项目。争取2013年12月正式出版。

南京大学中华民国史研究中心,以主要精力抓大型项目的研究,已取得重大成绩,在社会上、学术界获得良好声誉,对民国史研究、南京大屠杀史研究,作出了重大贡献。这些成绩的取得,是中心全体教师并联合兄弟院校、同行共同努力的结果。

南京大学中华民国史研究中心在抓大型项目的同时,也充分发挥教师个人开展学术研究的积极性。中心领导始终支持教师个人自选项目和自主承担国家社科或教育部各类科研项目的研究,不少教师承担过一个或两个教育部重大项目的研究。在我们无法完成那么多项目的情况下,我们也支持山东大学、武汉理工大学、南京师范大学、安徽大学、徐州师范大学申报教育部民国史方面的重大课题。我们中心并不垄断教育部重大课题的研究,这样才能有效地发挥教育部国家级科研机构的引领作用。

2009年,教育部对所属150多个科研基地进行全面评估工作,其中有25个基地被评选为“优秀”,南京大学中华民国史研究中心有幸被评为优秀基地,在15个史学基地各项指标中也名列前茅,获得较高得分。这是中心全体教师多年努力的结果。2012年,教育部发布重点研究基地建设计划实施办法,对基地在新形势下的发展提出了新的更高的要求。2012年11月2日,我根据个人的思考,对民国史中心未来的发展,向洪书记、陈校长、张副书记、朱庆葆副书记、杨忠副校长提出了建议。我现在把这个不成熟的建议附记于此，以作为“我在南大六十年”的结束语。

关于加快建设南京大学中华民国史研究中心为国际一流学科的建议

呈　洪银兴书记、陈骏校长、张异宾副书记、杨忠副校长、朱庆葆副书记：

上海《文汇报》的大标题指出：无一流学科，岂有一流大学。报纸公布：上海已确定20个学科，在2020年以前，建成为世界一流学科。理工科每年投资2000万元，文科每年投资1000万元，另有42个学科，每年投资200万元。

南京大学要建成世界一流大学，加强文科建设是关键。建议我校选择3—5个有条件的学科（不是院系），加强建设，实行滚动考察，早日成为世界一流学科。

南京大学开展民国史研究始于上世纪70年代，已有40年的历史，有天时、地利、人和的优势。中华民国史研究中心在海内外享有盛誉，是海内外同行公认的民国史研究基地。2009年被教育部评估为优秀基地，在15个历史学科基地中，评估指标名列第一。该基地如能加强建设，有条件在2020年前进入国际一流同行的行列。

为此建议：

一、强化研究方向，在国际上发挥民国史研究的引领作用

1. 开展民国史重大基础性、奠基性的研究；

2. 开展关系国家民族利益的研究（如中日关系、两岸四地合作研究）；

3. 开展关系学科发展的创新性、引领性课题研究。

二、制订八年科研发展规划

1. 编纂出版大型传世性的史料集成，对学科发展发挥奠基作用；

2. 编纂大型有重大影响的代表性、引领性著作。

三、建立民国史史料馆，大量引进国内外民国史图书、资料

1. 与台湾国民党合作，在南京大学建立中国国民党党史馆分馆；

2. 与中国第二历史档案馆开展全面合作（曾长期合作）；

3. 江苏省档案馆已决定向南京大学开放全部档案；

4. 与南京图书馆建立合作关系；

5. 与美国斯坦福大学、哥伦比亚大学、美国国会图书馆建立合作关系。

四、建立世界大学中华民国史学术合作委员会

1. 由世界各国著名大学联合成立，常设机构设在南京大学，由一位校领导主持；

2. 每年轮流在各国举办一次研讨会；

3. 争取将《民国研究》办成正式的高水平杂志，面向海内外征稿、发行。

五、招收各国访问学者和博士研究生

1. 国外短期访问学者,每年若干名,由南京大学提供经费;

2. 按教育部招生计划,招收国内外博士研究生、硕士研究生。

六、充实研究力量,提高研究人员学术水平

1. 在现有研究人员基础上,引进特聘教授5名,争取中心有2—3名被评为“长江学者”;

2. 中心成员必须以科研为主要任务,在一流刊物上发表论文,出版高水平著作;

3. 中心成员不承担大学生教学任务,每年以科研成果考核业绩,并纳入历史系教职工考核范围。

七、高津贴聘任中心主任和系党委副书记

1. 中心工作成败,主任能否尽职是关键,建议以高津贴聘任主任一名,主任必须全心全意做好中心工作,任期两年,可连选连任;

2. 加强党的领导,校党委委任系党委副书记一名(副处级),与主任共同做好中心工作。

八、加强经费投入

1. 建议学校制订计划,每年投入建设经费,额度由学校确定;

2. 建议由人文基金和史学基金给予适当支持。

九、制定严格的考核评估制度,如不达标解除培养,滚动出局

抄致:社科处、历史系党委系行政

张宪文

2012年11月2日

四 / 师门忆述

张老师的成功无法复制——恩师八十大寿感言

陈红民

天下每一对称得上“师生”的，都是有缘人。

我与张老师的缘分绝对与众不同，是兼具天时、地利、人和的“奇缘”。先说天时，我与老师是同一属相，老师大我两轮，老师大学毕业的那年，我来到人世，我们的生日也相差无几；再说地利，我与老师同是山东人，更进一步还是泰安小老乡，平日里听张老师说带着泰安腔的普通话，特别地亲切，尤其是他叫我的名字，同父母唤我的声调一模一样；最后是人和，我一生的三篇学位论文——本科、硕士、博士论文都是在老师的指导下完成的，“一条龙”管到底。毫不夸张地说，我的治史童子功是 Made By Zhang Xianwen。2003 年老师七十大寿时，在天目湖宣布我是硕士生的开门弟子，当时万分荣耀与自豪(不过，后来感到“开门弟子”这个名头后面背负的是责任与压力)。以上的天时、地利与人和加在一起，算不算得上是一段独一无二的张门师生“奇缘”呢？

如果从大学三年级听张老师的课算起，到 2007 年离开母校，我在老师身边学习、工作了 26 年，耳濡目染，为人处世深受影响。老师的教诲如春风化雨，点滴在心。与张老师的交往史，几乎等同于个人的学术成长史，全部写来，应该是一部厚厚的书。在此，聊记若干片断，为恩师祝八十大寿。

一、初　　识

我走上历史研究之路，完全是历史的误会。我的基础教育阶段正好与十年“文革”重合，1965 年进小学，1976 年高中毕业，中小学根本就没有学过历史。恢复高考时，我已是工厂的学徒工，在工余时间复习迎考，完全没有专业的概念，心中揣的是“文学梦”，理想是当作家。那年参加高考的结果，虽然总分不错，语文单科成绩却离南京大学中文系的录取线差两分，历史成绩却莫名其妙地高，为了能上南大，只得选择了历史系。因此之故，很长一段时间心里不情愿，学习虽努力，但目标是为了有个好成绩，说不上有什么专业的热情。

已记不清第一次遇见张老师是何时了。大概是在大学三年级开始有选修课时，自己心有旁骛，选修了不少中文系、哲学系的课，诸如文学概论、当代作家作品选读、逻辑学、心理学等，历史系的课只选了中国近现代史的几门课程，其中就有老师的“中国现代史史料学”与“军阀派系史”。那时，老师只是讲师职称，能开两门选修课，真了不起。

准备写本科毕业论文时，正好看到张老师发表关于“学衡派”的论文，知道“学衡派”起源于南京大学的前身国立东南大学，学校图书馆有全套的《学衡》杂志，我便决定以此为论文方向，请老师指导。为写论文，我每天去图书馆看布满灰尘的《学衡》杂志，过刊室的两位管理员老师对一个本科生天天来看旧杂志，印象深刻，照顾有加。之后我留在南大工作，她们在资料利用方面给我极大的便利。在老师指导下，我还去访问了健在的学衡派成员、南京大学外语系的希腊语教授郭斌龢(郭斌和)教授。郭教授那时已年过八十，学识渊博、记忆力惊人。本科论文的写作虽幼稚，但自己初步接触了原始资料，知道如何处理原始资料、摘录卡片，如何进行访问调查。史学研究的种子大概是在这时埋下的。

我们本科班历史专业的学生是 54 人，竟然有 7 位选张老师担任毕业论文指导老师，超过全班人数的十分之一，绝对是“大户”。写作过程中，我们 7 人一起去老师家请教，由此认识了师母。老师那时住在北阴阳营的筒子楼宿舍里，非常拥挤，可收拾得干净清爽。有位来自苏北农村的同学对师母的和蔼与能干极崇拜，一再对我们声称，将来找对象一定以师母作为楷模。

毕业前夕，我们 7 人请张老师一起去南京最有名的友谊照相馆合影留念。张老师要出合影的费用，我们执意不肯，他就在回校的路上请我们喝了冷饮。不知是否老师点化之功，7 位同学如今均有所成，5 位从政的都是厅局级官员，一位去了美国，在史学研究领域枯守下来的，唯我一人而已。

二、引上学术之路

应了“越得不到的就越觉得珍贵”这句话，在历史系学习四年，我并未完全从“文学梦”中醒来，反而花很多时间准备报考南大中文系现当代文学专业的研究生。可真是没有那个命，该专业实行隔年招生，我毕业那年正好停招。报考无门，只得转考中国近现代史专业，内心充满着无奈与纠结。

当年南大历史系的中国近现代史专业有王栻与茅家琦两位先生具备招收硕士生的资格，但招生名额只有一位。当年投考茅先生的有四人，最后只录取了我。茅先生是知名的太平天国史专家，他非常有眼光，认为必须开展中华民国史的研究，在全国高校中率先招收民国史专业的研究生，我便在无意间成了高校系统的首位民国史硕士研究生。入学后，茅先生让张老师等现代史专业的三位老师给我上课，参与培养与论文指导。那时，民国史学术研究刚起步，“革命史观”还占着绝对优势，对民国史专业的学生该如何培养，开什么课，大家都没有经验，“摸石头过河”。我记得还修过一门“毛泽东著作选读”课。其实，因长期教党史、革命史(现代史)，张老师他们的学术转型之苦，远甚于年轻学生。

三位老师对我很关心、负责，但他们的思维方式、工作方法与个性各不相同，对我的指导有时也意见相左。尤其是在我毕业论文的选题、写作与修改过程中，他们的意见相持不下，又彼此不照面，让我无所适从。我是同届毕业生中第一个提交论文初稿的，可当其他同学都开始打印准备答辩了，还有位老师要求我按他的意见改，问题是其他老师并不认同他的意见。我左右为难，只能请求茅先生决断，才得以准时打印论文、毕业答辩。我的硕士论文上印有四位指导教师的名字，这与现在一位导师指导多名学生形成了鲜明对比。回想起来，或许正是老师们严苛的“挑刺”与不同意见，才使我的论文能更严谨，少些漏洞。

硕士学习阶段，张老师对我更关心与爱护。毕业前一年，他与中国第二历史档案馆等单位联合在南京召开了第一次中华民国史学术讨论会，那是一次学术盛会，李新、孙思白、陈旭麓等大家都来了。我参与会务接待等事，目睹了学术大家们的风采。会后，张老师他们又请李新先生到南大给我们讲课。由此我与李新先生与李师母得以认识，李先生关切询问我的研究题目，我据实以报，他提供了些指导意见，并让写好后给他寄一份。

我的毕业论文《论九一八之后的胡汉民》因之前导师们有不同意见，自己也没有多少信心，依约寄给北京的李新先生一本。没想到李新先生很快就给张老师来信，说这是一篇好文章，他要亲自到南京来主持一次讨论会。老师便联合中国第二历史档案馆的施宣岑副馆长在南京组织了一场专题讨论会。为一篇硕士毕业论文举行讨论会，且规格如此高，真是罕见。李新先生在会上高度评价我的论文，说是解决了他一直思考的“如何评价民国人物”，尤其是一些过去认为是“反共人物”的问题。会后，李新先生问及论文的去向，我说投稿后有家刊物让截取一部分发表，李先生说这论文是一个整体，分割后意义大减，并说他来推荐。经他力荐，我的硕士论文，也是我的学术处女作，就全文刊于《历史研究》。做学问的自信心也有所增强。

如果不是老师将我引进他的学术圈，我很难这么早就认识李新等民国史的大家，学术起步也不会如此顺利。

1985 年我毕业留校，与老师变成了“同事”，却与老师在不同“单位”：当年经国家教委批准，历史系在外又建了历史研究所，下设民国史研究室，张老师是主任；而我被分配在历史系的中国近现代史教研室。好在老师并不嫌弃，许多工作都让我参加，耳提面命。其中最重要的是，他在 1993 年领导我们建立了中华民国史研究中心，并使之逐渐成为海内外知名的学术重镇。

三、漫长的博士论文撰写

跟张老师读博士，更是很多偶然凑在一起的幸运。

硕士毕业后，李新先生曾希望我去北京跟他读博士。那时，硕士已经是挺高的学位，自己坐井观天，志向不高，加上刚结婚，不甘让老婆养着“吃软饭”，婉拒了他的美意。

不想风潮很快，南大年轻教师的学历越来越高，没过几年，已有“博士满街走，硕士不如狗”的顺口溜。1992 年学校开始鼓励青年教师在职攻读博士学位，更流传重点大学将有新政策，日后没有博士学位，不能晋升教授。张老师刚担任历史系系主任，依据学校的布置，专门给全系青年教师开动员会。此举无异是惹火烧身，几乎所有青年教师都报了名。社会学系、哲学系、高教研究所的教师因本单位无博士点，也挤到历史系来凑热闹。中国近现代史学科只有茅家琦等两位博士生导师，根本无法满足需求。张老师只得转而“灭火”，反过来动员大家不要急，依照研究生院规定，分批报名，有个先后顺序(因不需要考试)。个别性急的青年教师因无法报名，对张老师采取了过激行为，还有人给校长写信告状。一桩好事，演成了一场风波。(不知张老师是否从此发现担任行政工作之繁重复杂，他当了四年的系主任就极其明智地挂冠求去，专心经营民国史中心了。还有，有关部门要调他去担任中国第二历史档案馆的馆长，他也拒绝了。)

还是茅家琦先生老成持重，他对所有想报考的青年教师说，就按年龄大小(注意，不是按学历资历)排队，只要想学，我肯定把你们带出来。老先生话说到这个份上，大家再不好争。记得他收的第一批校内在职博士生年龄最小的是 1952 年出生的，第二批到了 1954 年，我因年纪稍小，排在挺后面。轮到我的那一批次注册时，茅先生对我们说，张老师已获博导资格，你们又搞民国史，就转过去吧。

这样，我阴错阳差地在硕士毕业近十年后的 1994 年春天，又有幸成了老师的首批博士生。这师生缘分似乎命中注定一般。

读博士之后，因是在职，日常工作多，并没有对写博士论文特别上心，一拖再拖。本是张老师的第一批博士生，可眼见后入门的师弟师妹一批批转眼毕业，变成了师兄师姐。我是起个大早，赶了晚集。1998 年，我获聘教授，按理次年即可当博导，可学校规定，在读博士生不能当博导。因不能抓紧时间办大事，得到一个教训。

读博士期间，张老师在学习与论文选题方面，给了我最大的自由。博士论文选题方面，本是选择研究抗日战争时期“经济复古现象”的，做了很多的准备。然而 1996 年去哈佛燕京学社访问期间，我找到一大批的胡汉民未刊往来函电稿，故重拾旧题，继续研究胡汉民。张老师对这批资料也很重视，允许我换题。2001 年，终于答辩毕业。博士一读七年，对付一篇论文，所耗时间只比艰苦的八年抗日战争少一年而已。

在读博士期间，跟在张老师后面跑腿，举办国际学术会议、编《民国研究》、合作写书、接待海内外知名学者、分管学会、与各界人士接洽等等，学问之外，所获亦多。

学无止境。好容易熬到博士毕业，又流行起“博士后”来了。大约在 2002 年前后，我萌发了要到外校进行博士后研究的念头，希望能开阔学术视野，很快就联系好北方的一所大学。张老师闻讯，竭力阻止，理由是博士后研究的合作导师通常要找最知名的学者，至少应该比博士时的导师水平高。他说，你选的合作导师“名气还不如你大，搞什么吗!”申请交到学校，主管副校长坚决不批，让人事处传话说，陈红民已经做教授几年了，这么做等于是说南京大学教授的水平还不如那所学校的博士后？这时，我才慢慢醒悟，张老师反对的背后，应该有爱惜南大、他与我学术声誉的深意。最终，博士后计划泡汤。

四、伴师欧洲行

我与张老师接触距离之近，肯定让许多同门羡慕。我与老师之间曾有同居“零距离”的接触。2007 年在港开会期间，我们同受邀去香港中文大学历史系演讲，演讲安排在下午 4 点。我们抵达后，邀请方安排一间客房让我们稍事休息。老师连续开会很辛苦，说要小憩，可刚躺下，就鼾声四起。我忙去闭门窗、拉窗帘。酣睡中的老师既熟悉又陌生，我的情感复杂无以名状，从来没有如此近距离地观察老师，真真切切地感受到了与老师在一起！

1999 年与张老师、师母的欧洲之行，印象更是深刻。

意大利威尼斯大学的圭德(Guido Samarani)教授邀请张老师与我去参加会议，师母同行。我们都是首次去欧洲，决定先顺道访问法国，老师的朋友在巴黎帮着订了华人家庭旅馆。第一次陪老师出远门，我不谙法语，又听说法国人对说英语的人还特不待见，心理压力挺大，终日提心吊胆，仔细研究地图(现在叫“攻略”)，唯恐见识少语言不通，路上出差错，让老师、师母受累。托老师、师母的福，天遂人愿，那次巴黎之行格外顺利，我们参观了所有的著名景点，没有走错任何路。老师、师母对我照顾有加，当时国内报道欧洲的鸡肉中含有某种毒素，他们就带了不少小包装的熟食，一路上给我吃。记得游览凡尔赛宫那天，我们三人坐在美丽的皇家花园里吃午饭，取出自带的食品，如同家人的野炊，阳光灿烂，空气清新，其乐融融。至今想来，还有些感动。

之后转道罗马，我有位大学同学讨了意大利老婆定居于此，他热情接待我们。同学的精力超好，白天陪同参观，晚上拉着我下围棋，在国外长期找不到人下棋所压抑的棋瘾释放出来，两人通常杀到凌晨三四点钟才小睡一会儿。在罗马的最后一夜竟然通宵未眠，下棋到天明。可怜的我，刚从在法国的过度紧张中放松神经，却又遭遇无休无眠的下棋车轮战，参观时只迷迷糊糊地跟着，罗马长什么样都没看清。好在同学非常守尊师之道，他虽是意大利的“倒插门女婿”，可坚称自己是“吃软饭，说硬话”，生生把意大利老婆和孩子赶回娘家，家里的主卧留给张老师和师母，使他们能够好好休息。同学在罗马当“三陪”不说，还把老师一路送到佛罗伦萨。

那次在意大利，师母还有特殊的目的：她不久就要去日本参加公子的婚礼，要挑选给未来儿媳的礼物——意大利首饰。在佛罗伦萨，我们去了著名的老桥，桥上金银首饰店一家连着一家，目不暇接，我有刘姥姥进大观园般的眩晕感：第一次见识到意大利工艺，什么叫金碧辉煌，什么叫美轮美奂，什么叫精雕细琢。师母精挑细选，花了很大一笔钱给儿媳买了极漂亮的首饰。老师和师母对公子之怜爱，其情可感。

从欧洲回国的飞机上，边上坐了一位非常漂亮活泼的葡萄牙姑娘，她主动搭话，我的英语蹩脚，且返程挺累，实不愿搭理。然爱美之心，人皆有之，便一来一往地聊起来，她对中国人很有好感，恭维我英语很棒。那姑娘不知我旁边坐着的是我的老师与师母大人，说话很随性，而我就惨了，一边聊天，一边要偷窥老师。老师"善解人意"地闭目养神。可无论如何，老师和师母在侧，我同美女聊天说话不敢有丝毫的造次。那时才深切地感到，不是什么时候都需要老师在旁边关照的。

十年后的2009年，圭德教授再次邀请张老师与我去威尼斯开会，我满心欢喜地期盼与老师和师母再走十年前那条巴黎—罗马—佛罗伦萨—威尼斯路线，故地重游，这次还可以带上毕纲，等于是两家同游。老师听了我的计划，满口答应。可是，过几天，先是师母说不去了，又过几天，张老师打电话来说，他考虑很久，也决定不去了。电话的这头，落寞的我不知说什么好。

五、张老师的成功你无法复制

这里所说的"成功"，主要指张老师学术生涯与教书育人方面，舍此而外，我觉得他更是位和蔼可亲的长辈。

张老师七十大寿时，张门弟子曾编辑了两本论文集庆贺。我们在题为"张宪文教授与中华民国史研究的'南京学派'"的前言中，归纳了张老师的学术贡献："独立完成或主编了《中华民国史纲》、《抗日战争的正面战场》、《蒋介石全传》(上、下)、《中国抗日战争史(1931～1945)》、《中华民国史大辞典》等有影响的学术著作"，"创立南京大学中华民国史研究中心"、"推动学术交流"、"培养民国史研究的中青年学者"。那之后的十年，是他学术生涯突飞猛进的十年，他对民国史研究的贡献，远大于过去的几十年。他获得了无数荣誉，领导南京大学中华民国史研究中心成为南京大学文科的一面旗帜。学校领导将民国史中心的成功归纳为"大师＋团队"模式。

在学术与生活的道路上，我一直把张老师当成楷模：试着把自己观察到的张老师的经验加以总结，当成民国史研究学术史的典型个案讲给学生们听。可总结越认真、越仔细，就越发现：老师的机遇、能力、成就不能复制。他的成功，只能作为一个学术大家成长的经典案例来欣赏，高山仰止，却可能永远也学不会。

我在老师身边多年，有幸目睹了他成功的过程，但从未听他说过"成功之道"，他似乎也没有刻意地去追求过"成功"。一般成功者的某些特性，如雷厉风行、强势果敢、坚韧不拔等，很难在他身上找到。他为人谦逊和蔼，做事从容不迫，滴水穿石。他的成功看起来是如此顺理成章，浑然天成。

以我之浅见，张老师成功的最重要的因素有三：

1. 敏锐的学术观察力与开拓进取的精神

张老师能有如此之高的学术成就，与其敏锐的学术观察力与开拓进取精神密不可分。他的学术大局观与方向感出类拔萃。曾听他自述，大学时代正好赶上南京北阴阳营遗址发掘，毕业论文选择了与此相关的考古课题。毕业留校任教，服从分配讲授中国现代史，主要是革命史的内容。但他认真思考，不走寻常路。在普遍讲大话空话的时候，他关注史学研究的基础——史料学，在图书馆故纸堆中爬梳史料，著有《中国现代史史料学》一书。十年“文革”结束后，他敏锐地感觉到民国史研究将会成为新史学潮流，果断地自我转型，全身心地投入其中。在“革命史观”当道时，研究民国史、国民党、蒋介石有相当的风险，是需要巨大勇气的。

张老师主编的《中华民国史纲》，具有学科开创意义，在学术界首次勾勒出了民国史研究的基本轮廓。之后，他组织民国史研究的国际学术会议，建立了中华民国史研究中心，对推动民国史研究作出了突出的贡献。而在民国史研究的具体领域，老师也有许多拓展，关于抗日战争正面战场、蒋介石、侵华日军南京大屠杀史的研究，都是引领学术潮流的标志性成果。他致力于推动中华民国史研究的国际化进程，主持两岸四地学者共同进行民国史专题研究，都具有学术里程碑的意义。

作为比较，南大原来与他资历相仿的几位同专业教师，也相当地用功，成果也不少，但因为固守自己偏狭窄的课题，学术影响力已不能同张老师同日而语。

2. 卓越的学术领导才能

一般的历史学者都是自选课题，差不多是单兵作战的“个体户”，最多是少数人协同的“互助组”。张老师的情商超高，是天生的学术领袖，他处理事情公平合理，善于团结同行，在学界口碑极佳。

张老师做的都是影响学科发展方向的大研究项目，有时几条线同时作战，他能运筹帷幄，指挥若定。早期，从事民国史研究的人才并不多，南大的人手更有限，他就联合北京、上海的同行一起工作。后来，他将南京地区的所有学者团结在自己周围，中国第二历史档案馆、省社科院、南京师大的学者都参与了他的项目。南京大屠杀史料整理编辑项目，从分派到各国各地去收集资料到整理，再到请英文、日文、俄文、意大利语的翻译，参与的中外学者超过百人，老师布置得有条不紊，循序进展。

其间，张老师培养了大量的研究生，针对每个学生的特点因材施教，给他们布置合适的任务，使博士生一开始就得到锻炼，迅速成长。这一方面为国家培养了民国史研究的新一代人才，另一方面也打造了一支特别能战斗且机动性强的嫡系“张家军”。2009 年，老师率领全由毕业博士生组成的“宋美龄研究项目”团赴台湾查资料，清一色的 8 位美女，风靡台北，慕煞了台湾的教授们。殊不知，这才是“张家军”美女中的一支小部队。

3. 积极乐观的工作态度

张老师于1958年大学毕业留校，但那是个充满“革命”的火红年代，没有严谨的学术研究。老师的学术生涯应该是从大学毕业20年后才开始，时已经年近半百，过了人生精力体力最好的黄金时间。记得1979年“文革”后南大第一次全面评定职称，红纸喜报贴在南园，老师刚晋升为讲师。阅历对于理解历史很重要，历史学家应该是年龄越大越值钱。如果用今天的标准衡量，老师晋升副教授、教授、博导时，都并非一帆风顺，年龄已经偏大。但他一向积极地处事，大处着眼，正面地看问题。对人对事，只选择性地记忆好人好事，用时下的网络语言，他是在不停地积蓄“正能量”。我追随他这么多年，很少看到他愁眉不展，更无发火失态的时候。他绝对不是事事如意，只不愿被不如意的事情绊住前进的手脚，耗费精力与时间。

有件小事很能体现张老师之虚怀若谷，待人以善。系里一位教师自本科起就是张老师的学生，那年报名在职博士一时不如意，竟然给校长写告状信，不分皂白地说张老师办事不公(事实上，相关决定是系办公会议集体确定的)。张老师并不计较，反而登门找他沟通说明情况，那位学生辈的同事置之不理，只对张老师重复高玉宝的那句名言：“我要读书。”不久之后，那位教师要晋升副教授，僧多粥少，竞争激烈，便携太太登门拜访张老师，检讨之前“不懂事”，其意不言自明。张老师在系里与学校评审时，都投票支持，使那位教师得以顺利晋升。

张老师年轻时喜爱运动，身体非常健康。一般学者六七十岁已在颐养天年，而他精力充沛、思维活跃。老师在六十之后的表现绝对是“老当益壮”的注解，如今年近八旬，他的工作节奏与强度，年轻人也难以跟得上。他很善于利用时间，形成了民国史中心独特的工作方式：平时大家教学、行政事务忙，他就利用周末、节假日开会，后来，更利用寒暑假期来组织大家突击大项目。有时，为了突击完成任务，他还会在宾馆里为学者包房间“半隔离”，以使其能摆脱俗务，一心写作。南京大学民国史中心高水平成果迭出不穷、优秀中青年学者成长迅速，某种程度上得益于张老师的乐观主义与“张氏工作法”。教育部有关领导对此很欣赏，特意请张老师到部属重点研究基地主任会议上去介绍经验。

以上三项，一般学者或能达到一二，但能全部兼具者实属罕见。因此之故，我斗胆断言，张老师的成功无法复制。

这篇祝寿短文是我迄今所有文章中倾力最多，也自认为得意的文章。初稿的三千多字只用一晚便一气呵成，然完稿后甚不合意。于是，不停地增补修改，持续近五个月，前后不下十多次。我十分享受修改的过程，不以为苦。每改一次，眼前就浮现出老师慈祥的身影与教诲的点滴往事，也借此检点自己学术之路上的得失。情到深处，感慨万端。

写作、修改的过程中，内心始终充满着幸福感：感谢张老师，有幸是您的学生，我平凡的学术生涯才有了与大师级学者联结的机会，有了优良的学术血缘与傲视群侪的资本！纵然意识到百般努力都无法企及您的高度，可有个永远无法超过的老师，又何尝不是人生的一大幸福?!“高山仰止，景行行止。虽不能至，然心向往之。”更何况，您的教诲如春风化雨，学生近水楼台长期受熏陶所学到的一些皮毛功夫，实足以受益终生。

最终完稿时，电脑显示这篇为恩师贺八十大寿的文章恰好是八千八百余字。若非天意，岂能如此吉利?!

恩师八十大寿之际，衷心祝愿您健康长寿，学术生命之树常青，带领我们开创民国史研究更辉煌的明天。

人生的幸遇

陈　橹

不知不觉之间，我已经过了知天命之年，也常常回忆起往事，总结经历过的人与事。在这种心境中，经常感受到张宪文老师在我整个人生过程中的影响，想起与老师相识、投入老师门下，在老师指导和督促之下学习和研究民国历史，以及毕业之后老师继续指导和关心我的事业与人生发展的种种往事，一时竟不知从何说起。在庆贺恩师八十大寿之际，我这里就谈谈拜入张老师门下的最初缘起。

上个世纪80年代中期，我在豫南一小城做中学教师。当时正逢中国改革开放大潮涌起，而我也正是青春年少，精力旺盛，求知欲和思索欲处于极端饥渴的状态。出于对长期封闭愚昧宣传教育的反抗，以及对宣传教育与客观现实之间巨大反差的疑惑，因而对新知识、新观念、新思想充满了渴求。在工作之余，常常在图书馆、阅览室和书店借阅、购买书刊。在困惑于各种现实问题的同时，也渴望得到答案。官方长期“八股式”说教和随着政治气候变幻不断重新解说的所谓“历史”，已经无法使我信服。真相到底如何？苦苦求索一番，我得到的解说依然如故。今天我当然明白“一切历史都是当代史”，因为历史紧密地关联着现实。虽然历史早已凝固，尘埃也早已经落定，但呈现在我们眼前的被“钦定”的扭曲的历史，却是不可侵犯的“神圣权威”，在它面前，大多数人都噤若寒蝉，发不出学术应该有的真理之声。刚刚过去的半个世纪，许多亲历者尚在世，可是它的真相对于我这样的年轻一代犹如暗箱迷谷，云罩雾遮。

一天，在学校资料室我突然发现了一本刚买进不久的新书《中华民国史纲》，于是立即借回阅读。我记得当时由河南人民出版社出版的这部著作在介绍作者时，好像还说作者张宪文是南京大学的青年学者，同时还附了一张其在书架前阅看图书的照片。在阅读时，我被书中的内容所震撼，其中除讲述了许多我完全不知道或仅知皮毛的历史事实，使我心中的许多疑惑获得了解答，更重要的是其中所表达的对20世纪前半个世纪历史的认知和平实求真的学术精神，如对蒋介石和其他在1949年后在官方历史叙述中被“钦定”为反派人物的评价，对民国政府内外政策和政治、经济、文化、外交诸多方面发展的客观分析，以及对中华民国历史的宏观把握，这在我当时的大量阅读中是从来没有接触过的。成为张老师的弟子后才知道，该书的撰写和出版除耗费大量心血外，张老师还承受了巨大的政治压力和风险。几十年前的《中华民国史纲》表现了张老师的学术良知和道德勇气。这本书启发了甚至可以说重塑了我对历史尤其是近现代历史的认识，由此我更多地阅读和思考了近现代中国的历史资料，相对深入地接触和理解了近现代中国的历史文献，改变了过去阅读浅广杂乱的状况，初步奠定了从事历史研究的基础。

看了《中华民国史纲》，我产生了对张老师的景仰，希望有朝一日能够在他的指导下进行学习和研究。后来在武汉大学攻读几年，进一步强化了学术研究的基础。武汉大学毕业后来到南京理工大学任教，离开了原来的师友，工作的环境也完全没有进行人文社会科学研究的基本氛围，我犹如一只在大海上漂流的舢板，没有方向和目标，或者是一个没有基地和团队的学术浪人，游击式地从事“学术研究”。后在同事的引见介绍下，我得以投入张老师门下，1999 年春开始跟随张老师攻读博士学位，主攻中华民国史。在跟随张老师学习的过程中，甚至在毕业之后，我都直接感受到了张老师对于学生的全方位的关心支持，不仅在学术上严格要求、不断督促鼓励，而且对于学生的求职和经济状况等问题，都处处为学生着想。在我准备撰写“历史上苏北移民在上海生活”论文的时候，张老师为支持我的调研，除提供许多线索和可联系的关系外，还要为我报销相应的费用。即使在毕业之后，张老师依然不时关心我的学术发展和工作情况。这种激励，使人没有了任何后退的理由和心理。在其他同学的求职、调动、出国、发表论著等事务中，张老师也都花费了大量心力，由此我们同学都非常感动，感受到了自己的幸运。思考以往的人生，我可以说：投入张老师门下，是我一生最为幸运的一件事，也是对我影响最为重要的关口。

中华民国时期是中华民族从古代文明向现代文明转型的非常重要的历史阶段，但由于政治禁忌和人为的原因，这一重要的历史时期的研究长期处在被扭曲和封闭的状态中。在长期直接接触后，我更加感受到了张老师的学者风范和从事学术研究的持久动力，尤其是带动学术界从事研究的组织和动员的能力。由于张老师的辛勤努力和不畏艰险的奋斗，中华民国史的研究逐渐在中国学术界成为显学，为中国社会的现代化发展和学术进步提供了丰富的思想资源和人才宝库。近年来，张老师的研究和他率领的团队在中日关系史研究、南京大屠杀问题研究、民国和台湾当代人物研究，在与中国台湾学术界的对话交流，在与日本及欧美学术界的对话交流，以及中青年学术队伍的培养方面，都有着巨大的思想贡献和人才支持。张老师的研究工作和他率领的团队的努力贡献，融入了中国社会最近 30 多年的巨大进步之中，成为中国现代化发展的组成部分。作为张老师队伍中的一员，对于这些贡献我也深感与有荣焉。在庆祝恩师八十华诞之际，衷心祝愿张老师学术之树常青，以学术不断贡献于民族振兴的伟业之中。

恩师的光泽

陈谦平

我是1978年2月进入南京大学历史系学习的。从三年级起，认识了恩师张宪文老师。他当时给我们讲授“中国现代史”以及选修课“军阀派系史”和“中国现代史史料学”等，恩师在课堂上引经据典，使包括我在内的许多同学（如汪朝光、刘红等）对中国现代史，尤其是中国国民党的历史产生了浓厚兴趣。因此，我大学毕业论文就选恩师为指导教师，写的是中山舰事件与蒋介石反苏反共政策的确立。恩师指导学生的一大特点是对史料的要求非常严格。那时，为了写论文，我查阅了大量史料。当时中国近现代史教研室里收藏了许多民国文献与史料，印象特别深的就是毛思诚先生撰写的《民国十五年前之蒋介石先生》。从此，我同民国史研究结下了不解之缘。

1982年2月，我留系任教，担任系主任茅家琦先生的秘书，承担了较繁重的行政工作，但我依然利用业余时间阅读史料，并在恩师指导下进行科研工作。1984年，茅先生坚辞系主任职务，我也趁机回到教研室，跟随恩师从事中华民国史研究。从1983年迄今，追随恩师已经30年，弹指一挥间，我亦从28岁的青年人变成了年近花甲的老人。回顾30年的学术历程，自己感到在成长道路上一直受到恩师的言传身教，获益匪浅。

一、参与科学研究

实际上，从1983年起，恩师就让我参加《中华民国史纲》的撰写工作。恩师担任主编，参与撰写的还有中国第二历史档案馆的方庆秋老师，江苏省社科院的丁永隆、孙宅巍、蒋顺兴老师，南京大学的史全生老师，扬州大学的范崇山老师和南京医科大学的高秋萍老师。他们都是学有成就的学者，而我大学刚毕业，就能够参与这样的大项目，既觉着兴奋，也时感忐忑。恩师将《史纲》的体系定在以民国政府活动为中心，这就奠定了民国史研究的新体系。

现在回想起来，参与《史纲》的撰写，对我个人的成长来讲，至关重要。因为以撰写《史纲》为契机，我开始在中国第二历史档案馆接触了大量民国档案资料。

恩师当时决定以第一手资料为基础来撰写《史纲》，因此，该书除了在构建民国史体系上的创新外，也使用了大量档案与文献资料。由于恩师的人脉关系，该书的资料搜集得到了中国第二历史档案馆各级领导的支持，特别是施宣岑副馆长向我们9位作者开放了二档馆的全部档案目录。我们可以坐在阅卷室翻阅目录，然后调档，抄录相关资料。我当时承担的是国共内战全面爆发时期的章节，引用了二档馆收藏的大量有关中国国民党党团合并、行宪国大、三大战役、金圆券发行、渡江战役等档案。我还记得恩师当时多次强调，在观点上，《史纲》要采取“可以前进一步，我们就跨半步”的稳健策略，既可以对传统观点有突破，又避免了政治上的风险。

《中华民国史纲》于 1985 年 10 月出版，国内外史学界好评如潮。记得一天我在办公室，接到一通电话，自称是美联社记者，要采访张宪文教授。我赶紧同其约定对方再来电话的时间，并立即向恩师汇报。

参与恩师主编的《抗日战争的正面战场》，又是一个重要的经历。从 1985 年 8 月纪念抗日战争胜利四十周年开始，国内对于国民政府和国民党在抗战中的作用已经显现出正面评价的趋向。恩师遂带领历史系的一帮年轻教师编写《抗日战争的正面战场》，有朱宝琴、陈红民、高华、高红光、贺军、李继锋、张益民、汪利平和我等 9 人。我们依然整天泡在中国第二历史档案馆爬梳历史档案，其中最重要的是中国国民党军事委员会战史会档案。该书于 1987 年 6 月出版，是中国大陆第一部充分肯定抗日战争时期正面战场作用的学术著作。在此基础上，恩师又有了编写一部全面反映全民族抗战的历史巨著的想法，于是，我们又投入了撰写抗日战争史的工作。最先，恩师设想在《抗日战争的正面战场》的基础上写一部抗战军事史，但很快又决定书名为“中国抗日战争史(1931～1945)”。该书的突出贡献有三：其一是将 1931 年九一八事变发生以后中国人民的抗日军事战争(包括一·二八淞沪抗战、长城抗战等)纳入抗战史的范畴，并用局部抗战来加以区别；其二是充分肯定了抗日战争在国际反法西斯战争中的地位和作用；其三是对于抗战时期正面战场和敌后战场的作用及其相互关系作了系统论述。

此后，在恩师的领导下，我又参加了《蒋介石全传》和《中华民国史大辞典》的编写工作。这些都是在恩师设计下，汇集了国内众多学者的集体项目，尤其是《中华民国史大辞典》，由来自北京、南京、上海等地 100 多位学者通力合作，终于完成了这部具有里程碑意义的学术工具书。

二、欧风美雨的熏陶

恩师从上世纪 80 年代中期起，就非常注重同海外学界的交流，包括学术访问和资料交流。我记得从历史研究所中华民国史研究室成立以来，国际交流就络绎不绝。通过成为恩师的助手，本人得以结识了一批海内外学术大师与名家，还有一批现在已成为汉学名师的中青年学者。如美国的易劳逸(Lioyd E. Eastman)、唐德刚、于子桥(George T. Yu)、柯伟林(William C. Kirby)、盖斯白(Bradley Kent Geisert)等，日本的卫藤沈吉、野泽丰、山田辰雄、横山宏章、西村成雄、久保亨等，法国的毕仰高(Lucien Bianco)、白吉尔(Marie-Claire Bergere)等，德国的费路(Roland Felber)、罗梅君(Mechthild Leutner)等，澳大利亚的费约翰(John Fitzgerald)等，英国的方德万(Hans van de Ven)等。同时，恩师也积极鼓励我到国外去进行学术交流。

费路教授是民主德国著名汉学家，他曾于20世纪50年代在北京大学留学数年，讲一口流利的普通话，他的古代汉语基础也非常扎实。此外，他精通俄、英等数国语言。他于1985年来南京后，即同恩师建立密切的交流关系，他同恩师商定，南京大学历史研究所每年可派一名青年教师到柏林洪堡大学(Humboldt-Universitaet zu Berlin)进修。恩师当时要我第一个赴德访问交流，研究民国时期的中德关系。为了此行，我从1986年9月开始，就在南京大学外文系德文专业跟班一年级学习德语，学了近三年。1989年秋，又在北京语言大学接受三个月的出国培训，同年底赴德国柏林，师从费路教授。原计划从事民国时期中德关系史研究，并在位于波茨坦的东德档案馆查资料。但1990年元旦，柏林墙即倒塌，民主德国政府很快解体，东德社会(包括洪堡大学)很快陷入混乱，首先是各高校的马列主义教研室的老师失业，接着，安悟行等几位青年学者以曾为秘密警察工作的罪名被辞退。1月底，费路教授患心脏病住院。我只好于同年3月返回南京。

费路教授是一位坚定奉行马克思主义的学者。在民主德国解体、两德统一后，他也遭受了政治迫害。联邦德国政府教育行政部门曾试图将其解聘，但费路教授不为所动，表示要同前来接替他的任何一位教授PK汉学。国际汉学界也发起了声援费路教授的行动，包括来自美国、日本、欧洲和中国的一批国际著名汉学家联名致函联邦德国政府，对其试图剥夺费路教授职衔的做法予以强烈谴责，恩师也是当时在这封信上签名的中国著名学者之一。费路教授最终保留了在柏林洪堡大学亚洲系的教授职位。他后来同柏林自由大学的郭恒钰、罗梅君等学者一道，在德国大众汽车公司的巨资资助下，将苏联解体后公开的一大批共产国际有关中国革命的档案购买下来，最终出版了一套《共产国际与中国档案选集》(*Komintern und China, Dokumente*)。遗憾的是，费路教授晚年一直受到心脏病的严重折磨，并于2001年5月病逝。

易劳逸教授是美国民国史研究的开创人，他撰写的《流产的革命》和《毁灭的种子》至今仍是民国史学界必读的两本学术专著。1984年5月，恩师在南京主持的首届中华民国史学术讨论会召开时，正在南京大学访问的易劳逸教授也希望参加会议。为此，美国美中文化交流委员会发来电报，希望中方邀请易劳逸教授出席会议。最终，经过恩师的多方协调，会议同意易劳逸等几位在宁访问的美国教授作为正式代表与会。通过此事，恩师同易劳逸教授结下了深厚的友谊。易劳逸先生后来经常来南京，除了在中国第二历史档案馆查阅蒋介石及其相关档案外，他还在南京大学讲学。当时，我们一批青年学者特别喜欢同易劳逸先生聊天。我们非常想把易先生的《流产的革命》一书翻译成中文，当我和红民提出这一想法后，易先生欣然同意。为了这本书的中译本，易先生还专门写了一篇《蓝衣社的建立》作为附录。该书于1992年由中国青年出版社出版。当时出版社从经济利益的考量，将该书的注释部分删除，并计划对书名作出改动。经过我和红民的据理力争，书名保持原样，有内容的注释也译出。但由于书的开本很小，又删除了大量注释，所以易先生不是特别满意。

1990年春，恩师介绍一位英国青年学者同我相识，他叫方德万，毕业于哈佛大学，在英国剑桥大学东方系任教。方德万是由易劳逸先生介绍给恩师的，他准备在二档馆查阅资料。由于我们年龄相近，恩师希望我照顾他在南京的生活起居。那时，中国第二历史档案馆不直接受理境外学者的查档申请，但可以通过南京大学出具介绍信，前往查档。我同方德万见面时，他脚上绑着石膏，拄着两根拐棍。原来在英国的一次网球比赛中，方德万的跟腱受伤。遵照恩师的嘱咐，方德万在南京三个月期间，我对他照顾得尽心尽力。暑期他回国前，我们已结下了深厚的情谊。

回国后，方德万帮我申请到英国学术院(British Academy)王宽诚奖学金，邀请我赴剑桥大学访问研究。这次访问对我此后的研究定位十分重要，由于访英期间我在英国国家档案馆(原先叫Public Record Office，现叫The National Archives)、伦敦东方暨印度部档案馆(Oriental and India Office Collection and Records)和剑桥大学丘吉尔学院档案中心(Archives Centre of Churchill College)查阅复印了大量中英关系档案，因此，后来我便将主要研究集中于民国时期的中英关系。

1987年，恩师邀请美国圣路易斯华盛顿大学教授柯伟林参加第二次中华民国史国际学术讨论会，此后，柯伟林教授还应邀来南京大学讲学。柯伟林是费正清先生的关门弟子，他的博士论文《德国与中华民国》(Germany and Republican China)出版后，受到国际汉学界的高度评价。我和红民想将该书翻译成中文出版，但当时中国社科院近代史研究所的雷颐先生也在联系该书的中文翻译事宜。最后，由恩师出面协调，柯伟林最终同意将该书交由我和红民翻译。由于吸取了《流产的革命》一书的教训，我们要求中国青年出版社的潘平先生按原著完全译出。经过两年的努力，《蒋介石政府与纳粹德国》一书于1994年由中国青年出版社出版。由于柯伟林教授利用了大量德文档案与文献资料，该书注释的翻译难度很大，但因为我粗通德文，所以柯伟林先生对中译本比较满意。他当时还专门写信给我，称赞我们“工作出色”。由于该书的影响大，江苏人民出版社买去版权，于2006年以“德国与中华民国”的书名再版。

1996年秋，时任哈佛大学历史系主任(后任文理学院院长)的柯伟林教授帮我从美中学术交流委员会(the Committee on Scholarly Communication with China)申请到资助，我遂前往费正清东亚研究中心(Fairbank Center for East Asian Research)访问研究，当时费正清中心主任为傅高义(Ezra F. Vogel)教授。在美国剑桥的半年里，我在哈佛商学院图书馆和燕京图书馆的收获特别大，在这里，我对民国时期英国在华投资的研究得以起步，贝克图书馆的大量馆藏资料用处极大。

三、海峡两岸的史料与史学交流

跟随恩师30年，在学术上得益最深的就是在史料搜集和考证方面的磨砺。而同台湾学界和档案馆的交流，则对于民国研究档案史料的收集起了关键作用。

两岸学术交流早在1989年夏秋之际就已经开始。较早来南京的蒋永敬教授，他的大名如雷贯耳，他的《鲍罗廷与武汉政权》一书我早在学生时代就看过复印件。蒋先生同恩师是挚友，直到现在，91岁高龄的他依然每年来南京大学访问，为学生举办学术讲座。张玉法先生同恩师是山东老乡，两人神交已久，蒋经国开放老兵回大陆探亲后，张老也得以访问南大。后来，张朋园、陈三井、吕芳上、赖泽涵、陈永发、谢国兴、张力诸位先生亦先后来访问或讲学，同我们结下了深厚的友谊。

我们第一次访问台北是1995年。那年是抗战胜利五十周年，张玉法先生于9月1日至3日在台北召开"庆祝抗战胜利五十周年两岸学术研讨会"，邀请了一批大陆学者赴台北与会。除了恩师与章开沅、王桧林、陈胜粦、金普森、杨天石、陈铁健、蔡德金等学术名家外，还有杨奎松、马敏、石源华、何一民等中青年学者，我和陈红民、申晓云也因恩师的推荐而得以赴台。这次访台，获益良多。除了有幸聆听张玉法、蒋永敬、张朋园、杜维运、李云汉、陈鹏仁、胡春惠、张哲郎、林能士、吕芳上等一大批著名学者的学术教诲外，还结识了周惠民、刘维开、黄克武、张启雄、唐启华、陈立文、林桶法、李朝津等一大批台湾的中青年优秀学人。

收获最大的是会后擅自留在台北查阅档案。有道是"无知者无畏"，我就属于这种类型。会议结束以后，庄焜明教授建议我留下来看档案，他在位于基隆路的台湾科技大学有一套宿舍，平时无人居住。我就留了下来。这里靠近公馆，交通方便，我每天乘公交车去中广，在那里搭乘前往阳明山中国国民党党史会的班车。在党史会大约查了5天资料。林宗杰、刘维开、蒋京等每天中午招待我在食堂吃饭，深深感受到了同胞之情，因为党史会的食堂从不对外人开放。在此期间，我还去了国史馆和中央研究院近代史研究所档案馆查阅档案。"大溪档案"当时刚刚移入国史馆保存，尚未对外开放，所以在该馆可看的档案不多。我大约在9月15日离开台湾回南京。但是，当我2001年再次到台湾访问时，邀请方告诉我，由于1995年我违反了台湾入出境管理条例，这次我能够入境，多亏了陈忠信等立委的担保。自此我才知道入境证上有逗留期限的限制。

台北国史馆所藏国民政府时期档案于本世纪初全部开放。当时我的博士论文苦于缺乏西藏方面的资料而陷于困境。2001年4月，台湾东吴大学杨开煌教授邀请崔之清教授组团赴台湾考察"选情"，本人得以再次赴台，在国史馆查阅刚刚开放的国民政府外交部"西藏档"，收获颇丰。次年11月，中央大学文学院院长赖泽涵教授复邀我莅台讲学。我在讲学之余的大部分时间泡在新店大崎角之国史馆。我的博士论文遂能顺利完成。

现在回想起来，作为张宪文教授的学生，最大的好处就是"沾光"：一是沾学术光，二是沾人脉光，三是沾资料光，四是沾经费光。总之，学生的成长时时处处沐浴着恩师的光泽。

史学大家张宪文成功的奥秘

邓亦武

作为一个学者,张宪文先生可以称得上是史学界的泰斗;作为一名教师,他也可谓是桃李满天下。为什么张先生会取得如此辉煌的成功呢?

通过回忆受教于张先生的点点滴滴,我感觉张先生的成功是缘于以下几点。

一、干一行爱一行

张宪文先生1954年考入南京大学历史系。他高考填报志愿时并没有填报历史系,甚至连南京大学也没有报考,但是,南京大学历史系录取了他。张宪文先生曾笑着说:"这是我的第一次被安排。"在大学学习期间,张宪文先生最喜欢的科目是考古学,他的毕业论文是研究新石器时代晚期遗址。1958年他留校后,系主任韩儒林先生却要求他讲授新开设的课程"中国现代史"。张宪文先生又道:"这是我的第二次被安排。"限于政治因素,当时这门课的内容仅仅是解释"毛泽东思想"和阐述革命斗争史,是一门既无学术积淀,也无史料资源的课程。面对这样的难题,张宪文先生并没有逃避,而是本本分分地开始了自己的教学工作。

也许有人会认为成功人士一般都是很幸运的。其实不然,张先生在通往成功的道路上也遇到了种种困难。他报考大学的时候并没有报考历史专业,可是他被分配到了历史专业,但是他并没有怨天尤人,而是乐观地接受了现实,学一行爱一行。"文革"结束后,张先生开始把自己的研究方向确定在中共党史方向上,可是张先生和同事们去档案馆查中共党史资料时,总是吃闭门羹,管理人员告诉他们这也不开放那也不开放,但是张先生并没有垂头丧气一蹶不振,而是积极乐观地转变研究方向,最后选择了中华民国史。张先生经常跟我们说:"一生中遇到的坏事,我总是很快就忘掉了,我能记得的全是好事情。"现在,有的年轻人往往把自己不成功的原因归结为没有读上自己喜欢的专业,没有干上自己喜欢的工作,张宪文先生却不是这样的,当他改变不了现实与安排时,就改变自己,不把精力用在怨天尤人和排斥抗拒这些无济于事的行动上,而是采取顺应的态度,利用现实提供的条件,干一行爱一行。

二、天时地利人和

南京大学研究中华民国史是具有"天时"、"地利"与"人和"的。一来南京为国民党统治时期的首都；二来位于南京的中国第二历史档案馆和南京图书馆保存有大量民国时期的史料；三来南京地区以南京大学为核心，形成了优秀的学术团队，具有良好的学术氛围。因此，早在1984年，南京大学历史研究所就成立了中华民国史研究室，到1993年，研究室扩大为中华民国史研究中心，聚集了一批中外知名学者开展联合研究工作。2000年，教育部将此中心批准为人文社会科学重点研究基地。在张宪文先生的带领下，该研究中心逐渐发展壮大，先后推出了20多个教育部重大项目的研究，并在教育部的评审中，成为所有历史学研究基地中名列前茅的“优秀基地”。有的人生在天时地利人和的环境中，却不自知，不能很好地利用。张宪文是一个清醒地看到天时地利人和并充分利用这一切的人。

三、学术眼光敏锐且独到

张先生在给博士生上课时说：“1956年，我国制定十二年科学发展规划，民国史研究被列为重要内容，可是，由于政治原因，当时没人敢搞。虽然1961年董必武在纪念辛亥革命五十周年的会议上，提出重写清史、编写中华民国史，但是无人响应。1971年，周恩来再次提出这一任务，时值‘文革’，人们更视民国史研究为畏途。在1972年举行的全国出版工作会议上，编写中华民国史被提上议事日程。1979年春，在四川成都召开了中国历史学规划会议，制定第六个五年计划期间的史学发展规划，对民国史研究起了重要的组织和推动作用。”张宪文先生对这一段民国学术史如数家珍，说明他从上个世纪50年代起就敏锐地认识到民国史研究的重要性，就准备承担研究民国史的历史责任。

“文革”时期，高等教育陷于停滞，“中国现代史”的教学更沦为政治宣传的附庸。虽然张宪文先生怀有科学研究民国史的意愿，但每想到毛主席所说的“文化大革命每七八年就要来一次”，再看到身边研究民国史的同志都或多或少受到政治运动的冲击，他也不得不暂缓学术研究的步伐。不过，即便是在那样艰苦的条件下，他依然巧妙地找到了一条“中间路线”，即时刻做两手准备——一手研究中共党史，另一手则着手研究民国人物。正是有了这样的准备，使得张宪文先生在“文革”结束后，成为了民国史研究的先锋。

从书本上了解到张先生辉煌成就的人，有可能会误以为张先生是一个一天到晚钻在书堆里不食人间烟火的迂腐老头，但见过他真人的都会发现他的成功主要得益于他眼光敏锐且独到。上世纪80年代初，学术界刚刚解冻，张先生凭着他的学识，凭着他对形势的预判，敏锐地认识到写一部全新框架的《中华民国史纲》是一个极有意义、地位极其重要的项目。果不其然，1985年，《中华民国史纲》出版后，在海峡两岸刮起了“一股飓风”，从此张先生蜚声海内外。2008年12月，《史纲》被南京大学评为改革开放以来南京大学最有影响力的学术著作。由于在书中，张宪文先生纠正了一些不当观点，并提出一些新的认识，这让当时有些人想不通，他们写了文章准备公开批判张宪文为蒋介石、国民党“树碑立传”，而台湾地区的《中央日报》则在头版头条刊文批评张宪文“为中共作宣传”，是对台“统战的新方式”。对此，张宪文有自己的“学术策略”，他说：“这部书是‘半步走’，学术观点本应该‘一步到位’，但是当时的环境不可能急转弯，只能弧形转弯，让大家有个接受过程。”以后张宪文先生的学术研究渐为学术界认同。2005 年，由张宪文先生等著的 4 卷本 220 万字的《中华民国史》在南京发行，该书是张宪文先生主持的国家社会科学“九五”规划重点研究项目的成果，在民国史研究领域引起强烈反响。书中，张宪文先生没有再“半步走”，而是“一步到位”，这充分反映在该著作的四大特色之中：一是在研究思想、学科体系、框架结构等方面有所发展，以历史唯物主义为导向，以最能反映历史事实的主线构建民国史的基本框架和学术体系；二是在史料运用上尽可能掌握全面的第一手资料；三是拓展了研究领域和内涵；四是摒弃了单一的阶级分析方法，运用各学科的不同理论和方法重新认识民国史上的各种历史问题，对许多历史问题和历史事件提出了新观点和新见解。

进入 21 世纪，日本军国主义复活之势愈演愈烈。张先生又敏锐地认识到了，到世界各地收集关于南京大屠杀的史料，一定会给日本极右势力以沉重打击。2005 年以来，《南京大屠杀史料集》出版了 72 卷，又一次在海内外史学界引起了巨大的轰动和影响，北京大学老校长吴树青先生称其是南大继《实践是检验真理的唯一标准》之后，为国家做的第二件影响深远的大事。

四、历史为现实服务

张宪文先生不但强调理论对史学研究的指导作用，而且重视史学对中国现实社会的关照。历史学的生命力在于时代和社会发展对它的需求，以及它如何回应时代和社会的呼唤。张宪文先生的民国史研究就是史学与社会互动关系的鲜明体现。他主张，史学要适应时代的发展，历史研究者必须兼顾社会的发展和现实的需要来写历史，在此基础上把学术研究融入到社会生活中去，并用自己的学术成果去丰富和影响现实生活。30 多年来，他和他所在的南京大学中华民国史研究中心的同仁们在中华民国史研究、南京大屠杀史研究等领域中取得了举世瞩目的学术成就。这些研究紧扣着时代发展的脉搏，在社会各界都具有广泛的影响。因为，张先生和他的团队的史学研究始终坚持历史为现实服务，所以，他们的研究很有生命力，深受政府与社会的重视与好评，他们也就因此越做越大。

五、人格魅力与团队建设

1. 思想开明

我刚受教于张先生时，先生已经六十多岁，现在张先生已年近八旬，在学生的眼里他是一位老人，但他一点也不保守，他在学术上一贯推陈出新、与时俱进不说，在日常生活中我们也可以看到张先生的开明。记得还是十多年前，一次我们几个博士生和张先生漫步在校园的林荫大道上，忽然我们瞥见一对恋人在树荫下接吻，其中一位女博士生顽皮地对张先生说："张老师，你看他们！"张老师风趣地说："他们很开放。"这一巧妙而轻松的回答真出乎我们大家的意料。张先生在学术界德高望重，在教育界地位颇高，但是他从不自命清高，无论是对待学界泰斗还是无名小辈，他都是一样的平易近人。最让我们感动的是，他每次打电话给学生时，第一句话就是："喂，你好！我是张宪文。"学生春节给他电话拜年，他总是高兴地回答说："给你拜年！"他把自己与学生的人格完全放在平等的地位上，从不倚老卖老，也不信奉所谓的师道尊严。

2. 慈严相济

张先生在生活中给人的印象是一个平易近人的长者，但是在学问上张先生对学生的训练是十分严格的。记得和我一起受教于张先生的各年级同学共有 20 多人，张先生每隔一个月，都要召集一次全体会议，让每位同学轮流汇报自己的研究进展和研究成果，稍稍落后的同学总是会急起直追，同学们在学问上总是你追我赶，不甘后人。张先生还经常给我们敲警钟说，毕业答辩是很严格的，有 17 位老师将对我们的论文进行评审，即使导师给你高分数，也无济于事。即便在校园里碰见学生，他也要问："最近读了什么书？发表了什么论文？毕业论文进展如何？"有时同学们都害怕见到张先生。张先生还警告我们说："学校要求你们在核心刊物上发表论文，你们一定要提高论文质量，未发表之前，我可以给你指导，你寄到编辑部后，我一律不打招呼。"在张先生的严格要求下，绝大部分同学都按要求在核心期刊上发表了足够数量的论文。最后，有一位同学论文写得不错，就是编辑部采稿速度慢，有可能影响这位同学按期毕业，没想到，张先生听说了，责怪道："怎么不告诉我，我给你打个招呼，让他们快点采用你的稿子。"张先生就是这样对学生慈严相济的。

3. 风趣仁厚，朋友遍天下

在成为张先生学生的 15 年中，我从来没有听到张先生在背后说别人的坏话，当别人提到任何学界同仁，他总是能发现别人的优点，他的胸怀博大。张先生在学术界与人交往总是风趣而仁厚的，15 年来我到各地参加过多次学术会议，每当人们提起张先生，总是评价说："张先生是一个性格极其风趣幽默的好人。"由于张先生是如此地富于人格魅力，学术界的同仁们都乐于与他交往，所以，张先生的朋友遍全国遍天下。张先生从教以来一直非常关心年轻学者的成长，总是无私地提携和帮助他们。

张宪文先生在主持编撰《中华民国史》、《南京大屠杀史料集》的过程中，以宽阔的胸怀将南京大学中华民国史研究中心、中国第二历史档案馆、江苏省社会科学院历史所、南京师范大学历史系等机构的中华民国史研究学者组织在一起，进行集体协作研究。在张宪文先生及其团队的努力下，南京大学的中华民国史研究硕果累累，以南京大学为中心的南京地区的民国史学者被海外学者誉为中华民国史研究的“南京学派”。张宪文先生还是一位有国际影响的学者，他的学术成果受到了国外同行的高度评价；他也注意与国际史学界的交流，并参考和借鉴国外的一些研究方法，曾多次赴美国、英国、日本、德国、意大利、澳大利亚等国，还有我国台湾、香港、澳门地区，进行访问讲学，出席国际会议。2010 年 8 月，第六次中华民国史国际学术讨论会在南京召开。这次会议由南京大学与哈佛大学、剑桥大学、牛津大学、东京大学、莫斯科国立大学等世界名校共同主办，140 余名民国史学者云集紫金山麓，共同探讨民国史前沿问题。这么多世界知名大学学者齐聚中国，真是不多见啊！

六、淡泊名利，执着追求

在我国民国史研究刚刚起步之时，张宪文先生以强烈的社会责任感促使他敢于挑大梁、担重任，凭着对学术的追求和热爱，勇于牺牲自己的专题研究，而去为整个民国史研究承担大的课题。当然，张宪文先生在把握大局的同时，也针对史学界的一些关键问题，写论文著述，开拓新局面。新中国成立后，受到“左”的指导思想影响，现代历史教学和学术研究强调以阶级斗争为纲，要作出与当时革命史研究不甚合拍的研究，写民国时期统治阶级的历史，需要极大的学术勇气。直至十一届三中全会以后，张宪文先生开始下定决心、鼓起勇气、认准方向，全身心地投入到民国史研究这个陌生的领域。而民国史研究要摆脱以往史学观念的束缚，这不仅需要学识的积累，更需要一定的胆识。起初，张宪文先生在研究中华民国史过程中承受着人们的不解和无形的压力。比如，根据档案史料，他认为早期蒋介石并非投机革命，而是在孙中山的影响和带动下，参加了民族民主革命，是一个民主主义革命者，这个说法是人们以往所不敢想的。可以说，他是处在学术的浪尖和矛盾的焦点上，坚持自己的学术思想与研究主旨。对于当时的情形，后来他回忆说：我两边不讨好，两边都批判我，那我也许是正确的吧！表现了可贵的学术勇气。他还曾婉拒江苏省委调其出任正厅职领导，坚持留在南大从事民国史学术研究。他对学术的热爱和对事业的执着感染着身边的每一个人。

身教重于言教

——记恩师张宪文教授对我的教育与影响

傅光中

我是1991年秋季入读南京大学历史系中华民国史方向的硕士研究生，1994年8月毕业，至今正好是第20个年头。当时南京大学历史系实行导师学生双向选择，研究生入学后导师和学生互选。因为入学前拜读过张老师领衔主编的《中华民国史纲》，仰慕张老师的学术造诣和社会影响，我选择了张老师作为我的研究生导师。当时张老师正在国外访学，入校后大约过了两个多月我才见到他。

记得第一次见面是在他家——南京市北京西路临街的一栋南大教职工宿舍楼最西门第四层的西户，房间并不宽敞，家里陈设简单，但客厅里窗明几净，一面墙全是书橱，书橱里全是书籍。那年张老师刚60岁，花白的头发向后梳拢，隆准高挺，精神矍铄，说话带山东口音。第一次见面，他简单询问了我个人的一些情况，包括毕业学校、工作经历等。张老师给我的第一印象是没有大学者的架子，对人热情诚恳，一派儒者风范。

从南大毕业后的20年里，我一直在出版社工作，免不了与各种各样的人打交道。遇到棘手的人际关系和难处的人事问题，我常常想到张老师，把他作为自己学习和效仿的榜样。

大学也是个社会。我做张老师的研究生时，他是南大历史系的系主任，要经常面对和处理各种复杂的人事关系。因为新中国成立后很长一段时间内，中国大陆以阶级斗争为纲，政治运动不断，尤其是像"文革"那样的政治运动，老师们之间难免产生一些纠葛，落下一些恩恩怨怨，加上后来一些现实利益的问题，高校里的人际关系也被搞得错综复杂，南大历史系也不能幸免。可是，根据我个人的了解和观察，张老师从来不让我们学生卷入老师之间的纠葛。他很少当着我们这些弟子的面议论人，偶尔发表对某人的看法也是十分含蓄，而且力求客观公道。

从南大研究生毕业到山东画报出版社工作后，我有两年的时间很不适应。我进出版社的第一个岗位是在发行部，当时发行部总共就三人，部主任认为我有文化，让我一人身兼数职——记账、配货、发货、收款等。其实，所谓配货、发货，就是打包和搬运；记账是把每天进货和出货情况记下流水账——现在这两项工作都有专门部门或专人负责。虽然自己以前干过体力活，但干如此高强度的体力和脑力合二为一的苦活还是第一次，加上当时的发行部主任是个急性子和怪脾气，自己干活又常常笨手笨脚，所以就挨了批评和数落。大约有大半年时间，我身心俱疲，一天下来，累得躺倒床上爬不起来，甚至连饭都不想吃。转岗到编辑岗位以后，马上就扛经济指标。工作压力大，单位人际关系复杂，工作当中被人使绊子，业绩也不明显。当时自己也很苦恼，一度想调离这个单位。后来经过磨合，尤其是自己全身心投入工作，并用工作业绩证明了自己的实力之后，我逐渐被大家所接受，自我价值逐渐实现，而且一步步走上领导岗位。那么，自己站稳脚跟并成为强势人物之后，如何对待过去那些挤兑过自己，对自己曾经不友好的老同事、老领导？这也是一个必须面对的问题。

这时，张老师为人处世的做法给了我启发和指导。记得在南京大学读研究生时，经常参加张老师领衔组织的一些学术活动。张老师邀请的与会者，既有他的追随者，也有他的反对者。我理解，这体现了他的历史学家的大家气度和宽阔胸襟。在南京大学历史系与张老师共事过的一些学者，在离开南大和张老师之后，反而与张老师走得更近，也更加钦佩他的道德文章。因为只有站在局外并有了比较和体会之后，才更能正确地认识并评价一个人。可以说，一个人的气度有多大，他的事业就能够有多大。张老师之所以能够把海内外众多的专家学者团结聚拢在自己麾下，完成像《中华民国史纲》、《中华民国史》以及《南京大屠杀史料集》等多项宏大的学术工程，除了他的学术地位、学术造诣和过人的组织协调能力外，他海纳百川的大家气度和广阔胸襟也是一个重要的成因。与人相处，遭受误解，受到委屈，自己肯定是不好受的，但这是一个人成长、成熟、成功过程中必然要付出的代价。我们应该抱着感恩的心情感谢那些帮助过自己的人，也应以同样的心态感激那些挤兑甚至处处与自己作对的人。你原谅了别人的同时，也就原谅了自己；你善待别人，别人也会善待你。冤家宜解不宜结。过去的事情就让它过去，大家都在一起共事，就像邓小平说的那样："团结一起向前看。"只有不计前嫌，心胸开阔，才能团结一切可以团结的人，才能做成大事，才能把自己的人生价值最大化。

离开南大历史系之后，我与张老师不能经常见面，但他始终是我人生道路上的精神导师和学习榜样。在我看来，张老师在教书育人方面是言传与身教双管齐下，但给弟子们的教育和影响更多更大的是身教。俗话说："桃李不言，下自成蹊。"高水平的导师不必对学生絮絮叨叨，而聪明的学生能够从导师那里获得课堂以外的见识和教益。我觉得，我们这些张老师的学生，尤其是我本人，道德文章水平离他老人家还差得很远，尽管自己已到知天命之年。

另外，张老师之所以老当益壮，成为中国民国史研究的泰斗级人物，也得力于他的精力充沛，使之依然活跃在国内外学术界，学术研究和社会工作依然十分繁忙。张老师他思维敏捷，心态年轻，这让我们弟子们都羡慕不已。这说明，身体是事业的基石，如果没有好的身体，即使你学富五车，也不能为中国的教育和学术事业作出持续不断的贡献。根据我的理解，张老师之所以长寿健康，首先，是应了中国那句老话——仁者寿。古人云："君子坦荡荡，小人常戚戚。"与人为善、海纳百川的人，是仁者；严以律己、宽以待人，能包容人，特别是能够包容与自己意见相左甚至是反对自己的人，是君子。这些不仅成就了张老师的事业，也成就了他的健康和长寿。其次，他与时俱进，不断学习和思考问题，不排斥新事物。根据我的记忆，张老师是南大历史系最早使用手机的教授之一。即使到了八十高龄，我发现他依然关心天下大事，对许多新事物保持浓厚的兴趣，与年轻人没有明显的代沟。还有，他的健康长寿，得益于他良好的遗传基因和幸福和谐的家庭生活。张老师父母都高寿，师母又特别贤惠、会照料人，儿子孝顺有成就。

最后，我要说的是，张老师给我的工作予以不断的关心、支持和指导。我从南京大学毕业以后，一直想请张老师给我们山东画报出版社写本书或做个项目，张老师也很愿意玉成此事，但是一直没有找到合适的选题或项目。去年，一个偶然的机遇让我邂逅了一个有关日本侵华影像史料的图书选题，我带着试试看的心态请教张老师，没想到电话那头的张老师对这个选题予以充分肯定，并欣然同意出任丛书主编。事实证明，张老师的判断是正确的，他的判断显示出了他作为一位史学大家高屋建瓴的学术眼光和作为一名爱国学者的责任担当。唯有如此，他才能敏锐地捕捉到这样一个被时代所需要的选题或项目，并作出正确的判断。也正是得益于张老师的担纲和指导，我们这个项目才得以一步步地从设想变成现实。如果这个宏大的学术工程能够顺利完成，它无疑是张老师及其麾下的学术团队，为中国近现代史尤其是中国近现代影像历史研究作出的又一个里程碑式的学术贡献。

2013年是张老师八十华诞之年，衷心祝愿张老师健康长寿！

我的学术领路人——张宪文教授

谷小水

就一个人的学术经历而言，为期不长的博士生阶段往往有着相当重要的影响；特别是有幸遇到一位人格魅力十足、善于启导学生的前辈名师，学生一生的志业大体由此奠定。在我的学术成长的过程中，张宪文教授显然发挥了这样的作用。

身为大学教师的一员，我经常会与学生畅谈个人的前途与选择问题。每逢此时，眼前会不由自主地浮现起当年我身临同样境遇时的局促与迷茫。犹记得 1993 年夏秋之际，同班同学相互竞赛似地纷纷选定自己的未来方向时，我却一直在读研与就业的两难抉择中迟迟难以定夺。当时颇为困扰的一个问题是，如果选择读研，对于专业方向未有定见的我来说又是一个磨人的考量。就在此时，在一门选修课上，任课教师大力推荐张宪文老师主编的《中华民国史纲》一书，恰如暗夜中的明灯，霎时间点明了我前进的方向。

20 世纪 80 年代初我国迈入了社会主义建设的新时期，学术研究的主体性地位逐步恢复，张宪文老师先知先觉，利用南京地区馆藏与人脉的便利条件，率先致力于中华民国史研究，在这一全新的领域中勤奋耕耘，筚路蓝缕，为中华民国史学科的建立与成长发挥了不可磨灭的基础性作用。90 年代初我在山东大学进行本科阶段学习时，南京大学历史系在张宪文老师的领导下已形成了一支极为精干、结构合理的中华民国史研究团队，出版了一批高质量的研究成果，成为国内外极具影响的中华民国史研究的重镇。可以说，以张宪文老师为首的南大研究团队当时已立于中国近代史研究的潮头浪尖，为学界各方观瞻所系。张宪文老师及其从事的中华民国史研究的强大影响力，使我跳脱出了面临各种选择时的迷茫与挣扎，最终决定将中华民国史作为未来努力的方向。

1994 年 9 月，我由北而南进入南京大学历史系中国近现代史专业学习。在朱宝琴、陈谦平、陈红民、高华、申晓云等老师们的指导下，开始接受中华民国史研究的初步训练，并有幸亲耳聆听张宪文老师的教导与提点，对中华民国史研究的认识与体会逐渐加深，学术兴趣趋于浓厚。1997 年 7 月研究生毕业，获得硕士学位后，我自然而然地转入博士生阶段的学习，在张宪文老师的指导下，对中华民国史进行进一步的学习。

张宪文老师治学严谨，长于实证，极为重视史料之于史论的基础性作用，所治研究成果颇能经受时间的检验。同时张宪文老师又不以实证研究为限，注重具体研究基础上的历史的贯通认识，形成了一整套系统的、颇具特色的中华民国史史论与史识，对青年学子极具启发性。

张宪文老师在教授学生的过程中，非常注意因材施教以及学习过程的循序渐进。初入张老师门下，我的知识面明显偏窄，学术研究的素养也存在严重不足。有鉴于此，张宪文老师首先为我开列了一个以历史学为主同时兼及其他人文社会科学的读书清单，要求我在规定的时间内阅读完毕，重点书目则必须写出读书心得，向他进行汇报，以检查学习的情况与成效。在张老师的督促下，我在博一阶段较为系统地阅读了人文社会科学第一流的学术成果，有效地改善了知识结构不足与偏畸的状况。与此同时，在对学生研究素养的培育上，张老师先于国内同行移用西方较为流行的 Seminar（研究班）方式，通过研究班上多种形式的互动与讨论，让学生知行合一，掌握研究的基本流程及学界的最新研究动向，体验与实践各种研究方法，将其内化为每一位学生的研究素养，从而有效地提升了学生们的研究能力。

进入博二阶段，博士论文成为张宪文老师培养学生的主要凭借。在前一阶段培养的基础上，张老师启发学生在各自的兴趣范围内，自主选取深具学术潜力的研究论题作为研究的对象。我当时对教育史有着浓厚的兴趣，对于南京国民政府的社会管控也有探索的欲望，张老师建议我不妨两相结合，选取民国时期颇为重要的民众教育作为探寻的对象。经过与张老师多次的交流，我最终选定 1927 年至 1937 年间江苏的民众教育运动作为博士论文的论题。研究范围确定后，论文随即转入了资料的补充搜集与写作阶段。可以说，我的博士论文从选题、框架的确定、资料的收集与解析以及最终的定稿，每一步都浸润着张宪文老师的心血与汗水。特别令我感动的是，每一次我在张老师的催促下将论文稿件交给他阅看，为了给我争取多一点的时间，他都在百忙之中抽暇第一时间看完，并写上详细的批注与意见。每当我拿回稿子看到密密麻麻的批注时常常汗颜不止，汗颜自己学力的不足，汗颜自己给老师带来的麻烦。现在的我也成为学生论文的指导者，身临其境，更进一步认识到要想达到张老师指导学生的认真劲是多么不易。

张宪文老师对待学生与同仁和蔼可亲，平日不为疾言厉色，但言谈举止间常有一种令人莫敢不从的威仪。在事务处理上，张老师极重亲力亲为与团队协作，案无留牍，是一位极佳的学术组织者。张宪文老师的各种可贵品质，造就了南京大学中华民国史研究中心近年来崛起的不可动摇、难以更易的学术地位，南京大学的中华民国史研究也已然深深打上了张宪文老师的烙印。在张宪文老师八十岁生日来临之际，衷心祝愿张老师健康长寿，继续发光发热，引领推助中华民国史学科持续兴盛。

恩师引领我实现人生的转折

郭红娟

我现在洛阳师范学院工作。2000年，我校从专科升为本科。学校的升格，不仅是校名的更换，伴随她的将是办学能力的大幅度提升，当然，对师资水平的要求也会更高。我毕业10年，没有接受过相关的培训，也没有任何外出学习的机会，为了使自己能够在未来的学校发展中不落伍，我向学校提出外出进修的申请并获批准。2000年9月，我有幸来到了南京大学历史系，师从张宪文先生，做访问学者。这是我和恩师相识的开始。

访学的一年间，我和恩师的博士生们一起学习，一起生活，聆听老人家做人与做学问的教诲。耳濡目染间，我抑制不住自己的渴望——成为老师的一名真正的学生——博士生。在师兄弟姐妹的帮助下，经过自己的努力，2001年9月，我很幸运地通过了博士入学考试，被老师收入门下，成为他的一名博士生。

我作为博士生入校时，老师的学生，上下几届，加上延期毕业的，有一二十个人。为了便于联络以及处理一些日常事务，老师指定我做助研。这个职位的得天独厚之处就在于自己有更多的机会和老师相处，了解他的思想，感悟他的处事做人之道。年已七旬的老人，对工作的那种执着，令我们这些小辈时时感到愧疚；他博大的胸怀、敏锐的学术眼光、缜密的思维、对学生高水平的要求等，又使我们的敬意难以用言语来表达！

严格地遵守学术规范，恪守学术道德，是恩师留给我最最难忘的回忆，也是我学术生涯中最宝贵的财富。记得上学时，老师正在组织编写四卷本的《中华民国史》，他告诉课题组成员，水平可以不高，但决不允许抄袭！最后一次校稿时，他把我们几个博士生动员起来，每人看一部分，从标点符号到错别字，尤其强调引文出处，要求我们每一处引文都必须和原文核对！我们几个人跑遍了当时书中引文所涉及的资料收藏单位，紧张地忙碌了几个月，一丝不苟地核对。这样的学术训练，培养了我写作时一定核对原文的习惯，同时也使我自己在后续的学术道路上，坚持“认真”的原则不动摇，从标点符号到文章格式，从引文出处到逻辑结构，一点一滴，尽可能做到完美。不仅自己如此，而且在指导学生论文时，要求学生也如此。因此，有人和我开玩笑说：“你的优点是认真，你的缺点是太认真。”也许，这一缺点的确有点和时代不太合拍，但我自认为，“认真”带给我的是无穷的正能量！

老师给我的另一笔财富是我拥有一个和谐亲密的团体——师兄弟姐妹们。在学校时，每一学期老师都会把没有毕业的学生集合在一起开会。说是开会，实际并没有固定的主题，一是催大家抓紧时间，多出成果，尽快地毕业；二是借这个机会，和学生谈学习的方法、谈对某些学术问题的看法、谈如何对待复杂的生活等等。这样的聚会形式，在让我们领略老师深邃的学术智慧的同时，加强了张门弟子之间的了解和团结。所以，与其他老师的门生相比，张门弟子的凝聚力更强，彼此之间也更加亲密。即使没有见过面的师兄弟姐妹，只要一提张老师，大家立刻就成为一家人了。2011 年 11 月，我和我们单位的几个老师到湖南师大历史文化学院参观学习。当时，我并不知道我们有一位师兄在那里做副院长，心想，人家学校比我们的水平高，一定不会太把我们当回事，看情况，人家愿意介绍什么就听什么吧。可是，当交流开始的时候，我说我是南大毕业的，是张宪文老师的学生，此校的一位副院长说他也是，刹那间，我的心理障碍没有了，我们之间谈话的气氛活跃了，我的胆子也大了，我把我不解的问题一股脑儿地抛出来，反正有师兄在，没有什么不好讲的。正式交流之后，师兄还有师兄的学生都来作陪，嵩阳书院、博物馆、特色菜……啊，做张老师的学生真幸福!

做张老师的学生固然是幸福的，但也是有压力的。老师在民国史研究方面的造诣，使他享誉海内外。做他的学生是一种骄傲，但同时也是挑战——我要不断地快速进步，我要胸怀坦荡，我要不断地提升自己的学术水平，因为，我不仅仅是我自己，我更是张老师的学生，我不能给他丢脸！于是，老师成为推动我不断前进的动力。如果说，从 2005 年博士毕业，我在事业上还稍有进步的话，那是老师无限的人格魅力感染的结果。

我曾经说过，博士生涯是我人生的转折点，张老师是那个转折点上开启我学术生命的父亲，从对学问的懵懂到略知一二，是老师启蒙了我。因此，我和老师之间是师生情，更是父女情。这种亲情弥漫在我现在的三人之家，滋润着我的事业和生活……

回顾与恩师交往的往事

洪小夏

我是1999年秋季入学的。在此之前，我认识恩师已经有十年之久了。

一、初识恩师

第一次见面记得是1989年12月。我当时在武汉的中南财经（政法）大学攻读中共党史专业的硕士，为研究金门战役，到宁、沪一带调研。硕导毛磊老师新出了《中西五百年比较》一书，让我带了一批（一共6本，沉甸甸的），顺路送给他在南京、上海的朋友。南京送书名单的第一位就是张宪文老师。

我到南京后跟张老师通话，约好晚上送到老师家中。因为我白天忙着查资料，晚上采访，因此到老师家时，已经是晚上十点了。这是我第一次见到这位久闻大名的老师。因为一则不熟，二则时间也不早了，怕打搅老师休息，所以，送上书，谈了一阵毛老师的近况，说了一点常规的客气话，我就告辞了。老师给我的感觉很平易近人，使我有如沐春风的感觉；而且老师和我一样是个“夜猫子”，夜间仍神采奕奕。

1990年的寒假我是在厦门度过的，主要是在厦门大学看台湾报刊，并就近考察战场，还采访了一些知情人。1991年的寒假我是在北京度过的，到军科查阅档案资料，采访在京的原金门战役指挥员（原28军副军长肖锋、军政治部主任李曼村、82师政委王若杰等人）。而1992年初和1993年初的两个寒假，我都是在南京度过的。白天到南京军区看金门归俘的档案，晚上采访与原三野相关的老人。这两年都曾到老师家去过，第一次还是代毛磊老师送书，第二次是我想考老师的博士，专程前去拜访。

二、忝列门下

随后在1994年，我第一次报考老师的博士。虽然专业课成绩还可以，但外语成绩没能过线，未能如愿。1998年，第二次报名，因故未参加考试。1999年，是我第三次报考南大了。这次由于增加了专业外语，否则我也是不敢考的。尽管专业课成绩还可以，但因受英语成绩的拖累（勉强达标），总分仍未能进入前三名（总分排名好像是第四或第五），而老师这次最多招三人！

老师说我年纪不小了，又求学心切，考第三次了，便动员成绩排在我之前的娄胜华师弟“让贤”(娄于 2000 年春季,即比我晚半年入学,故为师弟),破格录取了我。这些情况,入学之前我一点都不知道,事后得知老师的关爱和安排,心中真是无比激动。无论何时想起此事,都万分感谢老师给了我到南京大学求学的宝贵机会。

三、帮我选题

报考南大,我有一个强烈的动机,就是继续我的金门战役研究。而我在武汉理工大学负责的硕士学科点研究方向是“国防教育研究”,因此我个人的研究方向偏重于军事史。入学后不久,我就想跟老师商量我将来的博士论文选题。但开学后不久,我一方面投入了紧张的英语学习(南大对英语要求甚高,第一学期公共英语如果不及格,将不给补考机会,直接作退学处理。对于英语基础差的我来说,压力很大);另一方面九十月间到北京、厦门参加了两个学术会议(北京是中国抗战史学会年会,厦门是“漳厦金战役五十周年学术讨论会”,我是会议的外省特邀代表),耽误的学习时间需要在返回南大之后加倍补偿。因此入学后一直空不下来,没法好好思考,加之也不敢轻易打扰身负重任、同时承担几个科研项目组织工作、格外忙碌的老师。

1999 年 12 月,老师肝上的胆管出了毛病,发烧、肤色发黄,住进了鼓楼医院,最后决定要开刀;在开刀之前须先做消炎治疗。我们在校博士生轮流排班,协助师母照顾老师。作为家在外地的学生,我被排在 2000 年元旦期间值班。此时老师的炎症已经基本控制,精神和身体状态较好,正在等待元旦后的手术。一贯忙碌的老师,在病床上躺久了,静极思动,很愿意聊聊学习、工作;而元旦期间的医院格外冷清,适合促膝谈心。我抓住这个机会,事先静心思考,排列了 8 个自认为可以考虑的博士论文选题,征求老师的意见。

其实,老师对我的研究早有考虑。他最初为我设计的选题是“长江中游水患与社会”研究,这确实是个很符合武汉特征的好题目。听我说拟做军事史研究,老师觉得不太合适。他谈起自己 1979 年之前为研究渡江战役,到军科求援,吃了闭门羹的故事,认为非军队学者,研究军事史有困难。但听我说起初衷和原委,老师马上豁达地表示同意。随后我们就一一讨论了我的备选题目。老师高屋建瓴地分析我初拟的各个选题的价值、意义、实现条件等优缺点,很快排除了其中的 6 个,留下了两个。第二天,在两个中确定了一个:“蒋介石军事思想与实践研究。”我选择的时限是 1927 年至 1937 年,老师说可以初步这样确定,但他个人建议下限可以扩展到 1945 年。此时距离我入学还不到半年。博士论文选题确定了,我感到一身轻松。

四、容忍改题

2000 年春,我就到南京大学图书馆、南京图书馆、中国第二历史档案馆等单位,开始了大规模的资料搜集工作。在此过程中,我发现研究蒋介石有点困难(例如二档馆的蒋介石个人全宗档案不开放),而另一个元旦第一天通过、第二天最终被否决的题目“国民党敌后战场研究”则资料多得看不完。我的决心有点动摇了。

2000年9月,我参加了南京大学主办的第四次中华民国史国际学术讨论会。我们在读的民国史博士生,除了写论文入选、与其他代表一样参加学术会议之外,还兼做部分会务工作。我被安排对口负责接待台湾地区的中研院院士、原台湾近代史研究所所长、大名鼎鼎的张玉法先生。借张先生的光,我享受到了一些“特权”。例如到南京图书馆,我平时进不去的旧平装书库,南京图书馆特别对张先生开放,我也跟着沾光进去了,进一步了解了南图的“家底”。反复权衡,我觉得做蒋介石军事思想与实践研究,因受资料的限制,很难做到一流,而研究国民党敌后抗战,因无人做过,资料又多(当时缺乏常识,不知道资料太多也是缺点),便决定换题。但怎么跟老师说呢?我很犹豫,决定暂时不说,先搜集资料,届时能有更充分的理由,再来说服老师。

这个瞒着老师的“难题”,后来被潘敏师妹无意中说破了。

我搜集国民党敌后抗战资料有一段时间了,师妹潘敏以为我早就告诉过老师,所以她有一次闲聊时,无意中跟老师讲了。当时她就发现老师并不知情,赶紧住口,随后马上告诉我,坦白自己说错了话。我一方面埋怨她说话不注意,另一方面其实感谢她帮我打破了僵局。我还没想好怎么跟老师解释,老师就打电话来了。他开口就问:“你是不是换题了?”我老实承认是的。老师又说:“国民党敌后抗战这个题目并不是不好。我只是觉得做这个课题风险比较大,将来很难发表,你辛苦一番不划算。我是为你着想。”听老师这样说,我紧悬的心放下了,无论如何,换题的问题对老师坦白了,我的心就放下了一半。

五、师恩常在

2001年我几乎在二档馆泡了一年,初步完成了开题报告。2002年3月通过了开题报告,并在《抗日战争研究》上发表了国民党敌后抗战研究综述的文章,转引率还挺高。随着国内形势的发展,研究国民党敌后抗战的环境逐渐宽松。老师对我的选题表示了全力的支持,关于选题的矛盾就完全消除了,我的心理压力也逐渐减轻以至毫无压力了。我先后在二档馆待了四年,直到2003年年底才初步完成浏览、抄写和复制档案的工作。又因为2004年1月我从武汉被调到上海,换了环境,工作繁忙,使我完成论文的时间一再推迟。老师一次次在我的延期毕业报告上签字。我的博士读了7年半,到2007年3月才通过答辩。

此后老师又继续给我教导、支持,为我博士论文的出版推荐、作序,不遗余力。恩师的开阔眼界、求实精神、学术勇气、理论造诣,使我获益匪浅;恩师的胸襟风度,更是我永远的学习楷模。

南京大学是我的福地。我读南大有瘾,在校前后八个年头,实际待在南京的时间有四五年,但是还嫌时间短,简直不想离开。因为南京有二档馆,有张宪文老师。师恩常在,没齿不忘!

让我终身受益的老师

——小记张宪文老师

纪乃旺

1987 年，是我在南京大学历史系本科学习的最后一年，此前就已经决定报考本系中国近现代史专业的研究生，为此尽了最大努力。印象最深的就是每天晚上都在西南楼历史系资料室与其他考研同学一道专心复习，复习的好多书现在都不太记得了，只有一本书记忆犹新，这就是张宪文老师主编的《中华民国史纲》。我被其中许多新鲜的内容和观点深深吸引，反复研读，以至于一本新书终被读成了一本旧书，且珍藏至今并不时翻阅。后来，考研结果出来，我成为张宪文老师的研究生，真觉得是"三生有幸"，同时也非常珍惜这来之不易的向张老师学习的机会。当时张老师给我们开设了"中华民国史研究"、"中国现代史史料学"等课程，在课堂上张老师以儒雅的风采和精深的讲授给我们留下了深刻印象，他不仅给我们传授知识，更注重对我们科研方法的训练，并明确我们的研究方向。记得当年以民国时期的中德关系为硕士论文选题，就是因为张老师讲民国时期中外关系的专题时谈到中德关系的研究还比较薄弱，具有研究价值。张老师对我的这一选题很是支持，并建议我学习德语，因此我后来在外语系德语专业跟班学习了一年德语，德语学习成为我读研期间的又一收获。除了课堂学习，张老师还有意识地让我们参加学术交流，以拓展我们的学术视野，激发我们的科研动力。印象比较深的就是参加在金陵饭店举办的中华民国史国际学术讨论会，会上见到了许多国际知名学者，还与美国民国史专家易劳逸合了影。张老师还经常邀请我们到他在北京西路的家里做客，通过亲切面谈的方式给我们以各方面的指导，常使我们感受到张老师不仅是我们的导师，更是我们的长辈，对我们关怀备至。

1990 年研究生毕业，在张老师的关心帮助下，我到了中国药科大学工作，至今已有二十多年。在此过程中，张老师当年的言传身教、张老师的学识人品始终影响、激励着我，我深深地感受到，张宪文老师是让我终身受益的老师。在迎来张老师八十华诞之际，我要再次衷心地对张老师说一声：谢谢您！谢谢您的悉心指导和培养！并祝您及您的家人健康平安！

恩师语录

姜良芹　潘　敏

五月的一个夜晚，我俩在电话中聊起，在恩师八十寿辰之际，应该写点什么呢？因天时地利之便，读着师兄师姐师弟师妹们陆陆续续发来的祝寿文章，在为一段段师生情缘或师生奇缘感动之余，也渐渐找到了灵感。很多同门在文章中都提到了恩师的教诲如春风化雨，可他们很"自私"地"点滴在心"，舍不得拿出来太多与大家分享。我们遂决定记录"恩师语录"，并将各自的体会记述如下。

语录一：博士论文的选题很重要，一定要占领某个领域，并代表这个领域的最高成就。

姜良芹：我对这句话的理解是博士论文选题一定要把握学术前沿，并注重创新。1997 年深秋的一个午后，我第一次叩开了老师的家门，望着满头华发的老师，不禁肃然起敬。老师先简单询问了我的考博准备情况，接着便介绍了读博的艰辛并重点讲到博士论文选题的重要性。因之前我的硕士论文是关于侵华日军南京大屠杀暴行原因的探讨，老师特别以此为例，分析了这一选题当时在史料、创新等方面必然遭遇的学术环境的局限，并叮嘱我有关南京大屠杀的研究暂时就不要做了。听着老师丝丝入扣的分析，我不禁豁然开朗，但同时也陷入了新的"苦痛"之中。因为老师的高要求，对于博士论文的选题，那真是苦思冥想啊，用"辗转反侧，夜不能寐"来形容绝不过分。我想，老师的每一个学生，差不多都有类似的经历。

潘　敏：是啊。不仅选题不容易，选定题目后，如何"代表这个领域的最高成就"又是一个更高的要求。在写博士论文时，老师经常唠叨：你们一定要好好做论文，"要知道，博士论文可能是你们一辈子的最高学术成就，以后的研究水平很难超出它"。当初我很不服气，我一辈子的学术研究水平怎么会只停留在 28 岁?! 但当我检索博士论文引用率的时候，当张老师开玩笑地跟我说我的博士论文被"五马分尸"的时候，当我第二本专著出版的时候，我有点相信这句名言了。的确，在老师的鞭策和激励下，我们同门的博士论文在各自的研究领域都还是占有一席之地的。这也是老师一直引以为傲的事情。

语录二：人都是有惰性的，做学问就是要逼。

姜良芹：我们读博期间，在每个学期的期初、期中和期末，老师都要召集全体在读博士生开会。会议的内容分为两个部分：一是每个人汇报自己近期的读书、写作情况；二是老师针对每个人的情况进行点评，并提出新的要求和希望。一般汇报工作都是从高年级同学开始，听着一位位师兄、师姐讲到读了什么书、博士论文已经写了多少万字、最近又发表了几篇文章等等，刚入学的我，并没有感到什么特别。可随着自己由小师妹成为师姐，每次开会时，心情不再轻松，尤其是听到师弟师妹们一个个捷报频传：发表文章了、博士论文已经确定好了选题……，那感觉真是“压力山大”！毕业留校后，曾跟老师谈起读书时的心情。老师笑着说：“人都是有惰性的，做学问就是要逼。”愚钝的我这才恍然大悟，原来老师是用心良苦啊。

潘　敏：是啊，老师逼人的能力就连我这个最喜欢第一个上火车的人有时都招架不住，而且老师不仅在读书时逼我们，连我们工作了也不放过。2009 年 9 月老师带着咱们一群娘子军去台北收集宋美龄研究相关资料时，国史馆每天早上 8:30 开门，我们住的英雄馆到国史馆差不多一个小时的车程。为了尽可能充分利用开馆时间，每天早上 7:20，老师都会准时坐在旅馆的大堂里等我们一起出发。看着精神矍铄的老师，爱睡懒觉的我们哪里还敢偷懒，开始每天比谁起床早啦。老师逼人真有办法呢！说实在的，我挺感谢他的，没有他的逼迫，我们的宋美龄书稿肯定不能按期完成。

语录三：知识分子最在意的就两条，一个是名，一个是利。

潘　敏：第一次听老师讲这句话时，我吃了一惊。知识分子对名利大多讳莫如深，不轻易谈论，或者自命清高，不齿于谈论，老师却对名利二字有自己独到的看法。

姜良芹：我跟你的感觉是一样的。可后来慢慢的，我就品出其中的滋味了。举个例子：由老师牵头的“认识中国”课是南京大学第一批开设的高水平通识课程，课酬也相较其他课程高一些。本来，能有幸加入这个教学团队，对我而言，已是很大的荣誉。后来，每个学期结束分配课酬时，老师总是用总课酬数除以总课时数，然后再乘以每个人的课时数，甚至精确到个位数。每次看到老师戴着老花镜、拿着计算器认真核算的样子，我心里都有一种莫名的感动。所以，在老师 2011 年被评为“南京十大文化名人”，记者因深入报道的需要曾采访作为老师学生的我们时，我曾经这样说道：“老爷子是把中心当自己的家来经营的，他不仅智商高，情商也高，中心的每个人都是他的孩子和朋友，他都能把大家团在一起，中心就是一个和谐的大家庭。”应该说，老师的这种尊重每个人劳动的“名利”思想，是他能将海内外的大批学术精英团结起来集体攻关的重要因素之一。

潘　敏：是啊。老师这句话的意思是要我们尊重每个人的劳动。所谓“名”，就是要名符其实；所谓“利”，就是要公平合理地分配。其实这也符合人的本性，学者不是生活在象牙塔里，他们是生活在社会关系网络之中的，社会中的各种人情世故、功名成就在他们身上都有体现。参加工作以来，在与同事、研究合作者的交往中，我都遵循老师的这一教诲，果然很少闹矛盾，学术合作也开展得非常顺利。

语录四:做学问既要关注个人的兴趣,更需要集体攻关。

姜良芹:老师常说,时代变了,做学问的条件也和以前不一样了,过去学术研究"单打独斗"的方式已经不适合学术发展的需要。我们既要有"板凳需坐十年冷"的学术精神,更要有团结协作、集体攻关的学术实践。事实上,老师从撰写《中华民国史纲》开始,就强调集体攻关的重要性。此后,《蒋介石全传》、《中华民国史大辞典》、《中国抗日战争史》、《中华民国史》、《南京大屠杀史料集》、《南京大屠杀全史》……,无不体现了老师的这一学术坚持。这样的学术创新模式,创造了一个个学术经典,培养了一批批学术人才,更造就了中华民国史研究领域的"南京学派"。

潘　敏:是的。我们都是这一学术训练的受益者。在跟随老师做课题的过程中,我们不仅感受到了他的睿智、卓见,更感受到了他在史料搜集、学术规范等方面的严格要求。接受这一学术锻炼的,除了南京地区的民国史研究者,还包括海内外大批民国史研究中青年学者,对推动海内外民国史研究起到了重要的引领作用。而我们现在以老师的学术精神严格要求我们的研究团队和学生,并将老师的睿智和卓见发扬光大。

语录五:学术影响政治,学者影响政治家。

潘　敏:学术与政治的关系,早有大师论述过,如韦伯在《学术与政治》一书中,尽管没有对"学术"与"政治"、"学术人"与"政治人"间的关系进行专门的阐释,但是,他对学术人的期待是不涉及终极关怀,不应过问价值,更不应卷入政治,但老师对二者之间的关系却有自己独到的看法。

姜良芹:2005 年 9 月 3 日,胡锦涛《在纪念中国人民抗日战争暨世界反法西斯战争胜利 60 周年大会上的讲话》发表后,老师对我们说,他发现《讲话》强调了抗日战争是全民族抗战的胜利,并特别提到敌后和正面两个战场的相互配合。胡本人并不研究抗战史,《讲话》的发表,是典型的"学术影响政治,学者影响政治家"的结果。事实上,早在 1985 年前后,老师即带领研究团队发表一系列抗战论著,对推动正确认识国共两党抗战,起了重要作用。

潘　敏:老师一直身体力行,有意识地以"学术人"来影响"政治人"。《南京大屠杀史料集》陆续出版后,引起国际社会的高度关注。日本外务省责令上海领事馆副总领事连同日本军方代表专程来南京采访老师。其采访结果影响了日本外务省在内阁会议上对这一问题的咨询答辩,他们表示:"根据截至目前公开的文献等进行综合判断","不能否认日军进入南京后,对城内非战斗人员进行的杀害或掠夺行为",这应该是学术影响政治的典型案例了。

姜良芹:最近,老师在接受日本共同社的采访时,针对近来日本社会集体"右转"的趋势表达了他的担忧。老师特别对记者说:日本政客所谓"购岛"、"修宪"的言论,最终受害的是日本人民,政治的“右转”严重影响了日本经济的复苏。他希望通过日本媒体向日本社会呼吁:日本社会要正确认识历史问题,中日之间要搁置争议、和平发展。

恩师的教诲如春雨点点,润物无声,限于篇幅,我俩先记录到这里。在恩师八十华诞之际,衷心祝愿他老人家福如东海、寿比南山。在未来的祝寿活动中,我们将继续恩师语录的记述,也恳望各位同门多多补充。

民国史研究的LOGO

江 沛

回顾30年来的民国史研究,可谓名家云集,其中一个响亮的名字就是——张宪文先生。在世界各地的民国史研究团队中,由张宪文先生领衔的南京大学中华民国史研究中心同样也是名闻四海!

1985年,大陆民国史研究刚刚起步,由河南人民出版社推出的《中华民国史纲》,曾创造了行销十几万册的记录。这样严肃的学术著作甚至在不少地方报摊销售,不能不说是一个奇迹。1986年暑假,已是准研究生的我,在郑州转车返校时在报摊上购得此书,时价4.85元。当时并不知道自己会进入民国史领域,但由此知道了当时只有副教授头衔的张宪文先生和其他学者的名号。在从"文革"风潮中刚刚走出来的那个时代,以国民政府为叙事主体的这部书,震动了史学界与舆论界,美国的多家报刊曾视其为中国大陆史学开放的标志之一!这部书的主要作者张宪文先生,勇于创新、敢闯禁区,由此成为大陆民国史研究的名家。

此后,张先生不断推出《中国现代史史料学》、《抗日战争正面战场》等著作,积极与美国、日本、欧洲及中国台湾地区的民国史学界进行了广泛交流与密切合作,不断邀请海外学者访问南京大学,也时常应邀赴海外参加学术活动,推动大陆首届民国史学术讨论会在南京召开。这一系列的学术活动,使得张先生成为民国史学界最为活跃的学者。

20世纪90年代初,我刚刚在南开大学留校任教,极想参加张先生主持的民国史讨论会。王永祥教授当时曾向我夸耀他的受邀,我于是冒昧给张先生写信希望与会。张先生以回信的方式回绝但同时也鼓励了我,私下失望却也能理解,毕竟那时群贤毕至,经费有限,作为学界"青葱",自然难登大雅。

第一次见到张宪文先生,是在南开的魏宏运先生家中。张先生当时因学术事务出差北京,特意专程赴津与魏宏运先生见面。正巧有事去魏先生家中的我,得以聆听了两位大师的谈话。那时的张先生一身中山装,宽边眼镜,话不是太多但极睿智,浑身充满了活力。但我从来没有想到会与张宪文先生这样的民国史大家结成师生之谊。

1988年5月,因写作硕士论文曾赴南京二档馆查档,曲折不断,曾发誓决不再去。当时住在南大宿舍,也没有想到求张先生帮忙。此后,受国民党史名家刘健清先生的影响,我在90年代逐渐将研究重点集中在国民党史上,先后发表过几篇论文,多利用的是二档馆60年代编辑的《中国现代政治史资料汇编》(内部发行)和《革命文献》等一些台湾出版的文献资料。2000 年 5 月博士即将毕业时,在学术上有所提升的我“顿悟”:不管自己对二档馆有多少“歧见”,如要研究民国史或国民党史,不去二档馆查档是不行的。经魏宏运先生介绍,我写信给张宪文先生,希望能到南大从事博士后研究工作,也意在利用南大的条件查询档案。没想到,张先生很快打电话来了解我的情况并允诺接收我为博士后。

就这样,我走进了“张门”。

此时的张先生,师门宏大,学生众多。2000 年 10 月,张先生主持召开民国史学术讨论会,我曾参与接待工作。在会议期间的张门见面会上,我第一次与 40 余位张门学生见面,人生与学术的脉络由此联结了另一个体系,当时曾戏称为“南南合作”(南开大学与南京大学)。

此时的张先生已是名动四海,极具学术自信。他在民国史讨论会上的总结发言,给我留下了深刻的印象。张先生在发言中提出,应该重新思考中国近代历史特别是民国史的发展主线,这条主线就是传统中国如何曲折艰难、缓慢地向现代中国的发展,应该重新思考以所谓“革命立场”评判事件与人物的历史观,应该从全球视野思考民国政治与经济变革中的国际因素,他倡导从近代中国的历史连续性、国际性和现代性角度考察中国近代史特别是民国史。在世纪之交,改革开放进行了 20 余年,类似的观念似乎也已成为公共知识,但在史学界转变价值观,真正从革命与否的思路上扭转长期以来对国民政府和国民党的偏见并不容易。坐在台下聆听发言的我,心灵经历了一次深深的震撼。我突然意识到,口才极佳、思路清晰、滔滔不绝的张先生,在历史认识论上已呈现出了一种新的升华,他的思想转型具有深刻的时代印记,蔚然大家风范。

在南大民国史研究中心,张先生的不知疲倦与勤奋是出了名的。年轻时曾入选山东体操队的张先生,70 岁时仍然没有午休的习惯。那种回应国家与民族重大需求的敏感、追求事业的执着、对所做事情的迅捷要求,支撑着他忘我地工作与无私地奉献。凭借着这份努力与执着,张先生的团队陆续出版了《中国抗日战争史(1931～1945)》、《蒋介石全传》、《中华民国史大辞典》、《中华民国史》(四卷本)、《南京大屠杀史料集》(72 册)、《南京大屠杀全史》(三卷本)等高质量的学术著作及史料集,不仅理清了抗日战争史的诸多疑难,客观地介绍了抗战史上如国共战场定位等重大问题,还用铁的事实无可辩驳地回击了日本右翼势力否定南京大屠杀的论调,在世界范围引起了广泛的关注与影响。在张先生带领下,南京大学中华民国史研究中心不仅首批入选教育部人文社科百所重点研究基地,而且在多次考核中均被定为“优秀”。在他的旗帜下,南京大学的民国史研究陆续走出了陈谦平、陈红民、申晓云、马俊亚、李玉等一批国际知名的中青年学者,他们成为被誉为民国史研究界“南京学派”的中坚力量。

盛名之下的张先生,始终保持着一种谦虚、谨慎的学术品格,时常提醒博士生与青年学者要认真做人、扎实求学。记得在张先生召集的博士生会议上,张先生曾严厉批评个别博士生论文中存在的注释问题和规范问题，并上升到学术生命的高度，要求把学术规范努力“印在脑海里，融化在血液中”。当年那一幕，印象深刻，每每想起，仍会肃然动容。

在南京三年断断续续的博士后生活，是我一生至为重要的经历。不仅结识了一批学术才俊，融入了张门，完成了题为“日伪治安强化运动研究”的博士后出站报告，参加并努力完成了教育部重大招标项目“国民党政治与社会结构之演变”的相关部分 40 万余字，在二档馆、南京图书馆查阅了大批资料，学术根基更为扎实，更为关键的是我得以时常叩拜张先生，有与张先生共餐、深入交谈的机会，在先生耳提面命的不断启发下，我不仅坚定了民国史研究的方向，也持续以先生的教诲努力体会民国史研究中的问题意识。授人以鱼，莫如授人以渔。方法论的启迪与研究视野的开阔，才能真正“点石成金”。学术大师级的教诲，是一种机遇，至今我仍然庆幸新旧世纪之交时我那一次冥冥之中似有所指的“顿悟”。

从今天来看，30 年前张先生高瞻远瞩地选择了民国史研究的学术方向，是以独特的地域性、二档馆坚实的史料根基为依托，凭借的是民国时期在中国近代历史进程中承前启后的、拓展关乎台海两岸关系未来走向与民族统一大业的关键地位，这一学术方向的选择，非具有大师眼力者所不能为。南京大学历史学科地位的日隆，与这一研究领域的兴盛是密不可分的。有大师在，则学科兴，这就是学术兴衰的根本所在！张先生不仅是民国史研究“南京学派”的旗帜，也堪当民国史研究领域的 LOGO！

拉杂这么多，谈及的多是对张先生教书育人方面的感受。回顾自己进入史学殿堂的经历，南开受业于魏宏运先生，是第一次启蒙；南大承教于张宪文先生，是第二次提升。人生得一名师足矣，而先后忝列两大名师之门，唯有感念天幸于我！

仅以短文恭祝先生八十寿诞！愿先生学术之树常青！愿先生及师母健康长寿！

民国史研究的开拓者

——祝张宪文教授八十华诞

经盛鸿

提起民国史研究，人们不能不想到南京大学历史系教授、侵华日军南京大屠杀史研究会顾问张宪文教授；而提到张宪文教授，人们也会立即想到由他创办的南京大学中华民国史研究中心和由他撰写或主编的《中国现代史史料学》、《中华民国史纲》、《中华民国史大辞典》、《中华民国史》（四卷本）、《蒋介石全传》、《中国抗日战争史（1931～1945）》等10余种民国史著作，以及在海内外引起广泛关注与巨大反响的72册、数千万字的《南京大屠杀史料集》和新近出版的《南京大屠杀全史》（三卷本）。

张宪文教授是中国大陆民国史研究的开拓者之一，是卓有建树的民国史大家。他曾任南京大学历史系主任，现担任南京大学中华民国史研究中心主任，在社会上担任中国史学会理事、中国现代史学会名誉会长、南京历史学会名誉会长，并曾担任南京大屠杀史研究会会长等职。他多次主持并完成国家社科规划重点项目及省部级和国际合作项目，在海内外具有深广的影响。

一、民国史研究的开拓者

张宪文教授于1934年10月27日（农历九月二十）出生于山东泰安。他在中学时代就是个德智体全面发展的学生，除了成绩优秀，体操技能也突出，还曾代表山东省参加华东六省的运动会比赛。年轻的张宪文被建国初期热火朝天的经济建设所吸引，一心要报考经济院系。高考发榜了，他却被南京大学历史系录取了。

1954年9月，张宪文进入了南京大学历史系。很快，他就被丰富多彩、生动有趣的中外历史现象吸引了，尤其是中国近代史。那是中国发生天翻地覆的剧烈变化的时代，几千年的封建社会行将崩溃，外国列强侵入中国，中华民族经历了无数的灾难，许多志士仁人为了救国救民，寻找真理，奋勇斗争，抛头颅、洒热血，前赴后继，可歌可泣。1958年他毕业留校，系主任韩儒林教授找他谈话，要他执教中国现代史，从此开始了他半个多世纪的教学与研究生涯。

但是，当时高校中的中国现代史教学还不成熟，困难重重，矛盾很多。尤其是在极“左”思想的影响下，中国现代史被简化篡改，甚至变成了两条路线斗争史，既不符合史实，又有许多形而上的观点盛行，将一部丰富多彩的中国现代史搞成了枯燥无味、视野狭隘的“教条”和整人的“棍子”。这种情况在“文革”期间达到了登峰造极的程度。

怎样将中国现代史教学与研究引上正路？年轻的张宪文经常在苦苦思索，许许多多的教师在苦苦思索。

早在建国初，周恩来、董必武就曾提出要编纂《中华民国史》。中国历代修史的传统，后代修前代史，从来都是惯例，自汉以来，绵延不断。但周总理、董老的提议始终悬而未决。1955 年 3 月 12 日，是孙中山先生逝世 30 周年，《人民日报》当天头版发表社论《纪念伟大的民主主义革命家——孙中山》。1956 年 11 月 12 日，是孙中山先生诞辰 90 周年，全国纪念，毛泽东还发表了专文《纪念孙中山先生》。民国史的研究随着这一系列的纪念日终于被提到议事日程上。当时，国家制定了“十二年科学发展规划”，周总理提出建立民国史研究项目。但后来运动不停，民国史的研究还没有开始就停了下来。到了 1961 年，纪念辛亥革命 50 周年，董必武又提出重修清史，编写中华民国史。可到了 1962 年，毛泽东开始大抓阶级斗争，民国史更没人碰了。1966 年，“文化大革命”开始，整个历史研究彻底变样，民国史研究更是如石沉大海。

张宪文教授回忆，那时候他正 30 出头，对中国现代历史充满了兴趣，但“文革”那场运动却把历史系的中国现代史课简化成了革命史课，到了后来又改成了党史课，再后来干脆改成路线斗争史，国民党的历史基本不谈，民国史的内容根本没有。那时候，他在书店看不到其他的书，一片红海洋，到处是毛主席语录，或者是“两报一刊”。

直到 1971 年，周恩来召开全国出版工作会议。在这个会上，周恩来再度提出要编纂民国史。民国史的出版计划正式确立，任务交给了当时的中华书局。学科初建，苦于无人，出版社找到了孙思白和李新。这两个人在 1956 年曾经合撰过《中国新民主主义革命时期通史》，其中内容涉及民国历史，但只是作为民国年间的反革命的坏人坏事，为革命史树立对立面。1972 年，中国社科院近代史所成立民国史研究室，编写民国史的工作正式开始，当时的计划是写一部书，编三部资料，计划前者 3 编 15 卷，后者分为人物志、大事记和 600 个专题。按照李新和孙思白当初的想法，用 5 年或 10 年的时间完成。然而由于各种原因，这部史书的编纂步履维艰，难以顺利完成，尤其跟不上高校历史教学与研究的需要。

1984 年，李新主编的《中华民国史》刚刚出版了第 2 卷。时张宪文教授在全力投入民国史研究与教学的同时，在南大历史研究所内组建了中华民国史研究室，起初只有张宪文及其学生陈谦平两人，同时他率先在全国高校里招收民国史的研究生。这时他碰到的第一个难题就是没有一部系统的民国史教材，总不能靠一些零星的资料维持教学吧。为此，张宪文赴北京找到了孙思白，说学生们需要教材，能不能先编一套简明的民国史给学生看。然而，民国史编写组的专家们认为条件还不成熟。

张宪文教授没有灰心，经反复思考，决定自己来编。他邀请了南京一些有志于此的同事参与，由他先立定主题、制定体系、编写提纲，并分派任务与要求。经过近两年的紧张工作，初稿出来了，又由他对全部稿件修改定稿。1985年，张宪文教授主编的《中华民国史纲》由河南人民出版社出版了，这是新中国成立后大陆出版的第一部中华民国史，立即轰动了海内外，尤其是这本书中凝聚了张宪文教授多年研究民国史的心得与成果，提出了许多更实事求是、与时俱进的观点与论述，引起了大陆与海外学术界乃至政界、新闻界的广泛关注与高度评价，当然也招来了一些质疑与反对意见。美联社的记者来采访他，开门见山就问，编写民国史，你们有没有政治背景？张宪文教授实事求是地讲述了他对研究民国史的看法与他主持编写《中华民国史纲》一书的初衷。

第一炮打响了。张宪文教授立即规划将民国史研究推向深入，推向更高的水平与更广大的范围。1984年与1987年他与中国现代史学会和第二历史档案馆等单位合作，在南京组织召开了第一届、第二届中华民国史学术讨论会，欧美、日本的许多民国史学者都来了，盛况空前。但到第三届中华民国史学术讨论会，台湾学者也来了。自此后，随着中华民国史学术讨论会历届的召开，来的海内外著名学者越来越多，会议规格越来越高，影响也越来越大。中华民国史日益成为学术界的“显学”。

1993年，中国社会科学院近代史研究所领导人李新建议张宪文教授在南京大学成立“中华民国史研究中心”，以便吸收海内外学者在南大兼职，共同开展民国史研究。经学校批准后，南京大学中华民国史研究中心挂牌成立了。可是，中心所需的房子、经费和编制一样也没有。张宪文教授不得不自筹资金。他们的学术热情打动了台湾实业家陈清坤，得到了陈先生的资助。为了推动科研活动，中心还办了刊物《民国研究》。2000年9月份，南京大学中华民国史研究中心顺利地成为教育部“百所人文社会科学重点研究基地”之一。后来，学校整体条件得以改善，中心也得到了学校的优先关心，现拥有近600平方米的研究专房，年均经费200万元，专职教师13人。2003年，面对教育部39个重大课题攻关项目，张宪文教授和他的团队凭借科研实力和学术热情，一举拿下了其中唯一的史学项目“中华民国史研究”，为学术界所瞩目。据统计，几年来，该基地共承担各类研究项目60余项，获得研究经费和出版经费总数1000余万元；出版各类学术专著100多部，发表学术论文近千篇，已成为国内领先、国际知名的教育部重点研究基地。

张宪文教授在长期的摸索中，为中华民国史研究中心制定了“名家＋团队”的科研协作模式，聘请了校内外的著名史学家李文海、章开沅、姜义华、茅家琦等组成学术委员会。在这个科研模式支撑下，逐渐形成了中心的团结奋斗、求真创新、学术奉献和开放合作的精神特质。张宪文教授提出科研工作的“三新”，即新史料、新方法、新观点；“三性”，即现代性、国际性、延续性。他一再强调研究要经得起时间检验、历史推敲。他特别重视第一手资料，说：“没有史料，观点就站不住脚。”他要求学术成果中第一手史料必须占到70%以上，为此，他还制定了《攻关项目实施细则》。不管是哪个子项目，达不到这个标准，就得拿掉。

现在,南京大学中华民国史研究中心已同英国剑桥大学、布里托斯大学,美国哈佛大学、美国日本侵华研究基金会,澳大利亚国立大学、拉筹伯大学展开了多项深层次合作。近年来,中心先后在南京、宁波等地主办了多届中华民国史国际学术讨论会,前来参加的国内外学者更多,更加引起海内外学术界的瞩目。

张宪文以他对学术的热爱和对事业的执着感染着身边的每一个人。在他 50 岁的时候,领导找他谈话,动员说服他去中国第二历史档案馆担任馆长兼党组书记之职,被他婉言谢绝。他决心将自己的一生献给南京大学中华民国史研究中心。

二、卓有建树的民国史大家

张宪文教授及他领导的南京大学中华民国史研究中心取得了令国内外学术界瞩目的成就。继 1985 年出版《中华民国史纲》之后,张宪文教授又先后出版了《中国现代史史料学》、《中华民国史大辞典》、《中华民国史》(四卷本)、《抗日战争正面战场》、《蒋介石全传》、《中国抗日战争史(1931～1945)》等 10 余种民国史著作,以及在海内外引起广泛关注的 72 册、数千万字的《南京大屠杀史料集》,还在《历史研究》、《求是》等国内外刊物上发表了许多有影响的学术论文。

张宪文教授亲自撰写的《中国现代史史料学》是中国第一部关于研究中国现代史史料的专著,它为中国现代史的研究奠定了科学的基础,尤其为初入民国史之门的青年学子指明了前进的道路,让他们少走弯路。在未来的学术研究中,此书将发挥越来越大的作用。

2001 年,张宪文教授主编的《中华民国史大辞典》面世,这部集全国 100 多位专家学者 15 年之功的成果,是一部民国史知识百科全书式的皇皇大著,被称为“数十年之内不可能被代替”。

2001 年底,张宪文教授主编,陈谦平、陈红民教授任副主编的《中国抗日战争史(1931～1945)》由南京大学出版社出版。它是一部约 100 万字、全面反映中华民族 14 年抗日战争史的巨著。我读后,抑制不住兴奋,写下评论文章,发表在《抗日战争研究》2002 年第 3 期上,文章中写道:“展卷细读,一股浓烈而又清新的学术气息扑面而来,它以新的理念与思路,丰富而准确的史料与生动的笔触,展现了中国人民从 1931 年九一八事变到 1945 年 8 月抗战胜利这 14 年间英勇抗击日本帝国主义侵略的复杂而悲壮的历史,歌颂了中国各民族、各阶级、各行各业人民,首先是中国军队,为抗敌御侮、保卫祖国所进行的可歌可泣的血与火的斗争。这是一部内容详尽丰富、评论准确客观、学术水平与写作水平均为上乘的抗战史学术专著。”

2006 年,张宪文教授主编的国家社会科学“九五”规划重点研究项目、四卷本的《中华民国史》,由南京大学出版社出版。全书约 220 万字,是目前国内已出版的最为完整的民国通史。据张宪文教授介绍,这套《中华民国史》有四大特色。

一是在研究思想、学科体系、框架结构等方面有所发展,以历史唯物主义为导向,以最能反映历史事实的主线构建民国史的基本框架和学术体系。二是在史料运用上尽可能掌握全面的第一手资料。考虑到民国史属于国际性的历史学科，该书除了引用历史档案、各类文献史料、报刊资料、口述史料外，还注重搜集与掌握海外收藏的各种中外文民国史资料。三是拓展了研究领域和内涵，在论述政治的同时，兼论社会思想、经济、外交、文化教育、民族关系等各个方面，而不是较多地偏重政治史领域。同时，书中给中共党史以较大的篇幅，纠正了以往民国史著作中回避中共党史内容的偏向。四是摒弃了单一的阶级分析方法，运用各学科的不同理论和方法重新认识民国史上的各种历史问题，对许多历史问题和历史事件提出了新观点和新见解。既继承前人成果，又吸收当代思想，再加上自己的研究，提高了理论认识，如辛亥革命的历史地位和作用问题、如何全面评述北洋政府的地位和作用、如何看待三十年代国民政府的政治改革和财政经济政策问题等等，作者都有独到见解。

江苏省社会科学院研究员莫永明在评价文章中指出："张宪文教授等著的《中华民国史》经十年的'千锤百炼'，于 2006 年初春由南京大学出版社正式出版。全书共 4 卷 28 章，220 万字。这是一部几十年来鲜见的内容厚实、论说创新的学术著作。这部皇皇大著，以新的视角较为清晰地展示了中华民国历史的真实面貌。张宪文等作者勇于探索，善于思考，开拓创新，书中有许多值得学界重视的新的突破，具有鲜明的特色。"

三、踏遍青山人未老

在完成了上述一系列的巨著后，张宪文教授已年过古稀了，身体也不太好，还开刀切除了胆结石。这时他可以说已是"功成名就"，照常理他应该安度晚年了，但这时一个新的任务落到了他的身上。

近年来，日本右翼势力猖獗活动，竟然否定日本侵华史，否定南京大屠杀。众所周知，1937 年 12 月 13 日侵华日军占领南京后，使用集体枪杀、活埋、刀劈、火烧等惨绝人寰的手段，进行了长达 40 多天的血腥屠杀，在南京杀害手无寸铁的中国平民和放下武器的被俘军人达 30 多万人，同时进行疯狂的抢劫、焚烧、奸淫，成为日本侵华战争和第二次世界大战中最为残酷的战争暴行之一。这段历史已被远东国际军事法庭审判确认，有无数的人证与物证。但日本右翼势力公然说"南京大屠杀是虚构的"，一再向中国人民与世界人民提出严峻的挑战。必须坚决地回击他们，必须维护历史的真实性，维护第二次世界大战结束后世界人民对日本战犯审判的严肃性，维护人类的良心与民族的尊严。但对日本右派的一万次谩骂也抵不上一次证据的发现。对于当今日本右翼的挑衅，我们应该以行动对行动、用证据对谎言。我们需要的是精准的研究，而不是空泛的口号。没有具体的、扎实的证据，就难以真正驳倒日本右派，同时也不能说服他人、启发自己、教育后人。

江苏省和南京市有关部门与中国社会科学院将《南京大屠杀史料集》的主编工作交给了张宪

文教授。张宪文教授深知这项任务的神圣和重要,他立即全身心地投入这项工作。

在张宪文教授的组织领导下,南京数十位学者共同参与,历时 10 年,对南京大屠杀史料进行了第一次全面、系统的收集和整理工作。数十位学者亲赴中国大陆与台湾地区的各档案馆、图书馆,以及日本、美国、英国、德国、丹麦等国家,收集档案、报刊以及私人信件、日记和著作等第一手史料,并在俄罗斯、意大利、法国等国学者的帮助与参与下,将有关日军南京大屠杀的所有证据尽最大可能发掘研究,还原历史的真相 ,先后编辑、翻译、出版了《南京大屠杀史料集》72 卷共 4000 万字,包括"战前的南京与日机的空袭"、"幸存者的回忆与日记"、"美国传教士的日记与书信"、"日军官兵日记"、"遇难者的尸体掩埋"、"外国媒体报道与德国使馆报告"、"幸存者调查口述"等。这是一项庞大、复杂、艰难、严谨的学术工程。

《南京大屠杀史料集》出版后,不仅引起中国各界人士的赞扬,也引起日本官方的高度关注。北大老校长吴树青教授称其是"南大继《实践是检验真理的唯一标准》之后,为国家做的第二件影响深远的大事"。

张宪文教授对《南京大屠杀史料集》的今后研究计划作了打算。他说:"我计划进一步收集材料,我们知道外面应该还有相关的材料,但真正全部收集完整是不可能的,任何材料的收集都不可能达到百分百。将来发现新材料,那就进一步补充。"张宪文教授说:"我们最终收集到的证据、史料会越来越多。我就不信,把这些书摆到日本首相的办公桌上,他还不承认南京大屠杀? 我想,第 72 卷不该是最终,今后要一直研究发掘下去。"

立足于《南京大屠杀史料集》等大量史料的编纂基础之上,张宪文教授又组织、率领由多名知名专家参加的研究团队,历时三年,撰写了《南京大屠杀全史》,在 2012 年 12 月纪念侵华日军南京大屠杀遇难同胞遇难 75 周年之际,由南京大学出版社出版问世。该书分上、中、下三册,约 110 万字,对那段血泪历史作了深入的研究和总结,作了科学和权威的解读。

众所周知,早在抗战时期,中国学者就对侵华日军南京大屠杀暴行进行了揭露和研究,但那显然只是初步的工作。在新中国成立后,直到 1982 年前,由于种种原因,南京大屠杀史的研究工作停滞不前。只有少数学者,如南京大学历史系的高兴祖教授,作了调查。到 1982 年后,中国的历史学者开始较多地从事于南京大屠杀史的研究,先后出版了多种论著,引导人们正确认识这一残暴的历史事件。但毋庸讳言,这些论著无论在深度和广度上,对南京大屠杀史的研究都是不够的,尤其是没有一部全面、系统、科学的巨著来反映这段极为重要的历史,这一直被学术界和社会各界引为憾事。《南京大屠杀全史》的出版,使学术界和社会各界多年的期盼与愿望终于实现了。

《南京大屠杀全史》是立足于《南京大屠杀史料集》坚实的史料基础之上撰写而成的,其史料类型之多元、史料内容涵盖之全面,大大超过了以往任何一部相关研究著述。该书对大量史料进行研究分析,吸收了学术界的最新研究成果,第一次提出了许多重要的论点与论据,澄清并纠正了一些长期流行的错误见解，第一次全面、系统、深刻地论述和反映了侵华日军南京大屠杀的历史。从战前南京的古老历史和作为中华民国首都在城市建设和经济文化发展方面所取得的成绩，到 1937 年 7 月日本军国主义发动全面侵华战争后自 8 月 15 日开始的对南京三个多月的狂轰滥炸；从惨烈的南京保卫战到震惊中外的日军南京大屠杀；从日军"百人斩"杀人比赛到日军大规模的性暴行；从日军的"慰安妇"政策到日军扶植的伪政权；从南京军民的奋起反抗到中国人民抗日战争的伟大胜利，以及南京国防部战犯审判法庭和东京远东国际军事法庭对日本战犯的审判，《南京大屠杀全史》的论述内容涵盖之全面、系统、深刻，大大超过了以往任何一部相关研究著述。更为可贵的是，该书对日军南京大屠杀暴行的原因和影响等，进行了认真的探讨和理论的分析，作出了令人信服的说明。该书的出版，不仅是日本侵华史、南京大屠杀史研究领域的重大突破与丰硕成果，还将对中日两国解决历史遗留问题产生深远的影响。尤其是在当前日本右翼势力甚嚣尘上，妄图否认日本侵华史、否认南京大屠杀史的时刻，该书的出版，是维护历史真实和人类正义的有力武器，是对日本右翼势力的沉重打击，是对中国和世界各国人民，特别是青少年，进行正确历史教育的教科书，具有极重要的历史意义和强烈的现实意义。

张宪文教授在领导与主持研究、写作一系列的著作中，以 70 多岁的高龄，始终坚持在学术第一线，严肃认真，不放过一点儿差错。例如在《中华民国史》校对过程中，他发现了错别字和乱码后，就在 2004 年国庆假期，把所有参与编写的人员召集起来，非常严肃地给大家扣了三顶帽子：不认真、不负责、不严谨，要他们夜以继日地重新校对书稿。国庆长假期间实际上只放了一天假。在《南京大屠杀史料集》的收集、编纂过程中，为了进一步扩展史料和突破既定思维束缚，张宪文和他的同事们足迹踏遍美、日、德、英等国及我国港台地区。虽然省、市配发了专项经费，但是大家都知道，这钱来之不易，得省着花。为了省钱，大家出国就吃最便宜的面条。

今年是张宪文教授的八十华诞，虽然满头银发，但他依然精神抖擞，奋力耕耘在学术的田野里，向更高的学术高峰攀登。"踏遍青山人未老！"我们祝愿张宪文教授永葆学术青春，为民国史研究作出更大贡献！

贺恩师张宪文先生八十华诞

雷国山

时光过得真快，当恩师张宪文先生七十大寿的祝寿场景仿佛还在昨日的时候，转眼又是十年过去，迎来了恩师的八十福寿！在此以短文记录跟从恩师治学的一些片段，无疑是最好的祝寿方式。

我是恩师2001级的博士生，同级8人，包括一位来自韩国的同学。记得最清楚的是，虽然入学总成绩第一，但是民国史只考了75分，觉得自己在张老师的专长领域还很差，要好好学。

读博期间，按管理制度我需要补学近现代史专业的硕士课程。这打通了我的知识结构，对我很有帮助。张老师的课有一个特点，每次课都围绕一个专题，先让博士生们发言议论，略作点评后开始宣读自己手写的学术讲义，最后是提问时间。这种上课方式是我喜欢的。入学不久有一次集体游学，就是集体去太湖旅游，归途中考察了阳山碑材。这是我印象很深的一件事，也是我喜欢的。

我们这一届博士生是张老师的最后一届。我们在恩师任主任的中华民国史研究中心听到了很多学术讲座，记得来自台湾的至少有四位学者，其中包括孙中山的孙女孙穗芳女士，另外还有年长而有影响力的蒋永敬先生；来自日本的也非常多，横山宏章、笠原十九司等都来过；国内的名家学者就不用说了，中国社会科学院、北京大学以及其他在近代史领域作出突出贡献的专家，他们都经常来讲学。博士课程授课集中在第一学年，所以这一年中我了解了很多研究大家的最新学术动态，当时讲座的热烈气氛至今历历在目，真的收获很大。

博士生第二年就要确定选题了。张老师对我的定题很关心。读博期间我在本校的工作没有稍减，所以时间是很紧张的，但有时仍免不了去跟同级的同学聚谈喝酒，结果有人传话到张老师耳朵里，张老师在他办公室谈论我的论文时批评我说：你在玩？要专心写论文啊。一直等到第四次改题，最终定下博士论文的题目，张老师每次的谈话给我的启发都很大，我深深感受到了一位史学大家的广域思维。博士论文终稿提交后，张老师于百忙之中手改我的论文。我去他办公室取稿时，他说了这么一句话："你这论文还是下了功夫的！"我感到这是对我的肯定。取回后看到每页上恩师的红笔批注，心里就涌起一种激动。现在我还珍藏着张老师手改的博士论文。2005年12月答辩时，我的博士论文获得了五个A的评价，这与恩师的悉心指导绝对分不开。

我是在本校读的在职博士。2005年获得博士学位后，次年就受聘为外国语学院的副教授。

之前由于妻子是全职太太，所以生活是极其艰苦的，聘上副教授之后生活就改善了。从这个具体的事情来说，张老师对我的大恩我是永生不忘的。

毕业后，从2006年到2011年，我在张老师领导的大型"南京大屠杀史料集"项目中工作，两次赴日收集资料，回国后担任日文资料翻译组的联络工作，自己也担任主要翻译。这个持续多年的项目，让我锻炼了很多，学到了很多。为了做好这个民族记忆库工程，张老师要求很严，说不能出错，要尊重史实。作为日文资料翻译组的联络人和翻译人员，个中情形我是最清楚的。张老师严谨的治学精神给我的鞭策很大。

2008年夏天，当我们日本组第二次赴东京搜集南京大屠杀资料回国后没有几天，我便去京都的日本文化国际研究中心赴任，在那里工作了一年。回国后，恩师希望我调到民国史研究中心工作，我考虑到自己的史学底子薄，毕业后继续学习的时间又不够，就没敢应承下来。不过出国前恩师对我说的"你要争取做一个历史学家啊！"我是铭记在心的。只要想起恩师的这句殷殷鞭策的话语，我心里就涌起无限的激动。我想，我不论在哪里，恩师的话都是巨大的动力，催我奋进，不能停留。

比起绝大多数同门来说，我是幸运的人之一，因为我在南京大学工作，可以陪伴在恩师身边，继续沐浴恩师爱的阳光。在此我只想对张老师说：祝您生日快乐，并祝您和师母身体健康，安泰吉祥！

聚焦民国:追随宪文师30余年的点滴记忆与感悟

李继锋

可以说,和我这一生最深切的关联词必定是"历史",更具体点就是"民国史"。

1979年夏,我在一个消息闭塞的小镇上参加高考,那个小天地可谓"不知有汉,无论魏晋",只是没想到我却稀里糊涂地成了文风颇盛的高邮县"文科状元"。当时听班主任的建议,报的第一志愿就是南京大学历史系。其时对南京大学、对历史系的底蕴,我一无所知,报它只是因为南大招生的分数与我的考分正好匹配。不过,报考历史专业却是我义无反顾的选择。少年时我就沉迷于历史,初中时浏览过范文澜主编的《中国通史简编》与《中国近代史》,高中时翻阅过陈寿用文言文写就的多卷本《三国志》。那年秋,我首次到省城南京来求学,没有想到此后在南京大学历史系先后读了十年的书,从学士、硕士一直读到博士。

一、两位恩师

今年,江苏评出了本省社科十大名家,南京大学茅家琦、张宪文两位教授均名列其中,一个系出两位名家已是稀有,而偏巧这两位名家都是我的专业导师,攻读硕士与博士学位课程的时候,在我的两篇毕业论文上,指导老师写着他们两位的名字,做弟子的能不倍感荣耀乎?回顾读硕士之时,自己刚21岁,如今已年过半百,两位先生也年逾古稀,宪文师相对于茅先生还年轻几岁。不过,众弟子已在为他筹备八十华诞的庆典了。

在我的求学、治学与人生之旅中,两位恩师对我的影响是全方位的,不只是学问,也包括为人,乃至人生境界。这种影响"润物细无声",渐进而绵长,犹如水滴石穿。思量起来,两位恩师对我的影响可谓不分伯仲。

茅先生给我深刻印象的有这么几点:学术上的静思长考,求知上的好学不倦,笔耕不辍的勤奋,敢于反思自我直至战胜自我的反省精神。他时常要我们重视国外学术动态的追踪搜寻,对外语这个工具极度重视,对史学理论高度关注,致力于学术新领域的开拓。除了他赖以成名的太平天国史,还开拓了晚清长江下游地区区域现代化、台湾史等新领域,此外,他还大力扶持民国史的研究。与茅先生比较,宪文师最令我叹服的有这么几点:对民国史的专注持久;不尚空言,注重力行;向既定目标迈进的坚毅;行走在敏感政治与客观学术间的高妙平衡之术;待人接物的热情大度;举重若轻的学术协调与组织能力;高度重视海内外新史料的发掘。

西谚云：仆役面前无英雄。这句话道出了一种现象，也就是与英雄离得很近的人，往往并不知晓其伟大之处，因为比常人更知晓他们真实、平凡的一面。二战的英雄、后来的法国总统戴高乐就坚信，领导者必须和追随者保持距离，因为有足够的神秘感才能保持其权威。其实，师生之间关系的维系也颇微妙，研究生和导师更是如此。小范围的授课，课堂上自由的探讨，而且常常可以登堂入室，免不了会发现讲堂上尊严的教授也有寻常的一面。有些学问精深的导师常会因小节有亏而受到弟子的非议。在学问和为人上，导师要得到弟子发自内心的敬重颇为不易。更何况，现代中国的年轻人是在反传统反权威的氛围中长大的，是喝过“狼奶”的。从当弟子到为人师，我自己这方面的感受愈发深切。幸运的是，我的两位恩师都是德学双馨的典范，最让我衷心感佩的是他们的道德与学问随着年岁的增长而精进，甚至常常感觉是突飞猛进。都说青出于蓝而胜于蓝，但是在这两位功力深厚的恩师面前，有几个弟子敢说这样的大话呢。读研的时候也许我敢说，30 年过去了，却已少了这样的豪气。

二、与宪文师的缘

我读本科就有幸听到两位恩师讲课。

茅先生为我们讲“史学方法概论”，他举止文雅，声调平易，对学生从无疾言厉色，蔼蔼然大儒也，但我和茅先生往来并不多。一是茅先生当时已颇负声名，又是系里的领导，我内心颇存敬畏，不敢时时趋前请教。二是印象中茅先生本就不爱交往，为人缄默，而我也不擅长交际，常担心见面冷场。三是我最关注的还是民国史，而茅先生的学术领域远为开阔，交集点不那么多。

宪文师为我们本科生讲授过两门课，一是“中国现代史史料学”，一是“军阀派系史”。当时宪文师正值鼎盛之年，记得他身着中山装，风纪扣严整，鹰鼻深目，坐姿挺拔，貌甚威严。我与宪文师那时并无单独的接触，只是他在上面讲我在下面听，但对他讲的国民党军阀间错综复杂的关系感到新奇有趣、别有洞天。另外我注意到张老师和其他同学交流时显得很健谈，特别是他真挚的笑容令我感到温厚而亲切。

那时宪文师的职称还是讲师，名望未著，既不像刘毓璜老教授可以随时在黑板上默写一段诸子百家之言让学生暗生敬意，也没有教世界上古史的张树栋老师那样有说书般的迷人口才令学生心驰神往，他只是平静地用带有浓厚山东口音的国语娓娓道来，将敏感前卫的内容深藏在中庸平实之中。听课的学生，包括我在内，当时一定想象不到宪文师后来的学术成就会如此之高，社会影响力如此之大。其时宪文师正在埋头苦干，4 年之后，他主编的《中华民国史纲》横空出世，一举奠定了他的学术地位，也奠定了新兴的民国史在海内外学术界的醒目地位。

现在想来，这两门课也是宪文师日后成功的奠基石。教授中国现代史史料学这门课显示了他对史料的重视和对史料的熟悉，而当时只有将研究基础立于可靠史料之上，才能稀释专断政治意识重度侵染史学之弊。而“军阀派系史”的课程正说明宪文师在当时内容颇为庞杂的中国近现代史领域中已专注于国民党政权的研究，这在政治上极有风险。后来在此基础上更扩大为对整个民国史的立体性研究，才有《中华民国史纲》的出现。

回溯往事，本科时和宪文师之间还有两件事值得一记。

一件事是最近翻当时的日记发现的。原来自己还与几位大学同学帮宪文师搬过家，也就是后来宪文师住了很久，我读研究生时常去的二号新村临北京西路的那栋楼，是第四层的西户，此事我已全然忘记了。巧的是红民兄回忆说，他当时也和他们班上几位同学一起帮着搬，只是他并不记得我们也在搬。日记里记载的搬家时间是 1982 年 5 月 3 日下午，那也应该是宪文师一家乔迁之日。那天下午 4 点 20 分我们搬完家就回教室参加班会了，筹备去苏锡常的旅行事宜。

这件事验证了一句话：好记性不如烂笔头。怪不得胡适老先生早就号召大家记日记。可这世上知难行亦不易，像蒋介石、冯玉祥那样几十年如一日坚持记日记的能有几位。红民兄可以远赴重洋抄写蒋介石的日记，写出多篇妙文，不过他要是看到我的零碎日记会更开心的，毕竟蒋介石日记里没有他的名字，可我的日记里记载着当年我动了考民国史硕士生的念头后，最初就是向他咨询的。时间是 1982 年 7 月 5 日，当时同学们都已心不在焉，准备放假回家了。红民兄那时已经考上了研究生，正春风得意呢，而我快毕业了，开始为未来的去向犯愁。

第二件事是我本科论文是宪文师直接指导的。大学时代，自己年少气盛，梦想成为司马迁式的史家，曾和室友编过一个小品段子，在班上表演，题目就叫“司马迁第二”。不仅如此，还很有点日后治国安邦之抱负，对贴近现实的中国近现代历史更为热衷。大学毕业论文即选择研究国民党理论家戴季陶，这个题目的选择是受宪文师课程的触发，也是由他指导我撰文。宪文师让我到他所管理的西南楼中国现代史教研室去看史料，当时我印象很深的是一套油印本的中国现代史资料，还有从港台书影印过来的戴季陶相关资料。那时，这些资料都是保密的，只能在教研室里翻阅，然后摘抄到卡片上。这篇论文写成之后，题为“论戴季陶主义”，手稿到现在我还保存着，上面还留有宪文师的批改手迹，虽然我的字写得很工整，但宪文师一直批评我的字写得太小，他难以辨识。

三、谁是“大师兄”

教师这个职业最成功、最得意，也最欣慰的事便是桃李满天下，宪文师对此可当之无愧矣。七十寿诞的时候，他收到的一条横幅上就写有“春风化雨”四个字。张门弟子济济一堂，仅博士就有 50 多个，除宪文师自己可以一个个叫出名字来，恐怕弟子之间也难以记识完全。

那么谁是宪文师入室最早的弟子，这可引得众多门生频起“争端”，平日聚会也喜欢论资排辈。红民、谦平两位师兄与我都想争此荣誉地位，乃至“闹”得要让宪文师作权威性的裁决，以平

"动乱",裁决地点就是溧阳的天目湖度假村。宪文师的裁决和他研究民国史一样极注意均衡哲学,他的裁决结果是:本科生中追随他最早的是谦平兄,硕士生中追随他最早的是红民兄,而博士生中追随他最早的是李继锋。"大佬"此言一出,"江湖"从此平静。谦平兄因此戏言:在张门弟子中,他自己是"本老大",红民兄是"硕老大",至于我,则是"博老大"。巧合的是,我们三人的本科毕业论文居然都是宪文师指导的!

据实而论,我们三人中,红民兄的际遇最为奇特,他无可置疑是民国史专业第一位硕士生,而且做门生做得像他那么风光的可谓前无古人后无来者。他的硕士毕业论文上论文导师一栏得填四个导师的大名,茅先生领衔,宪文师、姜平与杨振亚三位老师均列名其上。更叫人眼红的是,被宪文师尊称为"民国史研究的一面旗帜"的李新先生也垂青红民师兄的论文,从遥远的北京时时照拂,还不惮旅途遥远,亲来南京主持红民兄毕业论文的研讨。记得地点就在二档馆,我也在场,会上,"胡汉民"一词不知被提及多少回。那时的他真可谓集万般宠爱于一身。不过"婆婆"多了,恐怕也免不了相互"争风吃醋"的,想来这其中的甘苦只有"宠儿"兼"小媳妇"的红民兄最明白。

所谓大师兄之争随标准而异,只是有趣谈资而已,团队精神和学术成就才是最为宪文师看重的。每思及此,我常不自安,深惧自己这个"博老大"一直远离学术主流,有负恩师厚望,好在张门弟子优秀者比比皆是,令我的负疚感大为减缓。

四、宪文师成功之道解读

1983 年至 1986 年间我追随宪文师读硕士。毕业后去江苏省委党校工作三年,又于 1989 年至 1992 年间继续追随宪文师读博士。毕业之后复回省委党校任教,但始终未曾忘情于民国史。眼见民国史研究在宪文师等的大力推动下,已从"险学"变成"显学",南大民国史中心成为各方公认的学术重镇,深感快慰、自豪与羡慕。宪文师在中华民国史方面的成就中外同行皆知,但这种成就如何取得却是仁者见仁、智者见智,我也想在此说上几句个人之见。

宪文师治学思想的根本我以为并不神秘,一言以蔽之,就是笃守学术研究无禁区,但学术成果的质量须以史料是否准确可靠为准绳的基本信念。此种治学理念据我推测是宪文师在潜移默化中承继了中国的史学传统,特别是自觉不自觉地承续清代乾嘉学派注重考据学风之余韵。此种治学理念的形成与上世纪 50 年代至 70 年代的政治环境严苛有关,也和大陆史学与西方史学隔绝时间太久有关,当然也和宪文师的个人特质有关。所以我总以为,宪文师之学问并不深奥,而且易学,但恩师的坚韧意志与宽厚的胸襟等气质最难以企及。

据我 30 年的观察与理解,宪文师真正之强在下列数点。

其一,行事务实,不唱高调,注意理想与现实之间的均衡。寻常人瓜田李下,尚需避嫌,何况宪文师作为拓荒民国史的先锋,深知该领域雷区多多,需要稳健行事,尽量避免政治风险。他用的其实是“积小胜为大胜”的战略，拉长时间，拓宽空间，以一点一点的突破达成呈现真实民国史的终极目标。在别人眼中，他是勇气十足的先驱，而宪文师给我的印象却是老成持重、一步一个脚印的前趋。涉及重大历史人物或者历史事件的评价，宪文师必再三斟酌，寻求与官方共识度高的词语，这种研究模式和邓小平当年的改革套路颇有几分近似。

其二，理念上注重史料，且自己熟悉史料。读研究生期间，印象中宪文师绝少和我神聊史学理论，他敦促着我去看史料，比如民国史研究室自藏的资料、校图书馆的港台书、南京图书馆特藏部的史料，当然最好是去看二档馆的档案。至于汗牛充栋的文史资料的可靠性，他是很怀疑的。记得写硕士毕业论文的时候，宪文师让我远到北京去查资料，写上好几封亲笔信交给我，上面写明到哪里查，找谁联系，感觉像是诸葛亮给手下部将的锦囊，遇到险境时可以解开救急。北京之行，我到北京军事博物馆、中国社科院近代史所以及北京图书馆查阅史料，复印日本不少原版书中的资料，收获颇丰。那段时间，宪文师最喜欢我报告查阅史料有所收获的消息，每次听了都会眉开眼笑。

其三，专注学术，心无旁骛，执着坚定。宪文师多次有做高官的机会，但都婉言谢绝了。学术需要学人的自尊，他的决断是民国史之幸，也是他能达到今日之成就的大关键。我的妻子听我说起恩师的种种故事，曾笑问：民国史简直是你老师的“情人”，难道师母不吃醋吗？虽然只是戏言，但恩师对民国史之用情用心，几十年如一日，却是弟子们有目共睹的，也是激励大家专心向学的强大精神动力。

其四，注重团队协作研究。这个是宪文师取得今日成就的一大奥秘。从《中华民国史纲》到《抗日战争的正面战场》，再到南京大屠杀史料的收集与研究，直至如今正在展开的海峡两岸四地共写民国史的盛举，都是绝好的例证。这种凝聚海内外同行的巨大能量于一身，他的人格魅力与组织才能令人叹为观止，而这种凝聚力得自平素所做的点点滴滴。比如宪文师健谈，平易近人。有时我去他家，师生对坐，清茶一杯，可以听他滔滔不绝，神聊两三个小时，将学术圈内许多事情的原委一一道来，而我只需洗耳恭听即可。我还想起三年前寒冬的一个雨天，当时和宪文师从四方文化公司坐车返回，途中见到一个信筒，宪文师从他大衣口袋里掏出厚厚一叠明信片要下车，我见了就下车帮他放到邮筒里寄出。从此细节便可窥见先生一向待人诚恳，不忘旧情，方能赢得五湖四海的同行齐心协力，将民国研究推进到如此宏大的格局。

其五，特有的个人禀赋，那就是他的精力充沛。宪文师如今虽已届八十高龄，还主持多项大型学术项目，难免诸事缠身，别说我这样身体素不强健的人望而却步，就是有充沛体力的中年人也无法拥有与他相似的强悍意志。与宪文师接触这许多年，极少见过他疲倦的模样，或者听他喊过累，更不会听到他抱怨什么，真正能让宪文师动怒的一定是合作者做事拖沓，严重影响了团队工作的进度。读大革命时代广东的历史，得知鲍罗廷能以一个客卿而左右广东的政局，重要一点就是他精力过人。在精力远超常人这点上，宪文师与其颇为相似。后来，宪文师告知我们他曾是体操运动员，这个谜底算是半信半疑地解开了。为什么半信半疑，因为自我拜师门下，却未听说他老人家有什么锻炼身体的习惯。

五、恩师之厚爱没齿难忘

追随宪文师至今已整30年，恩师一直对我关爱有加，在此可举三事为例：

其一，论文选题给我充分的自由空间。

1985年硕士论文开题，我选择了抗日战争初期国民政府的军事战略这一课题。当时这个题目相当敏感，敢用“军事战略”这个层面的概念描述和解读国民政府抗战初期军事作为的极少，也就是余子道、王建朗等数位学人而已。宪文师并不因有政治风险而阻止我，而是抱着鼓励的态度，提示我用二档馆的档案、台湾的出版物和民国时代的文献作为写作的基本史料，而不受官方史书的拘束。这篇论文的写作奠定了我对抗日战争史持久的兴趣，一直到现在还热情不减。如果日后我还能写出一部有长久影响力的学术专著，那多半应该是在抗战史这个领域内。至于博士论文，我写的题目是“中国近代地方主义与省制的嬗变”，对此，红民兄曾评价我有点偏好“怪怪的”题目。其实我选这个题目是注意到中国地域文化的多样性、各地民风的差异性和现代国家整合的复杂性。所以至今我还是主张在推广普通话的同时，要注意爱护、尊重各地的方言。宪文师当时提醒我这个题目时间跨度太大，时间上从晚清写到民国，难以把握；空间上涉及众多地域，而概念的界定上也颇有难度。但我坚持要写这个题目，宪文师还是首肯了。但后来写作时，发现遇到的困难很多，论文差点变成“烂尾楼”，自然论文水准远没有能够达到自己最初的设想。事后颇为后悔没有早听宪文师的忠告，但依旧感念宪文师力行学术自由、尊重学生意志的大家风度。

其二，宪文师曾经三次要留我在南大任教。

第一次是硕士毕业的时候，宪文师要我留校，我当时正在热恋中，他建议我回故乡问女朋友的意见。因考虑到南大住房的困难和女朋友调动的问题，我早就决定不留南大，而去省委党校任职，所谓征求意见只是虚应故事而已，宪文师因此常笑我是“爱情至上”。俗话说，失之东隅，收之桑榆。后来我妻子成为南京市政协委员，多次为保护南京民国遗址出力，促成了中山铜像回迁新街口、修缮辛亥志士范鸿仙墓、保护三青团的牌楼等事宜，期间宪文师也曾多次帮助筹划。第二次宪文师要留我是1992年博士毕业的时候。但因定向的关系，需要我向南大交纳1.8万人民币，但当时我无力，也不愿缴纳这笔钱，此事又未成。第三次是两年后，宪文师帮我联系到政治学系，一切已经谈妥，但按程序需要试讲，我当时心高气傲，不愿试讲，结果再次辜负了恩师的美意。

其三，宪文师劝导我回归学术正途。

记得2011年，中新社记者采访我，写了专访登载在北美出版的侨报上，称我在共产党的党校，却依旧热衷民国的历史；作为正途出生的研究者，却倾情于历史纪录片。至今我参与主创的与民国有关的历史纪录片已近30部，耗费了大量的时间与精力，但自己觉得能用电视书写民国史也是创新，影响力颇大，难免自得其乐。前不久，红民兄曾向人介绍我：继锋是学术界最懂电视的，电视界最懂学术的。我只能苦笑，称他是骂人不吐脏字。其实红民兄与我相知甚深，他说的近乎实情。宪文师也一直担忧我的处境，提醒我所选择的路，在党校已非主流，在学术界也是非主流，这样长久下去会成为道地的边缘人物，屡屡劝导我不要剑走偏锋，而应早归学术正途。

凡此种种，愚钝如我，也深知恩师对我关爱之深之厚，而自愧难以报师恩于万一也！

而今宪文师年届八十，背负的学术使命逐次完成，可谓已臻人生化境，但迄今仍勤勉著述，不稍懈怠。作为一个平庸的门生，我无其他长处，只想来日里勤能补拙，完成一两部自己能够满意也能让宪文师认可的民国史著作，此生便无憾矣。

谨以此愿献于恩师八十寿诞。恭祝恩师与师母幸福安康。

2013年8月22日　凌晨

师恩如甘露　羽化以成蝶

——恭祝张老师八秩寿辰

李建军

张老师是民国史研究方面的名家，我因为喜欢民国史的关系，得以结识张老师，有了这段与张老师相识相契的值得珍藏的记忆。

张老师为人谦和，但是在学术上对学生的要求很严格。1998年秋季入学不久，张老师就把国家社科基金项目“中华民国史”的一章交给我来写。刚进门不久即接受如此重要项目的写作，当然不敢怠慢马虎。时间紧，要求高，我课业之外的所有时间都用到这章文字的写作上了。

这部分内容是关于五四前后的历史的，题目为“新思潮新势力的勃兴”。写这章的过程其实非常辛苦，因为我不想把它写得像过去看过的一般教科书所展现的那样，而是尽量接近历史真实，尽量理性地评述那段历史，不被过去的前人之见所主导。

历史的写作首先是一个搜集历史资料的过程，历史资料搜集基本齐全了，文章也就基本定型了。为了比较真实全面地反映这段言人人殊的历史，我花费了相当的时间搜集港台以及海外人的回忆资料和研究成果，对于此时各种思潮和历史事件都尽量提出自己的看法，尽量避免落入俗套。2005年，此四卷本的《中华民国史》得以出版，受到社会的好评，很快即重印，这在学术界是比较少见的。值得欣慰的是，虽然十多年过去了，其中的观点还是站得住脚的。

选择胡适思想作为博士论文题目是思考很久才做的决定。因为硕士论文研究的是蒋廷黻先生，蒋廷黻与胡适有相当的交往，而且发生过碰撞。这是我熟悉胡适思想的初步。而写张老师交给的这章内容为我以后博士论文的写作进一步打下了基础。

写五四前后的思想，胡适是个绕不开的话题。不仅如此，胡适还是其中的中心人物。因为在这章的写作过程中，硕士期间兴趣中的胡适的形象越来越复杂，也越来越清晰了。拨开历史的迷雾，一个和而不同、温文尔雅的胡适形象栩栩如生地展现在我的面前，其政治思想的面向也一一呈现出来。历史学的责任就在于尽量展现历史的真实，我觉得我有责任真实地呈现这段历史。该章内容的写作，成为我选择研究胡适政治思想的一个重要的契机，也对于我最终决定研究胡适的政治思想起到了极为重要的作用。

选胡适政治思想作为研究题目是我自己决定的。张老师最初有些顾虑，因为研究胡适这样的大家不容易，我们这代的学术积累与背景不足以支撑起对于胡适思想的研究；另外就是胡适当时还是个有些敏感的话题，其政治思想更是不容易进行客观评析。张老师开始希望我还研究蒋廷黻，从现代化的角度讲，蒋廷黻是一位有必要进一步研究的人物。但是我那时已经对胡适思想发生了很大的兴趣，张老师给予了相当的理解，同时希望我研究胡适 1937 年以前的思想。在具体的研究过程中，我没有遵守与张老师的约定，把胡适的思想贯穿了起来，张老师也不以为忤，反而给予了理解与支持，这是我应该向张老师深表谢意的。因为张老师的理解与宽容，使我得以研究胡适并且坚持了下来。

胡适是个绕不开的话题，不仅如此，中国要进一步发展，胡适所坚持的人文政治理念也是中国发展过程中绕不开的。不以成败论英雄，这并不是因为胡适本人如何高明，如何了不起，而只是胡适发现和坚持了人类社会发展的大方向。这是我多年研究胡适的基本心得。

特别令我感动的是，2011 年胡适诞辰 120 周年之际，胡适研究会和母校中华民国史研究中心合办了纪念胡适先生诞辰 120 周年的国际学术研讨会，我也受邀与会。重返阔别十年整的母校，激动的心情无法言表。这里是我羽化成蝶的地方，是我思想成熟、心胸得以开阔的地方，让我如何不激动，让我如何不想她。有的时候，对自己越重要的东西，越不敢去触碰，怕因此改变了印象，伤了脆弱的自己。

尤其令我感动的是，又见到了十年没有见面且中间疏于联系的恩师。叙别后离情，不知不觉就泪流满面了。2012 年张老师到北京来开会，作为弟子，有幸招待了张老师一行。那时真是太高兴了，性情中的我喝得酩酊大醉，第二天一整天头都昏昏沉沉的。爱人说 3 斤 50 多度的白酒我喝了至少一半，我虽然不承认，但也无以为辩。爱人还说我醉酒中还吹牛说大话，从来不知道我还有这一面。可爱的女儿看爸爸烂醉如泥，心疼得不得了，和妈妈请邻居帮忙把爸爸搀回家里。

有的时候，过来了，记忆就会沉睡，很多东西就会忘记。前不久因为搬家的原因，把张老师过去讲课的笔记拿出来重读，发现自己的很多想法都是在上课的过程中产生的，有些是被上课的内容激发的，有些则是受张老师和一起上课的同门师兄弟、师姐妹发言的启发。学术活动真不只是个人的，而是来自不同的范围的碰撞，当然其中很大一部分是导师带给的。

改革开放以来，中国的学术研究在不断突破各种各样的禁区的过程中艰难前行，中华民国史研究更是一个不断突破禁区的过程。张老师的学术研究也充满坎坷，学术勇气可圈可点，令人称道。《中华民国史纲》是中国大陆出版的第一部完整的中华民国史著作，不仅填补了中华民国史研究的空白，其中的很多观点至今也不过时，但在当时都是突破。

张老师上课的方式是颇具特色的。研究生制度是德国始创的一种培养高级学术人才的制度，后在美国大学被推广，成为世界大学高级研究人员培养的模式。张老师在教学过程中自觉运用这种教学模式，不对学生进行任何灌输与填鸭，而是让学生多发表自己的读书心得，并且让学生之间进行评论，而张老师并不下定论，只是针对所讲题目进行学术史的梳理，使学生对于该段历史的研究过程有一个清晰的认识。不要小视这看似无关紧要的教学模式，它蕴涵着现代教育的精髓。

张老师治学是严谨的。张老师常对他的弟子们说："板凳要坐十年冷。"没有这样的毅力，是做不好学问的。十多年下来，真切地感到这句话的分量。张老师做学问，冷板凳坐了不止十年，而是一辈子。在一个以官文化为中心的社会，坐冷板凳式的做学问是一项崇高的事业，没有对学问的执着和信念，是坚持不下去的。有时候，压力可以令人改变方向，而更多的则是诱惑使人中途放弃甚至转向。张老师面对过压力，也经受过诱惑，但是张老师没有改变，坚持为学术做贡献，而且坚持了一辈子。作为学生，总有一种虽不能至，心向往之的感觉。

恭贺恩师八旬华诞

刘慧宇

韩愈说:“古之学者必有师。”虽为今人,自忖属学者流,故素以投门拜师为人生要事。蒙天赐厚爱,1994年秋初,荣幸拜投于张门,仰之如圣,于今已十又九年矣,举凡为人、习文、做事,自以恩师为学范。期间师恩涓涓,润泽心田,不胜回味。

1997年暑中,捧博士学位证书,奉恩师家传,远行闽地榕城,安家立业。但凡所遇大事、要事、难事、惑事,无不向恩师求津问道,每每诲之不倦,谆谆教导,慈爱绵绵。然身为弟子辈,鲜少尽孝,自毕业至今,未必年年拜望,又浑浑然忙于工作家事,亦少有电话请安。曾多次筹划迎奉恩师及师母莅榕垂训,并赐报恩之机,终未偿愿。偶尔闪念,劳心劳力耕耘于学术之林,权作报答师恩?然无论如何,抚今追昔,憾愧难言。

今年五月下旬,台湾卓教授遵宏先生访闽,专程拨冗赐教所酝酿之钱币展览事宜。卓先生乃恩师故旧友人,在榕五日,凡有可能尽愿相陪。尤谢卓先生,不仅在于其倾心示教,还在于恩赐机遇得报偿其恩德以点滴,更在于使我不觉间移情,恍惚中竟以恩师待之。相谈中常常共同追忆早年恩师举办民国史学术会议之盛况,于是思绪便飞跃时空,停泊在恩师左右,以慰愧疚并思念之心。

自八十年代以来,中华民国史学术讨论会的影响范围日益广泛,莅会学者如云。凡举办会议,从会务安排到讨论设计,从与会者抵达迎候到离会送行,恩师必亲自过问,细致入微,迎送之际定守候会场或住所,晨昏不论。会议期间或在其后,每遇求助的学人们,无一不予热情相助。有时百余人规模会议,高朋嘉宾,应接不暇,但凡老友故知到会,仍必亲自相迎相送,甚至数次出入,往返奔波。自五十几岁到七十几岁,其风格岁岁如斯。看似小事,却传扬出恩师尊重学术、尊重学人的精神风范和亲善待人的品德天性。近十年来,恩师以古稀之年带领后生子弟,集聚精英才俊,开疆拓野,在中华民国史、抗日战争史研究领域纵横驰骋,硕果累累。特别是荟萃海峡两岸学界英华,创新民国史研究园地,大有老骥伏枥、志在千里之气势。

在恩师的学术研究大军中,卓先生是一员猛将,我也是马前士卒,所以与卓先生有很多共同话语,这成为我的奢侈享受。而且,当面对卓先生,我禁不住开启记忆闸门,追溯当年执着于张门的因缘,以及在日后事业发展中恩师的殷切关怀,分享入学时恩师在生活上的关照,以及随后的授课研讨感受,甚至当初选择中央银行史研究时的情境就在眼前,恩师的指导与鼓励回响于耳畔……可以说，因为卓先生，我又一次在精神世界里重温了昔日追随恩师求学问道的美好时光。

送别卓先生时，在怅然中也告别了回忆中的恩师。其实我自知，多年来寄情的祈愿，就是想请恩师与师母亲临我所生活和工作的环境，让我以恳恳孝心聊以报答恩师洪恩之点滴，却总不能如愿，于是自然而然将恩师的友人视为恩师本身。从他们那里我能重温恩师的音容笑貌，我能尽情在回味中重寻昔日受教时恩师的关爱和勉励，我能因此更加催促自己在学术的辽阔原野上策马扬鞭奋蹄……

癸巳盛年，恰逢恩师八旬华诞。感念恩师以其学问才识倾尽心血栽培，愧无以为报，谨以此文恭肃遥叩，祝愿恩师福星高照，春晖永绽！

师道弥远　师恩永恒

刘孟信

我是1990年考入恩师门下的硕士研究生。当时,恩师除承担日常繁杂事务外,以大量精力擘画本学科的发展方向,领率本学科的学术著述,推动国内外学术交流,工作之繁忙超越常人。恩师对我关爱有加,使我感念终生。

一

我是1986年从山东大学历史系分配到军事院校工作的。尽管在单位拳打脚踢,做了一点工作,但整体素质亏欠很多。正是读研期间,恩师对我的无私帮助,才使我逐渐成长起来。

例如,我考研那会儿,南大历史系还和政治系联合招生。马洪武老师,实际也是我恩师之一,因为我来自军校,就坚持让我读根据地的研究方向。我知道这也是对我的关心和厚爱,实际上一直到现在,马老师也都对我关爱有加,每次学术讨论会定然发通知给我。即使我极少参加他学会的活动,也依然让我做学会理事。但当时我想,自己是奔着民国史来的,让我读根据地史实在没有思想准备。权衡再三,我给张老师打了一个电话。恩师问:“选择读民国史,你确定吗?”我回答:“确定。”恩师说:“那好!”后经恩师多方协调,事情才得以敲定下来。可以说,在当时情况下,没有恩师的鼎力支持,估计我很难读得成民国史。

例如,当时张玉法院士曾组织编写《民国山东通志》。因种种原因,我得知消息比较晚。等我找到恩师时,绝大多数题目的人选都已确定下来了。看此情况,恩师说:“想做哪个,你自己挑吧。”当时我不知深浅,随意挑了《家族志》一章。见此情景,恩师提醒我:“家族志可不是那么好写啊。”我还顺口回道:“没事。”恩师便说:“那就好。”印象中,正是从这一刻起,我才得以第一次有机会接触真正的科研项目。以后,尽管为搜集资料,我几乎跑遍了山东的绝大部分区市,取道连云港回徐州时,兜里已经没有多少钱,吃饭还是买车票,只能选其一。撰稿时,正值盛夏,高温加蚊虫叮咬,条件十分艰苦。但回过头来看,正是这个项目,使我开阔了视野,经受了锻炼,增强了自信,开始摸到了一点历史工作的门径。

再例如,毕业前撰写硕士论文的过程中,尽管恩师依然十分忙碌,但从我确定选题、敲定框架,到修改定稿,恩师始终亲予指导,鼓励有加。实际上,自己平时表现怎么样,论文做得怎么样,心里也大略有数。可答辩过程中,张老师作为导师介绍情况时,只是微笑着说了一句:“刘孟信比较聪明，就是不肯用功。”这对于我，是批评，更是鼓励。尤其恩师十分谦逊地告诉诸位老师：“我事情比较多，没有时间管他们，论文质量请你们把关。”一派大师作风，使我既感动又惭愧。也就是从这一刻起，我才开始懂得了怎样去做一个老师。

二

虽然我只是恩师的硕士研究生，但以我的体会，只要是自己的学生，恩师从来都是一体眷顾，恩师的为学之道尤其使我受益终身。

比如，我入学时，正是《中华民国史纲》已出版，《中华民国史大辞典》和《中华民国史丛书》陆续编辑出版的时候。这些著述在学术史上的卓越地位，早有定论，作为学生的我不必多言。实际上，硕士毕业后，我从事的也并非民国史的教学与研究工作。但当时恩师倡导并躬身实践的，带领众师生标定研究领域、占领学术高地的做法，给我留下了深刻印象，至今依然是我学习的榜样。毕业以后的实际工作中，我也正是按照这个思路，才逐渐确定了适合自己的学术领域，并得到了领导、机关和同行的认可。

比如，从在山大上学开始，我就认定学术研究主要是个人的事情，靠的是“单打独斗”。按照通俗的说法，这就像“种自留地”，自种自收，互不干涉。针对这一点，恩师授课期间，曾多次告诫我们，任何事情，仅靠一个人的力量都是不够的，必须要有一群人、一个团队，只有这样才能水涨船高，把事做成。不仅如此，在实际工作中，即使到了70多岁高龄，恩师依然率先垂范，坚持站在民国史研究的最前沿。在我看来，恩师所以能将南京大学民国史研究带到了今天的辉煌局面，靠的也就是这种观念和作风。回顾自己的经历，我也正是借着从恩师身上学来的这一观念和作风，才得以能为单位、大家和自己做出点什么。

再比如，作为上世纪80年代初的大学生，我是在反思的大环境中成长起来的。当时，受改革开放影响，“语不惊人死不休”，已经开始成为许多人著书立说、传道授业的基本信条。可事实上，仅凭这一点是远远不够的。尤其“一切历史都是当代史”，单纯强调这一点，搞不好会吃大亏。但这个尺度究竟怎么把握，我始终心里没底。南大读书期间，恩师反复强调一句话，这就是：“学术研究必须进一步退半步。”正是恩师的提醒使我豁然开朗。的确，离开对历史价值的正确把握，对现实环境的深刻理解，只顾证明自己，标榜自己，不仅是有害的，而且必然是孤独的，更不可能成就什么大事。尽管我只是历史领域的初学者，很可能也做不了什么大事，但恩师的教诲使我受益无穷。我想这才是为学、为师之大道。

三

回顾20年前，我攻读硕士研究生期间，正值率性轻狂之际。尽管一度被任命为所在年级的研究生班长，但有段时间个性过于张扬，一定程度上可说是辜负了恩师的信任，可恩师始终对我十分关心。

比如，起初我是怀着朝圣的心情，以非民国史不学的态度投入恩师门下的，因此，一度学习十分努力，有段时间还经常到南平房通宵“开夜车”自习。恩师得知情况，总是告诫我“要注意身体，适当休息”。我在本科大学毕业前夕，到山东昌邑县作华侨史调查时，更学上了抽烟的坏毛病。到南大上学后，因为毕竟年轻，感觉抽烟不仅不是毛病，而且是自己身份和价值的体现，加上个人收入相对较高，又脱离了家庭约束，一度烟量很大，每天要抽一包多。起初恩师每次碰到我抽烟，都严肃予以批评。后来，大概知道我已冥顽不化，每次到恩师家里，恩师就一边给我准备烟灰缸，一面劝我少抽。虽然至今我也没能把烟戒掉，但恩师的话时时萦绕在耳边，使我终生难忘。

比如，入学后不久，恩师就专门找我谈话，严肃地正告我：“刘孟信，你工作单位比较小，恐怕将来发展受限。”言下之意，希望我毕业后，能转到平台更大一些的单位，比如南京政治学院或者国防大学工作。可惜，当时年少轻狂，一心想按照自己的意见选择毕业去向。心想，这些单位固然空间很大，但未必是清净之地，能留在徐州做一点自己想做的事情也就满足了，加上家里也是这个意思，就始终没有真正把恩师的话放在心上。毕业前夕，恩师甚至还一度主动提出帮我联系国防大学。但看我依然是一副无所谓的态度，事情最终也就不了了之了。虽然恩师当时没能点醒我，但对我的关心，令我至今难忘。

再比如，入学后的一段时间，由于感觉基础比较好，年龄比较大，又经历过部队锻炼，并且还是 1990 级研究生班班长，相率以“老同志”自居。某个时间里，甚至几乎放弃了下午和晚上的自习时间，专门召集同学在宿舍里打牌，喝五吆六，完全没有将校规校纪放在眼里。周末，还将同学们带到玄武湖郊游，自己却不假回徐。以后一段时间，类似的事情甚至成了常态，其中有些事情还影响到了恩师的正常工作。可面对类似情形，恩师始终以宽厚之心待我，责而不罚，甚至没有当面批评过我，更没有因此把我另当看待。恩师的宽厚与仁慈，至今使我感念不已。

我毕业至今已经整 20 年了。20 年来，自己虽然身处异地，拜望恩师的机会少了，可在学生心目中，恩师的形象益加清越、风范益加高大、气派益加恢弘，越来越焕发出大道弥新的光辉。值此八十华诞之际，学生恭祝恩师身体健康！

记忆中恩师的十道"考题"

娄胜华

时光荏苒，不知不觉离开南京已近十年，然而，在接到恩师八十寿辰祝庆通知那一刻，往日在恩师身边求教之旧事一幕幕地在脑际浮现，无比清晰。

记得当初投到恩师门下读博士时，初进南大历史系，留下深刻印象的是那幅悬挂在民国史研究中心会议室内的孙中山画像。挂一幅孙中山画像，也许在台湾是不足为奇的。可是，在大陆，我相信，挂孙中山先生画像的会议室应该是很少的。后来，我与其他同门正是在孙中山先生的"注视"下，聆听恩师讲课，就不同专题进行讨论，甚至辩论，一直到博士论文答辩。细想起来，我整个博士阶段的学业就是在两个人的注视下完成的，一个在天上，一个在人间，人间的导师传授着天上领袖之精神与思想，引导与激励我们时而仰望天空，时而俯视大地……

博士毕业后，我从南京来到澳门工作，实际上，是从一个有着浓郁中山文化气息的城市来到另一个浸润着中山文化的地区，从一个博爱包容之都来到另一个和谐宽容之地。周遭许多相似的人事与景物令我不时回想起那些年在恩师身边受业时的往事，其中，印象深刻的那些教导与往事大多记录在恩师七十寿辰时的感言《张导十问》里，现在重新整理当时的感言，并以老师与学生之间最习以为常的沟通方式，即考试问答式抄录出来，以供大家填答分享，同时，一并附上本人自拟的参考答案，方便同门核对。如果有未答全的，还特别留了空，请诸同门填上自认为正确的答案。

第一题：恩师最爱说的一句话（口头禅）是什么？

答案一：一篇博士论文奠定一个学者一生的学术基础，这个话，我已讲过多遍，不管你们爱不爱听，也许你们耳朵听出老茧来了，可是我还是要讲！

答案二：毕业后就是想做官，也要先在学校里把学问做好。无论是做官，还是从学，最重要的是做人。那些学术水平再高，可从来不愿意为学术团队付出的人，我们坚决不留。

答案三：做学问不能学冬天里种田的农民，醒来早，起床迟。（我理解恩师所言之意，做学问，既要有敏锐的思想，也要有迅速的行动，知行合一，方能成就学业。）

答案四：……

第二题：恩师最开心（得意）的事是什么？

答案一：南大民国史研究中心被评为教育部百所人文社科重点研究基地。

答案二：关门弟子竟然是自己的同龄人。

答案三：作演讲报告时，场面总是爆满。

答案四：某次学术会上，一位圈中名人向恩师推荐某君新著，很是器重其中的新见解。问恩师意见，恩师笑而不答。该名人疑惑不解，当日，请南大另一与会老师解其惑，原来该君推荐的那本新著作者乃是恩师的嫡传弟子！

答案：2001年，江苏省委宣传部外宣办准备到美国举办一个有关南京大屠杀史实的展览，我与张玉龙一起被恩师派去撰写部分供领导用的文稿。一日，省委宣传部召恩师、本人及张玉龙前往会议。待恩师及我等三人落座后，外宣办某领导并不着急开会，而是让我们再等一下另外一位专家，当时，我猜会是哪一位大牌专家呢，等了十几分钟，大牌专家终于来了，原来是张连红师兄。我瞅了一眼恩师，他居然未有恼怒，反而有些得意的样子。

答案六：……

第三题：恩师最讨厌（不满）的事是什么？

答案一：召集会议时，学生无故迟到。

答案二：上课时，学生一言不发。

答案三：……

第四题：恩师最爱听的话（消息）是什么？

答案一：某某学生已经在“二档”抄了半年的档案！（据传闻，自从恩师表扬了某君半年来一直在“二档”抄录档案的行为后，有一位同门尽管其所做论文选题与“二档”收藏档案并无直接关联，却也跑去“二档”猫了一个礼拜，还有意无意地让恩师知道他也在“二档”“抄档案”，指望博得恩师表扬。可是，恩师在得知情况后，问他，你老是猫在“二档”干吗！那里又没有你要的材料！）

答案二：某门生的博士论文获得教育部百篇优秀博士论文了。

答案三：……

第五题：恩师最乐意做的事是什么？

答案一：为弟子出版专著免费写序。

答案二：……

第六题:恩师最得意的个人专著是哪本?

答案一:《中华民国史纲》。为什么恩师著作等身,却最看重《中华民国史纲》呢?有人说,在当时,那本书的装帧是最讲究的。也有人说,《史纲》的内容经得起历史检验与学术推敲,注释逐条核对过,不怕别人挑错。有不以为然者,有意想从中挑出错误,结果,自讨苦吃,枉费气力!还有人说,那本书在国内创下了多项第一,如国内第一个提出"中华民国史"的概念,国内第一本中华民国史著作,等等。可是,据我所知,虽然上述所言非虚,均为事实,然而,真正让恩师高兴的是,因为李新先生在书中称恩师为"青年学者!"

答案二:……

第七题:恩师一生中最不后悔的事是什么?

答案一:当年组织上有意安排恩师出任某著名档案馆馆长之职,尽管当馆长有小车坐(当年,小车是很稀罕的,不是今天,坐上小车也堵得慌),恩师硬是没动心,否则,南京城里可能多一个张姓官员,而中国的史学界却少了一位史学大师了,再说,也就不可能有现在师生相聚、济济一堂的风景了!

答案二:……

第八题:恩师最不乐意(擅长)的事是什么?或者说,最苦恼的事是什么?

答案一:每年报考其博士的人太多,不知道该录取谁。

答案二:不喜唱卡拉 OK、跳 disco。(我亲眼看见,三位女弟子都无法把恩师"拉下水"。)

答案三:……

第九题:恩师最遗憾的事是什么?

答案一:南京大学的中国近现代史学科竟然没有被评上全国重点学科。为此,素来儒雅的恩师曾不止一次语带愤懑地反问,难道我们还不如某某学校?!

答案二:……

第十题:恩师最得意的弟子是哪几位?

答案一:有人说是"CC"。可是,说实在的,我心存疑惑,不是说"二陈"的学术成就不大,而是在我记忆中,对弟子要求严格的恩师不是一位轻易夸耀自己弟子的人,当然,对于认真刻苦有成果的弟子,恩师也还是不吝啬鼓励的。不过,印象中,得到恩师勉励的似乎不是"CC"那样的类别。

或者，我记错了？那是为什么呢？我知道，这是一个不适宜祝寿场合的问题。可是，站在恩师弟子的立场，又有哪一位不想让恩师得意呢？

答案二：……

有人说，恩师考试从来不会出这么多道题。这个嘛，我也清楚，其实，即使再多十题，也说不完记忆中的恩师往事。为免出题太多，不公平地占用读者太多时间，姑且先出十题，记录本人就读时的观察，至于后面的题目则要请师弟师妹们来踊跃增补了。

莫道桑榆晚　为霞尚满天

吕　晶

我自2005年来到南京大学中华民国史研究中心，就一直在张老师身边工作学习。常年的耳濡目染，使我对张老师充满敬意。今年6月，我为张老师撰写了一篇纪实报道。今以此篇作为我多年来对老师的体认和景仰，祝愿老师寿比南山，福如东海。

2013年，对于张老师来说，又是一个丰收年。春节之时，江苏省委省政府授予他首届“江苏社科名家”的称号。五一劳动节之际，张老师荣获中华全国总工会授予的“全国五一劳动奖章”。

张宪文教授1934年10月出生于山东省泰安县。1954年考入南京大学历史系本科。1958年毕业，留校任教至今。曾担任历史系主任、历史研究所所长、国家教育部高等学校历史学科指导委员会委员。现担任教育部重点研究基地中华民国史研究中心主任，南京大屠杀史研究所所长，校级资深教授、博士生导师，并兼任中国史学会理事、中国现代史学会名誉会长、中国近现代史史料学学会名誉会长、南京历史学会名誉会长、南京中华民国史研究会名誉会长、南京档案学会名誉理事长等职。

过去的半个多世纪，张教授一直在教书、治学、育人、建设等方面躬行实践，足见其“毅志金可镂，多闻道不穷；精勤为学业，终达妙高峰”的境界。

一、领军拓荒：开拓中华民国史研究

中华民族有着悠久的历史文化，几千年的文明得以世代传承的重要原因就是后代重视修前朝的历史，这已成为中华文明的优良传统。新中国成立以来，毛泽东、周恩来、董必武等同志曾多次提出编写中华民国史的号召。由于后来的阶级斗争和“文化大革命”，民国史研究还没开始就停了下来。艰苦的学术环境并未动摇张宪文教授治学的信念，他巧妙地找到了一条“中间路线”，即做两手准备——一手研究中共党史，另一手则着手研究民国人物。正是有了这样的准备，张宪文教授在“文革”结束后，成为了民国史研究的先锋。

1978年，在十一届三中全会召开前两个月的中央工作会议上，为彭德怀等蒙冤受难的“老革命”们平反的工作起步，张宪文教授也随之开始调整工作。到了1979年，他就一心一意投入到中华民国史的研究中。1983年，南京大学历史研究所成立中华民国史研究室，同年他率先在全国高校里招收民国史方向的研究生。由于没有适合学生的民国史专业教材，张教授有了编一套简明中华民国史的打算。然而，当时北京地区的多数民国史专家认为时机还不成熟。张教授思虑再三，敢为人先，决定与南京地区的学者一起来编。1985年，张宪文主编的《中华民国史纲》在河南人民出版社出版，立即轰动了海内外，《人民日报》、《光明日报》、《文汇报》、《团结报》、《中国日报》、《瞭望》等中央、省市媒体作了大量报道，台北的《中央日报》发头版头条评论，还吸引了美联社的记者前来采访。正是这部新中国成立以来第一本系统研究民国史的学术著作，奠定了张教授在民国史研究开拓者的地位。

同一时期，张教授及其弟子发表了国内第一篇介绍抗日战争正面战场的论文《简论台儿庄战役》和出版了第一部研究抗战正面战场的著作《抗日战争的正面战场》，对当时国内的抗日战争史乃至民国史的研究，起到了巨大的推动作用。

随着研究的深入，张教授开始联合兄弟单位合作召开中华民国史学术讨论会，从1984年到2010年，一共举办六次。海内外学者在会上切磋交流，盛况空前。目前该讨论会已经成为民国史学科级别最高的会议之一。而在与海外交流中，尤其是两岸的互动往来中，民国史研究发展迅速，渐趋转热，逐渐成为“显学”。与此同时，张教授开始着手编著一部全面的、完整的《中华民国史》，把《史纲》中的研究未走完的“半步”走下去。2006年，张教授带领的学术团队以“新思路、新观点、新体系”编纂完成四卷本《中华民国史》。此书积十年之功，运用现代化的理论，提出了较为符合民国历史实际的学科体系和框架结构，并在许多重大历史问题、历史事件的认识上提出了新的观点，纠正了过去一些不恰当和不够准确的观念和说法。国家社科规划办公室2006年成果验收报告时，评价此书“是一部规模宏大、学术性强、有历史厚重感的研究成果，也是目前已出版的最为完整的民国通史”。

二、艰难探索：深入南京大屠杀史研究

中日关系自1972年两国邦交正常化以来，取得了长足发展，但并非一帆风顺。20世纪80年代，日本右翼在教科书中否认侵华战争，把“侵略”说成“进入”，曲解战争性质，矢口否认南京大屠杀的存在，公开宣称南京大屠杀是中国人捏造的谎言。为了揭示历史真相，教育中日两国人民特别是年轻一代，中国学者开始了南京大屠杀史实的研究，一大批研究成果先后问世。2000年，张教授接受中国社会科学院中日研究中心的委托，主持南京大屠杀史料搜集工作。十年间，在他的组织下，南京师范大学、江苏省社科院、江苏省行政学院、中国第二历史档案馆、南京市档案馆等高校、档案机构与南京大学携手合作。搜集工作的过程是艰苦的，课题组老师亲赴中国大陆与台湾地区，以及日本、美国、英国、德国、丹麦等国家，收集第一手史料，并在俄罗斯、意大利、法国等国学者的帮助与参与下，尽最大可能发掘有关日军南京大屠杀的史料和证据；同时，动员并组织

南京地区多所高校的大学生在暑期挨家挨户对南京大屠杀幸存者进行抢救性的口述记录。搜集工作的结果也是令人欣喜的，学者收集到关于加害方（日本）、受害方（中国）、第三方（西方国家）约5000万字的史料。经过翻译、整理、编辑，形成了72册约4000万字的《南京大屠杀史料集》，主要内容有：日本官兵日记、军方文件，国民政府调查南京大屠杀的资料，欧美等西方国家的外交文件和当时在南京的传教士、医生、记者等的日记、书信、回忆录和新闻报道。可以说，《史料集》首次以史料的形式表述了南京大屠杀的历史，为南京大屠杀研究做了奠基性的工作。《史料集》出版以后，在海内外产生了重大的政治和学术影响。《史料集》不仅展示了日本实施南京大屠杀的铁证，沉重打击了日本右翼势力，批判了其谬论，还引起国内外100多家媒体的关注，推动了国内外媒体进行深入报道。此外，日本外务省指派驻上海总领事馆副总领事和军方代表来南京大学采访。教育部专家组在检查南京大学"211工程"时，称该书是继《实践是检验真理的唯一标准》文章之后作出的又一大贡献。

紧接着，张教授率领"南京大屠杀"研究团队再接再厉，历时三年，以《史料集》所提供的真实、全面、完整的史料为基础，撰写了《南京大屠杀全史》，向全世界传达中国学者对南京大屠杀的基本认识和观点。2012年12月，《全史》在北京举行首发式。时任新闻出版总署副署长的邬书林、中国社会科学院原副院长朱佳木、中共中央党史研究室副主任李忠杰、中国社会科学院学部委员张海鹏、国防大学何理等知名专家、学者出席了发布会。大家都对此书的编撰出版给予了高度评价。学术道路是无止境的，中文的《全史》出版了，接下来应该让世界人民了解中国学者对南京大屠杀史的研究。目前，已开始准备英、日文版《全史》的翻译了。

"寻找、挖掘历史史实和真相，并坚持真理，是每一个历史学者应有的学术品德和责任。"这正是以张教授为代表的历史学者的职业操守。

三、呕心沥血：民国史研究中心的建设

1993年，南京大学中华民国史研究中心正式成立。这是一个开放性的学术研究机构，海内外50多位民国史研究的知名学者受聘担任客座教授，2000年成为教育部人文社会科学重点研究基地。

如今，张宪文教授还一如既往地到办公室办公。其实，即便是寒暑假抑或节假日，只要中心有任务，张老师便不会休息。他总是亲力亲为，和大家同甘共苦。作为中心主任，张教授为中心的建立、发展、壮大竭尽全力，奉献了全部的心血与智慧。

在张教授的领导下，中心的发展始终坚持现代性、国际化的思路，强调国际间的合作交流。张教授以身作则，不断与海内外学者朋友建立、发展、保持良好的合作关系，积极扩大中心的影响，努力提高中心在国际上的学术地位。

在研究实践中，张教授创造的“名师＋团队”模式，改变了过去学术研究“单打独斗”的状态。他聘请校内外的著名史学家担任学术委员，组织校内外的中青年研究学者一起搭建学术航母，不仅使领军人物作用最大限度地得到发挥，中青年学者也得到锻炼和成长。在这样的模式运作下，不仅涌现出精品成果，还练就了一支支学科队伍。

在张教授的带领下，中心在30年间，取得了诸多成绩。2010年5月，中心更是在教育部组织的151所重点研究基地第二次评估中获得“优秀”。其中，在本学术片总分和发展指标排名第一、成果指标排名第二、标志性成果排名第三。2008年7月，由中心成员组成的“民国史研究”团队获得“南京大学文科优秀学术团队”称号。

张宪文教授也因其享誉海内外的学术成就和对基地建设的贡献，在2009年8月4日至10日，受党中央、国务院邀请，作为新中国成立60年以来各个时期各个领域创新创业创优60名优秀人才代表之一赴北戴河进行暑期休假活动。

四、桃李芬芳：“南京学派”的形成与传承

2002年秋天，台湾政治大学历史研究所前所长林能士教授在学术演讲中明确提出，在中华民国史研究领域有一个“南京学派”。2006年10月，台北中研院近代史研究所和中国近代史学会举行“如何看‘南京观点’的中华民国史学术座谈会”。这里说的“南京学派”和“南京观点”都是指由张宪文领军的中华民国史研究学派。可以说，“南京学派”不仅包括南京地区学术机构的学者，还包括在南京接受民国史专业启蒙与训练的一大批海内外中青年学者。

张宪文教授在他六十年的南京大学教师生涯中，言传身教，奖掖后学，桃李满天下。他培养了硕、博士研究生近百名。这些毕业后走上工作岗位的研究生，绝大多数在各自的高校或科研单位发挥了骨干作用，其中不少已成为中国近现代史学科的佼佼者和学科带头人。

学生们毕业后，还时常联系张教授，每遇到工作困难、研究瓶颈时也不远千里来和老师探讨问题，而张教授依然耐心倾听，给予鼓励和建议。当学生出国、晋级、评奖需要张老师写推荐信时，他总是不厌其烦地一字一句书写。除了学生以外，一些单位和学者慕名请他组织项目、指导学术，张教授也是尽可能地满足大家的愿望，帮助解决。

张宪文教授非常注重学术梯队的培养，做好“传帮带”的工作。作为一名老教授，他关心年轻教师的成长进步，在教学、学术上毫无保留地把几十年来积累的教学经验、体会和资料传授给年轻同志，使青年教师迅速成长为学科建设骨干。

以耄耋之龄而成果尤丰，真可谓老骥伏枥，壮心不已。从张宪文教授身上，可以照见出我省工作在人文社会科学岗位上的研究者那孜孜不倦、追求不止的身影。

散记张老师的过人之处

马俊亚

N 年前，张生教授指着南京大学民国史中心的一位美女博士说："她的偶像是南大的两位老师。"

被美女所崇拜，大概是做男人的最高境界了。我深知，以我的条件，被美女崇拜比田鼠被凤凰尊崇的机遇要小些。但张生教授还是怕我抱着买 2 元彩票中 5 亿大奖的心态存着幻想，悠悠地来了这么一句："这两位老师的水平，你这辈子就别想望其项背了。"

一向喜欢用史实说话的张生教授很快举出了让我心悦诚服的过硬史料。他告诉我，美女博士崇拜的老师，一位是举校公认的硕学帅哥，并担任校领导的职务；另一位就是著述等身的张宪文老师。

这些话倏地扎破了我自己也不知道心中曾否胆敢有过的幻想气泡。在我看来，这两人均是中国的学术奇才。

以张宪文教授而言，拿我与他相比，活脱脱一累壤之于泰山也。

张老师从上世纪 70 年代专攻民国史，数十年如一日。近年来，学界有"南张北李"之誉，"南张"即张宪文教授，"北李"乃不久前过世的李文海先生。

张老师对教学非常敬业，我曾有幸全程旁听过他所上的两门课。张老师通常比学生要早到，在阐述自己观点的同时，注重启发听课者思索和讨论。因此，他的课堂上，学生们经常讨论得非常热烈。

张老师既是学术统帅，又是学术园丁，更是一名辛勤耕耘的老黄牛。

有人曾称战神粟裕专打"神仙仗"，张老师做的也是"神仙学问"。他气魄辽阔，选题宏大，思维缜密，组织严谨，尤擅大兵团作战。他的每一个选题都非俎豆之学，而带有浓烈的政治意识。

他的《中华民国史》四卷本，参加者有十数人，《南京大屠杀史料集》更有近百人加盟。统率如此多的学者，既要有非常广博的知识来修改不同知识背景的著述，更要有超强的组织协调能力来保证各类书稿的质量和进度。

南大 110 周年校庆期间，我曾与张老师在校外相遇，因出租车较难等到，张老师很自然地挤上了一辆公交车，以不误学术活动。

张老师的心态是开放型的，在学术研究方面，他是求同存异的典范。最近主编的两岸四地合撰《中华民国专题史》项目，召集两岸数十位学者，而这些学者的观点常常见仁见智，与张老师本人的观点也有冲突，但张老师同样能把他们集结到一个研究团队中。

张老师与蒋永敬先生的学术观点不尽相同，但对蒋先生尊敬有加，每年均要邀请蒋先生到民国史中心作学术讲座。也正因为两位学者之间的真挚友谊，蒋先生把花费无数心血搜集的书籍，全部捐献给了南大民国史中心。另外，民国史中心还有郭俊鉌先生的大量捐书，郭先生捐书显然也是感于张老师的高尚人品和真诚待人的性格。

张老师比较注重培养青年学者。民国史中心的学者张生、曹大臣、李玉、姜良芹、梁晨、李恭忠等无不成为学界才俊，使民国史研究人才济济，后继有人。

即使著述等身，张老师也兢兢业业如一青年学子。我经常看到，只要有事，张老师从不拖沓，不论是酷暑，还是严寒，均不辞辛劳，不避奔波。

张老师在生活上律己甚严，过手的经费常以百万计，但他一尘不染，两袖清风，在利益分配上多为他人着想。数年前，南大在仙林建造教师用房，以张老师的资格，完全可以点最好的房子，但张老师却放弃这样一个盈利良机，把机会让给其他老师。南大出售商用房时，求购者与房源数达十比一，张老师也从不参与竞购。平时有应酬，仅象征性地饮点酒，从不为酒所激，对饮食同样非常节制。

总之，张老师是我的榜样，在学术与生活的方方面面均值得我学习。

我所见到的第一位中国大陆学者

裴京汉

初见张宪文先生是在中韩两国建立外交关系一年前的1991年6月，在首尔大学召开的“中国近现代史史料学研讨会”上，至今已近四分之一个世纪了。已故恩师闵斗基先生当时倾注大量心血促成了由首尔大学东洋史学科举办的韩国最早的韩中学术研讨会，但当时两国尚无外交关系，大会的召开不可避免地遇到了诸多困难。我记得研讨会邀请了三位大陆学者，为邀请这三位学者，从中国政府许可的申请到韩国外交部签证的发放，以及机票的转达等手续，无一不遇阻力。

此次研讨会所邀请的三位中国学者是华中师范大学的章开沅教授、广州社会科学院的骆宝善教授，以及张宪文先生。当时我作为论文发表者与会，想到要与只有耳闻并只在书中看到名字的所谓“敌性国家”的学者们会面，心情甚是激动，此事至今记忆犹新。其实心情激动的并非只我一人，当时与会的大部分年轻学者皆是如此，因为毕竟与中国进行直接的交流在当时而言是连想都不敢想的。张先生便是我们这些韩国学者们所见到的“第一位大陆学者”。

闵斗基先生之所以邀请上述三位中国学者的最主要原因是，当时韩国以年轻学者们为中心，正在开始形成一股中国近现代史研究热，而闵先生认为这其中最重要的是要实地调查资料，所以便邀请了既是近现代史现场又可谓近现代史研究中心地的南京、武汉、广州的代表性学者。实际上此次研讨会召开的首要目的可以说是为韩国年轻学者创造一个与受邀学者相识的机会，以便将来到中国进行资料调查时能够得到这些中国学者的帮助。

之后闵先生的这一初衷得以实现，从这点来说，闵先生的意图是相当成功的。仅以我本人为例，1992年夏我曾在南京度过两个月时间，以对我准备的博士学位论文——《国民革命时期的蒋介石研究》进行收尾，此次南京之旅便是仰赖张宪文先生的鼎力相助才得以成行的。对于当时韩国年轻的中国近现代史专业的学者们来说，南京的中国第二历史档案馆可谓是“梦想的殿堂”，对我而言，能够到南京的中国第二历史档案馆进行资料调查也是梦寐以求的。亲身踏上这个所谓的“敌性国家”的土地，以及能够到收藏大量与我之研究相关的档案资料的档案馆度过数日，亲身感受历史的气息，亲手触摸那些档案资料，这对于我实是如梦一般的经历。

时至今日，虽然每到南京都能感受到南京的那份热，当时南京夏天的闷热确实让我至今都心有余悸，甚至不敢去回忆。当时还没有如今这么好的空调设备，午休时间又不能留在档案馆内，所以只得冒着正午的高温骑着自行车往返于南京街头，那些辛苦的回忆如今仍是历历在目。当时，张宪文先生给了我这个外国人无微不至的照顾，不仅亲自将我带到第二历史档案馆的万仁元馆长处，一一拜托，还常常为汉语口语不甚流畅的我解决各种各样生活上的问题。

当时第二历史档案馆相比现在开放程度更高，馆内云集了来自海内外进行资料调查的年轻学者。我至今记得中研院的张玉法教授也带领着一众弟子首次访问第二历史档案馆，当时随张玉法教授来访的弟子林桶法、张瑞德教授等与我相识相交，至今我们仍是好友。此外也与当时来自日本、美国、欧洲等地的年轻研究者一边进行晚餐一边讨论当天所看的资料，此情此景至今思之仍是一大快事。

如此开始的与张宪文先生的缘分，成了我得到韩国教育部资助到南京大学进行一年的学术研究的直接契机。1995 年 2 月至 1996 年 2 月，我作为南京大学历史研究所的访问学者入住留学生宿舍所在的西苑，正是在这期间，我有机会对中国进行更深刻的体验，并且还与家人到中国各地旅行，从而能够通过亲身体验了解所谓的"共产中国"的实际情况。当然每次到各地旅行，张先生的帮助都是至关重要的。因为张先生不仅在我每次进行研究、旅行之前，为我给各地大学里代表性的学者写介绍信，甚至连资料调查的方法也悉数详授予我。

虽然 2000 年 5 月恩师闵斗基先生的突然辞世使得韩国的中国近现代史学界甚至有一段时期面临着与国际学界交流中断的危机，但如今正如闵先生生前所期待的，韩国的年轻学者们正与以中国为代表的国际学界进行着密切的交流，我觉得这正是得益于闵先生与张先生等第一代学者们之间的友情和交流所奠定的基础。现在，以陈谦平、陈红民教授为中心的南京大学出身的中坚学者们与包括我在内的韩国学者们保持着更加紧密的交流。

由此可见，张宪文先生不仅是中韩学者间学术交流的起点，并且在通过学术交流加强中韩两国相互理解方面起到了重要的桥梁作用。当然，张先生之所以能发挥如此重要的作用，不仅源于张先生对历史学这门学问持之以恒的热情，也源于先生坚信国际交流对学问发展十分重要，以及积极投身于国际交流之中。时值张先生八十寿诞之日，我谨恭祝张先生老当益壮，并对长期以来张先生对包括我在内的韩国学者们给予的亲切关怀和殷殷厚意，表示由衷的感谢和敬意！同时也衷心希望中韩的各位学术同仁能够秉承张先生之意，使两国的学术交流能够更上一层楼！

我与张老师的师生情缘

齐春风

人的一生中有许多选择，对我影响最大的选择当属1997年投到张师门下攻读博士学位。

成为张老师的学生稍有波折。1992年，我考入东北师范大学历史系攻读中国古代史辽金方向的硕士研究生。到1994年底，由于即将于第二年夏天毕业，我开始思索毕业后的去向问题。经过一段时间的踌躇，决定一面找工作，一面考博，并且决定不再进行我不太喜欢的辽金史研究了，转而计划从事中国现代史研究。当时我对中国现代史、中华民国史、中国革命史以及中共党史的学科分类并不清楚，但已得知张老师是中国大陆民国史研究的开拓者，因此下定决心要考过去。但当时有两个悬心的地方：一是张老师已是知名学者，能不能对我的考博申请有回应；二是我读的硕士专业是中国古代史，还没有什么像样的前期成果，不知道张老师能不能接受我这样的跨研究方向的报考者。抱着试一试的心思，给张老师写了一封信，表达了考博的意向。经过短暂的忐忑等待，得到了张老师的回信：

齐春风同学：

您好！11月25日来信收到。欢迎您报考我的博士生。

考试科目共计三门：中国近代史（参考中华书局出版的教材）、中华民国史（参考《中华民国史纲》）和外语。

两门专业课，主要考试问答题，三题任选二题。关键是外语，南大外语考试由学校统一命题，难度甚大，要认真准备，必要时可向南大研究生院购买以往的试卷，了解一下往年题型和考试方法。

祝　好

张宪文

1994.12.1

接到张老师的回信，我难掩心中的激动，张老师已同意我报考，并没有因我是学古代史的考生而将我拒之门外，更为重要的是，我当时对如何复习备考一无所知，张老师则明确地告诉我专业课复习所需要的参考书，并指出我需将复习的重点放在外语上，这无疑指点我走了一条事半功倍的道路。

但是，1995年由于家庭的原因，我未能如期参加考试，而是选择先就业，再择期继续报考张老师的博士生。不过这时我有了一个新的担忧，那就是实际上我已是爽约在先，张老师是不是不愉快，还能接受我继续报考么?

抱着极为不安的心情，我给张老师又写了一封信，表达了以后继续考博的愿望。不成想，张老师丝毫不以我的失约为忤，还是一如既往的热情。

齐春风同志：

您好！11月28日来信收到了。

三四月份，您参加考试来不及，我赞同您秋后参加11月份的考试。南大外语要求甚高，必须认真准备。另外，三四月份的春季招生拟报名者甚多。

关于专业考试，两门课均为三个问答题任选两题，顺告。

祝　新年好

张宪文

1995.12.21

我的电话号码为：025-×××××××（宅）

接到张老师的回信，我心里总算一块石头落了地，张老师还愿意接受我做他的学生，我还有机会到心仪的南京大学来读博士。

1996年秋，我参加了南大的博士招生考试，终于在1997年春如愿以偿地成为张老师的博士生。

进入南大，得以在“张门立雪”，为我的科研、我的人生打开了一扇新的窗户，是我的人生中命运攸关的转折点。尽管张老师工作非常繁忙，但他还是为我们亲自开设了两门课程：中华民国史专题、中国现代化研究专题，都是至关重要的基础课。在张老师的带领下，经过热烈的课堂讨论，我比较顺利和迅速地完成了由古代史到现代史知识结构的转变，并对一些问题产生了自己初步的看法。

回首过去，真心地感谢张老师，这种感谢不仅是在授业解惑的知识层面，更在兢兢业业的做人层面。我是在成家而未立业的时刻来到张老师身边读书的，本想将重心继续放在家庭上面，把读博看作是雪中送炭抑或是锦上添花的事情，能拿到博士学位即可，至于成就云云根本就没有放在心上。入学南大从根本上颠覆了我的初衷，张老师调教学生之严，没有亲历者是难以体会的。张老师待人热诚是有口皆碑的，但对学生在热诚之余，更有严格要求。这种严格要求的表现是多方面的，比如张老师要求我们在职人员要保证在校的学习时间，要求我们认真准备讨论课的材料，要求我们勤于练笔等等。

感谢张老师的从严要求，将我"混"个博士学位的小算盘彻底打碎。既然混不下去，就静下心来，好好读书吧。也正是在张老师的严格要求之下，我得以顺利地完成南大要求的发表论文的数量，得以顺利地完成博士论文的写作和答辩。现在想来，张老师的从严要求，不正是对学生的关爱么，不正是"爱之深、责之切"的表现么？

顺便想说的是，我该感谢的除了张老师以外，还有张门的兄弟姐妹们，正是大家的相互砥砺，激活了我的许多想法，没有这种数不清的科研交流，我不可能走得这么远。

2000年春，我惜别张老师，毕业回到原单位吉林省教育学院工作，2005年之后又到辽宁师范大学工作三年。由于已接受了张老师系统的科研训练，这些年虽然在资料上面临重重困难，但发扬了"上穷碧落下黄泉，动手动脚找东西"的精神，科研工作始终没有停歇并有所进展。

在连红师兄的帮助下，2009年初，我举家迁到南京，在暌违八年之后，又能得张老师的亲炙。

2011年，时值辛亥革命100周年，张老师认为学术界对南京临时政府的研究尚显薄弱，决定加强这一课题的研究。在张老师的主持下，我与继峰兄、薛恒兄、陈橹兄、汉忠兄（汉忠兄后因事未能参加）参加了这一研究项目。张老师一如既往地严格要求，在史料方面，指出能否掌握大量新史料，是课题成败的关键，必须着力挖掘新史料；坚持史料的第一性，必须掌握大量第一手史料、稀见史料、重要史料；坚持史料的多样性，必须广泛运用各类史料（档案、口述资料、报纸、期刊等）；引用他人著述则必须为学术名著、名家著作，或有代表性、有特色的论文著作，不引用一般著述；口述史料则必须是重要人物或重要当事人的口述资料。在学术规范方面，张老师要求，严禁抄袭或改头换面的变相抄袭等有违学术道德的行为；每个章节题都应有自己独特的著作内容、学术观点、研究架构、论著史料，均不得抄袭他人著述。坚持严谨、求实、创新的治学作风，每位作者应亲自赴档案馆、图书馆搜集原始材料，要尽量寻找别人未使用过的、稀见的有价值的史料。正是由于张老师的掌舵，《共和肇始——南京临时政府研究》出版后深受学界好评，荣膺"新闻出版总署纪念辛亥革命100周年20种重点出版物"之列。

2011年秋，我又参加了张老师任总顾问的《南京近百年城市史》的编写工作，承担金融商贸卷。张老师又高屋建瓴地确定了五项基本编写原则：1.大家撰写的是城市史，一定要符合城市史的编撰体例，切不可写成城市发展史、城市通史。2.全书在写作过程中要体现南京城市从传统到现代的发展脉络，要有发展变化的具体论述。3.在大纲的拟定及内容的写作中要重点突出南京的特色。4.写作无需严格的体系，在要素覆盖的基础上，做到详略恰当，突出重点，切不可面面俱到。5.处理好中央与地方的关系，最终落脚点在南京。在张老师的严格把关下，现已完成初稿，正在进一步的修改中。此外，还参加了张老师与台湾张玉法先生联袂主编的两岸四地合撰《中华民国专题史》之“对日抗战与战时体制”部分内容的写作，深刻感受到张老师求同存异的学术态度。

在近年与张老师的接触中，我深深地感到张老师的可贵之处在于，他绝无耄耋老人的倦态，反而具有与时俱进的精神。比如在《共和肇始——南京临时政府研究》的写作过程中，我还自觉不自觉地使用“资产阶级革命”一词，张老师则指出，应尽量避免使用这种标签式定性式的词语，感觉到张老师比我这个 40 多岁的人在学术观点上还进步了不少。正是由于张老师具有敏锐的学术眼光，在他的熏陶之下，作为弟子的我们才能突破视野和观念上的局限，勇于破冰，开拓前行，并避开风雷，为中华民国史研究作出自己的一点贡献。“桃李不言，下自成蹊”，今后不论我们飞得多高，都需要张老师的擘画，张老师是我们永远的先生。

感谢导师的“特别关照”

任　桐

在导师的弟子中，像我这样不是从事教学科研工作的并不多，同时又是在职学习的，以导师治学的风格和为人，他是不会直截了当地让我感到压力，或许他认为那样会伤我的自尊，但三年读博中我被他“特别关照”是常有的。

和我一届的共四个人，在大伙都还忙着第一年的学业和完成英语考试的时候，我就被导师“特别关照”着开始着手论文选题的构想了。从导师的角度想，那么一个成天忙于行政事务的人，要不抓紧了，拖上个五年、八年的毕不了业，自己文凭没有混到事小，坏了张门的门风可就事大了。

其实导师当时并不是很了解我，在他眼中我只是曾经风风火火的学生会干部，这样的人在南大读博、读硕的也不少，其中也不乏不成功的例子，所以导师对我能不能静下心来搞学问一开始应该是有着疑虑的。而我是一个认准一件事一定会想方设法把它做好的人，从这一点上讲，做学生工作和做学问其实是一样的。

导师可能到今天都不知道，我在南大本科期间，只花了三年的时间就修完了历史、法律双学位的课程。虽然也有很多学生会的事务性工作缠身，但我总能比较合理地安排好学习和工作。原本打算四年级花一年时间完成两篇论文和答辩，但多变的政策最终让我选择了放弃法律的学位。也正因为大四时我有了足够多的时间，被系里安排做了 1986 级的辅导员，成天在系里办公区出现，难怪会留给导师风风火火的学生会干部的印象。

不过导师的“特别关照”现在想来的确很受用，因为选题是需要一个反复论证过程的。从“中国现代化”的研究方向上看，可以选择的面还是很广的，结合工作考虑，我也曾想选择研究一下我国的广播电视，但导师将研究时段的下限定在了 1978 年。由于众所周知的原因，舆论机器相比于大众传媒是缺乏研究亮点的，所以我的第一个选题没有上交就被自己否定了。

一段时间，我也试图将选题扩展到传媒以外的其他领域，那时不仅我经常去导师家汇报构想，导师也常主动约我，给我点拨，帮我完善选题。他看得出我想写面上的东西，这样相对来说会轻松一点，但往往也会缺乏新意。可能是出于对我积极性的保护，他没有立马否定我的想法，而是一次又一次地指出我的选题的不足。终于有一天，导师把我叫去，“特别关照”我，媒体其实是有研究空间的，特别是民国时期的几大报。感谢导师，他的“特别关照”推动着我在读博的第一年就确定了选题的方向。

当然导师所说的民国时期几大报并非是《中央日报》等官方报纸，而是指《申报》、《大公报》、《新闻报》等有着全国影响力的民间报纸。于是我一头钻进南京图书馆、金陵图书馆和南大图书馆，查找起对上述报纸的相关研究情况。由于毛泽东说过《大公报》对国民党的作用是“小骂大帮忙”，所以它成为唯一一份在“文革”时期被迫停刊而没有允许在大陆复刊的大报，也正因为有着这样的境遇，新中国成立后对《大公报》的研究几乎是空白。导师的“特别关照”真让我眼前一亮，对于这样一份在中国现代新闻史上具有举足轻重地位的大报，我的研究显然能起到一定的补白作用。正如日后论文出版时中国新闻史学界泰斗方汉奇在序中指出的那样：“相信它(指论文)将进一步推动对中国近现代史上‘中间势力’报刊的研究，并将为关注这方面意见的读者和后续的研究工作者，提供有益的借鉴。”

当然选定《大公报》作为研究对象还有一个原因就是《大公报》将在2002年迎来它的百岁生日，能在这个时候完成一项专门研究，我认为很有意义。向导师汇报了我的想法，导师也表示支持，不过他也担心我可能来不及赶在2002年6月前完成这项工作，因为这意味着我要提前半年多完成我的毕业论文。他淡淡地对我说了一句，意思是毕竟是写博士论文，不要太过急促，时间不是问题，质量最为关键。

既然得到了导师的支持，我便立即通过香港《大公报》驻江苏记者站联系本部，且很快有了结果。虽然现如今的《大公报》已非昔日的《大公报》，但这样一个百年老字号传承的脉络还是清晰的，报社更希望借着百年大庆的机会进一步提升其影响力，能为原本研究不够充分的领域添砖加瓦也是报社乐观其成的。只是对方提出在我的研究中能否突破1978年的研究下限，为现在的《大公报》留出一到两个章节的内容，他们可以提供我一定的研究经费和赴港调研乃至出书的机会。这样的结果，特别是研究成果有机会变成出版物，对于当时的我来说应该是有很大吸引力的。

我很快拟出一份研究提纲跑到导师家“报喜”，不想劈头浇下的一盆冷水引出了导师对我的又一次“特别关照”。首先，导师认为适当突破1978年的研究下限不是不可以的，但现今的《大公报》与作为研究主体的民国时期的《大公报》比较难统一到一个主题上，这样会出现最后的章节是硬贴上去的感觉，随便出一本书也就罢了，做博士论文不可取；其次，对民国时期《大公报》的研究在改革开放后也有所松动，作为史论的《新记〈大公报〉史稿》和作为专论的《〈大公报〉新论》等已经从宏观的历史角度推进了《大公报》的研究，如果再泛泛去研究，可能了无新意，要从小处着眼，由点及面。导师“特别关照”我看看《大公报》的社评，因为正是《大公报》和其创办人之一的张季鸾将“社评”(社论)这一重要的新闻评论文体最终创立起来，并使它成为该报的一大特色，现在想来这次的“特别关照”是日后成就出版物《徘徊于民本与民主之间》的关键。

我家中至今还保存着堆起来有半人高的民国时期《大公报》社评的复印件，其实最后用到论文当中的材料只不过是这其中的五分之一，但透过从张季鸾到王芸生两代《大公报》主笔犀利的文笔我们不难看出毛泽东所说的“小骂大帮忙”的印记。只不过在当时的历史条件下，特别是国难当头之际，“小骂大帮忙”或许也体现着一个责任媒体的担当。正如《大公报》在《今后的中国新闻界》中所表述的那样：“为了国家利益着想，报纸对于政府应该是小批评，大帮忙。假使批评为难，则帮忙时也就乏力。因为在这种情况下，一般民众以为反正报纸都是政府的应声虫，不会有真知灼见，而不重视，到那时报纸虽欲对政府帮忙，而也没有力量了。”这样的认识在今天也是适用的，作为媒体人，我一直对采编人员强调要做好正面宣传，因为“时政是最大的民生”，同时要“以舆论监督的影响力来提升正面宣传的引导力”，这与《大公报》的上述意旨应该是相通的，这或许能为导师在我本科毕业时题赠的“为祖国文化事业作出贡献”的寄语提供一个注脚吧。

顺便说一下，在我读博的三年里，导师曾不止一次地因为我看书写作到很晚而“特别关照”我，千万不要过了晚间12点睡觉，因为那样对人的身体伤害较大，这让我非常感动。直到今天，我一直惦记着导师的这份“特别关照”，谢谢导师！

学时偶记

宋开友

弹指一挥间，我已经阔别南京多年。今年恰逢恩师张宪文先生八旬寿辰，追忆往昔在先生身旁之点滴，历历在目。而今虽逾八旬，先生身体康健，道德文章著于海内外；我忝为先生弟子，除万分祝福，亦与有荣焉。谨作此小文，感谢先生多年培养教导之深情厚谊。

先生为山东泰安人，言谈中带有浓重的乡音；未识其人，先闻其声。我在入门之前，已经在南大学习三年，故对先生之声名卓著早有耳闻，也得偶遇多次。真正认识先生，则是在迎接教育部检查、定民国史研究中心为教育部人文社科重点研究基地之际。

当时学校上下都极为重视此事，特别划拨房间供基地之用。先生凡事都亲力亲为，召集门下师生布置迎接检查，十几位师兄师姐都有分工，忙了多日。事毕，又召学生多人把借自各方的书刊分别归还。我当时有幸蒙召，陪同先生把几捆书送还一路之隔的先生住处(不久先生就搬到河西新住所了)。有此经历，对先生为人做事的严谨认真有了初步感受。

2001 年秋天，有赖先生不弃，我得以进入门下，追随先生，攻读民国史方向的博士。

开学后，先生为我们讲授民国史专题。先生上课，多是布置一个题目，让我们看书，上课时每个人都发表读书心得，先生再加以点评讲解，间或也讲一些研究进展、学界趣闻及南大建校以来的名人轶事。印象深刻的，一个是先生多次引用孙中山的名言“历史潮流浩浩荡荡，顺之者昌、逆之者亡”，强调研究历史要客观严谨；还有一个是日本留学生石黑亚维对先生带有浓重乡音的普通话很不适应，每次上课都带着小型录音机放到先生面前，课后再反复听读，对他学习态度的刻苦认真，我们也觉得很佩服。

追随先生多年，学术上的点滴进步，全赖先生栽培。有几点尤觉得难得，受益匪浅。

一是先生为督促检查我们的学习工作进展，定期召集我们汇报讨论。进入第二年，大家都要选定论文题目，搜集整理相关档案资料，准备撰写论文。师兄师姐们很多不在南京，先生为掌握各人论文进展情况，每个学期都要召集多次会议。路远的师兄师姐就比较辛苦，比如洪师姐往往夜里坐车赶来。会上每个人按顺序发言，谈自己的论文或工作情况，大家一边听一边讨论，先生对每个人都会给出建议。会后先生都会请我们一起吃饭，这时候没了压力，畅所欲言，其乐融融，亲如一家。

二是先生为提高我们学术能力，多次为我们提供参加学术会议的机会。记忆所及，当时先生所主持的几次会议，主要有辛亥革命 90 周年学术会议、两次中华民国史国际学术会议。因为都在南京召开，借地利之便，先生都让我们参与筹备，可以接触到海内外一流的专家学者，聆听高见，机会殊为难得。

三是先生有著作出版，亲自带我们参与样书的校对工作。先生主编的四卷本《中华民国史》出版前最后一次校对，先生非常重视，组织我们几个在南京的学生，专门到南大图书馆特藏室(特藏室收集的资料很丰富，平时难得进入)校对。先生不辞辛苦，冒着高温酷暑，和我们一起待在图书馆，对校对中出现的问题及时处理。

这些锻炼，机会难得，可以随时得到先生教导，使我们开阔了眼界，增加了见识，有效提高了我们的学术能力。

在我论文撰写中，先生除了定期召集汇报，也经常个别召见谈话，论文生活都关心到了。因为一向听说先生治学严谨，对学生严格要求，这时候我往往比较紧张。见得多了，深感先生除了对学生的严格要求，更有对学生深切的关怀厚望。姜良芹师姐几次转达先生对我的关心，至今犹记心间。先生说，写论文如同盖房子，先要打基础(资料)，再搭框架，有了基础和框架，文章就能写好。至今仍深感受益。

有诗云："大雪压青松，青松挺且直。"在先生门下多年，深受教诲，有感先生学术生命如不老青松，至老弥坚。一别数载，只在一些重要事件纪念日(如七七、九一八)电视新闻采访中得见先生颜面。先生精神抖擞、健朗如昔，学术上累累硕果，足为后辈楷模。可谓：治史数十载，名著天地间，不似春秋隐，只为后来鉴。

恩师张宪文先生史学观创新取向的五大特色

田 玄

在中国近现代历史以及中华民国史教学科研的滚滚学术潮流中，如何确立改革创新的科学史观是关系到史学家本身及其所引领的史学团队究竟能走多远，究竟能以国内重点名牌高校本专业院系为平台，在百舸争流的激烈学术竞争中为国家、为民族的中国近现代历史及中华民国史科研能做出何等水平的贡献的基本命题。谋事在人，成事在天。先生八十大寿，治史近六十载，作为中国近现代历史及中华民国史史学家，其在治学，尤其是在改革开放新的历史时期的治学进程中，其科学的史学观对于这一宏富学科构建本身，对于整个“南大学派”的中国近现代史及中华民国史史学专家团队建设何以致远而言，均干系重大。先生长期治史中所确立的独特的史学观对于整个“南大学派”中的中国近现代史及中华民国史教学科研团队，对于中国国内本专业的各个学术群体，对于海内外中国近现代史及中华民国史研究界均产生了不可否认的影响力。这一治史价值观取向折射出了先生治史的胸怀与超乎寻常的境界，代表了“南大学派”中许多中青年史学工作者的梦想与目标。这一治史价值观取向引航，使得先生为引领的“南大学派”中国近现代史及中华民国史学术团队走在了本学科科研领域的世界前列。

一、先生史学观创新中的学术传承性取向特色及其致远之道

在中国近现代历史以及中华民国史教学科研领域创新中，先生对于传统的历史科学文化的继承性取向极其鲜明。先生坚持认为，在中国近现代历史以及中华民国史研究领域创新中只有厚积才能致远。先生时常说：“宝剑锋从磨砺出，梅花香自苦寒来。”这个磨砺、苦寒的过程，就是传承的过程。厚积者，首先应积学，即不断地承继学术传统，以增长现代学识。人生当以积学为先，重学、善学、勤学，咨前世之师，破万卷之书，学问无有不进者。南京大学历史系这个国内同类型院系中的佼佼者和其具有百年以上辉煌系龄的历史，使得南大历史系悠久的历史科研中蕴含着丰富的名校、名学科和名专业的文化传统。在迅猛发展的中国近现代史及中华民国史的教学科研进程中，正统的、正宗的中国近现代历史学科的传承文化与前沿的、高度发达的世界现代历史科学文化共同穿行在南京大学校园里。从改革开放新时期历史学科重塑的起步直至历史学科发展的今天，为加快中国近现代史及中华民国史教学科研改革，先生及其团队始终高度重视继承国家民族和南大历史名系的传统，先生知道并且在这一重要价值取向问题上旗帜鲜明。他坚持

认为，在中国近现代史这个一级学科的现代化进程中，需要学术传统，只有不忘却、不放弃本民族弘大而悠久的历史文明，才能对于本民族、本国度的近现代历史科学作出贡献，才能实现属于作为历史学家的“南大学派”摘取为之奋斗的中国近现代史及中华民国史科研“桂冠”的梦想。

在先生以及“南大学派”中其他先生的倡导下，南京大学与“南大学派”在学科建设中的正统性以及名牌效应和影响力都是极其明显的。记得 1978 年至 80 年代初全国高校中能够开出符合教育部规定的高水平史学研究生课程的只有寥寥几家。先生开设的“中国现代史专题研究”、“中华民国史专题研究”、“中国现代史史料学”，茅家琦先生开设的“史学理论研究”，以及茅先生与方之光先生开设的“太平天国史专题研究”、“中国近代史专题研究”，姜平先生开设的“中国民主党派史研究”，史全生先生开设的“中华民国经济史研究”等研究性课程都是当时国内外本学科中具有最高水平的研究课程。

先生对于试图一味丢弃本民族史学学术传统、全盘照搬西方史学的价值取向的思潮是持批判立场的，他始终坚持在传统与现代的摩擦和碰撞中吸取彼此精华，最终达到和谐。先生从不妄自菲薄，极注重向西方国家的优秀历史科学文化学习。他是中国当代历史学界为数不多的敢于并且善于向外国学者学习的老一代史学家。

二、先生史学观创新中的学术前瞻性取向特色与致远之道

先生在其史学观创新中的学术前瞻性是与众不同的。先生价值观中的前瞻性就是主体在认识事物历史与现实的基础上，以事物发展规则为依据，对事物未来发展所进行的一种超前的思维模拟与建构。这是实践活动的客观要求，也是人类理智面临的最大挑战。前瞻性由预测与规划设计两个基本环节构成，在人类精神与社会生活领域中具有丰富的内涵。

首先，先生认为学术的前瞻性在史学及社会科学领域主要表现为对于未来学术和社会发展的预测和把控。人是人类精神生活与社会生活的主体与创造者。与自然事物的未来相比，人类精神生活与社会生活的未来具有更大的不确定性。在人文学科领域，前瞻性多表现为面向未来，超越现实生活束缚的精神探求或自由创造。先生不否认，在功利主义价值观念的选择下，人们对于人文社会科学前瞻性的态度是复杂的、不一致的。一般地说，人文学科的超越性探索与自由创造，因不具备科学性、可操作性与立竿见影的实用价值，而往往被排斥在学术主流之外。而先生对于史学科研前瞻性的认识则有自己独特的看法。先生对于中国近现代史及中华民国史学科构建方面有着与一般史学家截然不同的贡献。例如，在 20 世纪 70 年代末和 80 年代初史学与其他科学一样处于转型时期，作为全国重点学科的南京大学历史系在科研建设工作中凸显出了如何准确科研定位的至关重要的问题。是像位于首都地区的北京大学、中国人民大学等高校那样扎堆儿去选择中共党史为主体的所谓中国近现代史呢？还是大胆创新、不畏“风险”，排除“左”的干

扰，依据地缘优势，开展以中华民国史为特色的中国近现代史教学科研呢？在有很大分歧的论争中，先生等以其鲜明的学术前瞻性取向，旗帜鲜明地选择了后一条发展路径，从而确立了“南大学派”在历史教学和科研工作中的正确方向。

其次，先生认为学术前瞻性是一种面向未来的建设性活动。对于人类精神与人类社会未来的预测和规划设计是一个动态的建构过程，预测不仅要尽可能全面地揭示事物未来发展的各种可能趋势及其动态特性，而且同时要探索其中对主体带来最大价值的可能性及其实现途径和条件，进而形成主体的战略目标，为现实决策提供科学依据。这种规划设计就是以主体利益最大化为终极目的的，围绕战略目标的实现而进行的思维组织和协调，本质上属于思想实验的过程。先生坚持认为认识世界的目的在于改造世界，就实践活动而言，预测只是手段，规划设计才是目的。随着社会的加速发展和全球进程的加快，影响社会发展的不确定性因素增多；生活节奏的加快，使史家所承受的生理、心理和精神压力趋于增大；工具理性对价值理性的销蚀，使人类精神家园日趋衰败，精神生活贫乏，同时也是同行业、本专业大家中彰显规模实力竞争的时代。在这样的时代背景下，人文社会科学的超越性、预见性、建设性作用就显得尤为重要，先生的学术前瞻性取向对于南京大学历史系和中华民国史研究中心这一国家基地的建设产生了重要影响。

先生对以中华民国史历史科研为主体的中国近现代史国家一级学科的教学科研的规划设计是十分到位的。早在改革开放之初，当国内众多学者热衷于就中国近现代历史中事件、人物等“热门”问题研究时，先生率领“南大学派”史学团队的最初成员们已经开始把目光牢牢地锁定在构建大民国历史科研这样一个宏大目标的规划上了。当国内众多学者们争相发表“碎片化”的历史作品时（当时我也是其中一分子），先生在规划设计中早已高屋建瓴地把构建大民国历史研究基本体系这一目标具体落实在了他主持的中华民国史研究这一宏大科研工程上。

先生在以中华民国史为科研主体的前瞻性中还透着一种超乎常人的科研感悟性。先生与同行其他大家相较，其他大家未感悟时，先生往往先感悟到了；其他大家感悟到其表时，先生往往已感悟即里。例如，20 世纪 80 年代初中期，我在南京大学学习硕士研究生课程时，在选择近代史还是选择现代史作为我的毕业论文研究方向时，先生有一段令我难以忘怀的话，大意是：我了解你在近代史研究上已有一些成果，并且有校内名师茅家琦、方之光等先生指导，校外有戴逸、李时岳、章开沅等国内名师指导，定会取得成就；但是，你想过中华民国史这块尚待开发的“处女地”没有？在这一新兴学术领域中创业，更有利于青年学者“攻城拔寨”、创新立业。先生的这番话语中透着那么一种超乎常人的科研感悟力量，使人在身陷学术海洋的惊天浪涛中能够有所感悟以保持学术上的正确航向。

先生在以中华民国史作为科研主体的前瞻性中还表现为先生对于人文社会科学重要战略机遇期的及时把握。无论是事业发展逆境时，或者是事业发展顺境时，先生均能保持清醒的科学思维，把握住关键的四个“势”：一是把握好国际国内史学发展的基本形势；二是把握好中华民国史科研发展的趋势；三是把握好中华民国史科研的基础优势；四是把握好中华民国史科研发展的领先态势。先生及其团队正是因为如此，才能在全国重点高校中国近现代史这个一级学科建设的比学赶帮超的长时期激烈竞争中，总是走在前头，他所领导的中华民国史研究中心（教育部国家基地）金牌不倒。其学术地位是许多年来国内各重点名校、同行业精英所难以撼动的。在先生的带领下，我有幸成为了先生及其团队的一分子，并为此深感无上光荣。

三、先生史学观创新中的学术实用性取向特色与致远之道

先生史学观中强调学术实用性的取向和功能。他认为，人文社会科学理论从属并服务于社会实践活动。从人文社会科学体系结构与学科分化角度看，处于不同层次的诸学科与社会实践的关系不同，从而表现出不同的价值指向。史学也具有实用性取向。人文社会科学的实用性，是指其在丰富人类精神生活，推动经济与社会发展过程中所起的实际作用。这是人文社会科学文化功能与社会功能的具体表现，是评价人文社会科学的重要指标。实用性只是中国现代史学的一种重要属性而非它的所有属性，强调中国现代史学的实用性，不等于以功利为核心的实用价值。先生既是这样阐述的，同时也是这样践行的。先生在其治史生涯中从未忽略过以中华民国史为主体的中国近现代历史学科的史学实用性价值。

记得1995年在中共中央宣传部组织的纪念中国抗日战争胜利暨世界反法西斯战争胜利50周年重大活动中，我作为总政治部及军事科学院代表参加会议并代表国家发表长篇外宣文论，在会上针对当时日本右翼的大东亚史观问题，向中共中央机关刊物《求是》杂志编辑田百春介绍了先生及其团队对于这一重大历史问题的宏富研究成果。田百春立即代表《求是》杂志特约先生赐稿，并在该刊头条刊登了先生对大东亚战争侵略史观批判的政论文章。该文在全国，尤其是学术界，产生了相当的影响，有力表明了中国政府和学术界的政治立场和学理观点，坚决抵制并驳斥了日本右翼势力侵略有理的价值观和历史观。不仅如此，此后为进一步以中国近现代史及中华民国史科研成果来为改革开放新时期服务，先生还主持了由他的博士研究生（我也是其中之一）共同撰写的《解放还是侵略？——评〈大东亚战争的总结〉》项目，以及主编了在国际国内产生重大影响的《南京大屠杀史料集》（72卷，江苏人民出版社和凤凰出版社出版）和《南京大屠杀全史》（三卷，南京大学出版社出版）等一大批学术成果，为国家民族正义、中日关系的正确发展、维护东亚和世界和平作出了重大的学术贡献。

先生在治史中坚持认为史学的实用性与前瞻性是和谐统一的，人文社会科学的体系是实用性与前瞻性的统一体。人文社会科学发展过程中存在的重视实用性、功利性，轻视前瞻性、超越性的倾向，不利于人文社会科学的健康协调发展。

先生治学是有许多“学院派”风格，但并不改变自己史学观创新中的学术实用性取向和功用。党的十八大后，党和国家领导人为增进海峡两岸学术交流，提出两岸学者共同修史的号召。先生即将自己倡导并主持多年的两岸学者修史工程正式上马，并取得明显的成果，使该项重要修史工程又一次走在了全国中国近现代史及中华民国史科研事业的最前沿。

四、先生史学观创新中学术开放性取向特色与致远之道

先生在史学观创新中的学术开放性取向极为强烈。“文革”中的文化禁锢主义使得历史学以及其他人文社会科学的发展受到了很大的损害。随着中国学术的开放、国际学术交往的日益频繁，国外学术思想越来越多地被介绍到国内来，使得国内的历史研究在研究理论和方法上，包括提出问题的角度方面，受到的冲击也越来越明显。尽管，无论在欧美还是日本，对中国历史的研究都不是其学术的主流，但是他们研究中国历史的理论和方法都直接来自其主流学术界的学术实践。对此，先生认知极为深邃。他认为，国内史学研究者要直接跟踪欧美学者的研究并非一件非常容易的事情，而国外中国史的研究成果，在理论和方法上并不失其前沿性，因此必须将国外主流学术的前沿理论和方法应用到中国史研究中去，这样才能将中国历史研究水平大大提升。“南大学派”群体及江苏区域性出版机构对于海外学术研究成果的介绍使中国史学界在借鉴国外前沿史学学术研究的理论和方法上减去了许多隔膜和障碍的学术创新中，先生作为“南大学派”的领军人物之一，在此间凸显了其重要的学科带头人作用。

先生是改革开放以来海内外中国近现代史及中华民国史科研学术交流的重要传播人。在繁忙的教学和科研任务之间，他与全世界许多重点大学、研究机构、图书档案机构和知名学者都建立了平等的学术交流关系，先生本人也是国内史学家赴国外学术交流访问考察次数最多者之一，海外各重要教育和科研机构本学科的顶级专家学者大多被先生及其团队成员聘请为客座教授，为引进世界本专业先进科学文化奠定了基础。先生把国内史学界的最新研究成果传播给世界，把世界史学科研成果引进至中国，为中国与世界的学术交流事业作出了杰出的贡献。

先生史学观创新中的学术开放性还表现在他不拘泥“门派”，唯才是举的用人取向。例如，他主持的国家教育部首批社科重大攻关项目以及其他重大科研项目中有许多成员并非先生弟子，而是来自国内外高校和科研机构的专家。先生聚海内外之精英，集海内外之智慧，创海内外之优秀成果，其学术的开放性令人感叹。

五、先生史学观创新中的学术包容性取向特色与致远之道

在理念上，先生坚守学术包容这一现代人文与社会科学的核心价值取向。他认为从学术研究氛围角度而言，现代人文社会科学研究作为人类文明的重要组成部分，包含着倡导学术包容、

反对学术偏狭，鼓励创新、追求学术进步，求同存异、促进和谐等基本内涵。因此，学术包容是中国近现代史及中华民国史科研发展不可或缺的基本属性，它能够转换成为学术发展创新的动力源泉，它能够真正推动中国近现代史及中华民国史学术研究的和谐发展。先生在治史中的包容性理念获得了极大的回报。具体表现为：一是以先生为学科带头人的中华民国史研究团队越来越大；二是以先生为学科带头人的中华民国史研究群体在海内外的学术影响越来越大；三是以先生为学科带头人的中华民国史研究群体的学术成就越来越大。

在学理上先生坚持包容并蓄、海纳百川的治学价值取向。他努力吸取世界现代化进程中所产生的人文社会科学学理中合理和科学的成果，并且努力使之与本学科本专业的教学科研实际相结合，以赶超本学科本专业的世界水平。先生的学术包容性使他能够超出同时代的许多史学家的视域。他牢牢把握住了“拨乱反正”和改革开放新时期中国现代史及中华民国史的发展方向，将传统史学文化和现代西方史学文化中的合理成分紧密地融合起来，给中国传统的治史方法带来了改革创新的生机。我硕士研究生阶段和博士研究生阶段都受教于先生，两度师从先生学习中国近现代史，因此对于先生的学术包容性有深切的体认。先生教导我们，从传统史学意义上讲，自古史学无学术。为了提升研究生理论训练水平，先生面对纷至沓来的现代西方政治、社会科学学理不是盲目排斥，而是兼收并蓄、为我所用。先生自 20 世纪 80 年末起，在博士、硕士课程中就开始设立相当比重的政治科学和社会科学理论内容，以强化史学专业研究生的理论水平，我是先生此种包容性史学观影响下的直接受益者。我的博士研究生阶段在校 6 年，在立足本专业的基础上，还兼修了政治学专业的全部博士课程和部分社会学专业博士课程，先生对于我兼修外专业是支持的，这为我后来的科研工作带来了极大的帮助。

在实践上，先生有教无类，不论出身、不问门第，只要有志史学者，具备可造之才的条件，先生都将其纳入门下，精心培养。记得 1978 年全国教育和科学大会后，我作为解放军高等院校的青年教师，挎着水壶带着干粮到南京大学旁听先生和其他老师的讲课。先生和其他老师对我及其他来自全国各地的高校青年教师们关爱有加，毫无保留地将自己的学识传授于我们，使我等终身难忘。在先生的引导下，当年一同旁听先生等老师讲课的青年教师中只要还留在教学科研岗位上的，绝大部分已成为国内外各高校或重点科研院所的学科带头人或博士生导师，为中国近现代史及中华民国史教学科研作出了一定贡献。

先生的学术包容性中总是强调登高才能致远。先生常以先人“会当凌绝顶，一览众山小”的话语教育学生。先生坚信一个研究者、一个学术团队若要想在学术的征程中看得更远、走得更远，必须提升学术创新中的包容性，将更多的先进的人文社会科学成果吸收进来。这才是中华民国史教学科研在学术道路上的致远之道。

恩师的精神魅力

王生怀

值恩师八十华诞之际，作为弟子要表达的是，在师从您的过程中收获的不仅仅是知识，更多的是您在言传身教的过程中传递给弟子的精神。这种精神不论日月怎样轮回，季节怎样变换，昼夜怎样交替，总是引领着弟子在平凡的工作岗位上实践着，在丰富的生活中体验着。

一是业务昭彰的感召力。与众多的弟子一样，我是仰慕恩师的业务昭彰而报考博士生的。记得由于报考恩师的弟子很多，恩师曾建议弟子报考其他导师或其他院校，但弟子坚决不改初衷。为此弟子曾给当时的蒋树声校长和吴培亨院长写了一封以“关于扩大本专业(中国近现代史)招生指标”和“关于选拔本专业(中国近现代史)博士生导师”为主要内容的信。当时研究生院的陈介智主任回信是这样写的:“王生怀同志:你给吴培亨院长的信，吴院长已受阅，吴院长对你在信中提出的问题非常重视，并委托我转告对你对南京大学工作的关心表示衷心的感谢！你在信中提出的问题在我校的某些学科、专业确实不同程度地存在，我们也已经认识到这一点，并为解决这些问题作出了积极努力。为了加快学科建设和导师队伍建设，近期我校组织了新一轮博士生导师评审，61 位新的博士生导师即可招生。在这一方面，我们还将继续作出努力，相关学科博士生导师力量不足的问题也将逐步缓解，并将最终解决，为更多的考生提供学习机会。谢谢!”试想，如果没有恩师的业务昭彰而产生的魅力，弟子也就没有这样敢于给校长、院长写信反映问题的勇气。也正是恩师业务昭彰的感召力，使弟子无论在什么岗位上都兢兢业业、勤勤恳恳，力所能及地把本职业务完成。

二是开拓精神的感染力。业务昭彰来源于创榛辟莽。自从有幸成为恩师的弟子之后，领悟的是恩师的开拓精神。记得恩师在给我们这些弟子上课时曾经谈到，在改革开放之前您是怎样从事民国史研究的;改革开放之后，民国史不少的领域仍然是学术研究的禁区，恩师又是怎样通过辛勤的耕耘，一步步突破禁区，从而使中华民国史的研究逐步繁荣起来，尤其是恩师关于怎样申请召开首届全国性中华民国史讨论会的过程，更是引人入胜。这些内容也许恩师并不是有意识地讲给我们这些弟子听的，但您讲的这些内容传递给弟子的是您勇于开拓的精神，对于弟子具有很强的穿透力。正是基于您传递给弟子的这种开拓精神，所以弟子在不同的工作岗位上总是秉持此精神:一是在基层工作时，认识到农业税给基层社会带来的弊端，敢于在国家全面免除农业税之前，提前两年废除农业税，虽然当时的阻力比较大，但弟子逐级申述保持农业税害处的一、

二、三,废除农业税的好处之甲、乙、丙、丁。二是在政府工作期间,依法行政,坚决解决全县364位离休干部工资低的问题和在职干部待遇低的问题。三是在省委领导身边工作期间,敢于就影响安徽发展的一些弊政提供系统性的思考,为领导决策提供参考,从而使影响安徽科学发展的不少弊政得以革除。总之,这一切都来源于恩师您无意间传递给弟子的开拓创新精神。

三是德高望重的领导力和执行力。在师从恩师的期间,弟子观察到了恩师您不仅是在教育着我们这些弟子,而且是在有条不紊地管理着一支规模不小的中华民国史研究团队。一个团队靠什么有效运作?究其原因,靠的是领导功能和管理功能的充分发挥。领导功能是什么,是凝聚力;管理功能是什么,是执行力。而这两方面都因恩师您的管理艺术,尤其是您的德高望重的引导管理。您的德高望重使您的团队具有凝聚力,您的德高望重使您的团队具有执行力。凝聚力与执行力相互协调而又相互支撑,不仅使您领导的团队充满活力,而且使您的团队所从事的事业蓬勃发展。基于从恩师德高望重的人格魅力所发挥的重要作用的启示,弟子在具体的工作实践中把依靠德高望重者作为开展管理工作的重要方式、方法之一。借重德高望重的老同志开展工作,实际上也就是现在政治学中所讲的"协商民主"。选举民主在目前的中国社会弊端比较多,不仅成本比较高,而且往往达不到理想的结果。在很多情况下,选举民主只有与发挥德高望重的老同志的重要作用相结合,才能有较为理想的结果。在实践中,中国政治民主的路径怎样演绎,这也许就是方法论。而这正是我从恩师您身上得到的启示。

四是为他人着想的亲和力。为他人着想,也就是换位思考,实际上就是"以人为本"。这既是工作方法,又是美德。记得当年报考恩师的博士生时,恩师就站在弟子的角度建议弟子报考其他院校或其他导师,因为报考恩师的考生太多,录取的可能性小,怕耽误我求学的进程。正是恩师的这种美德,使弟子学会了换位思考,并把这种美德贯穿于工作的实践。记得当年我任书记时,有一位领导同志,群众关于他的举报信太多,问题也太多,导致群众不断地上访。弟子通过调研发现,发生的这些问题固然与这位同志个人有关,但更多的是社会问题的集中体现,是其岗位职责使然。如果把我本人摆在那个岗位上,也可能出现这样的问题,所以弟子没有在处理这位同志的报告中签字,并多次与这位同志沟通,要做到既要有为群众服务的热情,又要有依法行政的理念。正是秉承恩师的这种美德,所以许多同志愿意与弟子在思想上进行沟通,既推动了工作,又实现了和谐,从而具有亲和力。

总之,恩师的精神对于弟子来说,获益良多。可以用两句话来概括:为风雨中行进的人,增添前行的勇气;为徘徊在十字路口的人,增添抉择的力量。

师恩难谢　文脉永承

王云骏

回想我的人生，始终有幸运相伴，能成为张老师的学生就是我生命中的一大幸事。

常常会有儿时的老同学在我面前感叹，你当初一位地理系的理科生，如何在南大成为政治学的教授，还当上了博导。我一时也无从回答，因为实在是不知道怎么回答。坦率地说，我不是一个善于规划自己的人，通常讲就是一个感性多于理性，沉稳不足、激情有余的人，从来没有一个明确的理想，更没有给自己设定清晰的发展轨迹。走到今天，成为这个模样，真不是我的设计。但问的多了，我也开始认真地思考这个问题，我是怎样从理科生成为一位文科教授的？如果一定要有答案，我想应归功于两大因素：一是南京大学文理综合性氛围的熏染；另一个因素就是我有幸得到校园里许多大师级老师的点拨，其中最重要的人物，当属我的老师张宪文教授。

张老师已经八十岁了，我虽比老师小了近三十岁，但也已到"知天命"之年了。所谓天命，我的理解就是人为什么而活着的道理。现在的我，也会时常问自己，我真的理解了生活的道理了吗？我真的掌握了人生的要诀了吗？我真的懂得感恩在我生命中帮助过我的每一个人了吗？正是在这岁月教会我的不断思考和追问中，我才能保证我的生活不那么慵懒，不那么杂乱，不那么世俗，不那么功利，我才敢于自诩为知天命之人。我希望自己已经真的懂得了这些道理，用余下的生命去感谢那些从小到大引领我不断长大成熟的师长们。毫无疑问，张宪文老师就是影响我人生轨迹的最重要的一位师长！

我是张老师 1996 年春季招收入学的博士生，虽然在老师门下正式就学的时间只有三年多，但与老师的联系从未间断，接受老师的教诲也从未间断，直到今天，我的一些研究工作仍然是在老师的直接指导下开展的。所以，我始终认为，我应该是张老师门下受益最多的学生之一。

细想起来，张老师身上体现的对人文精神的追求，对历史责任的担当以及关爱他人的仁厚情怀对我影响最深，这些精神理念也组合成了我需要终身效仿的人生标杆！

作为一名理科学生，在最初的学习领域里，我主要接受的是科学主义教育。在这样的教育模式下，知识的应用性和答案的唯一性是我学习中的两大追求。尽管我对文科的学习早有喜好，在南师附中就学期间，我就是理科班里语文课程的佼佼者；在地理系读本科其间，就选修历史系"中国通史"的全部课程，以至于后来在硕士阶段系里免除了我因为跨专业需要补修的本科课程。但那时我是把历史当作纯粹的知识来看待的，或者就是因为历史故事的有趣而喜欢历史，仅此而已。对历史学，乃至人文科学的内涵和意义一知半解，所知甚少，常常会在“历史有什么用”的质问中，无言以对。

张老师为我开启了真正意义的人文社科学术殿堂的大门。正是在张老师的课堂上，在和张老师的日常谈话中，我对历史有了全新的认识。张老师始终强调历史学对人的教化作用，对社会理想的保障作用，强调对历史真实的尊重，强调对历史规律的尊重。他给我们讲述《中华民国史纲》的编写过程，讲述政治压力对学术探求的影响，讲述史料搜集与辨别真伪的艰辛，无不让我们感受到人文精神的坚持在推动社会变革过程中的巨大能量。正是张老师对历史观的讲解，使我懂得了一种“超越功利”的学习，使我能够完整地理解历史学的概念，能够区分什么是历史学的知识，什么是历史学的技能，什么是历史学的价值，开始思考什么是人文、什么是科学……。

张老师作为一名当代学者，体现出来的对历史责任的担当以及数十年来躬身践行他作为一位史学家对社会责任的承诺，都深深地影响着我们这些学生。张老师从事的民国史研究，在当年的中国是一个颇为敏感的领域。这既要有历史学家的智慧，更需要有历史学家的勇气。我以为，张老师能够在那样的环境中，坚持以还原民国真实历史为方向的研究，并最终赢得社会的广泛认同，是历史学的力量征服了公众，也是张老师作为历史学家责任的必然体现。张老师常常要求我们，史学研究，贵在求实；学术成果，贵在创新。要用新的材料还原历史，用新的视角观照历史，用新的观点阐述历史。他讲授的“中国现代化研究”，强调用现代化的标准考察民国历史，这在当时是一个既有创新意义，更有政治风险的视角。但实践证明，这个方法不仅能使我们连贯、系统地认识中国现代化的发展历程，客观准确地评价民国时期经济社会发展对中国现代化的历史作用，而且这个方法对梳理今天现代化发展的启示作用，也极为有益。

张老师对历史责任的担当，更使他在学术道路上散发出越来越耀眼的光芒。张老师常说，历史学研究的一项重要作用就是服务于国家与民族。张老师所主编的《南京大屠杀史料集》涵盖了中国、日本、美国、英国、法国、意大利和俄罗斯等国的第一手材料，是日本军国主义战争罪行的铁证，是对日本右翼势力的有效回击，直接服务于当下的中日关系。《史料集》陆续出版后，受到了从地方到中央乃至国外的高度关注，受到社会各界的一致好评，成为当今中华民国史研究领域最具标志性的成果。张老师也凭借着杰出的学术研究成果和高度的国家与民族责任感，作为教育部系统人文学科两位代表之一，受到社会各界的高度赞扬。

在学术研究中严肃认真、一丝不苟的张老师，在对待学生时表现出的仁爱宽厚的长者形象，同样令我们感动不已。我个人对此感触尤甚。

在历史学的学习领域，我是个不折不扣的学术后进，在学习中表现出极强的自卑心理，在讨论课的课堂上，从不敢主动发言。张老师十分了解我的状况，常常点名让我发言，然后对我的发言给予鼓励性的评价，使我渐渐融入到课堂的气氛当中。我明白，这是老师提携我的一种特别方式。我是1996年春天入学唯一的博士生，到了秋天，我有了三位新同学，张瑾、王珊和陈勤。我们这几位同学不仅在学习上得到老师亲点和教导，在课堂之外的生活、工作中，张老师一样给予照顾。后来几位同学聚在一起，对此无不深有感触。

1997年前后，日本历史研究委员会编撰的《大东亚战争的总结》的中译本由新华出版社出版，作为内部资料供有关人士和研究人员参考。此书集中了日本政界、舆论界和学术界19位"主讲人"的演讲，堪称日本右翼势力关于历史问题的各种主张"集大成"的产物。此书问世后，立刻遭到国内外正义人士的反驳，国内一些新闻出版和学术机构也组织出版了一些针锋相对的批判性文章和著作。但张老师认为，这些披着历史科学外衣的荒谬言论，仅仅依靠情绪化的大批判语言是无法令其退缩的，更无法取信于天下。于是，他计划编写一本历史书籍，就叫《评〈大东亚战争的总结〉》。他强调，历史著作不能靠谩骂取胜，要用史料说服读者，我们不能记忆仇恨，但要总结历史。要在掌握历史事实和确切史料的基础上，坚持"摆事实，讲道理"，对其各种谬论进行系统的、有说服力的批判。张老师召集了张连红、陈橹、田玄、张玉龙、陈小琼、吴永明、潘敏、吴恒心和我等9位学生，把他的想法告诉我们，并布置了写作计划，再三强调要摈弃大批判语言，坚持以理服人。后来在统稿中，他还逐字逐句地将一些同学的情绪化的语言删除掉，细致之处，使我非常震动。连红和我参与了最后的统稿工作，该书在2011年由社会科学文献出版社出版。在出版前夕，张老师把自己的名字拿掉，把我和连红放在主编的位置。张老师对学生的爱护和提携之情再次体现。

2011年，老师还将申报教育部人文社会科学重点研究基地重大项目的机会给了我，使我的一个课题"现代国家建设与党国体制实践——南京国民政府时期地方党政关系研究(1927—1937)"顺利入选。目前，我还在老师的指导下，正在完成《南京城市百年史·社会管理卷》的撰写工作。我在学术上的点滴进步，从过去到现在，都充满老师的关怀，浸透了老师的心血。

俗话说，大恩不言谢。老师对我的指导和帮助，就是这样一种无法言谢的恩情。师恩难言谢，文脉可永续。我想，我能够报答老师的方法，就是坚持自己的学术道路和做人理想，将老师集人文追求、历史责任和仁爱情怀为一体的文化精神发扬光大，能够真正成为无愧于老师门下的一名永远的学生。

八秩翚翚人共荣

——庆贺张师华诞有感

吴永明

今秋十月有个大日子，我们的恩师张宪文先生即将迎来八十华诞！众多师兄弟运筹良久，并嘱人人撰文，畅谈感怀。回忆在先生身边的点滴岁月，虽窗外烈日炎炎，心中却如沐春风，盎然如初。

我是在而立之年考入先生门下，成为入室弟子的。

之前，我虽在大学从教，却因缘际会与几个好朋友一道从事律师执业工作，身在曹营心在汉，甚至还有少年不知愁滋味的些许张狂。只是，涉世日深，始知天外有天，学无止境。我一直对20世纪中国的制度转型与现代化建构感兴趣，在与先生联系考博事宜后，先生慨然应允。经历一番招考程序，期间先生还驾临赣鄱“实地查验”，认为孺子可教，我得以顺利成为立雪张门的一员，负笈金陵，从此徜徉在先生似海恩情中。

感念之一：诲人严师

先生满头银发，出入校园总是步履匆匆，成为一道亮丽风景。尽管事务繁忙，他主讲的“民国史专题”和“中国现代化研究”课程从不落下。在每次的学习和讨论中，先生严谨治学的思想，春风化雨，润物无声。我选择的研究领域是20世纪初叶中国司法现代化变革问题。由于学界前贤甚少涉猎，可资参考的成果寥寥。先生要求我务必掌握大量的一手文献，做到论从史出。在与先生商量研究框架和写作思路时，先生总是以自己的研究心得示教，鼓励和鞭策我从事原创性研究。在论文写作过程中，由于生性愚钝，有时竟至一天难成百字，甚至有对着电脑屏幕干呕的窘境。看着左右室友先后轻松学成荣归，内心不免着急，欲求先生“高抬贵手”。先生道：“一辈子就写一次博士论文，要是勉强过，不太可惜了吗！”言毕，针对论文应如何修改又细细指导。论文付梓后，我到诊所连挂七天点滴，内子诧异，我如实相告：“拜文所赐也。”尽管如此，至今我做工作时，耳边还常常回响起严师温厚的声音。

感念之二：因材施教

学界对于张门弟子有一美誉：民国史研究中的“南京学派”。这既是海内外同仁对先生擘力开创民国史研究的一种尊敬，同时也概要出张门弟子学术研究的风格：以史见长，论从史出。无论是梳理历史脉络，还是展开个案研究；无论是开宗辟源，还是释疑解惑，均能史论结合，有根有据。我想，这一美誉的源头活水，便是先生长期以来因材施教的指导思想。每一届学生入门，先生总是根据大家的学习基础、研究偏好、个人禀赋，针对民国史研究中的政治、军事、文化、法律、社会以及人物群体等，或者是20世纪中国的现代化建设与制度变革，或者是香港、澳门等行政特区的现代史研究等，量体裁衣，选定研究方向，强调学术要求。很多同学在先生的妙手点化下，化石成金，变蛹成蝶。张门弟子桃李天下，遍布海内外，几乎每人都有研究专长，有一块学术的自留地，且人人坚守严谨求实的治学风格。如是，“南京学派”蔚为大观。

感念之三：创新精神

先生一生为学，秉承独立思想，不唯上、不唯书，只为实，极富创新精神。“文革”之后，百废待兴。先生以极其敏锐的洞察力和学术勇气，奋力开拓民国史的科学研究。他主编的《中华民国史纲》，在汗牛充栋的“革命史”、“现代史”作品之外，独辟蹊径，开创了中国大陆学界民国研究之先河。这一奠基之作为后来者描绘出民国史研究的历史轮廓。进入新世纪以来，先生与时俱进、敢为人先的学术品格没有丝毫停滞，反而越发精进。先生独著或主编的《中国抗日战争史（1931～1945）》、《蒋介石全传》、《中华民国史大辞典》、《中华民国史》（四卷本）、《南京大屠杀史料集》、《南京大屠杀全史》（三卷本）等学术著作及史料集，为民国研究树立了一座座学术里程碑，也为日军侵华的历史提供了无可辩驳的铁证，一时洛阳纸贵，海内外学界景仰。可以说，先生的率先垂范、骎骎日进、开拓创新，一直是激励我辈不断前行的精神动力。

感念之四：虚怀若谷

“桃李不言，下自成蹊。”先生作为学术大家，始终胸襟宽广，虚怀若谷。2000年至今，南京大学中华民国史研究中心先后主办了三次大型的“中华民国史国际学术讨论会”，作为子弟兵，我有幸全部参与，兼代一些会务工作。作为东道主，先生广邀天下英才，群贤毕至。近距离观察，先生对待学术前贤敬重有加，关怀备至；对于晚辈后学，则平易近人，有求必应。每届学术大会闭幕时，先生敬邀学术群雄作总结陈词，自己陪坐末席，认真倾听。犹忆2010年南京会议开幕前，先生要落实第二天学校领导莅会致词事宜。当时我意电话邀请亦可，先生不允，谓电话邀请不礼貌，须自己亲自登门为妥。我只好陪着先生从会议酒店打车前往，一路奔波。近年来，先生主持的学术研究均是举足轻重的大项目，国内两岸四地和国际一大批老中青相结合的科研队伍，正在接续攻关——这种研学盛况与先生高超的学术引领力和完美的人格魅力是密不可分的。

感念之五：慈爱有加

在南大求学的青葱岁月，同学之间，或探寻高深的学问，或追求简单的快乐。生活中留下最深印象的，即是吃饭喝酒。一次，新生入学，先生和师母设宴款待众弟子。为了尽兴，先生带来了白酒、红酒和洋酒。席间，有师弟曰小狗者，不甚酒力，醉眼蒙眬中斗胆求教师母一个问题。师母高声转向先生："你学生问：是不是你先追求我的？"先生看着师母，笑而不答，众人却早已笑翻了。又一次，先生从北京路乔迁河西新居，我们几个同学帮忙凑热闹。先生还未安顿下来，便与师母订了满满的一桌菜，要我们"放开来吃"。餐叙中，师母不断劝大伙多吃点，"食堂的伙食不好，给你们加加餐"。慈母之心溢于言表。再有一局，是和小张老师有关的故事。某晚，我们师兄弟相约小聚，大家边喝边聊，直至深夜一点。小张老师兴起，说打个电话给"老张老师"。电话响起，小张老师呢喃了一句"张老师快来救我"。先生不知何事，迅速"调兵遣将"。最后的结果，每个参与者都被先生狠狠地训了一顿——有位师姐面子薄，当场就被训哭喽。

……

先生喜迎华诞，"八秩骎骎人共荣"，我们衷心祝愿先生和师母"得米望茶"，健康长寿！

感谢恩师的引领

武 菁

读博的日子虽苦犹甜，在学业上先天营养不良（早年学艺，再学文物与博物馆，后学历史）的我，在先生引领下踯躅前行。先生言传身教，教会学生在学海泛舟时握紧公正公平的罗盘，在人生道路上树立超越自我的标杆。先生的教诲和风细雨，润物无声，话语平和却点石成金。

20世纪60年代初，一个出生于金陵古城天妃巷，喜欢拖着木屐吧嗒吧嗒在小巷中疯跑的小丫头，和小伙伴偶然闯到南大门口，看着一群白衫蓝裤神采飞扬的大学生，非常羡慕，向小伙伴宣布：将来我也会来这里读书！

80年代中期，考研实力不足，南大不敢奢望了，特意选了个标有三角形记号的学校和专业，知道这标志着该校该专业没有学位授予权，心想大概容易考上吧。没想到政策允许在南大申请学位，但规定有些专业和外语要有南大的学分（联合培养），因此有幸遇到了先生。从此，我的人生道路上有了一位引领我正确前行的导师，也因此和民国史结下了不解之缘。

每一次和先生在一起都如沐春风，每一次和先生分别都依依不舍。先生多次莅临安徽大学讲学的情景历历在目；先生慈祥的笑容舒缓了我们紧张的心情，耐心的解惑化解了我们心中的疑团。记得毕业答辩前，先生拿出厚厚一卷南大学位英语考试卷，轻声安慰我们，别紧张啊！温和的眼光，令我们感到无比温暖，考试时信心倍增。顺利答辩后和先生合影留念，先生展开父亲般的胸怀，把几位毕业生揽在胸前。我们非常感动又万分不舍，我暗下决心，一定要投入张门继续深造！

才思不敏的我历经数次拼搏，终于迈入南大校门，如愿以偿，跻身张门。第一次拜访，先生就扳着手指一一介绍得意门生，如数家珍。由此，我们知道了成为先生左臂右膀的优秀学长CC（二陈：陈谦平、陈红民）、聪明过人的张（生）少帅、女承父业的杨菁、学业精进的刘慧宇、才华出众的李继锋、精明强干的张瑾、慧外秀中的陈仁霞等，还有许多，不一而足。

有人说先生的成功无法复制，我想再作补充，先生的体魄无人比肩。记得2000年左右，先生患胆囊炎住鼓楼医院，我和李峻前往探视，正巧护士通知先生去做B超，我们立即起身护送。从住院部走到B超室有一段路，先生大步流星，我们只好加快脚步，正值壮年的我们，竟赶不上先生的步伐。

先生的大名远播海外，在中国台湾学术界也影响甚广。作为先生的学生，感受很深。无论在美国，还是在我国台湾地区，屡屡受到热情款待。读博期间，赴台湾查阅论文资料，从日常生活到收集资料，都得到许多著名学者的鼎力相助，所到之处都能感到先生的影响。在收集论文资料时，先生的学生兼朋友邱进益先生特意请来重要当事人，90 多岁高龄的原馥庭老先生为我提供重要史料，帮我解决了论文中的一些难题。2012 年暑假去美国斯坦福收集宋美龄研究资料，一个人出国，开始有些惴惴不安，可是提到南京大学、中华民国史研究中心、先生的大名，一些难题迎刃而解。

因为是张门弟子，张玉法院士夫妇特意送来水果，蒋永敬先生宴请岛内门生时特意安排我坐他身旁，张哲郎院长邀请我到他家乡垦丁旅游观光，胡春惠先生让儿子开车并亲自陪同我参观台北夜市，林能士先生热情邀喝咖啡。当时在台查阅资料的日本学者西村先生说，因为和张先生是朋友，所以要请张先生的学生吃饭。哦，打着先生的名片，可以从南到北吃遍岛内呢。

2009 年 9 月，为宋美龄研究的课题，先生亲率一众女弟子赴台湾查阅宋美龄资料，在岛内引起不小的轰动。纷纷相传：张宪文带了一群美女来台湾挖资料！先生也风趣地自称是这支娘子军中的“党代表”。几天后陈谦平老师参加完一个会议也来到我们的队伍，加强了“党的领导”。这一趟出行，紧张而快乐。虽然时间紧任务重，却留下了许多令人难忘的花絮。

一、刘将军请吃大菜。9 月 17 日我们从禄口机场起飞，为节省经费，选择从香港转机。飞机晚点，到台北已近午夜，崇拜先生的刘将军仍坚持为大家接风。我们困得不行，他仍执着地要等一道大菜。朋友见到先生兴奋异常，滔滔不绝，我们已经云里雾里，昏昏欲睡中吃了大菜，完全不知其味，白费了人家的心意。

二、拜访妇联会。宋美龄项目是与台湾妇联会合作的项目，到台湾除了查阅资料，还要拜访妇联会，为项目进行双方沟通。妇联会主任辜严倬云（辜振甫夫人、严复孙女）及其他委员，都是名门望族，包括陈诚女儿及很多将军夫人，这些老太太优越感强，眼光挑剔，对作者的第一印象非常重要，将影响对我们的信任度。为此，我们挤在所住宾馆的楼道里供休息的几张沙发上（为节省开支没有租用宾馆会议室），召开例会（每天汇报查阅资料情况，调整次日工作任务）专门进行了讨论。先生对我们从言行到着装都提出了要求。末了，先生还不忘提醒我们注意仪表：你们明天都穿漂亮点啊，老太太们都很讲究。平日只知埋首故纸堆的女博士、准博士们，出行前都认真装扮了自己，集合时大家眼前一亮：杨菁师姐青睐欧洲风情，“波波头”配蕾丝裙加“恨天高”；张瑾师姐衣裙裁剪得体，尽显魔鬼身材；红娟师姐主打中国风，凸显东方美；良芹西式裙装含中国元素，如同民国时期名门闺秀；潘敏白上衣藏青裙，珠圆玉润、清爽干练；立杰真丝高领衫配西式长裤，中性中透出几分妩媚；小幺（吕晶）旗袍配小坎肩，一身小清新；我重点做头上功夫，盘了个宋美龄式的发型。这次沟通由于事先准备了功课，双方留下良好印象，后续合作也顺利谈妥。

三、张瑾“吃豆腐”。点菜时有人喜欢点豆腐，但张瑾“吃豆腐”却另有含义。外出查阅资料，一行人在台北穿大街、乘捷运时，张瑾师姐总要“霸住”先生的一条臂膀；就餐时更是紧贴先生而坐，并称她是“吃豆腐”。姐妹们一致“抗议”时，先生却颔首“笑纳”了！众女粲然，其乐融融。

宋美龄项目组经过几年努力，从南图、国图、上图、二档馆、国史馆、斯坦福、威斯理等处广泛收集档案、报刊、书信、函电、言论、著作、致词等资料，先期完成初稿有8本专著。《宋美龄文集》整理编辑工作正在进行。因有的一篇文章七八个版本，有的没有具体日期，有的报刊文字已糊成一团，无法辨认，要做大量甄别、筛选、录入、校对等整理工作，需要团队协同作战，因此决定利用暑期请几位历史系硕士研究生帮忙录入与校对。

今年暑假，正遇多年罕见高温酷暑，我和几位研究生在民国史中心整理宋美龄文集。先生虽已耄耋之年，仍孜孜不倦，坐镇指挥。

榜样的力量鼓舞着学生。看到师爷爷都来战高温，学生们的口号是：“天大热，人大干。”从7月13日开始到8月初，整个暑假连续作战将近一个月，先后已有几人感冒发烧，口腔溃疡。期间还遇到停电，工作间像洗桑拿，电脑没法工作，急坏了大家。民国史中心在17层，停电没有电梯可乘，研究生王萌、王南南等爬上17楼已大汗淋漓。“帅锅”张震埋头苦干，怕耽误工作，不敢接受女友的“探班”。娇小柔弱的倩男，不顾父母的思念，一再推迟回家探亲。一姐徐一鸣感冒发烧仍坚持“轻伤不下火线”。

最令人感动的是，先生每天头顶烈日，脚踏热土，在热浪中穿行大半个城区，常因打不到出租车而挤乘公交，到民国史中心时已浑身被汗湿透。先生为学术坚韧不拔的精神，令学生无比感佩！这种精神，就是民国史“南京学派”的灵魂！先生的精神，将引领我们奋力前行，永不放弃！

我和张宪文老师的点滴纪事

谢晓鹏

1998 年 9 月至 2001 年 7 月，我在南京大学历史系攻读博士学位，张宪文老师是我的授业恩师。2013 年 10 月，张门弟子将齐聚南京，为张老师隆重庆贺八十华诞。在这个喜庆的日子即将到来之际，回想过去十多年间与张老师相识、相处、交往的一幕幕，我不禁心潮澎湃，思绪万千。

一

1987 年至 1991 年，我在河南大学历史系读本科时，就知道张宪文老师的大名，并了解到他是国内中华民国史学科的主要开创者，出版有《中华民国史纲》等著作。本科毕业后，我继续在河南大学历史系上研究生，师从靳德行、秦英君两位教授，研读中国近现代政治思想史。其间，靳德行老师曾多次向我们提及他的老朋友张宪文老师，并说他受张宪文老师之邀，兼任南京大学中华民国史研究中心客座教授。在靳德行、秦英君两位老师的影响下，我对民国史产生了浓厚的兴趣，并将硕士学位论文题目确定为“蒋介石与孙中山训政思想之比较”。这篇论文在毕业前的答辩会上受到了专家的好评，并发表在《史学月刊》1994 年第 2 期，后被人大复印报刊资料全文转载。这是我有生以来在学术期刊上发表的第一篇论文，对我来说确实是一次不小的鼓励，它使我更加坚定地走上了民国史研究的道路。

1994 年硕士研究生毕业后，我被分配到洛阳工学院(现为河南科技大学)，主要从事中国革命史的教学和研究工作。期间，我曾于 1996 年 11 月参加了在南京举办的“孙中山与中国现代化学术研讨会”，正是在这次会议上，我第一次见到了仰慕已久的张宪文老师。记得当时我自我介绍说来自洛阳工学院，是靳德行老师的学生，并当面提出希望报考他的博士生。他首先对一年多前去世的靳德行老师(享年 59 岁)深表惋惜，同时欢迎我报考他的博士生。这次会议后，我就开始了考博前的一系列准备。

1998 年 4 月下旬，我前往南京大学参加博士生入学考试。在笔试后进行复试时，我又一次见到了张宪文老师。他在了解了我过去发表的论文情况和将来的一些研究设想后，恳切地向我提出了两点建议：第一，研究思路和方法要尽量摆脱中共党史、中国革命史的研究套路；第二，研究选题不必太大，可从一些比较小的具体问题做起。这些建议使我深受教益，甚至影响到我现在的研究。自南京回到洛阳后不久，我就收到了南京大学寄来的博士生录取通知书，从而实现了自己的夙愿——成为张宪文老师的学生。

二

1998年至2001年在南京大学学习期间，我有幸系统地接受了张宪文老师的言传身教，专业研究水平和待人处世能力都有了明显的提升。张老师指导博士生进行学术研究和论文写作很有特色：其一，强调史学观念和研究方法的创新，倡导现代化史观和多学科的研究方法；其二，注重史料的分析和运用，尤其推崇档案史料的价值；其三，提倡严谨求实的治学态度，反对弄虚作假的不良学风。这些谆谆教诲使我受益匪浅，耳濡目染之下，我现在也经常这样教育我的研究生。张老师给博士生上课的教学方式同样独特，采用的是国际上流行的研讨式教学，具体做法是：每次设定一个专题，事先布置下去让学生准备；上课时，学生们围绕该专题逐一发言，阐述自己的学术见解，并进行必要的研讨；最后，张老师作总结发言，并为我们介绍一些学术研究动态和前沿性问题。这种研讨式教学对我影响很大，我这些年给研究生上课就一直效法张老师的授课方式，受到学生们的欢迎。

除了日常的课堂教学和论文指导外，张老师还让我们参加一些学术活动以开阔学术视野，提高科研水平。如1999年，张老师让我们几位博士生参与由其主持的国家教委人文社科研究规划项目"台湾对中国近现代史的研究"，我承担了其中的"台湾中国近代思想史研究述评"部分。2000年，由南京大学中华民国史研究中心主办的第四次中华民国史国际学术讨论会在南京召开，张老师要求我们博士生积极参会并提交论文，我不仅在会议上宣读了论文，而且参与了一些会务活动。张老师还时常出面邀请一些海内外知名学者，来给我们中国近现代史专业的研究生作学术报告或进行座谈，如薛君度、吴天威、西村成雄、张玉法、蒋永敬、吕芳上、章开沅、林家有、沈寂、杨树标、罗志田、桑兵等。另外，张老师考虑到我平常办事比较踏实、认真，特意安排我做了两年博士论文答辩秘书，从中我得到了很好的锻炼，培养了必要的经验。

张老师对我们学生而言，既是一位严师，又像一位慈父。说他严厉，我们不少同学都怕他，他批评起人来有时一点情面都不给。每学期他要召集我们学生开一两次会，每人都要汇报自己的学习进展情况，特别是学校要求的在核心期刊发表论文的情况。发表论文多的同学，张老师会表扬；而发表论文少的同学，张老师也会批评。每当此时，我们这些发表论文不够多的同学都特别紧张，感觉压力很大，经常饭吃不好，觉睡不好，心里总想：同是张老师指导的学生，水平差距怎么那样大呢？当然，张老师也注意做学生的思想工作，尽量使学生的思想压力转化为前进动力。我记得他经常给我们说的一句话："你们现在多吃点苦，将来日子会好过些，这就是先苦后甜。"博士毕业后的十余年来，应该说我对张老师这句话的理解越来越深刻。除了严厉，张老师对我们学生其实也很慈爱。比如，他平常和学生们聊天时，会笑眯眯地仔细倾听学生的心声；有时学生给他开个过头的玩笑，他也不生气。每当我们去他家里看望他或汇报学习时，他都会热情招待，亲自倒茶水、递水果，使我们有一种如同到了自己家的感觉。这就是张老师，一位严厉而又慈祥的老人。

三

2001年7月，我博士研究生毕业后，到郑州大学历史与考古系（现为历史学院）工作。近十余年来，我和张老师几乎每年都有联系。每年元旦前夕，我一般会给张老师寄一张贺年卡，不久就会收到他寄给我的精美贺卡（带有信封的那种）。每年春节，我都会给张老师打个拜年电话，张老师则每次对我嘘寒问暖，关心我的家庭、工作、生活情况。每次到南京出差，我也会特意去看望张老师和师母。

自博士毕业至今，我总共见过张老师6次。第一次是在2003年3月。当时，我们正在申报考古学及博物馆学博士点和历史学博士后流动站，我陪我们系领导专程到南大历史系拜访有关专家。期间，我曾前往张老师家里看望了他和师母。第二次是在2003年10月，张门弟子为张老师庆贺七十华诞，整个场面气氛祥和，其乐融融，我参加了全程活动，并再次到张老师家里看望了老师和师母。第三次是在2005年8月。当时，我参加了在武汉召开的“救亡与发展：抗战时期的中国文化”国际学术研讨会，张老师作为特邀嘉宾在大会上作了重点发言。我至今记忆犹新，张老师在会上强调：“今后研究抗日战争史，要弘扬民族意识，淡化党派意识。”这一观点引起了与会代表的强烈共鸣和很大反响。第四次是在2010年8月，我应邀参加了在南京召开的第六次中华民国史国际学术讨论会，见到了张老师和张门许多弟子。这次会议不仅规模大、水平高，而且代表地域广泛、国际性强，会议办得非常成功，给与会者留下了深刻的印象。当然，这与以张老师为首的南京大学民国史研究团队的精心筹备是分不开的，后来我们办会就借鉴了此次会议的不少经验。第五次是在2010年10月。当时，我们郑州大学历史学院承办中国现代史学会成立30周年纪念大会暨学术研讨会，作为中国现代史学会的名誉会长和主要创始人，张老师以特邀代表的身份参加了这次盛会。会议召开前夕，我曾打电话给张老师，问他何时动身及乘坐哪趟车，我们届时好派车去车站接，但张老师很理解我们，知道这次会议参会人数多，接待任务重，所以婉言谢绝。会议期间，张老师作了题为“中国现代史的体系问题”的学术报告，受到与会者的高度评价。这次会议会期为3天，日程安排得很满，我又是主要的会务人员，只感觉分身乏术，原打算陪张老师到郑州附近或市内景点看看，也未能如愿。事后我感到很内疚，曾专门打电话向张老师表示歉意，但他很理解我的苦衷，反而宽慰起我来。第六次是在2012年10月，我参加了由南京大学历史系主办的中国现代史学会2012年会——中华民国史学术研讨会，在母校再次见到了张老师。在这次会议期间，张老师不仅作了重要的大会发言，而且以学会名誉会长的身份列席学会常务理事会,为保证学会领导层的顺利换届,以及学会的安定团结和健康发展作出了突出贡献,受到了与会者的赞扬。

总之,在学术界许多人眼中,张宪文老师是著名的历史学家,国内中华民国史学科的主要开创者和领军人物,而在张门弟子心目之中,张老师更是一位德高望重的长者和令人尊敬的老师。几十年来,张老师文名播四海,桃李满天下。我作为张老师的学生,感到无比的骄傲,同时,我也希望通过自己的不断努力,能成为一名令张老师感到自豪的学生。

师恩如海

徐　畅

一

1994年秋天，29周岁的时候，我从教师又变成了学生，重入山东大学历史系攻读硕士学位。此时，已经成家两年，爱人在烟台师范学院历史系工作。1995年4月孩子出生，当时工资非常低，我们夫妻双方家庭又不能给予任何帮助，全靠爱人一人养家，"借钱"成为日常生活的一个重要组成部分。本来想尽快毕业，赶紧工作，挣钱养家糊口，但是不成想我爱人单位暂时不需要中国近现代史的教师，这样我到她单位工作的希望破灭了。

屋漏偏逢连夜雨。1996年秋天开学不久，一次午休起床之后，我感觉右侧太阳穴处似乎堵塞，头疼、头晕，虽到医院开了一些药，但是毫无好转。其时，经济困难，孩子刚刚出生，夫妻团聚希望渺茫，我心情也低落到了极点，尽管头疼、头晕，我围着操场，跑啊！跑啊！一圈又一圈……

怎么办？考博吧！或许能解决两地分居问题。于是草草写完毕业论文之后，全力准备报考张老师的博士研究生。一则由于家庭的事情，总是分心；二则头疼、头晕，不能专注看书，心情十分低落，对考博也不敢抱什么希望。于是想走"捷径"，到南京"套套题"。

1996年10月份，怀着一颗忐忑不安之心，来到南京。记得大约早晨8点，我到了老师家。在小客厅里，我向张老师表达了考博意愿之后，叙说了自己的困难。虽然关于考试内容，除了考试题型外，没有任何"收获"，却安心了不少。记得老师说，你放心，认真考试，一向按照成绩录取。回到济南后，埋头复习，12月再到南京考试。1997年春天，我顺利地进入南京大学，师从老师学习中华民国史。

2007年，我自己也被评为博士生导生，开始招收博士研究生。老师的身教，自己的经历，使我在招生过程中，始终坚持一个原则：考生的学术水平是录取的唯一标准。尽管为此得罪过人，但是从未后悔。

二

我1983年进入山东大学历史系读书，1987年毕业后，到安徽淮北煤炭师范学院工作，先后在附属中学、政教系、历史系教书，1994年离开煤师院。在煤师院前后共待了7年的时间，现在回想起来，真是白白虚度了7年青春！7年里，我和一些从其他学校毕业来煤师院工作的朋友们尽情放纵自己：先是成夜成夜地打“五十K”，大声喊叫，引起相邻女教师的抗议；继而通宵达旦地打麻将，成为一个赌徒，从不赌钱到赌一根两根香烟（在这帮哥们的熏陶、培养下，我也开始抽烟），从每铳1分、2分到2分、4分，从5分、1毛到2毛、4毛，最后发展到5块、10块。记得到1993年的时候已经达到10块、20块，有一次，当天刚发的工资已经输光了。在打麻将这个“本职工作”之余，我们还出入淮北各个录像厅，有一次一晚上连换了11家录像厅，就是考研那半年，我们也至少每周看3次录像……那7年，除了将大学毕业论文整理后在《淮北煤炭师范学院学报》发表外，没有写过一篇文章，也基本上没有看过什么专业书，对学界动态更是一无所知。

1994年秋天我来到山东大学攻读硕士学位，入学不久，遇到在聊城师范学院历史系工作的大学同学侯云灏。聊天之中，得知他已经快要评副教授了，总共发表了近20篇文章，其中在《史学理论研究》上就发表了好几篇。于是不由得心生惭愧，想努力，想奋起直追。但是由于家庭、身体等原因，在山大求学两年半的时间里，除了勉强发表4篇小文章外，基本上没有什么收获。硕士论文从选题到成文，也仅仅用了不到两个月的时间。为了考博，不得不在外语上花费大量时间，专业书看得还是有限，也没有确立未来的研究方向，就像一头没有明确目标、四处乱撞的困兽！

就是在这种状态下，1997年春天我来到了南京大学。头半年老师到台湾讲学，安排朱宝琴老师负责我和齐春风两人的学习，我们定期向朱老师汇报。下半年张老师回南京后，给我们上课之余，开始跟我们谈论文，循循善诱，讲解如何查找资料，如何选题，如何构思，如何撰写论文，并鼓励我们大胆地投稿。在老师的教导、鼓舞下，我逐渐摸到写文章的门路，也初步树立起自信心。

三

学者往往很有个性，有些学者甚至恃才傲物、尖酸刻薄。但是作为中华民国史研究的权威专家，张老师却非常平易近人，和蔼可亲，没有架子。

在山东大学读硕士期间，我的导师是吕伟俊教授，他和张老师相熟，是老朋友。当我说自己想考博士的时候，吕老师就让我报考张老师的博士。1996年10月，我到南京去请教张老师如何复习考博时，心里异常紧张：到南京我没有告诉吕老师，自己从未和张老师联系过，像他这样的名学者，会不会不愿意与一个学生见面啊？……总之，心里一堆疑问。但是当电话打通，张老师反复告诉我如何到他家的线路时，我的心里已经轻松了一大半；到老师家时，我印象最深的是，老师总是笑眯眯地跟我说话，完全打消了我紧张的心理。

在南京求学三年，老师无论是给我们上课，还是主持学术会议，无论是论文答辩，还是他老人家请我们吃饭，给我的印象总是一张笑眯眯的脸。三年期间，我从未见过先生发火，即使遇到学生做得不对的地方，老师也不过是略微严肃一些而已。三年期间，我从未听到过老师苛评过其他学者，总是与人为善，替他人着想。从南京大学毕业以后，除了回老家，我每年正月初一都会给老师打电话拜年，而老师总会问我妻子、孩子好，让人感动不已，心里暖呼呼的！

2001年我开始招收硕士研究生，也可能因为那时年轻吧，总是爱发脾气，但是每每想到张老师是如何对待我们的，心中的气已经消了一大半。与同事相处，也是尽量向老师学习，多看看别人的长处，多想想自己的短处。

上面从教书育人两个大的方面，简单回忆了与张老师的交往，以及自己所受到的教诲。师恩如海深，短短的言语难以尽意，最后以一首蹩脚的打油诗表达学生的感恩之情，并祝老师、师母身体健康、万事如意！

七律·贺恩师张宪文先生八十寿诞

（一）

一轮甲子耕杏园，桃李芬芳足万千。
“我的恩师宪文张”，五湖四海作讲坛。

（二）

民国研究风气先，著述等身千万言。
史坛学子仰北斗，誉满全球学林赞。

（三）

温文尔雅学者范，忠厚长者比前贤。
功名利禄如粪土，只将史承留世间。

（四）

八旬人生耄耋年，笔耕不辍更向前。
老当益壮松鹤龄，寿比南山不老仙。

“胜利之城”与“建国之城”

薛 恒

2010 年 6 月的一天，我接到李继锋学长的电话，为了纪念辛亥革命 100 周年，邀我参加撰写一部关于南京临时政府的书稿。我对辛亥革命中的南京临时政府并无多少研究，不过，李继锋在电话中说撰写此书是张老师的提议，并且张老师提出了全书的基本观点、基本思路和提纲，还为我们统稿把关。听李兄这么一说，心中自然有了依靠，因此就大胆地承诺下来，并按照布置和分工，搜寻资料，下笔撰写。

2011 年 5 月中旬，我将写好的部分初稿交给张老师审改。两周后我去南京大学民国史研究中心张老师的办公室，看到放在桌上的稿子已经有许多删改之处。不过，当我发现张老师将我原稿中数处称武昌为“首义之城”的字样加以删除或修改时，就商榷道：“称武昌为‘首义之城’是因为，一则同盟会诸君屡次失败，几乎绝望的时候，在武昌发动起义，首次成功；二则一些历史书和当时人的通电和报纸等资料上也是这样说的。因此，说武昌是‘首义之城’并无不妥。”但张老师认为称武昌为“首义之城”并不准确。因为在这之前，同盟会联络会党已经在湖南和两广发动过多次起义，尽管都失败了，但是，称武昌起义为“首义”显然与历史事实不符。虽然史学界有专家学者这样定性和评价武昌起义，但多为湖北武汉者。如此看来，称武昌为“首义之城”固然响亮，但并不十分贴切，可能掺入了地域情感的因素。张老师的话当然更有道理，但是，武昌起义毕竟是清末革命党人起义第一次成功，拉开了辛亥革命的大幕，千年的封建专制因之而覆灭。所以，对武昌起义的首功亦要恰当评说，凿枘相符才能使我们的著作自立于学术之林，而非应景之作。对于我的顾虑，张老师低头皱眉，稍一思索，说出了他的观点。张老师认为武昌起义一举成功，应该称为“胜利之城”。顺此思路，张老师随即也对广州、南京在辛亥革命中的地位和作用作了定性。张老师认为，广州应该称为“起义之城”，以纪念黄花岗七十二烈士的壮举；南京应该称为“建国之城”，以强调南京临时政府的建立标志着中国从一家一姓之国向“民国”转型。

师训之语如醍醐灌顶，让我茅塞顿开。因为张老师分别以“起义之城”、“胜利之城”和“建国之城”的概念来说明三个城市的革命斗争在辛亥革命中的作用，不仅解决了对三个城市的评价问题，而且这三个评价依历史进程一气呵成，其中毫无厚薄扬抑、依违牵强的成分，准确、传神地反映了广州、武昌和南京的革命党人的功绩和对辛亥革命的贡献。并且，南京为“建国之城”的观点也统领了我们研究南京临时政府书稿的撰写，进一步明示了我们应该如何处理书稿中南京临时政府与其建立的前奏——广州、武昌等地革命党人、立宪党人活动之间的篇幅结构、史实选择、演化逻辑、研究重心、叙述要点等问题。其后，我按照张老师的意见，依循张老师所说的南京临时政府的成立有“七个第一”的思路，对我所负责的书稿部分进行了修改，充分发掘和肯定了南京临时政府的历史贡献，从而得到了张老师的好评。在《共和肇始：南京临时政府研究》的著作出版之后，封面上我的名字也忝列于张老师之后。陈红民兄看到书以后，曾经对我说：“薛恒呀，你真不简单，名字和张老师列在一起，我们都不容易做到呐。”其实，我知道这是张老师对我等后辈的提携，可谓是小草依大树，台镜映明月。

师恩如山，师训如酒。唐代刘知几曾经说过，作为史家须具备“史才、史学、史识”。张老师作为一代史家的“史才”和“史学”，特别是“史识”方面，于此一事，足可见证。

恩师点亮我人生之路

杨家余

时光荏苒，从参加南京大学的入学考试至今已经十五年。回首往事，恩师对我的关心和厚爱，对我的谆谆教诲，历历在目，铭刻在心。今年是恩师八十华诞，想着恩师对自己的恩泽，心里充满了感激之情。因篇章有限，只能择要略记述一些往事片段。

一、初见恩师

1992 年 9 月，我和东北师范大学历史系中国近现代史专业的李延龄（现为长春理工大学组织部部长，历史学博士）、荆蕙兰（现为大连理工大学马克思主义学院研究生导师，历史学博士）、李江江（现在长春市委政策研究室工作）、孔祥文（现在吉林省委政策研究室工作）等一行五人，为准备硕士毕业论文从长春经北京，到南京进行调研。到南京后，我们手持着东北师大王维礼老师给张老师的信，在南京海军指挥学院一位东北师大的师兄的带领下见到张老师。按现在的话来说，我们终于见到真人了，感到既兴奋又紧张。我们围坐在老师的身边，将各自论文的选题向老师作了汇报。张老师肯定了我们的选题，并就我们提出的问题进行了针对性的指导，鼓励我们要好好学习，要有坐冷板凳的精神，同时还给我们介绍了南京大学历史系和第二历史档案馆的情况。张老师在百忙中专门抽出时间热情接待了我们几位青年学生，使我们深受感动，也给我们留下了不可磨灭的印象。

二、欢迎报考

1993 年 7 月东北师大毕业后，我被分配到解放军炮兵学院（即现在的陆军军官学院），被任命为政治理论课教员。军校的管理比较严格，作为教员，日常的工作就是备课、上课，参加每周固定的早操、会议以及各项活动。但工作几年下来后，突然从某一天开始，一种莫名的空虚感时常在心中萦绕而无法排解。其来由就是自己除了按照规定上课外，虽然也发表过几篇文章，但并没有一个明确的方向，不知道要研究什么，怎么研究，在几年中始终没有感受到如农民种庄稼般的那种实实在在的收获感。总之，心里感到不踏实。所以 1996 年、1997 年在南京大学、同济大学参加过两次华东六省一市党史学会的年会后，就想着要报考博士。

1998 年的 3 月，我在师兄齐春风的引导下再次见到了张老师。我将军校工作的情况向老师作了汇报，表明了考博的愿望。张老师听完汇报后，告诉我联系报考他的学生已经比较多，见我考博愿望非常强烈，就说可以推荐我报考其他的老师。记得老师当时是反复地、耐心地做我的思想工作，试图说服我。不过我已是下定了决心，一再地坚持，直到老师笑着说再考虑考虑，我才和老师说了再见。回合肥后正式开始复习迎考。6 月，我收到了张老师的来信，打开信封后高兴得跳了起来，因为里面有了“欢迎报考”这四个字，我有可能成为老师的学生了。

三、确定选题

1999 年 3 月，我的梦想成真，考入了南京大学。刚入学，我就从师兄们那儿知道了南京大学博士生经常说的一句话，即“进门容易，出门难”。从我自己的感受来看，“出门难”体现在多个层面，而早日确定一个难易适度的毕业论文选题是解决“出门难”的关键一环。我之所以能比较顺利地毕业，与我的毕业论文选题较早确定是直接关联着的。

2000 年初，我向张老师汇报了自己在选择毕业论文选题中遇到的困难，请求老师给自己确定一个论文题目。老师以商量的口吻对我说，你可以考虑研究日伪在东北实施的奴化教育，先了解一下学术界的研究情况，看看是否可以研究。这是个我做梦也想不到的选题，老师说让做做看，那就试试吧。现在想来恩师应该是自我们入学后就在为我们的毕业论文选题操心了。按照老师指引的研究方向，我开始搜集资料，吸收消化，当年年底就形成了较为成熟的研究提纲。在此过程中，虽然累点，焦虑感却变得越来越少，觉也睡得踏实了，体重从进校时的 65 公斤左右迅速增加至 80 公斤。有一次，一位大师兄开玩笑地对我说，你长的这 30 斤肉可是足足有一大脸盆哟。

四、例行会议

在南京大学三年多的时间里，虽然焦虑感从 2000 年下半年起变得越来越少，但这也是相对的。如果再准确一点讲，这焦虑感应该是起起伏伏、螺旋下降，而不是一条直线似地下降。我想这也许是恩师的指导艺术在我们身上所起的作用。别的同学我不是太清楚，反正每年我都会焦虑好几次，在每次老师召集的例会前和例会中我都会紧张。老师召集的这个例会一般在每个学期的开学，或期末，或期中。召开例会时，从高年级的同学开始，每个人要详细向老师汇报研究的进展情况、发表论文的情况等，然后老师对每个人进行点评。因为汇报情况和点评时，各位师兄、师姐、师弟、师妹都在场，每次我都感到很紧张。当然我明白，实际上老师正是要通过这种方式来检查我们的学习和研究情况，督促我们努力钻研，不致因懈怠而耽误学业。

五、我也抽烟

在校期间，老师对我们学习要求很严格，在生活上更是关爱有加。可以说老师既是严师，也是慈父。一次老师和师母在他们家楼下的一个饭店请我们几位同学吃饭，担心我们吃不好，点了许多菜。记得师母说，学校生活不好，一定要多吃点。那天中午我们吃得特别多，但也没能吃完老师和师母为我们点的菜，心里感到既温暖又愧疚。这个愧疚主要是觉得没有为老师和师母做什么事，却总是在各个方面给老师添麻烦。在校期间，我和大多数同学一样，都是上有老人、下有孩子，家里难免会有这样或那样的事。2001 年，已是 78 岁高龄的父亲感到身体不适，得知消息后，我向老师请假回合肥。事毕返校后，一次去老师家，老师专门提及此事，问我父亲的身体情况，并说："镇江(之前曾向老师说过父亲要到镇江我哥哥处就医)毕竟不是省会，合肥的医疗水平应该要好些。"老师日理万机，还想着关心我父亲的身体情况，使我非常感动。从此我也记着老师说的话，自那以后 10 多年间，父亲生病时我必定要接他来合肥就诊。

这里我还想提一件有关抽烟的事。2002 年，我与一位师姐一同完成毕业论文答辩后已是中午，于是我们请老师和同学一起吃便餐。期间一位同学拿出香烟并随手递我一支，因老师在场我没敢接。这时坐在旁边的一位小师妹立马站出来进行了检举揭发，说杨家余抽烟很厉害，就会在老师面前装模作样，一时把我弄得很是尴尬。没想到老师说出一句让在场所有的同学都感到不可思议的话："我也抽过烟。"原来是在"大跃进"时期，按照学校的要求，老师带着历史系的学生大炼钢铁，因为是停课炼钢，老师在焦虑中也抽了烟。老师讲完这段往事后，小师妹还是不敢相信自己的耳朵，问了一句：这是真的吗？您真的抽过烟？老师笑着说，当然是真的，不过不久就戒掉了。这段小插曲我至今难忘。毕业以后，我试着戒了几次烟，但难度很大，直到 2008 年 9 月才最终停止抽烟。

六、铭记终身

老师对我们的关爱如同父母对待儿女一样，是无私的、持续的、博大的、全方位的。南大毕业后，老师始终关心着我们的成长进步。我也时断时续地给老师打过电话，向老师汇报自己工作的情况以及遇到的困难，每次老师都会给予鼓励和关心。出版著作时，老师亲笔作序；第六届国际学术讨论会时，老师额外给我与会机会(因爱人生病做手术没能参加)。

这些年来，我在与老师的交往中，真真切切地体悟出：老师的恩情似海深，老师的教诲益终生！作为学生的我无以为报，只能在工作岗位上加倍努力，不断奋进！在这里我想再一次对老师和师母道一声：谢谢！是您点亮了我的人生之路！

我在校期间和毕业以后，还得到了其他老师和同门众位师兄、师姐、师弟、师妹的许多关心和照顾，因为字数有限，不能一一举出，请大家多多包涵，家余也都铭记在心，在此向你们表示衷心的感谢！

张老师是一部大书

杨金荣

学生对老师的了解，或者在课堂上，或者入师门后，或者在老师作品的字里行间。我因为职业的关系，更多的是在约稿、谈稿、编稿的过程中，走近张宪文老师。十几年来，张老师交给我的书稿一部又一部，出版后获得的奖项一个又一个，我最大的心得是，张老师本身就是一部大书。

我在大学三年级时，选修了张宪文老师开设的“民国史研究专题”和“中国现代史史料学”两门课。“中国现代史史料学”这门课，张老师曾应中国现代史学会的邀请，给全国大学历史系青年教师做专题讲座。我因为在南大的缘故，三年级就有幸享受了至少大学历史系助教的待遇，对现代史史料学的脉络肌理有了较清晰的认识，至今我仍保留着“中国现代史史料学”这门课的教材。

工作以后与张老师的第一次接触是在1990年，正值鸦片战争150周年，我和中文系研究生康尔(现南大艺术教育中心主任)、历史系研究生王卫星(现江苏省社科院历史研究所所长)联手创作了历史政论片《百年国耻》，由南京大学党委宣传部和江苏电视台联合摄制，该片邀请张老师担任历史顾问，请他在南京一些重要的近代历史遗址作专家解说。尽管张老师很忙，他还是愉快地答应了，带着我们一行到当年的和记洋行长江码头、南京大屠杀遇难同胞纪念馆等地，现场讲解。我记得当时天气已经很热，太阳已经很晒，张老师没有任何遮挡，讲解非常认真，就像在课堂上课一样。他的严谨的作风给我们留下深刻的印象。

1993年，我到南京大学出版社工作，张老师成了我的作者。我接手张老师的第一部书稿是《民国研究》，这是一本高水平的学术文集，编委会成员囊括了海内外民国史研究的代表人物，有美国的，日本的，韩国的，这在上世纪90年代非常少见。张老师这种学术的国际性和开放性，即便在今天也是可圈可点的。和有些人文社会科学的书稿相比，《民国研究》的国际化、研究型特点非常明显。这样一部代表民国研究前沿水平的学术文集，其出版却颇费周章，请资深历史编辑审过，也请宣传部门领导审过，甚至分管文科的副校长也审过，上级主管部门还是不放心，但张老师既有原则，也有雅量。他对编辑和出版社没有丁点怨言，《民国研究》出版几期后，被迫移到北京一家出版社出版。这件事，我站在编辑的立场，特别敬重张老师。他对审稿没有意见，觉得看一遍兴许可以发现一些没有发现的问题，对一而再再而三的审稿，也没有要大牌、发脾气。

作者选择出版社，是常见的。但言必称某某出版社，非某某出版社之出版不能称出版，似乎有从众之嫌。张老师有自己的理解和判断。他认为，放眼世界，大学出版社是学术出版的主流，哈佛、牛津、斯坦福不仅在学界执牛耳,所属出版社也是学术出版的翘楚。他说,他的学术著作交由南京大学出版社出版,作者赢,出版社赢,南京大学赢。一般作者挑选名社,不排除有自大其身的考量,而张老师考虑的却是,作者和出版社如何整合资源,发挥优势,在南京大学这所百年学府的旗帜下合力做事,可以把图书出版、宣传做得更好。2012 年 12 月,南京大学在北京召开《南京大屠杀全史》新书发布会,学校领导鼎力支持,社会反响很好。张老师说,这就是合力做事的效果。作为编辑,听了这样的话,很是感动,也很感谢张老师对我们的信任、鼓励和鞭策。张老师把他和他的团队的大多数重要学术成果,交给了我们。他领衔撰著的《中国抗日战争史(1931～1945)》、《中华民国史》(四卷本)、《共和肇始:南京临时政府研究》、《南京大屠杀全史》(三卷本),先后在南大社出版。《中国抗日战争史(1931～1945)》、《中华民国史》囊括了江苏省哲学社会科学优秀学术成果一等奖、江苏省优秀图书一等奖、江苏省"五个一工程"奖,《中华民国史》还获得全国大学版协优秀图书一等奖、首届政府出版奖印刷复制提名奖;《共和肇始:南京临时政府研究》入选新闻出版总署纪念辛亥革命 100 周年 20 种重点出版物,并与香港中和出版社联合出版;《南京大屠杀全史》的出版更是引起学界、出版界及新闻界的极大关注。张老师和他团队的另一重要成果两岸四地合撰《中华民国专题史》18 卷,即将进入编辑出版流程,2014 年上半年将与读者见面。

编辑和出版社连续十多年,得到同一作者多部有分量的书稿,并且取得非常好的社会效益,是很幸运的。这种幸运还带来了放大效应。我们在分享张老师学术资源的同时,也分享了张老师的学术人脉资源。他不仅乐于把他和他团队的书稿交给我们,有时还向我们荐稿。2002 年 11 月,他向我推荐了《陈诚回忆录》(抗日战争时期),这套书已经在台北国史馆出版过,但大陆读者多不知晓,该书为深入了解国民党正面战场,提供了大量第一手的史料。张老师还亲自为该书写了推荐书:"《陈诚回忆录》(抗日战争时期)是陈诚赴台下野后,经认真整理而作。该回忆录提供了大量第一手不为人知的历史资料和史实。由于其所处的地位,故其回忆录有重要史料价值,回忆录中所辑录的蒋介石电文,也是世间所未见的。"推荐书共三页,密密麻麻。为了这部书稿顺利出版,张老师还专门安排我和《陈诚回忆录》的版权持有人、陈诚的女婿余传韬先生,长女陈幸女士在中山大厦见了面。虽然,《陈诚回忆录》最终没能在江苏出版,但张老师为我们推荐书稿一事,令我感动,也让我在拓展优秀稿源方面受到启发。

张老师身上散发出的生命与学术活力,让人很难想象他已近八十岁了。他真有孔子说的"不知老之将至",每隔几年就会推出有影响的学术作品,这在学界已不多见。这固然是因为张老师有众多的弟子,有一支研究民国的队伍。而凝聚这支队伍的,除了师门传承的学统,更重要的是张老师的人格力量。在无数次编辑前期介入讨论书稿的过程中,我亲身感受到张老师既严格又包容的人格魅力。严格体现在他对学术质量和学术规范的一丝不苟,他要求每一部著作引文必须逐一核对，尊重前人或他人的学术劳动；包容体现在他对每一位合作者的理解与尊重。

读者可以从张老师的著作中感知他对民国史研究的贡献，对民国研究后起之秀的培养，与海外民国史研究同道的交流互动，以及对整个民国史研究的规划、思考。还有一些倾注了张老师心血的东西，没有形诸文字，甚至为人所不知。

2005年前后，张老师一直担心在台湾当局去中国化的背景下，存留在台湾地区民国研究的重要史料流失海外，如果那样，中国学者研究民国历史还要远涉重洋，这只有在国家积贫积弱的时代才会出现。张老师利用自己的学术人脉关系，积极联络国内学者，争取把流落海外的珍稀民国史料集中起来。他多次联络国民党要人的后裔，如蒋方智怡、宋曹琍璇等，希望把两蒋日记、宋子文文档等珍贵民国史料在大陆收藏、整理、出版。此倡议得到国内知名学者及南京大学主要领导的支持。了解到此事后，经与张老师商量，我利用江苏省政协委员的平台，提交了一份《建议在南京建立民国珍稀史料馆》的提案，希望引起海内外媒体的关注，以推波助澜。2010年，我们又以“海外民国珍稀史料与高水平民国研究作品”的名义，争取江苏省文化产业引导资金项目。此前，张老师已经动员了不少民国政要后裔，将一些民国历史人物的重要遗物、收藏、书信、日记等捐赠给南京的大学和收藏机构。例如，原国民政府司法院院长居正的后裔将价值百万美元之巨的乾隆皇帝六子永瑢手书《金刚经》真迹捐赠给了南京总统府。

2010年起，张老师开始谋划两岸四地的史学工作者共同就若干民国史领域的专题进行合作研究，并将成果出版。大陆学者主要由江苏地区的民国史研究者领衔。为此，张老师和江苏省历史学会会长周新国教授牵头，我以江苏省政协委员的名义附议，在江苏省两会期间，联名给当时的中共江苏省委书记梁保华写信，希望以此作为苏台文化交流的抓手，请江苏省委、省政府给予支持。这一设想现在就快变成现实，其意义已经超越了学术本身。这些在在说明，张老师不只是埋头书斋，他肩承了知识分子“未敢忘忧国”的道义。张老师每一次重要学术成果的问世，都给国家经济社会和文化的发展，提供了重要的学术支持。张老师始终耕耘在民国史研究的前沿，他的研究既是学术界重要的课题，也是国家发展战略的重要选项。

好作者，如同好书，可遇不可求。我深感有幸能遇上了张老师这样难得的老师、难得的作者。编辑与作者打交道，最终让读者看到的是作者的作品，而有些看不见的东西却是读者无法分享的，只有编辑亲身感受，并让编辑终身受用。张老师常常告诫我不要丢了专业，重要的学术会议，他总鼓励我以学者的身份与会，而不是以编辑的名义参加，他甚至推荐我去澳大利亚拉筹伯大学做高级访问学者。这些年，我因为得到像张老师这样的名学者的支持，在编辑领域也取得了一点成绩，成为江苏省首批新闻出版行业的领军人才。

在张老师八十大寿到来之际，我写下这些文字，表达一位学生对老师、编辑对作者的敬意！

感悟先生

杨 菁

我于1992年考入南京大学历史系，攻读中国近现代史博士学位。那一届南大历史系共招收了7名博士研究生，我一人有幸成为张宪文教授的弟子，这源于我父亲与先生的渊源。攻读博士学位3年间，虽与先生经常接触，但颇有距离感，或许是我的性格使然，因此与先生学业以外的交流较少。1995年我博士毕业后到了杭州大学历史系任教，按常理，与先生的接触少了许多，但对先生的了解却加深了，现举二三事明之。

记得对于我2004年从浙江大学(1998年杭州大学并入浙江大学)调入浙江工业大学一事，先生并不十分赞成，可能是觉得浙工大没有历史学专业，此番调动有可能影响我日后学业、事业的进步。此后先生对弟子的关爱却更多了，每每抬爱，邀请弟子前往参加先生主办的学术会议，2006年还安排我进行了为期两个月的出国学术访问。由此，我有机会结识了更多的学界领军学者，拓展和加深了我的研究视野，也更深地融入了张门其乐融融的弟子圈。与此同时，我也切身体会到先生对弟子"润物细无声"的关爱、扶持和期许。特别是近几年来，宋美龄研究课题组的活动，令我感悟更多、更深。2009年10月，先生亲率包括我在内的8名张门女弟子赴台考察、访问和查阅资料，在台湾学界刮过一阵不小的旋风，且余音袅袅。在台的一个月，先生亲力亲为地安排了日常事务，可谓是工作紧凑有致，收获丰硕，生活也多姿多彩。一个月的"亲密"接触，及其后研究工作的开展、课题组的定期交流，令我对先生的严谨细致及精致的审美观有了先前不曾有的了解。

先说说张门的"严风"。记忆中我在攻读博士学位期间先生未曾给过我任何压力，更未批评过我，或许是当时的南大尚未对博士生发表论文有明确要求，抑或是先生对我这个女弟子有些不忍严苛。15年后我总算"领教"了先生的张门"严风"。那是2010年年初，先生安排我与良芹、潘敏等合作编写《宋美龄、严倬云和中华妇女》。为进一步搜集资料、照片，我们几人再赴台湾。赴台前，先生已初审了我们各自的稿子，赴台后我们一边搜集资料，一边修改稿子，先生则电话遥控指挥，紧紧跟踪我们的进度，以致我们不敢丝毫懈怠。白天查阅资料，晚上修改稿子。当我们将修改过的稿子以邮件方式寄给先生后，原以为可以放松几天，不想先生很快就将修改意见发过来。记得那天正有一位台湾朋友请我们喝茶、吃饭，师妹们多少了解先生的脾气，念着先生可能会来电指示修改文稿，于是喝了茶后婉谢晚饭，赶紧回旅馆。真是心有灵犀，我们回到住地一会儿，先生就来电话了，并将修改过的内容、文字以传真方式发送过来，修改得非常仔细，不仅是内容，连一些表述也进行了反复推敲并加以说明。我们也丝毫不敢懈怠，那晚我们几人一直忙到约10:30才出去吃了晚饭。这部书稿经过严倬云女士的审阅，又送台湾著名学者审稿，送出版社后再经多次校阅，最终在台湾出版，颇得好评。

接下来便是在先生的统一部署下，课题组成员各自分头编撰有关宋美龄的书稿。而每一部书稿从书名到提纲，均经课题组成员共同商榷。开始撰写后，先生不时召集课题组会议，了解大家的写作进度及写作过程中的问题，让大家充分地交流、讨论，并及时给予建设性意见。书稿完成后，先生先是安排专家审，各自根据审稿意见进行修改，然后再把大家召集起来当面互审，再修改。我参加过丛书的编写工作，这样的经历却是第一次。古语说"人生七十古来稀"，在讨论过程中，年近80的先生精力之充沛、思维之敏捷、眼力之好使，实出我意料。先生不仅参与我们的讨论，不时给出高屋建瓴的意见，在我们翻动PPT作汇报时，他还会冷不丁地指出文中的错字，先生的严谨、敏捷，实在令我叹服。

再说说先生的审美力。先生的仪容、风度有目共睹，实不用我在此赘言，我要说的还是我们在台湾的一次经历。那是一个周末，国史馆闭馆，先生带我们参观故宫博物院。参观完毕用过午餐后，先生本打算带我们去另一景点，途中经过一家台湾名品服装店，漂亮的服饰吸引了我们的眼球，我们有些踯躅不前，我更有买一套正装以便出席活动的迫切愿望，我们"小心翼翼"地跟先生提出了想进去看看的想法，喜出望外的是先生笑呵呵地非常爽快地答应了。更令我"受宠若惊"的是，先生还坐在一张椅子上，耐心地看着我们一个接一个地试装，不时给出中肯的点评意见。先生点评着装之水准，在我看来就像对学术论文之点评。记得当我试穿了一条连衣裙走出试衣间时，先生立即说就这件了，款式简洁大气，很合身。随后又补充道：下摆若短一点，只及膝盖会更好，还说可以回大陆后找裁缝改一改。先生精致的审美观由此可见一斑。

由上述的二三事，我真切地感受到了先生的品格魅力。

愿先生无论学问还是生活，始终风度翩翩！

八秩春秋　桃李天下

姚群民

欣逢张老师八十华诞之大喜，学生我有幸两度投入老师门下，攻读学位，沐其教泽，得以滋养心田，受益无穷，感怀万千。谨以短文，庆贺恩师喜度八秩春秋。

回想起来，我与恩师结缘还在1988年前后。1986年，我大学刚毕业，分配在南京师专任教，从事中国现代史课程教学。因学校初办且偏于一隅，信息较为闭塞，手边资料也少，教学中困惑与纠结时生。适逢张老师主编的《中华民国史纲》出版不久，学术界好评如潮，乃心生到南大旁听老师讲课之意，有幸在西南楼聆听导师开设的"中华民国史"等课程。

记得张老师每次上课，从介绍海内外有关课题的研究动态，到阐述自己潜心所得，视野开阔，或详或略、或轻或重的诠释与阐述，配以风趣幽默的话语，深深吸引了我们。课堂上，老师溢于言外的那份对历史的理性批判精神，更为学生们所折服。

1990年秋，我和王云骏、刘孟信等考入南京大学历史系，发愿跟随老师，不过选导师志愿表交上去时，心里还是忐忑不安的，未知老师能否"相中"。结果出来，承老师不弃，乃遂愿跟老师攻读硕士学位，得以亲炙其学术风采，历时三年。

其间张老师已经是国内外著名学者，且任历史系主任，行政工作繁忙，讲学既多，所指导博士生、硕士生也有20人，海外学生慕名前来拜师学艺者也不乏其人。但老师毫无名师架子，课堂讲授，尽其潜心所得，还不时布置选题，嘱研究生查阅资料，准备提纲；每次课上，必须逐一发言，参与讨论，师生切磋，平等交流。学生亦于此间，不断增强了阅读文献档案的意识和能力，所获良多。

1991年张老师因去美国讲学半年，限于当时通讯条件等，不能时时加以督导，乃嘱陈谦平、陈红民、申晓云三位老师临时指导我与刘孟信、陈希亮等人。三位老师亦是尽心尽责，按照张老师的指导精神，要求我们制订一学期的学习计划，列出阅读书目，且时时垂询。

张老师于授课、指导之余，还不时抽出时间，深入到学生宿舍，检查自学情况，关心业余生活，长谈不倦，使人肃然起敬。有时中午，我们几个室友偶尔会摸下扑克牌，心里却是不太踏实的，因不知道张老师会不会来"查岗"。后来干脆取消了这个活动，改到图书馆看资料去了。

每至春秋时节，张老师会邀约全体学生到南京城内景点游览，当然那时所谈不全在于学业，老师的早年经历，如报考南大往事、大学生活，兴趣爱好等，亦毫无保留地与学生们分享。回想起来，鼓楼高岗，玄武湖畔，师生同游，其乐融融，温馨场景至今历历在目。

2001年，我有幸再投老师门下，其时张老师科研任务更为繁重，所带博士研究生多，更有教育部人文社会科学重点研究基地建设、国家级重大科研项目组织工作等。但张老师总是亲自指导学生，从专业理论课讲授、论文设计与开题报告会、答辩等，无不亲力亲为。在当今社会学术风气渐行下落，很多导师常以助手来指导学生的做法相比，难能可贵，令人感动！

张老师指导博士生，首重严谨学风之养成，强调档案文献材料，特别是第一手材料在史学研究中的意义和作用。他告诫我们：引用材料，务须注明原始出处，包括标点符号，杜绝断章取义，坚持论从史出。凡授课、组织研讨、开会时，无不强调叮嘱。为了强化学生重视第一手文献资料及运用档案的意识，他还专门组织博士生参与了《中华民国史》（四卷本）的资料核对工作，全体学生下到南大图书馆期刊室、二档馆等处，对书中所有引文史料，进行核对。历时近两个月的工作，使同学们深受教益，由此也养成了正确应用史料、鉴别资料的能力。

张老师在五十余载的教书育人、科学研究的历程中，大力倡导严谨的学术作风，坚守高尚的学术道德，弘扬勇于创新的科学精神，用自己的人格魅力、学术贡献和不断创新的人生境界，诠释和丰富了南京大学“诚朴雄伟、励学敦行”的文化精神，为海内外中华民国史研究的不断深入和社会文化建设作出了重要贡献。

张老师渊博学识，却甘心放弃很多常人看来更优越的选择（如到政府机关当官）。他，宁静致远，淡泊名利，严谨治学。这种崇高的境界和品质，是我们这些学生和年轻的学者应当认真学习和继承发扬的。

张老师桃李满天下，培养的研究生大多学术功底扎实，相当多的已经成为高校、研究所的学术精英或业务领导，分布于海内外，“张宪文老师的学生”，已经成为学术圈很有影响力的招牌。

回顾我在南大中华民国史研究中心求学的6年，幸得张老师本真求实的悉心栽培，兼有诸位贤哲良师学问精神的传承守望，自是受益终生的精神财富，心存的感恩之情历久弥深。于今，虽自己学业未精，然向学之心始终未减，老师绵长的学问精神依旧滋润和激励着我。身为高校教师，在当今高校推行导师制的管理模式下，如何指导学生，引导他们做人做事，张老师的精神风范无不深深地启示和影响着我去不断努力与实践。

感念与恩师张宪文教授的首次直面交往

岳谦厚

我“认识”张宪文先生是从上大学本科时阅读他主编的《中华民国史纲》开始的，1998 年 11 月南开大学历史系博士研究生即将毕业时又有了书信往来，次年 9 月师从先生在南京大学中华民国史研究中心从事博士后研究则将两人关系推进到一个新的阶段。2001 年 12 月博士后出站至今 10 余年来，我与先生的密切联系始终未断，或邀请先生前来山西讲学与考察(先生对山西的自然与历史人文景观赞叹不已！我想这是发自内心的！山西地上木质结构文物约占全国 70%以上！)，或邀请先生前来山西大学主持博士研究生毕业论文答辩，或亲自参加先生在南京组织的各种学术会议，至于电话交流更是“家常便饭”(有时晚上十一二点钟才打电话，一“聊”数十分钟，我多数时候讲的都是“醉话”或“酒话”，先生从来不弃，至多说“又喝多了吧?”“以后少喝点，注意身体!”——和生我养我的父亲说的一字不差!)。适值先生八十华诞之际，谨将与先生第一次日常学术生活交往中的“琐事”“录制备案”，以常思常念，莫忘师恩之情。

1999 年 9 月 15 日，我去南京大学报到，当天办理完入站相关手续后即于晚上觐见先生。记得是与南开读硕士研究生时的好友、时为先生高足的建军(现在社会科学文献出版社工作)同学一起去的先生家里，这是我有生以来第一次见到先生。谈话时间大约持续了一个多小时，先生很健谈，讲的基本上都是学术方面的事，我们几乎没有插话的余地，当然我亦不敢插话，生怕说漏了嘴，第一次就给先生留下形象不佳的记忆。

先生的讲话内容大致分为三个层面：首先，先生表明对我的博士后研究选题很感兴趣，同时根据自己的研究经验说明选题可能会受资料限制，做起来有相当大的困难，后来的研究实践证明先生并非虚言。先生之学术识见，特别是对民国史料之掌握程度及其研究选题之把控能力，至今令我钦佩不已，真乃当代中华民国史史学大师也。其次，先生从哲学的高度讲到“学问是一种兴趣，亦是一种价值”，做学问要有耐得住寂寞的精神，要有“板凳十年冷”的功夫，要将之作为终生的事业去从事。又讲到历史使人明智、哲学使人彻悟、文学使人灵动，要用哲学的思想去解读历史，要用文学的语言去描述历史，要用合理的逻辑去推演历史。此则表明先生似乎又不仅仅在从事一门学问，这一切融汇于他的内心深处，体现出一种独特的学术修养和学人气质。再次，先生在前述话语的基础上，郑重地向我提出最好辞去山西师范大学历史学院院长一职，以便潜心从事博士后研究。先生讲了好多理由，其中关键一条是南京大学历史系招收博士后没有几届，遴选标准规格很高，主要是为本系储备师资力量，希望我学业完成后能够留下来从事科研教学工作。

先生对我的厚爱和器重不言而喻，遗憾的是山西师范大学校领导坚决不同意我的辞职请求，一直到我博士后出站前在山西大学历史文化学院工作两年后的2003年12月才正式免去所担任的职务。

时间至今已过去十四五年，先生对我仍然眷念难舍，数次邀我调回南大工作，现今难以成行。先生乃一介书生，我亦一介书生，况且我生于山西长于山西，这种感情先生无法感悟。我爱南大，更爱恩师，但恩师所处环境和地位无法理解我的苦楚，因为恩师是大师名师——以为我是他的子弟兵，一声号令之下就能"招之即来，挥手必去"，呵呵，我有自己的考量(现在年纪大了——四十多岁了，和恩师开个玩笑，山西大学的校长和党委书记均说"谦厚是当代李白"，老师您会"亦喜亦忧"吧！呵呵！)，我想"当大官"、"赚大钱"、"娶美女"(湖南某中学尹老师曰：读书为得三件事，乃"娶美女"、"赚大钱"、"做大官"是也)——不一定是真的！说到底，生活很实在，每个学生都有自己的实践理念，先生道德高尚、学术宏硕、思想解放、视野开阔、包容个性、宽待"异己"，学生无不会视为良师"益友"也！

抚今忆昔，先生深知我在日常生活上"狂放不羁"(在山西"骂领导"很有名)、在学术研究中"个性张扬"("有资料就说实在话")，希望我随着年龄渐长有所"收敛"，难啊！难啊！先生经历过"反右"运动，亦经历过"文革"运动，学生什么都没经历过，只阅读过先生书写的历史书籍——有的我能体悟，有的我无法体悟——历史学研究的奥妙或许就在于此！

先生是学术导师，是人生导师！我会永远将先生传递给我的学术使命和人生价值进行到底！

师恩难忘！祝吾师学术青春永驻，生物年龄可比南山，幸福指数犹如东海！

师恩如山　师恩如海

——写在张宪文老师八十华诞之际

查灿长

今年是导师张宪文先生八十华诞。回想十几年前在张老师身边读博时的日日夜夜、点点滴滴，令人久久不能忘怀！

曾记得在1995年，我第一次参加南京大学民国史专业博士生考试后的面试时，在历史系的某个办公室里见到张老师（当时还见到了慕名已久的历史学家茅家琦先生）。那时的张老师虽然已是头发花白，但精神矍铄，和蔼可亲，没有大教授的威严和架子……我第一眼就喜欢上了这位学贯东西、待人真诚的老学者。然由于临时要出国的原因，我不得不放弃了第一次当张老师学生的机会，这使我后悔了好几年。

之后的几年，我断断续续地在国外或国内折腾，直到1999年夏我从美国回来后，几年没有学术成果的我在惆怅彷徨之际，又产生了一个强烈的冲动——再考张老师的博士生。徘徊一旦变成决断，立即有了信心。记得当年的年底，当我鼓足勇气给张老师家打了一个电话，方知张老师因患胆囊炎住院开刀，因而没有与张老师联系上。然我没有放弃。2000年春节大年初一一早，我便给张老师家打电话拜年，时隔几年后再次听到张老师的声音自然令我激动不已，更令人高兴的是张老师的身体恢复得不错。当我提出是年决心再考张老师的博士生后，张老师的宽容、厚爱和关心让我至今都不能忘怀。

2000年的9月，我真的非常幸运，成为张家师门名副其实的弟子，从此在张老师的门下开始了我的博士生阶段。在这里我聆听老师的谆谆教诲，汲取民国史的学术养分，深入研究中国现代化的内涵真谛。在这里我认识了来自祖国各地的师门中的同学和朋友——那时的生活和学习不知有多么惬意和快乐，那时的我们是多么真挚和友善！

记得张老师每次召见我们时，都面带慈祥地坐在前面，我们围着桌子坐成一圈，每一个同学都认真地向张老师汇报自己的读书和科研情况。张老师认真地听着、记着和思考着——那种场合是我们最清醒、最谨慎、最忘我的时段，也是我们与张老师进行真正交流、互动的时刻——这一情景虽然至今已过去那么多年，但是仍历历在目，恍若昨天。

当然，每当我们完不成“作业”，或在科研上“懒惰”的时候，张老师的“严肃”也是令我们“胆战心惊”的时刻。犹记得几位师兄（恕我不在此写出他们的具体姓名）的开题报告被张老师批得“体无完肤”的情景所给予我们的冲击和警示，由此，我们便“小心翼翼”、“如履薄冰”般地抓紧时间搞“科研”了。

2002年春是我博士生阶段的重要转折。一次在读博士生集中会议上，张老师提出希望我们还没有决定学位论文选题的可以考虑研究澳门问题。也就是在这次会议上，在张老师的极力主张和鼓励下，我和娄胜华决定研究澳门问题。我的研究问题为“澳门现代化研究”，并将该问题作为自己的博士论文选题。

题目好定事难做！在澳门基金会吴志良先生(以后是我和娄胜华第二导师)的支持下，我和娄胜华兴致勃勃地来到澳门查阅资料，并向吴志良老师请教。在澳门的15天很快过去，自己带了一大堆自以为是的“资料”回到了南京，向张老师汇报。在张老师的鼓励下，我开始了自己人生学术生涯中最重要的博士论文的写作。但问题接踵而来：澳门的400年历史你懂吗？澳门400年的政治演进与政治生态你知道多少？澳门400年的经济形态、经济转型及经济结构你知晓和理解多少？澳门400年的文化融合和跨文化传播的路径和特征你明白和研究过吗？面对诸多从未接触过的各种资料，当时可说是一头雾水、不知所措。几个星期之后，陷于绝望的我在一天晚上硬着头皮敲开了张老师的家门，几句问候之后我直奔主题，在谈了自己的问题之后问张老师，我的有关澳门问题的博士论文还能做下去吗？张老师斩钉截铁地鼓励我：“没问题，做下去，出问题有我呢！”这一场景我至今记忆犹新，当时的心情亦记忆犹新，永远难忘。

2004年4月，我将这篇凝聚张老师(包括澳门吴志良老师)无数心血和期待的博士论文初稿在民国史研究中心呈递给张老师，两天后收到了张老师的反馈意见，对于其中宏观视域、问题意识、论证思路、结论总结等等，都给予了令我感动不已的批评和意见。2004年6月，论文最终稿再一次面呈张老师，当得知我将要工作调动而需要尽快完成学业时，张老师急我所急，想我所想，及时征求了澳门吴志良老师的意见后，单独安排我博士论文答辩。

2004年7月28日，是我终身难忘的日子——我的博士论文答辩。张老师亲自坐镇(每次学生答辩时，他都会亲临答辩之地)，我的论文顺利通过。记得那天中午在请答辩教授午餐上，当我向张老师敬酒时，我心里的感激、感动、感恩无法用语言表达。看着张老师的满头白发和清瘦的身影，我的眼眶湿润了，1954年出生的我那年整50岁。

2004年8月我离开南京大学，离开张老师后，至今已有近10年的时间，期间也曾与张老师见过面，但次数不多。前年在南京大学纪念辛亥革命100周年的会上见到张老师，他还是那样矍铄，那样精神，那样慈祥……

敬爱的张老师，您永远是我的导师、恩师！我衷心地祝愿您永远年轻、永远快乐！

从重庆到南京

——跟随先生攻读博士学位

张　瑾

我是一个土生土长的重庆人。从1981年考入四川大学历史系读本科，本硕连读，在成都一待就是七个年头，那是我历史学专业的启蒙岁月。不过，作为本专业"科班"出身的我，真正在学术上的起步，是从1996年秋考入南京大学历史系，跟随张宪文教授攻读民国史博士学位开始的。现在想起来，获得南大的学籍，一旦跟随了先生，似乎我就是南大民国史中心的"终身制"博士生了，可谓一读再读。1999年夏天，我从南大博士毕业。离校后，至今我依旧是导师的学生之一，因为，直到今天，我都还在继续跟随导师"读博士"——做课题，导师带领我们在做一个又一个的课题！

我非常幸运，能够成为先生的学生，那是1996年秋天的事了。在南大读博的岁月，是一段十分艰苦的日子，但那又是我学术生涯中关键的时期。记忆深刻的事情简直太多了：校园里"今日我以南大为荣，明日南大以我为荣"的巨大横幅、导师研讨课上的启发性问题、同门大胆畅想的侃侃高论、民国史中心各种高端的学术讲座，以及导师定期督察研究进度的严厉。至今还清楚记得，每当导师召集同门工作会上，每个同学必须汇报近期做了哪些研究工作，成果如何。导师常规性的问题总是让我汗颜，尽管在读期间，自己已完全达到南大博士生毕业的三篇论文要求，但与同门师兄师妹比较，还是愚笨无比，写起论文来就像蜗牛。

我读书的时候，导师在南大民国史中心开创了一种国际化程度极高的开放式讲座教学方式。凡是路过南京，或者顺道访问国内的民国史大家，导师都要请来给我们作讲座。那真是学术的盛宴！当时我并不太理解导师这种精心的安排。这样的训练只有等我到美国后，才体会到其价值所在。1997年夏天，我因获得美国康乃尔大学东亚中心研究基金资助，赴该校访学。此间，我坐进了历史系高家龙(Sherman Cochran)教授的"中国近代问题研究"研讨课的课堂，那是我第一次在美国历史系研究生的研讨课上参与讨论，自如地发表个人见解，南大民国史中心的学术讲座训练为我未来的国际学术交流打下了坚实的基础。

我的博士论文从选题到史料的收集，从论文提纲的酝酿、修改到论文的写作都是在导师的悉心指导下完成的。导师严谨、求实的学风和高标准的要求让我不敢有丝毫的懈怠。因为我是重庆人，导师建议我以民国时期的重庆历史为方向。殊不知，这竟激活了我长期的研究兴趣，并开辟出我一生都做不完的课题。

在南大攻读博士的三年，有近一年是在美国度过的，我的博士论文提纲是在康乃尔大学完成的。导师很担心我在美国荒废时光。记得1998年的早春，我完成了开题报告的初稿，并从康大东亚中心以发传真的方式传回南京大学。那时候，民国史中心还没有传真机，我只能通过校长办公室的传真机转给导师。那是一份整整12页密密麻麻手写的中英文传真，我想导师收到后一定很高兴，因为接到传真后，导师给我打来了越洋电话。电话里，导师对我的提纲一一给予指导，并指出选题太大，应再作修改以完善。

回国后，我全身心在南大撰写毕业论文。当论文初稿出来后，送给导师审读，一稿又一稿。有时候，导师尚未完成阅读，我又送去了第二稿、第三稿。这样下来，有一次，听导师说："读你的论文真累！你习惯写长句子，是不是在美国用英文用多了？"导师委婉幽默的说法，让我明白了自己在写作上存在的大问题。记得在我博士论文答辩结束后，导师笑了，他很满意我的论文答辩，说："是读了不少史料！"后来，我的博士论文获得2002年度南京大学优秀博士论文奖。

1999年夏，我从南大毕业后，从未中断过与导师的联络，而先生则始终是我学术之旅的导师。导师一直关心我的学术研究工作。南大民国史中心的学术会议，我基本上没有缺席过，每次会议都能提交自己的新成果，专业上我并未离开导师的指导。而当我发现导师可以用手机发短信时，我真的很高兴，我们之间的交流就更常态化了。除了逢年过节的问候之外，长长的信息交流，少不了我向导师汇报学术研究的心得。我的信息很长，而导师的指点短信，有时候是没有标点符号的，真是"一气呵成"。而当他觉得需要的时候，往往是打来长途电话。我毕业了，却从来没有离开过导师的指点，更没有脱离南大民国史中心的学术氛围。

导师的学术地位很崇高。在国内如此，在美国也是如此，作为导师的学生，我自然"沾光不少"，不管是在国内还是国外，只要告知是张先生的学生，都会受到同仁的尊敬，我为此深深地感到骄傲。2009年夏，我在美国斯坦福大学胡佛研究所档案馆查阅蒋介石日记，在那里查阅蒋介石日记的著名学者，都是导师的好朋友。因为我是张宪文先生的学生，我的"地位"陡然提高。记得我抵达斯坦福大学的时间赶巧和复旦大学吴景平教授同一天，胡佛研究所的访问学者、宋子安的媳妇宋曹琍璇（Shirley）女士当晚为我们"接风"。餐馆就在我们住宿的Coronet Motel附近的Palo Alto街上，是一家很好的上海餐馆。2006年夏天的民国史溪口会议上，我曾见过宋曹琍璇女士，但真正交流是在重庆由老韩引见的一次晤面。宋曹琍璇女士很敬重我的导师张宪文教授，对我这个张先生的博士生也特别礼遇。这次在斯坦福又见面，更是格外亲切。

在胡佛研究所，我还遇到了导师的老朋友鹿锡俊教授夫妇，他们已经在这里阅读蒋介石日记很长一段时间了。记得鹿锡俊教授夫妇在离开旧金山前一晚，设宴答谢宋曹琍璇女士和郭岱君教授，并款待来胡佛研究所阅读蒋介石日记的同行朋友。因为我是张宪文教授的学生，自然就成了他们夫妇特别邀请的对象。聚餐的地点在距离斯坦福大学一个多小时车程的海边小镇上，是一家台湾人开的餐馆。

由于我并不知道晚餐地点离斯坦福大学还有一段路程，加上胡佛档案馆闭馆以后我未去“教授咖啡屋”报到，让我一时找不到“大部队”，只好失望地打道回府，乘校车回旅店。我至今都记得，鹿教授夫人许老师从酒店门前驶过的一辆轿车上伸出头来，大声呼喊我的名字：“张瑾！你去哪里了？我们到处找你！”许老师找到我的那股高兴劲，真感动人。而我一见许老师，自然也欣喜万分。许老师用浓重的“下江”口音急促地说：“今天要是找不到你啊，鹿老师不知道会怎样埋怨我办事不周到呢！”晚餐回来，我在旅店的房间门上才发现许老师下午为找我留下的纸条，依稀记得小纸条上娟秀的字迹密密麻麻地写道：“张瑾，你在哪里？我们到处找你，等你四十多分钟了，很遗憾我们必须走了……”由于找我，我们这辆车最晚到餐馆，宋曹琍璇女士，郭岱君、鹿锡俊、吕芳上、曾锐生、吴景平教授都已经在座。对我来说，这不仅是一顿丰盛的晚餐，还是一场“听”大家“说”蒋介石日记的聚会。我深深地为自己作为导师的学生而自豪。事实上，导师是民国史领域受人尊敬的大学者。自1997年，我去过的美国大学里，没有不是他的朋友的，比如康乃尔大学的高家龙教授、哈佛大学的柯伟林（William Kirby）教授。

2009年3月8日，我回到南大民国史中心，接受了导师委托的课题任务“宋美龄与近代中国”之“重庆时期的宋美龄研究”。重庆时期的宋美龄研究，对我而言，是崭新的课题。

从接受任务开始，导师又重复着他的博士生导师的义务了，特别强调史料对于史学研究的意义。记得当选定题目之后，导师总是说，你去挖掘一下史料，看看有什么新的东西？导师的鼓励，逐渐养成我坐档案馆和图书馆的习惯。从1997年开始，我走上一条“探寻海外档案文献中的重庆之路”。除去中国重庆、南京、北京、上海、台北等地的档案馆，我还曾经到过美国康乃尔大学、哈佛大学、普林斯顿大学、耶鲁大学、斯坦福大学、卫斯理学院、美国国家档案馆等机构，系统搜集从传教士、商人、外交官、记者到政治家、旅行者等群体有关重庆的文本。中外文献中的重庆图像是我最有兴趣搜集的资料。这些年，我埋头史料堆，资料搜集的任务时间越拖越长，有时候甚至无法从史料中穿越回来。一篇论文，可以做上五年的史料核对补充，到头来发现已经累积到一本书的厚度了。电脑里带回来的重庆相关文本真是太多了，我已经深深地陷入了浩如烟海的“中外文献中的重庆文本”之中，甚至有些不能自拔。

宋美龄课题的研究任务接受后，我又开始埋头于史料的搜集工作，时间很快，四年就这样过去了，我一直在史料中爬梳。导师知道我喜欢沉溺于史料，总是鼓励我要拿出成果来，他说：研究成果不可能尽善尽美，要学会与同行共享研究心得！2010年夏开始，我在哈佛大学做富布赖特学者，期间，导师多次打来越洋电话，敦促我抓紧时间，集中精力完成书稿。电话中，他反复阐释他对“重庆时期宋美龄研究”的想法，他强调，一定要创新，走出一条新路来，好好思考宋美龄在重庆时期的实践活动。还是那句话，要我去挖掘新史料，不能重复别人写过的东西。宋美龄的书稿，因为书稿时间紧，我曾经几度想放弃，在导师的鼓励下，2013 年 7 月，我终于完成了初稿。

我以为，“重庆时期的宋美龄研究”是我的第二个“博士学位论文”。经过四年半的艰辛工作，终于完成了这部尚需完善的书稿。如今，导师又开始布置研究任务了，南京大学民国史研究中心与山东画报出版社集团有限公司合作的重大项目——“日军侵华图志”。这一次，我勇于承担任务，主动请缨“无差别大轰炸卷”！新的研究任务给了我又一次跟随导师做课题的机会，我也就继续随导师读博士了，我真是幸运！

实际上，从重庆到南京，从南京到美国，导师对我的关怀远远超越了学术成果本身。毕业后，导师继续着他一贯的严厉风格，关心我的学术前途。他总是担心地说：“你老出国干什么？要好好思考如何在国内建自己的‘窝’！”我知道导师说的是我长期游离于“历史系”的建置之外，依附于其他学科专业在做一些“非主流”的专门史研究。

导师的谆谆教诲，让我异常感动。我想导师是在热切地希望把自己长期的学术心得和研究经验传授给学生，希望能够将自己领导南京大学民国史研究中心的经验由他的学生们运用到各个高校研究机构中去。那就是：强调团队合作，高水平的研究项目的协同创新；注重发掘新史料，拓宽新领域，从冷门课题中去发掘热点问题。这样的思路，让民国史研究既有大胆的想象，又能建立在扎实的史料基础之上。导师动员毕业后分赴各个高校有研究兴趣的博士们，继续以大型项目集体攻关，建立一种新型的民国史研究的学术共同体。

导师即将八十大寿，学生衷心祝愿先生健康长寿，带领南京大学中华民国史研究中心取得更加辉煌的成就，我更期待继续得到先生持久的指导。

严师慈父 可敬可爱

——写在恩师八十华诞之际

张立杰

恩师张宪文先生的八十华诞将至，我怀着崇敬之心衷心祝愿先生寿山福海、吉祥安康！

与先生的师生之缘

不知不觉之中，我与先生已相交十数载，先生对我的引领、再造之恩终身不敢忘怀。2001年，我考取了先生的博士生，成为先生的“关门弟子”。得知录取消息时的激动心情至今仍记忆犹新。自1997年硕士毕业后，我一直从事中共党史的教学和研究，2000年在北京参加学术研讨会时，有幸认识青岛大学吕明灼教授。也许是我当时强烈的求知愿望让吕教授感到欣慰，他积极鼓励我读博深造，提议我可以尝试报考张先生的博士生，并热心为我向先生举荐。由此，我与先生结下师生之缘。

南京大学是蜚声海内外的名校，尤其是在民国史研究领域，学界影响力甚大。报考如此名校的重点学科，对我来说压力巨大。那时我虽不知先生已是最后一年招收博士生，但自知以先生之名，报考人数定然不少，而我的专业背景却与民国史南辕北辙，不由得我不紧张，非常担心他老人家会一口回绝我报考的意愿。但事实证明，这种担心纯属多虑。先生在初步了解了我的专业背景和我的想法后，未加评说，而是以宽容长者的语气鼓励我可以一试，大大出乎我的意料。先生的鼓励，无疑是促使我下定决心坚持报考的关键因素。

报名之前，侧面听闻先生对学生要求一向严格，甚至近乎“严厉”，而且已经毕业和在读的师兄师姐们对先生也都是心存畏惧。尽管这些传闻让我压力倍增，但投考先生门下的意志却没有丝毫动摇。这并不是因为自己信心满满，而是我无论对先生，还是对南京大学，都心怀景仰，难以割舍；再则，当时我的工作也陷于迷茫状态，非常渴望有机会在专业上有所提升。这次的坚持，是我人生30年中最需要勇气做出的决定，难度之大可想而知！幸运的是，最终我夙愿得偿。其实，与其说是“幸运”，不如说是先生眷顾我一颗向学之心，给了我这样一个难得的提高学习的机会。

先生对我的引领

就读先生门下后，我越来越庆幸自己当初的坚持。春雨润物细无声。先生无论是在学问追求的境界上，还是在做人做事的态度上，都已经春风化雨般浸润了我，并将继续导引着我的人生。

入学前，我心怀惴惴，担心自己专业功底太差，跟不上先生的脚步，暗下决心不能懈怠。入学后，先生为我们上课的机会虽然不多，却让我印象深刻。先生上课时从来不会长篇大论，他像极了技艺高超的绘画大师，寥寥数笔就能出神入化地勾勒出一幅令人耳目一新的画卷。虽然已年近七旬，先生的思想却从不保守，我往往会被他的一些新思维、新提法所触动。先生的授课风格简捷明了、开放包容、深入浅出，让我深刻体会到厚积薄发、高屋建瓴的大家风范。先生对历史认知的客观公正、实事求是的态度和新颖独特的学术视角，涤清了我头脑中原有的许多错误观念和对历史的不实认知。每每及此，我心中都情不自禁地仰视先生。

随着时间的推移，我日益发现先生为我们构建了一座新的学术平台，我并不是单纯地跟随先生及其他老师们的步伐，而是在这个平台上与老师们共同领略民国史研究的魅力，这让我畅快之至。每次上课，先生都会留出大量时间让大家谈自己的想法。这让我每次上课前都很紧张，不敢稍有懈怠。但这个过程其实让我受益颇多，在先生的引导下，从前期阅读到凝神静思，再到总结思绪、发表意见，其中的提升不是言语所能表述的，一点一滴的灵感往往在不经意之间进入脑海，不断刷新我对民国史、甚至是整个近代史的学术建构。毕业后，我在自己的教学工作中，也采用了这种办法，希望能让更多的人通过这种方法和形式而受益。当然，这种感受只是后来才逐渐体会到的，而当时的临场应对却非轻松之事。面对先生那充满睿智的双眸，唯恐些许的怠惰落入他的眼底，令他老人家失望。我就是在这种既景仰又敬畏的心情中度过了前半段的学习生活。

在我就读南京大学的四年之中，先生给予我的关心和指导，令我终身难忘，是先生引领我坚定地步入历史研究的殿堂，体验到至高的史学研究境界。而先生宽厚仁德与平和待人、公正处事的高尚品格，则是我终生的楷模。在平时的交流中，先生很注重对我们强调学术道德、学术自律的重要性。很多原则性的学术要求就是在先生的谆谆教诲中深植于心，不敢懈怠。

先生以七旬高龄主持民国史研究中心的工作和数项课题研究，事务极其繁忙，但面对我的登门叨扰或电话请教，从来不嫌麻烦，总是耐心为我答疑解惑，引导我开阔思路、建构论文框架。当我的论文写作困于“瓶颈”、精神高度紧张之时，先生并没有太多的言语安慰，也不强加于我任何建议或计划，而是以其特有的宽厚慈爱，给我留下充足的空间，使我重拾信心，投入研究，并终于修得正果。毕业多年后，2009 年我因宋美龄研究课题而再次应征于先生麾下，继续聆训于先生。

我心目中的先生可敬可爱

回想当初在读期间，先生一直有不定期召集所有在读的同门弟子一起开会的习惯，并要求每个人都须在会上汇报自己学习的情况或毕业论文写作的进度。所以，先生的学生即使是隔届的，也互相熟识。自从我们入学以后，这种聚会不下十数次。

每次开会，先生关注最多的是临近毕业的师兄师姐们毕业论文的进展情况。每每这时候，师兄师姐们都惴惴难安，如果论文写作进展不大或质量不好，有可能会被先生当着众人面批评。开始时，我猜想这应该是之前我侧面听闻关于先生“严厉”传闻的一个体现，但实际参与后，我发现开会时的气氛并没有那么紧张，会场气氛往往是紧张中融着轻松、严肃中沁着活泼。先生并不是一味地批评人。尽管有时表情会严肃些，但多数情况下都是笑眯眯的，言谈内外透露出他开会最主要的目的是利用这个机会提醒大家要紧张起来。即使有人在会上拿不出自己的新进展，或因工作等原因而没有用心做论文，先生虽表示不满，也没有太多的苛责，有时甚至会开玩笑地揶揄几句。即便如此，先生那不怒自威的气场仍让在场的人不敢放松精神。

最初，我们刚入师门的学生参加这样的聚会多少是有点轻松愉快的。或许因为我们是先生最后一届博士生，多少享受到一些“老幺”的待遇，我们更多的是到现场感受一下气氛，借鉴师兄师姐们的经验教训，有时还能“借光”享受到会后聚餐(这种聚餐通常是先生掏自己腰包“请”我们)。只是到后来，毕业的师兄师姐走了一批又一批，我们也终于开始面临毕业论文的考验，才逐渐体会到了师兄师姐们那种忐忑与惴惴的心情。

随着与先生接触渐多，在景仰和敬畏之外，我又有了对先生的另一种认知。我亲眼所见的先生严格而不古板，而且人情味十足，并未像传闻中那样厉害。在学习探讨交流之余，先生和大家坐在一起聚餐时，更是谈笑风生，反而在我心中增添了一层温和、慈爱的形象，我私下里甚至认为，这样的先生不仅可敬，而且可爱。这本是心里所想，以我腼腆的性格是不准备示之于人的，谁知一个意外，竟使我在情急之下当着很多人的面把心中对先生的印象说了出来。那是 2003 年 10 月，一众弟子为先生庆祝七十岁生日，我接受谦平老师(也是我们的大师兄)的分工，负责拍一些花絮照片。刚刚结束了一组拍摄，我就地找了个前排最靠边儿的位置坐下，正打算回看一下拍摄的效果，不想主持人谦平老师正好宣布让大家发表感言，从前排开始按顺序来讲，我就这么“幸运”地被谦平老师指定成第一个发言者。毫无准备的我就在这种情况下自然而然地把心里话脱口而出：“很多师兄师姐都害怕先生，但我觉得先生是可爱的。”此话一出，引来在座同门的哄然一笑，我随即又补充：“先生的确是可敬、可爱的！” 于是，台上的先生和师母笑容灿烂，发言在一派轻松气氛中接续下去。

的确，在我心目中，先生是可敬可爱的。可敬的先生宛如严父，在学问上引导我，在人格上感召我；可爱的先生亲切幽默，更像一位风度翩翩、和蔼可亲的慈父。每次到先生家，先生都会热情地招呼我坐下，师母则倒来一杯热茶，端上好吃的果点，让我心中顿时暖意融融，如回到了自己父母身边。这些年盛行过父亲节，我在与家中的父母通完电话后，都会自觉地给先生发上一则短信，或通上一通电话，奉上我的问候。先生的可敬可爱，值得我一生回味和珍藏。

先生有强烈的历史责任感

先生是一位负有强烈史学责任感的学术大家，他思维敏锐，眼界开阔，思想深邃，学术造诣颇深，而且充满进取的激情。先生参与了当年中华民国史研究的破冰之旅，他有时会为我们讲述当年他们那一代人为了打破一个固有的成见所付出的辛苦努力和所担的风险，令人感叹开路之艰辛。当民国史研究一步步走入正常状态后，先生又深感研究进展不能满足现实需要。先生坚信"正确看待历史，才能够拥有未来"，很多研究不能拖延得太久，而凭个人之力又难以完成，于是，他不囿于单纯的个人学术钻研，而是调动四面八方的力量来共同合作，推动民国史某些方面的学术研究走向繁荣和快速发展。以先生的人格魅力和学界影响，这种合作往往很有效率，成果丰硕。这样做不仅带动这些领域的学术研究更为深入，更重要的是，先生凭借自己对历史和现实的敏锐观察，以其深邃的学术视角，抓住很有价值的学术热点问题，从而使研究成果远远超越单纯的学术研究价值，而对国家和社会都产生了深远的历史影响。南京大屠杀的史料搜集、整理和研究就是最典型的例子，宋美龄研究和中华民国史专题研究等项目也同样能体现出这一点。而且，先生通过合作研究的方式，促进了海峡两岸学者间的交流。两岸四地学者能像这样坐在一起共同开展规模较大的研究，在社科领域，恐怕还是先生首开先河。作为学问大家，能够个人著作等身、独善其身，固然值得尊敬；而如果能够操盘掌舵，指引方向，以己推人，带动四方，则更值得推崇。

值此先生八十华诞之际，我祝愿先生的学术之树常青，引领后生更上层楼！

高山仰止，仰之弥高

——记我的老师张宪文先生

张连红

一

人生有多种机缘，但有时一个人或一件事就轻易改变了你的一生。

考大学前，真不知将来会从事什么职业。考上南京师范大学历史系后，感觉到自己可能会一辈子做中学历史老师。在大四第一学期的时候，和班上几位同学相约一起复习报考研究生。经盛鸿老师当时教我们民国人物研究的选修课程，得知我们要考研究生，他非常热心，并引领我第一次去拜访张宪文老师。同张老师的第一次见面，不仅改变了我的研究兴趣，而且也改变了我的未来。

记得是1988年11月份的一个傍晚，在学校食堂吃过晚饭后，经老师约我一起去张老师家。当时南大和南师虽然是近邻，但联系并不方便，没有手机，电话也不普及。因此，我们并没有事先联系，便直接来到北京西路南京大学教职工宿舍区张老师的家，经老师认为吃晚饭前后大家一般都会在家。不出所料，张老师尚未吃晚饭，他热诚欢迎我们这两位“不速之客”。

那时张老师的家两室一厅，客厅不大，三人坐下后，已感觉拥挤。师母十分热情地给我们倒上茶水，后来我们每次到张老师家，照例都是师母给我们倒茶，这几乎成了弟子们到张老师家的一份珍贵享受。

在拜访张老师之前，经老师和给我们上过课的孙其民老师、顾宁老师、吴晓晴老师等都介绍过张老师在民国史领域的学术地位，我也翻阅过张老师主编的《中华民国史纲》以及《中华民国史丛书》（河南人民出版社1987年开始出版）。不过当时我还在犹豫，心里想报考中国人民大学的晚清史，一是北京较有吸引力，同时也想圆未能去北京上大学的梦；二是自己似乎对晚清史更感兴趣。张老师听我们说明来意后，首先表示欢迎我报考南京大学中华民国史，然后他向我们介绍了国内外民国史研究方兴未艾的盛况，以及最近他本人在国内外参加各种学术会议的情况，并约请经老师参加《中华民国史丛书》部分选题的撰写，并说我将来也可以参加。由于《中华民国史纲》的出版，张老师在学术界已奠定了民国史研究的权威地位，但在交流中，张老师十分平易近人，言语中对年轻人有不断的鼓励，我感觉到跟随张老师在南京研究民国史，得天独厚，大有作为。

虽然第一次拜访张老师只有短短的半个小时，但却促使我下决心放弃报考中国人民大学，从而转报南京大学的中华民国史研究。我的人生轨迹也由此改变。

二

“近水楼台先得月，向阳花木易为春。”1992年从南京大学毕业后，我回到南师大历史系任教。1994年我又报考南大历史系，继续跟随张老师在职攻读中华民国史方向的博士学位。由于南师紧靠南大，因此，我一遇难题就可以随时请教张老师。

1997年博士毕业后，自我感觉算是对民国史研究悟出了一些门道，但民国史研究领域较广，而且在南京有许多成名大家。在南京师大，如何确定研究方向，并形成自己的研究特色，我一直在苦苦思考！我的硕士论文题目是“战时外交决策机制研究”，博士论文题目是“民国时期中央与地方财政关系研究”，虽然自认为均取得一些突破，在学术界也有一些反响，但从长远来看都很难形成研究特色。

1997年12月初，在纪念南京大屠杀遇难同胞60周年之际，我开始感觉到研究南京大屠杀的课题日益迫切，日本右翼在不断歪曲并否定南京大屠杀史实，而国内学界研究尚不深入，研究人员也不多，心里一直在思考是否可以此为切入点进行深入研究。有一天晚上，我带着这一问题去请教张老师，选择南京大屠杀研究的时机是否成熟。记得在读博士二年级，即1995年纪念抗战胜利五十周年之际，我曾请教张老师可否选南京大屠杀研究做博士论文。当时张老师认为做博士论文时间紧，任务重，其选题要求需具备丰富的史料基础，且能搭建较强的学理体系，而南京大屠杀研究选题尚不具备做博士论文的基础，其学术性与政治性关系亦难把握，建议我暂不要以此作为博士论文选题。当时自己对此还并不太理解，现在回想起来，张老师的建议十分正确。在1995年前后，在拉贝日记、魏特琳日记等一大批南京大屠杀珍贵资料尚未被发现的情况下，要去做南京大屠杀研究的博士论文是相当艰难的。事过两年，当我再向张老师提出想研究南京大屠杀的时候，张老师却十分支持我的想法，并向我详细介绍了南京大学自60年代开展调查研究南京大屠杀的历史，以及90年代初他同美国日本侵华研究会邵子平等人准备在南京召开南京大屠杀学术会议但被迫中止等情况。他建议我先从广泛搜集史料、选择学术视角着手，开展南京大屠杀的研究。我听从张老师的建议，选择了南京国际安全区为研究课题，非常幸运的是在1998年国家社科基金课题申报中，我申报的课题“南京大屠杀时期南京安全区研究”被批准立项，并获得了数万元的经费资助。

国家课题的立项，使我研究南京大屠杀的热情高涨。为了进一步深入推进南京大屠杀的研究，那段时间我曾多次去张老师家中请教。有一天晚上，围绕南师大南京大屠杀研究中心的成立，我们一直谈到深夜一点钟左右。张老师不仅将他所认识的国内外研究南京大屠杀方面的专家，如日本的藤原彰、古厩忠夫、笠原十九司等，美国的吴天威、谭汝谦、邵子平等，台北的李恩涵，武汉的章开沅，上海的赵建民、苏智良等专家教授的联系方式都一一介绍给我，还主动写信给其中一些教授，帮助我邀请他们担任南京大屠杀研究中心的兼职教授，对研究中心的机构组建、成立仪式、研究的重点等，张老师都提出了许多宝贵建议。正因为有张老师的精心指点和帮助，1998 年 12 月南京师范大学南京大屠杀研究中心才得以顺利成立。

研究中心成立后，张老师应聘担任顾问。研究中心成立后包括课题研究、国际学术会议等绝大多数的学术活动，张老师都参与指导，并多次来研究中心参加学术活动，发表学术报告。由于有张老师这棵大树，我们研究中心刚一成立，就引起了学界和社会的广泛关注。2006 年 4 月，在江苏省委支持下，南京大学也成立了南京大屠杀史研究所。其后，在张老师的领导下，南大、南师两家南京大屠杀研究机构和南京多家科研院所、档案馆精诚合作，编辑出版了 72 册的《南京大屠杀史料集》，撰写了多卷本的《南京大屠杀全史》，彻底改变了国际社会对中国南京大屠杀研究的认知。

可以这样认为，没有张老师，就不会有南京大屠杀研究的今天。

三

高山仰止，仰之弥高。张老师是国内最早开创中华民国史研究的权威学者之一，其出版的《中华民国史纲》第一次完整构建了中华民国史的体系，主编的数十余册《中华民国史丛书》在民众中极大地普及了真实的民国史知识，主持召开的十余次国际学术研讨会搭建了中国与世界民国史研究者交流的桥梁，正在进行中的两岸四地合撰《中华民国专题史》、宋美龄研究等项目仍在不断推进民国史研究的深入。中华民国史研究由 80 年代的“险学”到 90 年代后的“显学”，张老师功不可没，这从另一维度说明了张老师的民国史研究推进了中国思想的解放和社会的进步。

张老师在民国史研究中取得如此辉煌的成就，学生以为最重要的成功秘诀之一是张老师对民国史研究的执着追求。张老师从南京大学历史系毕业后，便开始关注和研究民国史。1983 年，张老师在南京大学首创民国史研究室，后来张老师在学术界的影响不断扩大，民国史研究室也随之扩建为中华民国史研究中心。2000 年，在激烈竞争中，民国史研究中心脱颖而出，顺利成为教育部研究基地。张老师开创南京大学中华民国史研究的过程中，尽管有许多艰辛，也曾有许多诱惑，但张老师不畏所惧，不为所动，对民国史的研究，情深意切，超越一切。在 90 年代初，我们还在读硕士的时候，组织部门曾想调张老师到中国第二历史档案馆任馆长（厅级），但被张老师婉拒。历史证明张老师的选择是多么英明！人在江湖，身不由己。常人何以拒？不甚欷歔！

张老师虽然年近八十，但他的学术生命却青春永驻。他甚至比年轻老师去民国史研究中心的次数还要多，几乎每天都要去中心写作和处理事务。为了照顾课题组成员白天的工作，张老师每次都将课题组工作会议安排在晚上，他和大家一样都要研讨到深夜。其精力之旺盛，我们年轻人难望其项背，自叹弗如！最近几年来，张老师一直在思考中心的发展规划，几乎每次我碰到张老师，他都会滔滔不绝地谈起民国史中心的人才队伍建设、学术发展和未来宏伟蓝图。有张老师这样的大师真是南京大学的骄傲！

最后，我借用曹操的一首《步出夏门行·龟虽寿》，送给张老师，祝张老师生日快乐！青春永驻！

老骥伏枥，志在千里；
烈士暮年，壮心不已。
盈缩之期，不但在天；
养怡之福，可得永年。

业师引领我步入史学的殿堂

张佩国

时光荏苒，自随业师张宪文教授攻读历史学博士学位，屈指算来，已近19个年头了。我现在上海大学社会学院人类学民俗学研究所供职，所做研究虽然属于所谓人类学的学科范围，但我仍强调历史学的视野，近几年的个人研究越来越趋向于“回归历史”。饮水思源，这都离不开当年业师对我这个史学门外汉的鞭策和鼓励。

我中学时最感兴趣的科目就是历史，高考时第一志愿是山东大学历史系，终因成绩原因未能考取。我硕士阶段是学习政治学的，当时对思想史特别感兴趣。1995年因某种机缘，我有幸进入业师门下学习历史学。记得在笔试过后的面试时，主考官之一的陈谦平老师问了我一个问题：“一旦考取，你的博士论文做什么题目?”在备考期间，我对此是有过思考的，想做“从保甲制度到人民公社——1900年至1978年中国乡村社会组织变迁”这一题目，就此对陈老师的问题作了较为翔实的回答。入学三个多月后，我就选题问题和业师有过一次长谈。我如实说了自己最初想做的课题，至于怎么做，我心里也没谱。业师语重心长地指出，做学问不能光凭兴趣，要注意选取那些能够填补学术空白的课题，做博士学位论文要有自己独特的学术贡献，可以用区域社会经济史的方法研究农村问题。之后，我经过一段时间的思考，便初步确定“民国初年山东乡村社会经济变迁”作为选题的大致方向，业师欣然同意。

由于在本科和硕士阶段都没有受过历史学的专业训练，我刚入业师门下学习时，的确是一个历史学的门外汉。刚开学第一个月的某一天，业师邀请了日本的一位历史学家来作“近代中国国民国家的成长”的学术报告。报告之后，业师让我们每位在座的同学向日本教授作自我介绍，轮到我时，我说自己原来是学习政治学的，是个史学的门外汉，对于史学是一窍不通。过了没多久，在和业师交流时，业师说起那天的事情：“说自己是史学的门外汉，虽表明了自己谦虚的态度，但也不能过分谦虚啊，你曾经做过政治思想史的研究，怎么能说对史学一窍不通呢？过度谦虚，就变得没有自信了啊!”导师的谆谆教诲，对我是莫大的鼓舞，使我对这门学科的学习有了信心。

第一个学期，我选了业师的“中国现代化专题研究”这门课，课程论文是在寒假期间回到供职的青岛大学完成的。当时由于青岛大学图书馆资料条件的限制，更主要的是自己的史学功底还很浅薄，在课程论文的写作中，模仿美国学者杜赞奇的刚刚被翻译成中文的《文化、权力与国家——1900～1942年的华北农村》那本书，拟定了一个题目“土地资源与权力网络——民国时期的华北农村”，仅仅搜集了一些二三手资料，甚至没有找到李文治、章有义先生主编的《中国近代农业史资料》，就匆匆成文。春节之后的那个学期，我在青岛大学还有两门课的教学任务，就先将课程论文邮寄给先生，业师也给了比较高的分数。在那个学期快结束的时候，大约是6月中旬，我打电话给业师，汇报我关于学位论文选题的进展，老师说，你在青岛大学，图书资料条件有限，还是来南大吧！于是，我便妥善安排了青岛大学的课程，在酷暑时节去了南大，在图书馆泡了近一个月的时间。在当面向业师汇报时，聊起了我那篇课程论文，先生说："你那篇文章不是规范的历史学的文章，还只能是篇社会学的文章，虽然用了一些史料，但历史学的那种有一分史料说一分话的严谨的治学方法，你还没有掌握，还要加紧补课。先不谈理论，要从史料学的基本功学起，学会怎么去收集史料。"导师的这番话，对我是一种鞭策，同时为我的学习指明了方向。为此，我准备了一本笔记本，专门就博士论文选题所要涉及的资料分门别类地做索引。三个月之后博士学位论文开题时，我的资料索引已经写满了厚厚的一本。开题报告在立论、史料等方面，都得到了诸位老师的肯定。

受业师史料学方法的影响，我不仅在史料收集方面注意尽力穷尽可能找到的资料，而且还刻意训练自己资料整理和考证的能力，为此写了《沈鸿烈主政时期青岛乡村建设述论》、《近代山东农村土地分配中的度量衡及币制问题》两篇偏重史料整理与考订的文章，分别发表在《山东文献》和《中国农史》上。在学位论文写作过程中，虽然发挥了自己以前学习政治学的理论优势，注意对史料的理论分析，但导师"有一分史料说一分话"的教诲，始终使我对史料的理论阐释保持严谨的态度。在学位论文答辩时，一向以学术严谨著称的崔之清老师，尤其提到拙文史料在数量和种类上都甚为丰富，而乡村地权的史料相对分散，搜集殊为不易。其他几位专家也都给了拙文以较高的评价。

1999年的8月初，我到复旦大学做博士后研究。由于初到上海，没有安装电话，更没有手机等其他通讯工具，过了一个多月，我才给业师汇报我工作的变动。业师在电话中说，之前的几天正在找我，拟推荐我的学位论文参加全国优秀博士论文的评选，由于事情很急，电话打到我原来供职的青岛大学，我人已经不在那边了，一时找不到我，就推荐了另一位同学的论文。对此，虽说由于技术原因，有点遗憾，但我感到很欣慰，业师充分肯定了学生的作业，这就足够了。

2001年到我上海大学社会学系工作，社会学的研究总是要面对当下，若干同仁也都是拿的历史学博士学位，但在这个团队中，总要做些所谓贴近现实的研究。又由于学科发展的需要，领导根据我以往的研究积累，安排我做人类学研究。于是，我选择当下农村宅基地纠纷的法律人类学研究这一课题，算是自己进入社会学领域的成年礼（社会人类学被划入社会学的二级学科）。这一研究大概花了五年时间，之后我在到皖南（旧徽州）农村做林权制度的田野调查时，又为当地丰富的地方历史文献所吸引，决定重返历史现场，将历史学的文献方法和人类学的田野调查方法结合起来。近五年来，我所发表的文章中，历史研究的论文超过一半，历史学界在间隔了五六年之后又重新向我发出了邀请，现在，我每年参加的若干次学术会议中，历史学界的会议几近半数。《历史研究》编辑部近一两年来也邀请我加入匿名审稿人的行列。

还记得2010年暑期，我准备赴阔别22年的母校聊城大学参加社会史年会，在出发的前几天，接到了业师打来的电话。业师说关注到了我近几年的研究，有重返历史学的趋向，看到我在《中国社会科学报》上发表的史学方法论的笔谈文章，同一专栏的其他几位作者都是历史学家，我是唯一的历史学界之外的学者。业师随之又向我发出了邀请，要我参加即将举办的第六次民国史国际学术讨论会。如果仅仅是去聊城大学开会，我可以再找机会，但是我给业师说了我的家庭情况，我想从聊城顺便回山东菏泽老家看望一下老父亲，就谢绝了导师的一番美意。对此，我至今仍深感愧疚，辜负了业师对我的一片深情厚望。如果我前几年的研究有重返历史学的趋向的话，那么我现在申请重返民国史研究行列，不知道业师和民国史学界是否接纳我。我现在准备研究20世纪前半期诸如庙产、祠田、校产等乡村公产在革命进程中的处置问题。我继续努力，争取向业师交一份合格的答卷，以作为业师接纳我重返民国史研究行列的见面礼，也是恭贺业师八十华诞的贺寿礼。

师门忆旧

张神根

我于1990年来到恩师张宪文的门下，攻读中华民国史博士学位，1993年毕业，来到北京工作，掐指算来已整整二十年，更恰逢先生八十大寿。想起在先生身边的日子，很多事情还历历在目。

我是从遥远的云南昆明考过来的。笔试应该是在春天，可能是3月份在昆明进行的，6月初来到南京大学通过面试，9月份正式入学。记得当年整个南京大学只招80名博士生，我就是其中的一位。上个世纪90年代初，学校招生很少，考生报考的也不多，很多人都热衷于经商下海。

第一个学期一开始，同学们都比较紧张。因为听说上一届有一个博士生因为没有通过外语考试，卷铺盖回原单位去了。好不容易考上还得回去，那多没有面子啊。所以大家都认真准备应考，最后都顺利过了外语关。过关以后，那就要好好钻业务课了。

然而，我很快就发现，相比于师兄弟们，我可是相当的孤陋寡闻，研究基础也很薄弱。当时的林刚、庆葆、继锋、张生、连红等，都很有才华，已在许多方面崭露头角。我下决心，要赶上去。

三年下来，我还是有不小的进步，有很多收获。在南大的学习，极大地扩展了我的研究视野。在校期间，我们多次聆听国内外许多大家的学术讲座，比如中国人民大学的彭明先生、戴逸先生，台湾的张玉法先生，还有美国的、德国的、日本的、俄罗斯的学者，等等。这些讲座，给了我许多启发。原来学问有这么多，还可以这样做。

通过学习和训练，我逐渐地掌握了研究方法，开始进入一些研究领域。在个别方面甚至也有自己的一得之见，比如对民国初年和抗战时期的财政研究，袁世凯研究等，敢于发表自己的见解。

在师门的三年学习和训练，极大地增强了我的自信心。一个人自信心的建立很重要，没有自信心，做任何事，都可能会因为信心不足而失败或中途放弃。

更重要的是意识到做事要有团队意识。没有团队，做事很难形成规模，甚至很难做成事。

多年来，我一直在思考，先生率领的南京大学中华民国史研究团队，为什么在海内外具有重大影响且几十年长盛不衰，确实值得认真总结。我想至少有如下几点是很关键的。一是南京大学有以先生为首的一个强大的团队。先生无论是学识、品德、能力都卓越超群，在国内外有很强的号召力，特别是先生待人诚恳热情，待弟子更是如同慈父。在先生门下，有一大群呈梯次结构的精英队伍，师门内互帮互学，你追我赶，竞相成长。二是占据南京大学（曾经的中央大学）、南京市(曾经的国民政府首都)得天独厚的地理位置,拥有中国第二历史档案馆的资源优势。三是得到国内外各个方面的大力支持,并形成良性循环。四是培养了一批又一批张门弟子。桃李不言,下自成蹊。这些弟子虽然并不一定都效力于南京大学,但他们依靠师门训练出来的严谨学风、扎实行动,一个个都开拓出自己的一片天地。

虽然离开南京多年了,但南京的旧城墙、中山陵、明孝陵仍印象深刻,校门前的黄桥烧饼、豆浆、油条余味犹存。春夏秋冬,四季分明。南京人爱恨分明,实实在在。走过了许多地方,我仍觉得南京好。

来到北京,一开始很不适应。风沙多,气候干燥,上班路远,道路拥挤,竞争激烈,时间久了也就习惯了。

我在工作的单位主要是研究中共党史,离中华民国史应该说还比较远。但研究方法是相通的,经过努力,很快也就适应了,并逐渐地做到学有所长,学有所专,并得到先生的指点和帮助。虽然不在先生身边,但仍时时感到先生的厚爱。工作和生活中不免有难过的关口,但一想起先生慈祥的目光,我就增强了战胜困难的勇气。

去年的冬天,先生来京主持他主编的《南京大屠杀全史》的出版座谈会,我也应邀参加。新闻出版总署等相关部门领导以及各界专家学者参加,来宾有一二百人,真是高朋满座。我们为南京大学民国史研究不断拓展研究领域,并不失时机地出版精品著作而喝彩。先生仍与以前我们在校时看到的一样,忙前忙后地照顾客人,一点也不像近80岁的老人。但我仔细观察,发现时光在他身上已经留下了深深的印记,背开始驼了,腰也有点弯曲了,岁月将他曾经的满头黑发染白,真是满头银发。这银发,记载着时光流逝,记载着他的辛勤操劳,记载着他的智慧。先生年轻时曾经是驰骋南大操场的运动员,现在是德高望重的恩师。

20年前,在茫茫人海中,我有幸成为先生的弟子,这是缘分和命运的安排。我很珍惜这样的缘分和安排,如何传承和弘扬先生的治学精神,是我一生都必须努力的事情。

我是这样成为张门弟子的

张　生

1986年的春天，在家长的劝说下，我准备考研了。那时的上海，已经不平静，空气里浮动着不安。

班上有两个保研名额，但那基本上是班长和团支部书记的，虽然仅就文化课成绩而言，我是名列前茅的。但需要“三好”，而我个子还没有长高，体重100斤不到，引体向上，使出吃奶的力气，也只能做两三个，所以必须自己考。

去哪里呢？丽娃大道还是林荫密布，夏雨岛假山嶙峋，可是我已经厌倦了上海。两年功夫，看到了上海市民一家几口蜗居在破旧不堪的老房子里，早晨起来，穿着睡衣的妇女眼角粘着眼屎刷马桶，煤球炉子升起呛人的烟雾，生活很猥琐，那不是我曾经充满幻想的上海和我的未来。

到图书馆，漫无目的地翻书，看到一本《非洲史》，就是它了，虽然还不知道哪里招收非洲史方向的研究生。看了半个月，实在记不住那些离我十万八千里的地名、人名、历史。再去翻，无意中，看到了《中华民国史纲》。

历史不是偶然的，人的命运却充满了偶然。那些出现在《中华民国史纲》扉页上的人：陈谦平、孙宅巍……如今都是非常熟悉的前辈学长，当然还有主编张宪文老师。只是那时，还不知道自己的人生是和这些人紧密地联系在一起的。

没有今天习见的参考资料，没有广告贴满街头的培训班，我拿自己的教材开始复习了。英语用了《中初级英语考试指南》和《中高级英语考试指南》，外加一本小字典。政治要考什么，不知道，请教班上的大孩子们，基本摸清了考试科目。

那时还没有推广邮政编码，复习两三个月以后，我用粗略的地址给张宪文老师写了封信，表达倾慕之意，询问考试科目。回信很快就到了，今天回想起来，那是决定性的一封信，从此再不关心班上的同学联系什么学校、什么老师，自己的事反正是定了。

1986年的暑假到1987年的夏天，整整一年时间，现在已经想不起来太多具体的大学生活。个头开始窜了，所以经常苦恼要去买更长的裤子；物价开始涨了，每月17.5元的补助再也不够用了。尤其是大排，从两毛八涨到了六毛，还得凭票；往往半个月就用光，只好腆着脸去跟女生要。其余的，可能就是看书了吧。

所以很佩服今天的考生，一年半载，甚至三四个月，就能考上研究生。转眼，1987年的暑假就到了，学校里组织去洛阳、西安考古实习。爸爸妈妈卖了一头猪，才攒够了我的旅费。除了上大学，这是我第一次真正意义上的旅行。龙门石窟、兵马俑、乾陵……那些曾经出现在书本上的地方进入了眼帘。

那一路的风光旖旎，至今深刻地印在脑海里。

出发之前，写信跟张老师要了家庭地址，从西安回头的时候，到二号新村见了张老师。张老师那时头发还是花白的，眼镜还是《中华民国史纲》扉页上的眼镜。说了些什么，今天已经完全想不起来了；告别张老师的时候，觉得前途充满了希望。

1987 年暑假回校，心情却是颇不平静。班上的大孩子们在洛阳、西安之行的催化下，谈起了恋爱；朦朦胧胧地，自己也受到了影响。可是，研究生考试却只有半年了，一边安抚着好奇和向往，一边在华东师大文科楼的教室里苦读，实在是件辛苦的事。

1988 年 1 月 14 日，25 年前的那天，上海格外地阴沉，我和班上的大孩子们一起，转两三趟公交车，到上海 156 中(抑或是 93 中)考试。晚上回到学校，食堂已经关门，只能用方便面充饥。第二天就考完了，《中国现代史》是最后一门。我在临考前翻书的时候，看了两三道大题，居然都是考试内容，所以早早出来，悠闲地瞭望了上海的天际，心里想：告别在即。

开学前，从南京过，再次拜访张老师。去的时候是中午稍后，设想张老师已经吃过饭，到了才知道还没有。问过我吃饭没有，张老师一边吃饭，一边询问了考试情况。谈到将近两点，张老师说要去给博士生上课；我心里无比钦佩，无法想象博士生怎么上课。

1988 年的春天是幸福的，安徽有用人单位来，淮北煤炭师范学院大约是可以去的；考试成绩 380 分，张老师来信告知是民国史方向考生第一名。爸妈考虑到我已经是本科最后的时光，需要聚餐，寄来 400 元。每天徜徉在校园里，想在走之前，把母校的每个角落都看个遍。同宿舍的 4 个同学相约去烫了当年最流行的大爆炸头。

可是复试通知书迟迟不到，慢慢慌张起来。写信问南大研究生科，说是已经寄出。再三打听，才知道是一位高年级留校的同学拿起来了，要喜糖才给。我一直能回忆起那张脸，不知道是气愤，还是印象深刻。

5 月的某一天，我赶到西南楼。中午就到了，走到历史系的走廊里，没有灯，没有窗户，黑黢黢的。心里充满了未知。

好不容易等到一群教授来办公室，张老师脸上挂着笑容，心里放松了不少。记得复试的问题是：对中国近现代史断代怎么看？我当然知道 1919 年的说法，可是张老师鼓励说，可以谈自己看法，未必要照搬书本。于是斗胆说是 1928 年，理由是国民政府统一全国。莫名的说法，今天只会觉得好笑，记得当时担任秘书的谦平师兄也笑了。张老师没有任何批评，所以还挺高兴。

跟我一起复试的王卫星、刘平、吴元康、鲍和平、李卫华、倪永杰当时什么样，已经完全记不得了。

今天，我每年也都会复试那些紧紧张张的孩子们，从来不按照教科书考核他们的知识，鼓励他们天马行空，想来是受张老师的影响。

回到学校，想象着未来的研究生生涯，十分轻松。那时，我们作为师范大学的学生，在上海曹杨二中实习，教初一的孩子历史。从来没有在台上讲过话的人，第一堂课是十分折磨人的。华师大的老师倒是帮我们搞过试讲，但在同学面前上课，更加紧张。上讲台前几分钟，自我鼓励已经是研究生，才鼓足勇气上完了课。

毕业论文做的是《论两广"六一事变"》，去上海图书馆查资料，没看到什么东西，却意外地碰见戚本禹。回头到学校图书馆，也只看了《李宗仁回忆录》、《文史资料选辑》之类，看到《中华民国史纲》上有相关内容，毫不犹豫地拿来主义了，很惊奇作者们在哪儿看到档案的。后来读研究生，张老师反复强调档案的重要性，所以也去了二档馆，前后看过一年多的档案吧。如今，也经常对研究生说起档案的重要、丰富和生动，都是拜老师所赐。

同学们一个个地从宿舍出去，背着小挎包，身影淹没在酷热的阳光中，想到从此天各一方，十分伤感。想到自己即将成为研究生，开始新的人生，又充满了期待。

可是，录取通知书一直没到。

7 月 4 日，无比酷热的一天，坐火车到了南京，到今天学报旁边的研究生科询问，说是还没有寄出，乃请他们寄到我家乡。

那一天，没有赶上回家的班车，同行的芜湖同学也赶上了夜班火车，我孤身一人在南京长途汽车站的台阶上坐了一夜。天热得气都喘不上，不断地买冰棍吃，估计一夜吃了二三十根吧。

回家以后，通知书一直没来，爸妈也很紧张：儿子考上研究生的事，已经跟亲朋好友们说了。写信询问，才知道被研究生科寄到了华东师大。赶紧托上海的金同学回校去看，8426 信箱居然还在，又寄回我家乡。1988 年 9 月 10 日，纪乃旺师兄帮我把皮箱拎到南园 20 舍 311，从此开始了作为张门弟子的生涯。

这就是我进入张门的经历了。相信每一个张门弟子都会有自己的心路历程。人生多舛，却有缘进入南大历史系学习民国史，这都是因为有张老师在。

转眼 25 年过去了。记得尼克松在《领袖们》里有一句话：周恩来担任世界上人口最多的国家的总理达四分之一世纪之久。大学时候，读到这一句，觉得四分之一世纪是多么久远的事啊；四分之一世纪以后，自己又会成为什么样的人。

四分之一世纪就这么过去了，老师老了，可是老当益壮，日益勇猛精进，不断开拓新的研究领域；自己人到中年，肚腩大了，学问却不见进步，在老师面前还是小学生。

谨以小学生的心情，敬祝老师健康长寿！

绵绵师生情

张燕萍

我是1986年拜张老师为师的。那个时候，我还是一个不知天高地厚的小女孩，仰慕张老师大名已久，便从津门考入南京大学，跟随张老师读硕士。那时我年龄小，心里充满胆怯，对老师更是心生敬畏，而且，根本也不懂得如何做学问，只是跟着学姐们上上课、听听讲座、读读书。张老师知道我是从外地来的小孩子，非常关心我的生活，常常嘱咐我要注意身体和安全，在学习方面更是悉心指导。可我心里一直觉得老师总是很严肃，很少有笑容，轻易不敢主动去向老师请教。

转眼两年过去了，选什么做毕业论文题目呢？我一筹莫展，觉得这个也行那个也可，可是要自己真正确定时又觉得这也不妥当那也不合适。有一阵子，我焦急万分，吃饭饭不香，睡觉睡不着。无奈之下，不得不壮着胆子去向张老师请教。老师耐心听了我的想法，提醒我硕士毕业论文不比本科毕业论文，绝不能人云亦云、老调重弹，关键是要创新，有新意。当老师听说我平时对国民政府的"剿共"军事战略比较关注、有些想法时，便建议我不妨从政治角度来研究国民政府的"剿共"战略。张老师寥寥数语，令我茅塞顿开。于是，我就在老师指导下，以国民政府的"剿共"政治战略作为硕士毕业论文的题目。听说我需要到江西和湖北查资料，张老师又给南昌和武汉的朋友写了亲笔信，要我带上。每到一地，我把老师的信交上，马上就有老师的朋友给我安排，从食宿到查资料都极为方便。有了张老师的亲笔信，我有如神助，很顺利地查到了自己要查的资料，写完了硕士论文。

硕士毕业后，我被分配到了军校工作，与老师一别就是十多年。其间，不时看到张老师见诸报端的文章，总会非常认真地一字一句读完，也很希望自己能够有机会跟随老师继续做历史研究。但是一想到军校根本没有历史学课程，我已改教政治多年，与历史研究隔绝多年，又不免沉浸在深深的失落之中，觉得自己荒废了学业，无颜见江东父老，更无颜见老师。于是，十多年间，虽然就在一个城市里，却一次也不敢去见老师。

直到2001年，我争取到了一个机会，可以考地方大学的博士生。我高兴极了，立即重回母校，找到张老师，可惜张老师已经不带博士生了，我便转考了史全生老师的博士。

张老师和史老师同住在龙江小区阳光广场的一幢楼里。我常常去史老师处请教，他总是跟我说要多多请教张老师，于是我便有了很多当面向老师请教的机会。从日常的科研到博士毕业论文的选题，张老师给了我很多指点。我毕业论文的选题"抗战时期国民政府经济动员研究"就是在张老师的论文《抗战时期国民政府战略演变》的启发下定下来的。题目定下来后，因为比较大，我难以把握，感觉无从着手，我便多次去向两位老师请教。张老师指导我，可从人力、物力、财力几个方面进行研究，也可从产业动员的角度对国民政府的经济动员进行剖析，他还指点我如何充分利用中国第二历史档案馆的资料。在老师的指导下，我用了两年多的时间，在第二历史档案馆查阅了二十个部门的档案，历时四年，终于写完了自己的博士论文。

到论文答辩了，我心里非常想请张老师做我的答辩主席，可又觉得他那么忙，事情那么多，几次到老师办公室门口也没有勇气迈进去向老师开口。但是，我最终还是跟张老师说出了自己的想法，没有想到他竟然一口答应了。那天下午，张老师忙完我答辩的事，饭都没有顾上吃就赶往医院。一问之下，我才知道师母正在医院做手术。我真是感慨万端，觉得非常不好意思，不知如何是好。师母在医院做手术，张老师为了我，却不能照顾师母，我真是对不起老师和师母啊！张老师却安慰我，说："没事，你师母的妹妹在医院照顾呢。"我感动得不知如何是好。

博士毕业后，我又回到了原单位工作，虽然仍没有从事历史教学，可是，我和历史的渊源却因老师而一直延续着，每逢民国史有关的研讨会，张老师都告诉我，嘱咐我写文章参会。于是，我仍然时有民国史的文章发表。每当有什么课题，张老师都要我参加。去年过春节的时候，我还在太原度假，张老师就打电话给我，说南京档案馆组织编写《南京百年城市史》，有一本国际化进程，问我能不能参加，我高兴地答应下来。写作过程中，每每遇到难题，我便向老师请教。从一开始拟定提纲，到收集资料，再到每次写作辅导，张老师都亲力亲为，指点我们一定写出城市发展史的"味道"，而不能泛泛地写成一部南京通史。我由此再次深深感受到老师谆谆教诲的真谛，那就是：创新是做学问之要，只有不断创新，科研才有生命力。

最后，我还想说的是，不仅我，就连我上中学的孩子也是张老师的铁杆粉丝。那还是我儿子上四年级的事了。有一次，儿子语文老师要求他们写一篇作文，采访一个名人。我想来想去，也想不出来自己认识什么名人，被儿子催得在家团团转。正在十分为难之际，突然想到张老师。张老师，他不就是一个大名人吗?！不过，我又想老师事情多，年纪也大了，为这么一件小事去打扰他，实在觉得不妥。但是，最终，我还是被儿子"逼"着打电话给张老师说明情况，没想到张老师爽快地答应了。记得那一天恰逢南京大屠杀遇难同胞纪念日，孩子上网查了些资料，便叫我带着他去张老师家采访。从南京大屠杀的起因，到南京市当时的人口；从日本军国主义的罪行，到中国军民的反抗……孩子问得认真，张老师回答得更是认真，一个历史大家对一个十几岁的小孩子，那个认真劲儿，真是让我感动，至今难以忘怀。后来，孩子的作文得到了老师的高度评价，而张老师也成为我儿子心中崇拜的张爷爷！

师门往事

张玉龙

一

我对民国史的兴趣与对先生的认知还得溯及老师吴雁南教授1995年的台北之行。回来后，老师在叙及国内外学术研究大势与热点时，频频提到先生与其领军的南京大学民国史研究团队，提到先生主编的奠定民国史研究基础性工程的《中华民国史纲》，再加上冯祖贻老师的大力推崇，有关先生及其门下谦平、红民、连红、张生诸师等研究成就始略知一二，对先生更怀有由衷的敬佩。确定将“抗日战争时期的西南交通建设”作为自己硕士论文的选题后，随着对自己论文相关研究状况的关注，特别是对《中华民国史纲》中有关民国史上发生的诸多重大事件、人物的评述的理解，我对先生的认知由敬佩转向仰慕，甚至一度曾萌生过投奔先生攻读民国史的念头。

大约是1997年秋，先生在长沙参加修改《中国近代社会思潮》的工作。当时我在贵州电视台工作，想找机会拜会先生，顺便表明自己的心意，但由于电视台工作的特殊性，错过了这个难得的机会(这件事让我后悔了好长时间)。由于读书人的天性使然，电视台工作虽好，我对学问，特别是对民国史的热情仍未退减。在电视台混了两年多后，不顾台方的极力挽留，我还是辗转回到高校，重拾民国史研究之梦。

投奔师门可谓一波三折。2000年春，我打电话给吴雁南老师与冯祖贻老师，表示了想深造的打算。两位老师听后很高兴，不约而同地建议我去投奔先生、投奔南京大学。5月，我斗胆向远在南京的先生表示了自己的意向。那时南京大学中国近现代史专业，特别是民国史方向很火，竞争很是激烈。原以为我与先生素未谋面，更无学术渊源，会被礼节性地婉拒，不料先生得知我是吴、冯弟子后，以山东人特有的直爽答复了我，告诉我他只能招1名至2名，目前联系的已有两三人，叫我认真准备。先生的爽快让我有了自信。

但到南京参加春季招生考试时，我几乎失去了这种自信。一则是报考先生的考生有14人之多(其中江苏籍考生4人，按共建规定:南大有义务每年为江苏省培养博士生若干名)，招生1名至2名，我有机会吗？二则是在南京师范大学的朋友的建议。他称人这么多，我几乎没有被录取的希望，不如在南京转转就直接回家，明年再来，但我不想错过这次机会。在极不自信的时候，我给先生去了电话，提出见先生一面。当时心想的是，如果先生答应见面且见面后我感觉很好的话就坚持下去。考试前三天大早，我赶到南大历史系等候前来给博士生上课的先生。在四楼电梯口大约等了10分钟后，我第一次见到了仰慕已久的先生。其时的先生仪表堂堂，目光和蔼而智慧，充满着青春的活力，浑身洋溢着只有大师所拥有的特殊气场。记得短暂交谈后，我对先生说过这样一句话：张老师，见到你我已经满足了！今天想来，应该说自己很幸运。因为先生的特有气质让我再度有了自信，而能坚持下去。

最紧张的还是录取。考试成绩虽然较理想，但先生拥有的招生指标少。随后的一个月里，我都在高度紧张中度过。记得我与先生前后通了三次电话。前两次先生意思很清楚：不是没希望，但难度大，得等等看。在报考其他院校的同事们的录取结果出来后，我略显忐忑地向先生表达了明年再考的意愿。还记得电话中先生先是沉默，大约两三分钟后他才嘱咐我次日下午再打电话过去。

入学后，终于明白个中缘由。大概为我的诚意所动，在指标有限的情况下，先生特别找了蒋树声校长，大致应该是表达了这样的意思：该考生成绩如何如何，不录取很遗憾等等。最后，出于对青年学子的关爱，素来爱才的蒋校长特批我及其他21名考生以录取资格，但推迟入学。就这样我成了当年南京大学特批的22个推迟入学的博士研究生之一（或许只有开明的南京大学才有此特例）。

二

2000年前后的南京大学民国史研究中心，可谓是群英荟萃、人才济济。大气的先生、睿智的崔之清教授、敦厚的史全生教授，灵秀的陈红民、陈谦平、张连红、张生诸教授兼师兄，加上在民国史中心做博士后研究的江沛、岳谦厚、马俊亚、李玉等青年才俊，构成了作为民国史研究一方重镇的一道亮丽风景。

林能士教授（时任台湾政治大学历史系教授）在南大的一次讲座中曾说过：民国史研究有一个南京学派。仔细回想，先生虽从没有在任何场合说过自己是什么学派，但在作专题讲座时，他不经意间偶尔也会流露出一丝的满意与自信。先生曾不止一次说过：《中华民国史纲》虽然出版十余年，但史料过硬，其中的基本观点与看法是经得起时间检验的。归纳起来，先生与民国史研究中心的治学理念与治学路径至少有如下特点：一是秉持南大历史系学术传统，坚持有一分材料说一分话的论从史出的原则；二是立足现代化这一宏阔视野，审视近代以来的历史事变与历史演变；三是海纳百川的开阔学术胸襟。

置身于这一自由开放的学术氛围中，学者自然是惬意万分的。受先生启发和引导，我选择了民国时期的学者从政派作为自己的研究对象。开始想做群体研究，鉴于资料收集的困难（二档馆人物档案不开放），后来决定做个案研究。多次交流讨论后，最后先生建议我选择蒋廷黻的个案。

人物研究，选题容易，操作难。蒋廷黻属于民国史上一个特殊的历史人物，他由学术起家，进而学者从政，是当时学者从政群体中的典型代表。要想做好这篇文章，除了资料收集上的困难外，还涉及认知的问题，而这也正是问题的症结所在。确定了选题后，相当长的时间里，先生对我的要求是查资料、阅读、思考，并没有就选题问题作深入讨论，这让我困惑难解。后来听一师兄说，先生教做学问，首先是力求弟子学会"悟"字，即"引而不发，跃如也"。在我对资料没有很好的把握，对具体的历史语境、对人物的思想行为没有一定认识的前提下，想走捷径，这在先生处是行不通的。

事实也正是如此。有一天当我带着思考后的问题与困惑再次求教时，先生才开始画龙点睛般地点拨。至今让我记忆深刻的有三点：一蒋廷黻思想繁复而驳杂，爱国主义与民族主义应该是贯穿其思想的主线，否则，无法解释清楚他的学者从政。他在拥蒋与反共的同时，又认同中共的经济主张与不满南京国民政府的某些做法，他反对中华人民共和国加入联合国，却又坚持"一个中国"等主张。二是蒋廷黻很有个性，那么他与同时代人比较，有哪些既是又不是的相似之处，如对日"主和"主张等等。三是材料选取上应加强考证，力求客观。除蒋本人材料外，多注意他的朋友圈的材料，如胡适、翁文灏、何廉等的材料。经由先生的点拨，数月后，我对蒋廷黻思想有了一个较好的把握，思路也非常清晰，整个人也变得非常轻松和自信，很快完成了毕业论文的初稿。

追随先生不仅让我顺利地完成了学业，领悟到了做学问的基本方法，且更为重要的是学会了一种观察历史、认识历史的视野与理念。这一点让我受益终身。

三

先生是一个博爱的人，既是良师益友，也是敦厚长者。师门师兄弟中曾有这样的传说：男生中间，先生最喜欢张生老师，而相对男生，先生更喜欢女生。此话或许不无道理。一则先生与师母膝下无女，两位公子远在国外；二则因为女生一般比较乖巧；三则相对而言，当时的张生老师年龄最小。但时间一长，每个人的感觉就并非完全如此。

其实，先生对每个弟子应该说是一视同仁的，只不过是结合每个弟子的特性，关爱的方式表现不同而已。先生对弟子的关爱可以说是无处不在，大凡弟子的生活、学习、工作以及日后的发展均在先生的关注视野中。

记得博士毕业之前，先生曾不止一次对我说过：你所在的地方太小，能够换个大的地方对发展更有利。后来先生还特意与郭汉民老师联系过，希望我去郭老师所在的学校发展。但是，因为客观原因制约，毕业后我去了赣闽粤三省交界的赣南工作。但先生一如既往地关注、关心我的成长，甚至不顾70多岁的高龄与胯骨的伤痛，特意从南京来到偏远的赣州看我，并指导我所负责的研究中心的工作。每当我取得点滴成绩向先生汇报时，先生也很高兴。不仅如此，我的一些陋习也在先生的包容之中。先生的众弟子中，要数我抽烟最凶，而且戒不掉。先生多次劝说我戒掉香烟，并以自己为例子罗列吸烟的种种坏处。后来，见我实在难戒烟瘾，先生竟调侃式地将我比喻成中国社科院的王学庄老师，但同时忠告我要尽量少抽。最好玩的是，先生虽不赞同我抽烟，但记得有次先生从日本回来，特意给我捎了两包日本烟，边送我边说：少抽，最好戒掉。这就是可爱又可敬的先生。

光阴如梭！记得2003年大家还在天目湖给先生过七十岁生日，红民、谦平、张生诸老师互相调侃，争抢着要先生说出他们三人谁是大弟子。谁知一转眼，又迎来了先生的八十华诞，写点师门往事二三，以示庆贺。

我的老师张宪文先生

赵兴胜

我能成为一个大学教师，特别是走向学术研究，与我的导师张宪文先生的教导和影响有着最直接的关系。

最早知道张老师大概是大学二年级。我所就读的聊城师范学院是个偏处鲁西地区的新学校、小学校，我所就读的历史系更是刚刚成立两年，所藏历史学方面的著作很少，其中就有张老师的《中华民国史纲》(河南人民出版社 1985 年版)。其时我对该书并没有特别的兴趣，大致读过一遍后，只留下一个粗粗的疑惑:这本刚刚出版不久的新书，为何已被大家翻看得十分破旧，其吸引人之处究竟在哪里呢？后来，在一个偶然的机会中，我就此问题向教授我们中国现代史课程的孙作成先生请教，孙老师专门介绍了张老师的民国史研究，并特别指出了《史纲》的特点:一是首次较完整地构建了中华民国史的研究体系，这与以往以中共党史为中心的中国现代史体系迥然不同;二是大量使用了中国第二历史档案馆的原始档案，充分体现了实证史学的特点。只是那时我不懂什么叫学术、什么叫学术创新，因而并没有特别留意孙老师的介绍。没想到两年之后，即 1991 年竟因偶然的机会考入南京大学中国近现代史专业，师从张老师学习民国史，三年后又考取张老师的博士研究生，至 1997 年毕业，先后跟随张老师学习达 6 年之久。在时隔二十多年后重新想起这段故事时，不由得自问:这就是人们常说的冥冥之力吗？

张老师是中华民国史学科的奠基者和开拓者，是著作等身、领袖群俊的学术大家。自《史纲》出版，到中华民国史研究中心创立，再到《南京大屠杀史料集》的编纂，把中华民国史的研究不断推向新的高度，并培养了百余位博士、硕士研究生，对学术发展以及国家社会文化建设的贡献，自非学生所敢评论，但作为学生却无时不感受到身在其中的温暖与荣耀。其中四件细小但在我看来却足以反映张老师人格魅力的故事，让我记忆犹新。

其一，我的一篇文章。跟张老师学习的第一门课是“中国现代史史料学”。根据要求，每个同学都要在课程结束后提交作业，作为对该门课学习的一个考察，并计入成绩。其时的我，竟然选择了一个与张老师“商榷”的题目，这就是《中华民国史纲》所记载的台儿庄大战歼灭日军数字的问题。《史纲》记载，在该次战役中，中国军队共歼灭日军 10000 余人，我在煞有介事地论证一番后认为只有 8000 余人，并提交给了张老师。现在回想起来，自己的举止真是荒唐可笑。其时我不过是刚刚入学一年的硕士生，刚刚开始接触民国史研究，没有正儿八经读过几本书。论证中所依据的资料也不过是《中华民国史料丛稿》中所载日本军方的一些个别、简介性的资料，在方法上实际犯了学术研究之大忌，即资料的“孤证”性。但张老师并没有介意我的幼稚与忤逆，除了给我指出方法上的改进之处外，仍给我了一个高分。

宽容、和蔼，是我师从张老师学习后以至目前的20多年中，最直接也是始终不变的印象，也是所有年轻学者的共同感受。

其二，我的一次考试。1993年底，我的硕士研究生生活即将结束，面临着毕业后回原定向单位工作的问题，为了摆脱这一束缚，在征得张老师同意后，我决定报考民国史研究中心的博士研究生。但对于如何考博士，真的是一头雾水，甚至连其基本的步骤都没有搞清楚。因而，特别好笑的是，在考完外语和专业课后，竟然不知道当天晚上还有一个面试，就径自随同学到校外闲逛去了。直到第二天见到张老师时才知道，面试前他和其他老师到处打电话找我，但最终也没有找到，我也因此未能参加面试。严格来说，我等于没有完成考试程序就已经丧失了被录取的机会。但关键时刻，张老师把我的情况向复试小组作了介绍，并特别强调我是本校考生，情况大家都比较熟悉，我因此幸运通过。张老师没有计较我的懵懂无知，我也因此获得了新的学习和发展的机会。

始终关心年轻学者的成长，不断为其发展创造机会，是所有跟随张老师学习、工作的年轻人的另一共同感受。每每想起此情节，心中总是充满感激。

其三，我的一个中秋节。“每逢佳节倍思亲”，所有远离家乡在外求学的游子们，大概都有过类似的经历和感受。对于1996年下半年正在攻读博士学位的我和同学们来说，这种感觉尤其强烈。一方面，博士学位论文的选题虽已确定，但资料的搜集工作压力很大，能否写出来、写的样子会如何，心中没底；另一方面，学校对博士生实行的新政，要求必须在答辩前完成三篇学术论文，且其中一篇必须在国家级刊物上刊发，大家的压力都很大，能否准时完成，同样没有把握。特别是对于我来说，虽然如愿以偿地解除了与原单位的定向协议，获得了攻读博士学位的机会，但也面临着重新就业的压力，未来的路在哪里，十分迷茫。因而当该年的中秋节和国庆节一块儿到来时，大家都盼望着能够利用此假期回家，获得一个短暂的逃离和躲避这重重压力的机会。但张老师并没有同意我们的请求，而是严令我们留在学校，抓紧时间，加快论文写作进度。这颇使大家感到失望。但为了“安抚军心”，张老师在节日期间，自掏腰包，在南芳园餐厅请他的所有学生聚餐。10余位同学围坐在老师及师母身边，满满的一桌菜，老师特意从家中带来的好酒，满堂欢声笑语，至今记忆犹新。那次聚餐，我记得花了张老师500元，按照那时的工资标准，相当于其大半个月的收入；换算为现在的标准，则数额更要大出许多许多了。

事实上，在南京大学读书的日子，每逢节日，只要时间方便，张老师总要请他的学生们小聚，在这其乐融融中，大家像生活在一个大家庭中一样，感受着家庭的温暖，忘却了思乡的愁怨，专心于学业。其时其景，张老师更是位慈祥的长者。

其四，张老师的一个春节。曾有先生说："凡是来南大中国近现代史学科访问的学者，不管名气大小，只要张老师知道了，就一定请他们给青年老师、研究生作一次学术讲座，都要千方百计找点经费请他们吃顿饭，实在找不到经费，就自己掏腰包请。特别是对于稍稍年长的学者，更是必定亲自接送。"就我的理解，这番话所反映的是张老师的待人之道——热情、好客，这一点在跟张老师做学生期间，我亲眼见证了许多，深表赞同。但就其律己之严而言，我的感受更为强烈。大概是 2005 年，我刚刚从泰安老家过完春节回到济南，就接到了南京大学几位老师和师兄弟的电话，说是张老师的父亲病重，老师和师母回济南了，希望济南的弟子们就近照顾好张老师。接到电话后，就抓紧联系。我们赶过去后才发现，张老师和师母早在春节前就回到了济南，且为了就近照顾老人，就住在济南中心医院附近的一个部队招待所内，并谢绝了亲戚们的再三邀请，独自在招待所内过的春节。因处于假期之中，偌大的招待所内只有他们两位住客，绝大部分服务项目已停止，他们连年夜饭也没吃上，只是简单地应付了一下。聊天中还得知，张老师的父亲因年逾九旬，健康状况日下，几年来不得不经常住院治疗。作为长子，张老师也不得不经常自南京回济南伺候老父亲，有时来去匆匆，有时小住几日。当我们提出轮流替他值几天班，让他休息一下时，被他坚决拒绝。我们又根据当地习俗，每人拿出些钱送给张老师作为看望病人之用，也被他拒绝了。

后来，张老师又因父亲的事情曾多次回济南，都没有告诉过我们。我的理解，他可能是怕给我们添麻烦，但事实上济南市中心医院以及他常住的招待所，离我们的工作单位和宿舍也只不过三五站公交车的路程，许多事情，对我们来说都是举手之劳。因而，我们也没能完成老师和同学们交代的照顾好张老师的任务。只记得在此期间，我们曾简单地请张老师吃过一次饭。处理完父亲的后事后，张老师和师母又专门在济南设宴答谢我们，说来十分汗颜。

在我看来，上述细小故事所展示的正是中国儒家所一向宣扬的宽容、敦厚、热情、谦恭、坚韧、崇高、追求卓越的精神。张老师虽不研究儒家思想，却有着典型的儒家风范，这大概与他生在山东、长在泰山脚下有直接关系吧。

一个历史学家的德、识、才、学

——恭贺张宪文老师八十华诞

钟　声

中华民族有着几千年治史的优良传统，留下了很多宝贵的精神财富，其中包括对治史者的修养的阐述。唐代著名学者刘知几提出治史者必须具备"才、学、识"三个方面的修养和技艺，清代学者章学诚在刘知几的基础上进一步提出"史德"的要求。因此，治史者必须具备德、识、才、学，这已成为中国治史的一个优良传统。

张宪文老师在中华民国史研究中成为享誉海内外的著名历史学家，一个非常重要的原因就是他继承和弘扬了中华民族治史的优良传统，德、识为先，才、学并茂，为史学后辈树立了榜样。

史德，即章学诚提出的"著书者之心术"，要求治史者能从天人关系的高度体察世界，认识历史；历史研究中力求客观，不掺入自己的主观因素；对历史的体验应发自内心。当代历史学家的史德最主要的应该表现在站在人类、国家和民族高度去认识历史的责任感、客观精神和团队协作精神。张宪文老师就是这样做的。

张宪文老师是最早投身于中华民国史研究的学者之一。中华民国史是一个充满了政治敏感和风险的研究领域，张宪文老师还在"文革"期间就开始转向民国史研究。改革开放以后，张宪文老师义无反顾地全身心地投入到中华民国史的研究中，开拓出一片新的天地。这充分反映了他克服"左"倾观念和政治干扰，从国家和民族的高度研究民国史的责任感。

上个世纪90年代以来，日本国内右翼势力不断否定南京大屠杀，不但是对中华民族的再一次屠杀，也是对人类良知的再一次屠杀。张宪文老师出于一个历史学家的高度的责任感，组织大批研究人员，投入大量经费，在全世界范围内收集整理侵华日军南京大屠杀的第一手史料，取得了巨大的成绩，出版了规模宏大的《南京大屠杀史料集》，向全世界昭告，南京大屠杀铁证如山，任何势力都无法否定，维护了历史的尊严，也维护了人类的正义。

现代学术研究既依靠个人，又重视团结协作。张宪文老师是国内最早重视学术研究协同创新的学者之一。他有着很强的学术组织能力与亲和力，他胸襟开阔，无门户之见。他组织起不同的团队，或校内外，或省内外，或国内外，一起开展重大学术问题攻关，撰写学术著作。他创立的南京大学中华民国史研究中心也成为拥有50多名海内外知名学者的开放式的学术研究机构。

张宪文老师力求从史料出发，打破党派藩篱，客观公正地认识民国史、国民党史，客观评价蒋介石等敏感的民国人物，取得了一批学术成果，为推动民国史的研究作出了突出贡献。

史识，即刘知几提出的治史者必须要具有见识、见解、眼光、胆识，也就是具有自己的观点和笔法。胆识和独立见解是一个历史学家的重要特质。

张宪文老师就是一个有胆识和独立见解的历史学家。在“文革”还没有结束的时候，他就敢于把研究方向转向中华民国史；在国内“左”倾观念和政治干扰依然存在的学术环境中，他敢于在一些重大问题，如中华民国史研究体系、国民党正面战场、蒋介石的评价等研究领域提出创新性的观点，推动了中华民国史的研究。

张宪文老师主编的《中华民国史纲》最早构架了民国史研究的体系，纠正了当时许多“左”的观念和历史，在海内外引起了强烈反响。《抗日战争的正面战场》在大陆地区首次打破党派之见，全面论述了正面战场的作用，给予其合理的历史定位。《蒋介石全传》对民国时期重要的人物之一的蒋介石的活动与思想给予了全面的叙述和分析。《中国抗日战争史(1931～1945)》运用丰富的档案史料，全面地反映了抗日战争是中华民族全民族的反侵略战争，提出了“十四年抗日战争”的科学概念。《中华民国史》(四卷)共计 200 多万字，是一本按“新思路、新观点、新体系”撰写的民国通史著作，反映了民国史研究的最新成果……

张宪文老师作为历史学家的史识还表现为研究创新的循序渐进，不急躁、不激进，了解社会的接受度，积极稳妥地推动民国史研究的进步，这反映了一个历史学家的智慧。

总之，张宪文老师和他的团队在大到民国史研究的体系、对象，小到具体的历史事件、历史人物的研究，都勇于开拓创新，走在了学术研究的最前列，填补了一个个的学术空白。

史才，要求治史者具备历史编纂、文字表达方面的才华和能力，具有很好的文字驾驭能力；史学，要求治史者有广博的知识，深思明辨，特别是要有搜集、鉴别、运用史料的能力。

史学和史才是对治史者良好素质的要求，真正要做好并不容易。张宪文老师是一个才学并茂的历史学家。他不但自己具有这样的修养，而且要求他的学生、他的研究团队也要这样去做。

张宪文老师和他的研究团队的研究论著无不体现了才学并茂的特点。张老师和他的团队非常重视史料，尤其是利用档案资料，使研究成果言之有据，基础扎实。到日、美、英、德等多个国家收集整理的侵华日军南京大屠杀史料集，更是史学界收集整理史料的一个典范。

张宪文老师和他的团队的研究论著无论是观点还是文字表述，不哗众取宠，不刻意追求新名词、新概念，力求文字客观平实、简洁明确，具有很强的可读性。

张宪文老师是中国优秀史学传统的继承和弘扬者，言传身教，为我们树立了一个学习的榜样，激励我们在史学研究中不断奋进。

张宪文老师二三事

朱宝琴

1973年我到南大历史系读书，1977年留校。作为张宪文老师的学生，值老师八十华诞之际，回忆在校工作初期，教学、科研蹒跚学步，张老师对我的教育指导二三事，依然记忆犹新。

1978年南京市委托南京大学历史系中国现代史教研室编写《渡江和解放南京》的小册子，以纪念中国人民解放军渡江和解放南京三十周年。教研室成立了编写组，张老师是执笔者之一，我被安排参加搜集资料的工作。编写组要求通过渡江和解放南京保留下来的部分革命文物，介绍这一事件的简要过程。当时“文化大革命”刚结束，相关单位的档案资料大多未曾开放，一些曾参过战的同志散落各地，南京市地下党的同志有些尚未平反，资料收集工作遇到很大的困难。我第一次参加资料收集工作，一切都茫然不知所措，张老师提出要依靠中共南京市委的帮助。当时张老师年富力强，正是靠他周密细致的安排部署，编写组从文献搜集梳理为起始，突破档案查阅瓶颈，甄别走访口述对象调查中的准确度，保证了历史事实的一一还原。记得我去安徽走访当年参战的指战员，张老师指导拟定调查提纲，详细交代走访注意事项，叮嘱关键问题厘清的路径，我们顺利完成了任务。1979年10月，《渡江和解放南京》由上海人民出版社出版。这是一本字数不多的小册子，但整个编写过程中张老师和编写组的老师们严谨求实的学风给我上了深刻的一课。

80年代初，学术界组织成立了中国现代史学会，黎澍任会长，张宪文老师任学会副秘书长。教育部和现代史学会合办的中国现代史讲习班共三届，张宪文老师在其中起到了重要作用。张老师是主持者之一，除了筹谋每届讲习班事务，还给学员讲课。

我有幸参加了1983年6月至8月第二期中国现代史讲习班，学员们来自全国各地的高校、档案馆、社科院、党校等单位。讲习班管理颇严格，除设置了领导小组，完成230学时的学习，还给学员配备了班主任。学员们学习期满，必须先后听取国内11位学者、教授的专题讲学。讲授内容有：北洋军阀史专题、国民党军阀史专题、中国现代政治思想史专题、中国革命与共产国际的关系、中国民主党派史专题、汪伪政权专题、中国现代经济史专题、中国现代史史料学、中国现代史和中共党史若干问题等10个专题。讲习班采取专家讲授与讨论交流相结合的方式。张老师除了忙于讲习班的组织领导工作外，还与来新夏、彭明、黄美真、张同新、王维礼等老师经常参与学员分组讨论，亲自答疑解惑。张老师开设的“中国现代史史料学”课程是一门新颖、年轻的学科，是张老师在多年的教学与研究中潜心积累，对中国现代史史料学的科学体系方面的开拓性探索，对中国现代史教学、科研有重要的指导作用，受到学员们的一致好评，纷纷向张老师索要讲义。1985年张宪文老师的专著《中国现代史史料学》，由山东人民出版社印行，成为当时的畅销教材。

通过中国现代史讲习班的学习，我们接触到许多中国现代史专家，弥补了在大学四年学习期间没有学到的知识，开阔了学术视野，思维辨析能力得到一定的提高。张老师对中国现代史学会三届讲习班的贡献，使他在80年代初期已经桃李满天下。而在我工作起步阶段，张老师对我的言传身教，使我获益良多终身难忘。

上世纪80年代中期，张宪文老师主持撰写《中华民国史纲》期间，查阅了中国第二历史档案馆大量档案，特别是与抗日战争相关的军事档案，对抗日战争有了新的认识。1985年8月，他在"江苏省纪念抗日战争胜利四十周年学术讨论会"上发表了《关于抗日战争史研究中的几个问题》的学术报告，认为抗日战争是在中共倡导的抗日民族统一战线的旗帜下，以国共两党合作为基础的全民族抗战。但是长期以来由于"左"的思想影响，对这段历史缺乏全面的系统的实事求是的研究，他呼吁历史学界运用历史唯物主义的观点对这段历史，其中包括对国民党统治区、正面战场，开展研究，并给予实事求是的、恰当的分析和评价。张老师的报告对史学界解放思想，广泛开展对中华民国史的研究工作起了促进作用。随后他组织南京大学历史研究所民国史研究室九位青年教师开始着手研究抗日战争的正面战场，我也参与了部分章节的撰写工作。张老师担任主编，从编撰的指导思想、史料搜集、梳理钩沉的具体方法到学术规范对我们严格要求，并由他编写提纲、撰写绪论，负责全书的修改、定稿。他认为"正面战场，以国民党军抗战为主……"，"在外敌入侵面前，多数能以民族大义为重，积极投入作战"，强调"正面战场的官兵，也为保卫祖国、抵抗敌人，克尽了自己的努力，作出了历史的贡献"。这一思路无疑对我们撰写任务的完成产生了重要的影响。1987年6月张宪文主编的《抗日战争的正面战场》由河南人民出版社出版，成为当时较早、较全面客观论述抗日战争正面战场的著作之一。

五 / 弟子录

受业子弟名录

1. 硕士学位获得者(按汉语拼音排序)

陈红民、陈希亮、栋近美雪、傅光中、高红光、郭代习、纪乃旺、李继锋、刘孟信、邱霖、丸尾达、吴伟荣、武菁、杨冬梅、乙维清、张连红、张铭滨、张生、张燕萍、赵兴胜、郑明武、钟声

2. 博士学位获得者(按入学年限排序)

1989 年:李继锋

1990 年:张神根

1991 年:张生

1992 年:杨菁

1993 年:陶鹤山、周益跃

1994 年:陈红民、陈谦平、姜文求、刘慧宇、张连红、赵兴胜

1995 年:任银睦、张佩国

1996 年:陈勤、王杉、王云骏、张瑾

1997 年:谷小水、齐春风、申晓云、徐畅、叶美兰

1998 年春:陈仁霞、姜良芹、汪汉忠

1998 年秋:邓亦武、李建军、谢晓鹏

1999 年春:陈橹、栋近美雪(肄业)、田玄、杨家余

1999 年秋:洪小夏、李峻、武菁

2000 年春:潘敏、任桐、吴永明、吴恒心(肄业)

2000 年秋:娄胜华、王生怀、查灿长、张玉龙

2001 年秋:郭红娟、金亨冽、雷国山、宋开友、薛恒、姚群民、张立杰、周宗根

2003 年秋:邱进益

共 53 名

3. 博士后

马俊亚、岳谦厚、江沛、柳镛泰

共 4 名

4. 国内外高级进修生、访问学者

约 40 名(名单略)

受业弟子简历

陈红民　男，汉族，1958年9月出生，山东泰安人。现为浙江大学求是特聘教授、博士生导师，历史系主任、中国近现代史研究所所长、蒋介石与近代中国研究中心主任，政府特殊津贴获得者。兼任国家社科基金历史学科评审组成员、二十世纪中国史学会(Historical Society for Twentieth-Century China，HSTCC)理事、教育部历史学科专业教学指导委员会委员、浙江省历史学会副会长、长江商学院EMBA课程教授。曾任教育部人文社科重点研究基地——南京大学中华民国史研究中心教授兼副主任。1978年9月至1985年7月，在南京大学历史系读本科和研究生，获得历史学学士、硕士学位，毕业后在南京大学历史系任教。1994年至2001年，为南京大学历史系在职博士研究生。本科和博士论文均为张宪文老师指导。主要从事中国现代史、中华民国史与当代台湾史的教研工作，多次主持、参加国家社科与省部级科研项目，出版相关领域的论著、译著20余部(含合著)，在中外学术刊物上发表论文百余篇。四次获选美国哈佛-燕京学社访问学者(1996—1997年，2002年、2009年、2011年)、韩国高等教育财团访问学者(2004—2005年)、斯坦福大学胡佛研究所访问学者(2008年、2010年)、香港中文大学联合书院访问学人(1995年、2004年)、台湾中正文教基金会访问学者(2000年)、台湾政治大学客座教授(2007年)。先后去加拿大、日本、意大利、奥地利、新加坡、英国等国家和地区进行学术访问与参加国际学术讨论会，在海外学术单位讲学20余次。2007年建立了海内外首个蒋介石研究的专门机构——“浙江大学蒋介石与近代中国研究中心”，推动蒋介石学术研究的学术化与国际化，先后于2010年、2012年两次主办以蒋介石为主题的国际学术研讨会。其在胡汉民研究及其资料整理方面的工作，受到海内外同行的好评，研究成果数次获省部级表彰。所主编的第一套《蒋介石与近代中国》学术研究丛书，海内外学术界反响极佳。

陈橹　男，汉族，1962年10月出生，河南息县人。现为南京理工大学教授、硕士生导师，兼任江苏省公共政治理论课教学指导委员会委员、“中国近现代史学纲要”教学指导组组长等社会职务。1981年毕业于河南信阳师范中文专业，之后从事中学教学工作。1991年毕业于武汉大学历史系，获硕士学位。1999年3月入南京大学历史系，师从张宪文教授，2005年7月获得博士学位。1991年至今在南京理工大学工作。主要从事教学管理工作和后起国家现代化理论及文化变迁问题研究。主持完成或参加国防科工委《中国现代国防科技工业史研究》等项目，在《江海学刊》、《世界经济与政治论坛》、《中国军事科学》、《南京社会科学》、《湖北社会科学》等刊物发表论文40余篇，出版专著2部。

陈谦平 男，1955 年 2 月 10 日出生于南京市，籍贯江苏扬州江都市。现任南京大学历史系教授、博士生导师，历史系主任、国务院学位委员会第六届历史学科评议组成员、江苏省学位委员会委员、南京大学学位委员会委员、南京大学人文基金委员会副主任。社会兼职有中国现代史学会副会长、江苏省历史学会副会长、南京中华民国史研究会副会长。1982 年 1 月毕业于南京大学历史系历史专业本科，1994 年攻读南京大学历史系中国近现代史专业博士研究生，2002 年 3 月获历史学博士学位。1989 年至 1990 年、1992 年、1996 年至 1997 年、2004 年至 2005 年先后在德国柏林洪堡大学亚洲系、英国剑桥大学东方学院、美国哈佛大学费正清东亚研究中心和格林乃尔学院历史系、韩国高丽大学历史系进修或合作研究。先后应邀赴中国台湾地区的中央大学、中央研究院近代史研究所，以及日本中央大学、美国斯坦福大学胡佛研究院讲学或访问研究。主要著作有《抗战前后之中英西藏交涉(1935—1947)》(2003 年)、《民国对外关系史论(1927—1949)》(2013 年)等。曾在《历史研究》、《近代史研究》、《史学月刊》、《民国档案》等国内刊物，以及日本、韩国等国外刊物上发表学术论文 50 余篇。

陈仁霞 女，1965 年出生，江苏高邮人。现由南京大学借调在中国驻德国大使馆工作。1988 年 7 月，毕业于南京大学外文系德文专业，获文学学士学位，留校外事办工作。1996 年 3 月，在职获本校德语文学研究方向文学硕士学位。1996 年 4 月至 1997 年 7 月，获德国巴登-符腾堡州奖学金资助，在图宾根大学德文系做访问学者。1998 年 3 月，考入南京大学历史系中华民国史研究中心，师从张宪文教授在职攻读博士学位。其间，1999 年 9 月至 2000 年 8 月，由“中国-欧盟高等教育合作项目”资助，留学德国弗赖堡大学政治学系。2003 年 1 月，获南京大学史学博士学位。主要研究方向为二战时期以中国为中心的国际关系，曾在《历史研究》、《抗日战争研究》、《民国档案》等刊物发表学术论文 10 余篇。2003 年 9 月，以博士学位论文《1936—1938 年中德日三角关系研究》为基础的同名专著由北京三联书店出版。专著曾引起《南方周末》、《炎黄春秋》等媒体和学刊的关注和评论。2005 年，博士学位论文获“南京大学优秀博士学位论文奖”。

陈希亮 男，汉族，1966 年 10 月出生，湖北潜江人，民革党员。现为南京图书馆研究馆员。1988 年毕业于厦门大学历史系，获文学学士学位。1990 年 9 月入南京大学历史系攻读硕士学位，师从张宪文教授，研习中华民国史，1993 年 7 月获历史学硕士学位。1997 年至今在南京图书馆历史文献部工作，主要从事民国文献的整理和研究。参与编写的著作有《动荡转型中的民国教育》、《中国近现代人物像传》、《江苏地方文献书目》、《南京图书馆藏民国文献珍本图录》等，在《史学月刊》、《民国档案》、《历史档案》、《大学图书馆学报》、《图书馆》、《中国图书评论》等刊物上发表学术论文 40 多篇。

邓亦武　女，汉族，1966 年 9 月出生，湖南沅陵人。现任武汉理工大学马克思主义学院副教授。1985 年至 1989 年，在北京师范大学历史学系学习，获历史学学士学位。1989 年至 1993 年，在扬州大学历史学系学习，获硕士学位。1998 年至 2002 年，在南京大学历史系学习，获博士学位，师从张宪文教授。教学和研究主要以中国近现代政治、经济和法律史为方向，先后主持和参加教育部重大课题、湖北省规划课题、湖北省教育厅重大课题、湖北省重点高校建设项目等 10 多项，独立或合作出版专著、论著 3 部，发表论文 40 余篇。

傅光中　男，汉族，1963 年 12 月出生，祖籍山东青州市。现为山东画报出版社总编辑，兼任山东省编辑学会常务理事、出版协会理事、中国近代史料学会会员。在南京大学读研究生阶段师从张宪文老师，获南京大学笹川良一奖学金、南京大学优秀毕业生称号。1994 年 8 月进入山东画报出版社工作。学术研究以山东地方文化史为主，出版专著《民国山东文化志》、《历史故事 88》，主编《西方人性格地图》、《历史上的漫画》、《漫画中的历史》等图书。在省级以上报刊发表文章 80 余篇。策划编辑图书数百种，有十余种独立策划编辑的图书获得省级以上奖励。其中《剑桥插图天文学史》被中国版协、中国科协和《科学时报》评为 2003 年“全国优秀版权书”和“科学文化佳作”。《疾病改变历史》获中国科协和科学时报社 2004 年“科学文化佳作”奖。策划出版的“剑桥插图系列”、“插图本培生人文社科学术经典系列”受到专家和读者广泛认可，其中 5 种获得国家优秀引进版图书称号。目前受邀担任《中国博士文库》策划、国家社会科学基金重点项目《中国出版通史》特邀编辑。2004 年，被中共山东省委宣传部、省新闻出版局和省出版总社授予“山东省优秀编辑工作者”称号。

谷小水　男，汉族，1973 年 3 月出生，安徽当涂人。现为中山大学历史系副教授、硕士生导师。1994 年毕业于山东大学历史系，获学士学位。1997 年南京大学研究生毕业，获硕士学位。同年转入博士生阶段学习，师从张宪文教授，2000 年 7 月获博士学位。随后在张宪文老师的推荐下，进入中山大学历史系博士后流动站工作学习，2002 年 7 月出站后留中大任教迄今。主要从事中国近现代史专业的教学科研工作。先后主持或参与教育部重大攻关课题、广东省规划课题、中山大学校级课题数十项。出版专著《“少数人的责任”：丁文江的思想与实践》一部，《各方致孙中山函电汇编》(4—6 卷)等，在《抗日战争研究》、《史学月刊》、《浙江学刊》等期刊发表论文 30 余篇。

郭红娟　女，汉族，1965 年生，河南孟津人，现任洛阳师范学院历史文化学院院长、教授。曾任洛阳师范学院政法学院副院长、历史文化学院院长等院系领导职务。2001 年 9 月进入南京大学中华民国史中心，师从张宪文先生，攻读博士学位并担任导师的助研，协助导师处理日常庶务，

2005 年 1 月毕业。2006 年 3 月至 4 月在澳大利亚亚太历史文化研究中心进行研究与学习，2009 年 9 月至 10 月，在台湾进行学术访问与交流。教学和科研以民国时期的经济、社会史为主。承担省部级以上研究项目及教学改革项目 5 项，出版《资源委员会经济管理研究——以抗战时期为核心的考察》等著作 3 部，在《中国经济史研究》、《史学月刊》、《晋阳学刊》、《河南大学学报》、《郑州大学学报》等核心期刊上发表论文 10 余篇。2009 年，获得河南省教育系统教学技能比赛一等奖及“河南省教学标兵”的称号。2013 年，被评为“洛阳市优秀教师”，2011 年，获得“河南省巾帼建功标兵”荣誉称号。

洪小夏 女，汉族，1954 年 8 月出生，籍贯湖南省临澧县。现为上海师范大学教授、硕士生导师，中共党史与党建研究所所长。曾为武汉理工大学(原武汉工学院)文法学院人文社科系教授、硕士生导师，思想政治教育研究所副所长。兼任中国现代史学会、中国近现代史料学学会理事，中国抗战史学会理事会员，(国际)二十世纪中华史学会会员，上海市新四军研究会、文史资料研究会、廉政建设研究会理事。1990 年 6 月在中南财经大学(现中南财经政法大学)政法系获政治学硕士学位。1999 年 9 月考入南京大学历史系，在职攻读中国近现代史专业博士学位，师从张宪文教授，2007 年毕业，获历史学博士学位。主要从事中国近现代史、当代台湾史等方向的教研工作。曾到台北中研院近代史研究所做访问学者(2010 年)，两次到美国参加国际学术会议(2008 年、2010 年)。先后主持教育部规划课题、上海市教委课题、湖北省教育厅课题以及省级横向课题、校级课题等共 10 项，参加教育部重大课题攻关项目 1 项、教育部课题 2 项、省级课题 3 项。在《近代史研究》、《抗日战争研究》、《史林》等各种学术期刊上发表学术论文 70 余篇，出版《血祭金门》、《中国抗日战争大辞典》、《中国国民党名人录》等 11 部。曾获省级学会优秀论文奖、省级优秀教学成果奖等 3 项。在香港凤凰卫视，中央电视台 7 套(军事与农业)、9 套(国际台，现纪录片台)、10 套(教科台)，上海电视台纪实频道等多次担任历史类纪录片节目的嘉宾(2000 年至今共约 100 次左右)。

纪乃旺 男，汉族，1965 年 10 月出生，江苏淮阴人，现为中国药科大学外语系党总支书记、副教授，思想政治教育专业硕士生导师。学术兼职有江苏省党史学会理事、江苏省高等学校医药教育研究会医学人文素质教育专业委员会常务理事兼副秘书长等。曾任中国药科大学社科部副主任、社科部直属党支部书记等职。1983 年 9 月考入南京大学历史系读本科，1987 年 9 月考上南京大学历史系中国近现代史专业硕士研究生，师承张宪文老师。1990 年 7 月毕业后至中国药科大学马列室(现名社科部)任教至今，主要从事中国近现代史方向的教学研究工作。曾两次赴美国，在哥伦比亚大学和乔治梅森大学接受短期培训。曾荣获江苏省普通高等学校优秀共产党员、优秀党务工作者等荣誉称号。

姜良芹 女,1972 年生,现为南京大学中华民国史研究中心副教授、硕士生导师。1991 年至 2001 年先后就读于曲阜师范大学历史系、江西师范大学历史系、南京大学历史系,分获历史学学士、硕士、博士学位。在南京大学读博期间师从张宪文教授,毕业后留校任教。主要研究方向为中华民国史、中国近现代经济史、中日关系史等。著有《南京国民政府内债问题研究》(独著)、《南京大屠杀史料集》(合著)、《中华民国史》(合著)、《中国近代史研究导引》(合著)、《宋美龄、严倬云与中华妇女》(合著)等,在《历史研究》、《近代史研究》等刊物发表《南京大屠杀期间市民财产损失的调查与统计》、《从淞沪到南京:蒋介石政战略选择之失误及其转向》等学术论文 30 余篇。主持或参与国家级、省部级课题 9 项,研究成果曾获教育部高校科学研究优秀成果奖一等奖 1 项(合作),江苏省哲学社会科学优秀成果一等奖 1 项(合作)。2006 年荣获南京大学青年骨干教师称号,2012 年入选教育部"新世纪优秀人才支持计划"。近年来先后赴澳大利亚国立大学,英国利兹大学,美国格林奈尔学院、斯坦福大学、哈佛大学,日本广岛大学,法国巴黎政治学院等海内外高校和科研机构进修、开展合作研究、学术交流或参加学术会议。

江沛 男,1964 年 6 月出生,南开大学历史学博士。现为南开大学历史学院教授、博士生导师,兼中国现代史学会副会长、教育部人文社科重点科研基地南开大学中国社会史中心研究员、中国社会科学院近代史研究所中国近代思想史研究中心理事、国家留学基金委会审委员。2000 年 6 月至 2003 年 3 月,在南京大学历史学流动站从事博士后研究,师从张宪文教授。2003 年 4 月至 2004 年 3 月,任日本爱知大学大学院中国研究科客座研究员。2005 年 10 月至 2006 年 3 月,任日本广岛大学大学院国际协力研究科客座教授。2010 年 10 月至 12 月,任台湾东会大学历史学客座教授。2003 年以来,一直从事民国政治史、思想文化史、社会史的教研工作。承担的科研项目有国家社科基金项目和教育部人文基地重大招标项目。主要论著有《日伪"治安强化运动"研究》、《国民党政治与社会结构之演变》(下编,2007 年)、《国民党结构史论》(下册,2013 年)、《日伪"治安强化"运动研究》(2006 年)等著作,合著、主编有《二十世纪的中国》(2004 年)、《近代华北区域社会史研究》(2005 年)、《现代中国变动与东亚新格局》(第 1 辑,2012 年)等。在国内外学术刊物上发表论文 90 余篇,50 余篇论文被国内外报刊转载。其中,专著《战国策派思潮研究》获得天津市第九届哲学社会科学优秀成果评比三等奖(2005 年),主编的《中国历史 · 晚清民国卷》获得教育部国家级教学成果一等奖(2005 年),合著《国民党政治与社会结构之演变》获江苏省哲社优秀成果二等奖(2011 年)。2006 年,入选教育部"新世纪优秀人才支持计划"。

经盛鸿 男，1944年10月出生，江苏盐城人。现为南京师范大学历史系教授，兼任“侵华日军南京大屠杀史研究学会”副会长、江苏省太平天国史研究学会副会长等职。1965年至1982年先后在南京大学哲学系读本科，南京大学历史系读硕士研究生，读硕期间师从张宪文老师。长期从事中国近现代史、中华民国史与中共党史的教学与研究，曾在中国大陆与台湾、香港地区，以及美国、日本等国出版《詹天佑评传》、《胡宗南大传》、《民国暗杀要案》、《辛亥往事》、《枷锁下的金陵》、《民国大案》、《武士刀下的南京》、《恶魔的吹鼓手与辩护士——战时日本新闻传媒与南京大屠杀》、《西方新闻传媒视野中的南京大屠杀》、《战时中国新闻传媒与南京大屠杀》、《遮盖不了的罪恶》、《南京沦陷八年史》，主编或参与编著《屠杀与抗争》、《南京通史(民国卷)》、《中华民国文化史》、《中华民国史》、《南京大屠杀全史》等著作。在《史学月刊》、《抗日战争研究》、《民国档案》、《安徽史学》等期刊上发表论文近200篇。任电影故事片《金陵十三钗》首席历史顾问。其学术专著《西北王胡宗南》于1996年获北方17省市优秀图书奖，1997年获江苏省政府第五届优秀社科奖。学术论文《论中国近代失掉的机遇》于1995年获省教委优秀科研奖，《张继与第一次国共合作》于2000年获省教育厅优秀科研二等奖。

雷国山 男，汉族，1971年生。现任南京大学外国语学院副教授、硕士生导师。1990年考入四川外国语大学日语系专攻日本语言文学，1994年考入北京外国语大学的北京日本学研究中心专攻日本文化，1996年留学一桥大学半年，1997年春获北外文学硕士学位后，受聘为南京大学外国语学院日语助教，1998年受聘为讲师。2001年考取南京大学的博士生，师从张宪文教授，2005年12月取得博士学位，毕业后继续在南京大学外国语学院工作。2008年至2009年赴日本文化国际研究中心(京都)任研究员一年。主要研究成果有：专著《日本侵华决策史研究：1937—1945》(2006年)，译著《清代水利与区域社会》(2008年)；代表性论文《“陶德曼调停”研究的几点遗留问题》(2005年)、《1939年前后的“东亚共同体”：一个历史用语的考察》等。

李继锋 1962年生，江苏高邮人。现为江苏省委党校党史党建部副主任，教授、硕士生导师，兼任江苏省历史学会常务理事、南京中华民国史研究会副会长。1979年9月考入南京大学历史系，获学士学位；1983年9月考入南京大学历史系中国近现代史专业，攻读硕士学位；1989年考入南京大学历史系中国近现代史专业，攻读博士课程，其指导老师均为张宪文教授。研究领域为中华民国史、中共党史，兴趣点集中于政治制度史、抗日战争史与政治思想史等。独撰有《影像与断想：抗战回望》、《从沉沦到荣光：抗日战争全记录(1931—1945)》，合作撰有《袁振英传》、《近代中国妇女运动史》、《共和肇始：南京临时政府研究》等，参写有《抗日战争的正面战场》、《中国抗日战争史(1931～1945)》等，主编有《图片中国百年史》、《1934：沉寂之年》等，主要论文有《分合之际：二十年代初省宪运动背景之研究》、《民国初年中央集权与地方分权之争》等 40 多篇。著作曾获中宣部“五个一工程”奖等。研究、教学之余，主创了近 30 部大型历史纪录片，如《百年中国》、《一个时代的侧影：中国 1931—1945》等。

李建军　男，汉族，1972 年 10 月生，安徽砀山人，编审，中国社会科学院社会科学文献出版社编辑，胡适研究会会员。1991 年 9 月至 1995 年 7 月在安徽大学历史学系学习，获历史学学士学位。1995 年 9 月至 1998 年 7 月在南开大学历史学系学习，获历史学硕士学位。1998 年 9 月入南京大学历史系，师从张宪文教授，获历史学博士学位。主要进行近代中国思想史和人物研究。2005 年 8 月，参与写作的国家社科基金“七五”规划重点研究项目成果《中华民国史》由南京大学出版社出版。2007 年 3 月，博士学位论文《学术与政治：胡适的心路历程》获“国际学者基金”资助，由香港新世纪出版社出版，余英时先生、耿云志先生应邀为之作序。参加《民国学案》、《天下巡抚胡林翼》等的写作。在《随笔》、《安徽史学》、《书屋》、《胡适研究》、《胡适研究论丛》、《中华读书报》等发表论文 20 余篇。策划、编辑多部在学界产生重要影响的学术著作和研究资料。

李峻　女，1970 年出生，现任南京政治学院中共党史教研室主任、教授。2007 年被评为江苏省“333 中青年带头人才”，2008 年在 96161 部队任政治部副主任。1992 年毕业于南京政治学院。1999 年 9 月秋季入南京大学，攻读历史学博士学位，师从张宪文老师，2004 年 6 月获南京大学历史学博士学位。主要论著有《日伪统治上海实态研究》、《旌旗飘飘》、《中国近现代史纲要》等。先后在《江海学刊》、《军事历史研究》、《南京社会科学》等刊物发表论文 60 余篇。2009 年成为江苏省“333 人才工程”培养对象，2011 年成为全军优秀人才津贴对象，多次被评为南京政治学院的优秀人才和优秀教师。

刘慧宇　女，1966 年出生，北京人。现任福建江夏学院经济学教授，副校长。曾任辽宁师范大学讲师、宁德市蕉城区人民政府副区长、宁德市政协副主席、宁德市人大副主任。兼任福建省政协委员、民革福建省委会常委等职。1989 年 7 月四川大学经济史研究生毕业后参加工作。1997 年南京大学历史学博士毕业，师从张宪文教授。2000 年厦门大学应用经济学博士后，2003 年南开大学理论经济学博士后，2007 年至 2008 年留学加拿大 NB 大学经济系。主要从事区域金融史的研究。主持或主要参与国家社科基金项目、国家自然科学基金项目、省部级科研项目 10 多项。出版《中国中央银行研究：1928—1949》、《经济全球化与中国农业发展》、《核心地位的构建——海峡西岸经济区中福建发展研究》等著作 9 部，发表学术论文数十篇。其中《经济全球化与中国农业发展》一书于 2003 年荣获四川省精神文明建设“五个一工程”第九届“入选作品奖”，同时荣获四川省 2002 年度最佳图书奖。

刘孟信 男，汉族，1964 年 10 月生，山东潍坊人。中国人民解放军空军勤务学院教授、硕士生导师、专业技术大校。1986 年毕业于山东大学历史系，获学士学位。1990 年 9 月进入南京大学，师从张宪文教授，1993 年 7 月获得硕士学位。主要从事军事历史和军事文化研究。现任江苏省党史学会理事、徐州市史志学会常务理事、淮海战役研究会副会长。先后主持和参加国家、军队、江苏省和空军课题研究 20 余项，发表论文 40 余篇，著作(含译著)6 部。曾获全军、空军教学科研成果 7 项。2001 年被评为首批空军高层次科技人才，2009 年被评为全军优秀教师。

柳镛泰 男，韩国人，1957 年生。现为首尔大学历史教育科教授及韩国中国近现代史学会会长。先后取得韩国首尔大学学士和硕士学位，以及延世大学博士学位。1997 年至 1998 年在南京大学从事博士后研究时，师从张宪文教授，并担任美国普林斯顿大学访问研究员。现主要研究方向为：第一，从社会史角度看近现代中国农民、土地问题；第二，从职业代表制视角看二十世纪中国对民主主义的摸索；第三，从区域史视角看东亚洲历史教育和互相认识问题。主要成果有《职业代表制——近代中国的民主遗产》(2011 年)、《欢呼中的警钟：东亚洲历史认识与历史教育的反思》(2006 年)、《知识青年、公产与农民社会的革命：1920 年代中国中南部三省之比较研究》(2004 年)、《田园诗与狂想曲》(译著，2000 年) 等。

娄胜华 男，1965 年出生，安徽马鞍山人。现任澳门理工学院公共行政学教授兼课程主任。兼任澳门特区政府社会工作委员会委员、澳门特区政府可持续发展策略研究中心非全职顾问、澳门社会治理研究学会理事长、澳门新视角学会会长、《行政》杂志编委等。2000 年 9 月，考入南京大学，受教于张宪文教授门下，攻读历史学博士学位。经张导考虑，选择澳门研究作为博士论文选题，并邀请现任澳门基金会主席吴志良博士作为合作导师。此后多次赴澳门收集论文资料并参与“澳门公共行政体系改革方向”的研究工作。2004 年 2 月取得博士学位，在读博期间，曾获南京大学优秀博士研究生奖学金。目前主要研究方向为 NGO 与公民社会、政治发展与社会治理。出版学术著作有《转型时期澳门社团研究——多元社会中法团主义体制解析》、《澳门华人政治文化纵向研究》(合著)、《澳门公共行政案例研究》、《新秩序：澳门社会治理研究》(合著)、《自治与他治：澳门的行政、司法与社团(1553—1999)》(合著)等。发表《“邻避运动”在澳门的兴起及其治理》、《合作主义与澳门公民社会的发展》、《社会合作主义与澳门治理模式的选择》、《澳门社团法律制度分析：以政府与社团关系为中心》、《澳门政府规模的实证研究》等学术论文 60 余篇。其中，《转型时期澳门社团研究——多元社会中法团主义体制解析》、《新秩序：澳门社会治理研究》

分别获得第一届与第三届澳门人文社会科学研究优秀成果著作类一等奖。

马俊亚 男，1962年出生，现为南京大学历史系教授、博士生导师，兼任台湾政治大学客座教授、安徽大学特聘教授。1996年6月获得历史学博士学位，1998年4月获历史学博士后，师从张宪文老师。1998年3月被评为副教授，2006年12月被评为教授。2000年8月至2001年6月在美国伊里诺依州立大学研修，2006年至2007年2月在澳大利亚拉筹伯大学（La Trobe University）进行合作研究，2007年5月至7月在台湾大学进行合作研究。先后主持或参加2007年度教育部人文社会重点研究基地重大研究课题、国家社会科学基金项目等多项课题，独著出版《规模经济与区域发展——近代江南地区企业经营现代化研究》、《混合与发展——江南地区传统社会经济的现代演变》、《被牺牲的"局部"：淮北地区社会生态变迁研究》等著作3部，参编著作2部，在《历史研究》、《社会学研究》等刊物发表论文60余篇。现为江苏省"333工程"人才、教育部新世纪优秀人才、南京大学优秀中青年学科带头人。

潘敏 女，1975年出生，历史学博士、社会学博士后。现为同济大学政治与国际关系学院社会学系副教授、硕士生导师。2006年8月至12月，在加拿大哥伦比亚大学（University of British Columbia）进修。研究方向为社会史、环境与社会发展、极地问题。主持或参与了国家社科基金项目、科技部软科学项目6项，在《中国经济史研究》、《抗日战争研究》、《浙江社会科学》等刊物上发表学术论文30余篇，主要著作有《江苏日伪基层政权研究》（独著）、《江苏抗日战争史》（合著）、《日伪关系研究——以华东地区为中心》（合著）。

齐春风 男，1970年出生，辽宁北票人。现在南京师范大学社会发展学院工作，教授、博士生导师，南京师范大学抗日战争研究中心主任。曾在吉林省教育学院、辽宁师范大学历史文化学院工作。1992年毕业于辽宁师范大学历史系，1995年毕业于东北师范大学历史系，1997年毕业于南京大学历史系，分别获历史学学士、硕士、博士学位，在南京大学读博期间师从张宪文老师。主要教学和研究方向为中国近代经济史、中日关系史，近年来的研究兴趣主要集中在反帝研究上。博士论文《中日经济战中的走私活动（1937－1945）》2002年由人民出版社出版。在《历史研究》、《近代史研究》、《中国经济史研究》、《史学月刊》、《安徽史学》、《民国档案》、《历史档案》、《中国农史》、《江海学刊》、《社会科学战线》、《光明日报》等刊物上发表学术论文30余篇，承担教育部人文社科基金项目和国家社科基金项目各一项。曾被遴选为辽宁省青年骨干教师、辽宁省"百千万"人才工程千层次人才。

邱进益 男，汉族，1936年出生，浙江嵊泗人，曾任台湾“总统府”副秘书长及发言人、海峡交流基金会副董事长兼秘书长、台湾“考试院”铨叙部部长、公务人员抚恤基金管理委员会主任委员、财团法人日月光文教基金会董事长。现仍为两岸关系和平发展而努力。早年毕业于台湾大学外文系，毕业后在台湾外事部门工作。在担任台湾当局要职后，于1984年、1985年之间，曾三次陪李登辉出访南非、乌拉圭等国，成为台湾高层的重要幕僚。1993年3月，出任台湾海峡交流基金会副董事长兼秘书长。是年4月上旬访问北京，与大陆海协会常务副会长唐树备进行“汪辜会晤”预备性磋商，并代表海基会与海协会在钓鱼台国宾馆草签了《两岸公证书使用查证协议》、《两岸挂号函件查询、补偿事宜协议》。其后不久，在新加坡与海协会常务副会长唐树备、邹哲开等举行会谈，达成了“汪辜会谈”的具体地点、主要议题和会谈后发表文件的基本内容。2003年9月来南京大学，拜张宪文教授为师，攻读中国近现代史专业博士学位，经批准入南大学习，2009年6月毕业。所撰写的博士论文《从国统纲领到汪辜会谈》，以一个历史亲历者的身份，回顾并点评了台湾政坛围绕两岸关系的政治决策、政策博弈和实施过程。

任桐 男，汉族，1967年9月生，江苏扬州人。现为江苏人民广播电台副总裁，高级编辑，江苏省“五个一批”人才和江苏省“333工程”培养对象。1987年毕业于南京大学历史系，获学士学位。2000年3月进入南京大学历史系读博，师从张宪文教授，2003年5月获得博士学位。学术研究以新闻学及广播电视业务研究为主，在省级以上刊物发表论文20多篇，其中4篇论文分获江苏省社科类优秀成果二等奖、江苏新闻论文一等奖和江苏省广电学术论文一等奖。编著出版了5部作品，主创的16件广播作品分获中国新闻奖、中国广播影视大奖、江苏省“五个一工程”奖、江苏新闻奖、江苏省级政府一等奖等奖项。曾荣获江苏省新闻界最高奖——戈公振新闻奖。被中国品牌媒体高峰论坛评为“2011—2012中国品牌媒体贡献人物”，被中国传媒大会评为“中国传媒创新人物”。

任银睦 男，汉族，1965年4月生，山东青岛人。现任研究员、青岛市史志办副主任。兼任山东省历史学会副会长、青岛市财政学会副会长。曾任青岛大学历史系副教授、青岛市社会科学界联合会副主席、青岛市社会科学院副院长等职。1995年9月入学，师从张宪文教授，1998年6月获得博士学位。2003年赴美国康涅狄格中央州立大学研习。主要研究方向为区域史、城市经济社会发展研究。撰有《民国山东商业志》、《民国山东金融志》，发表《清末民初移民与城市社会现代化》、《近代青岛城市发展与腹地社会经济》、《近代青岛人社会人格的形成及特征分析》等学术论文数十篇。

申晓云　女，汉族，1951年7月生，江苏无锡人，现为南京大学历史系教授、博士生导师。1986年9月在北京中国人民大学党史系取得硕士学位后，来到南京大学历史系工作。1997年在职读博，师从张宪文教授，2001年取得博士学位。在此期间曾先后参加了张宪文教授主持的数项国家和教育部项目的研究和撰写，2003年获得教授职称，同年担任博士导师。主要研究领域为中华民国政治史、文化教育史、外交史。曾先后参与张宪文教授主持的中华民国史重大项目研究若干项，也曾独立主持国家、教育部和省级重大人文社科项目数项，独立完成和与人合作完成专著、编著、译著、工具书等学术著作17部，主要有《桂系元戎李宗仁》、《动荡转型中的民国教育》、《民国政体与外交》等。发表重要论文80篇，主要有《1930年中原大战时的北平、南京与英、美列强》、《近代中国历史大变局中的“中间”知识分子——以“科学社”同人群体为中心的考察》，等等。

宋开友　男，汉族，1976年5月生，山东郯城人。现任鲁东大学政治与行政学院讲师。1998年毕业于曲阜师范大学历史系，获学士学位。同年9月进入南京大学历史系中国近现代史专业读研，2001年考取南大民国史中心博士生，师从张宪文教授。2007年9月至今任教于鲁东大学政治与行政学院，讲授“中国近现代史纲要”、“台湾问题专题研究”。主要研究领域为中华民国史和近代中日关系史。发表关于近代中日关系的论文多篇，著有《外资与中国现代化：北洋时期日本对沪纺织业投资研究》等。

田玄　男，汉族，1954年8月生，籍贯上海市。现为中共中央党史研究室研究员(司局级)、教授。曾任中国军事科学院军事历史研究部研究员及中央军委战史军史编辑室研究员(大校军衔)，转业地方后曾任北京地方志编纂委员会办公室负责人之一，《北京年鉴》副主编。兼任复旦大学韩国研究中心研究员，国家清史编纂委员会通纪组和典志组教授、审稿专家。1984年师从张宪文先生攻读硕士研究生，1999年师从张宪文先生攻读博士研究生。1978年任军队高等政治院校教员、政治理论教研室负责人。1991年任中国大百科全书中国人民解放军战史和军史两个学科课题组长，中央军委重大课题《第四野战军战史》丛书编写办公室课题组负责人。主要学术成果有独立或合撰著作《转型社会权力重构中的民国军人群体研究——兼论南京国民政府政治制度的类型、功能与结构》、《南京国民政府军事制度研究》等20余部，主编史学学术著作20余部。在《人民日报》、《近代史研究》等报纸和核心学术期刊上发表学术论文数十篇。曾荣获国家图书奖2次、国家图书奖提名奖3次(丛书)、解放军图书奖1次、军事科研特等奖2次(百科全书学科分卷)、省(市)自治区级社科奖10余次。

王生怀　男，汉族，1969年3月出生，安徽怀宁人。现为中共安徽省委党校理论研究所所长、

《理论建设》期刊副主编、复旦大学公共管理博士后流动站研究人员。曾任安徽省泾县副县长、中共安徽省委科学发展观领导小组办公室秘书等职。1986年至1988年在安庆师范学院读本科，1993年至1996年在北京大学历史系读硕士。2000年至2005年在南京大学攻读博士学位，师从张宪文老师。毕业后到安徽省委党校工作，主要教学和研究方向为党建理论、政府改革。主持中组部"农村基层党组织建设"、中央党校"村级民主管理路径选择研究"等项目，所撰写的博士论文《民国时期安徽文化与社会研究(1912—1937)》修改后，2008年由安徽人民出版社出版，专著《丰碑》1999年由中央文献出版社出版，先后在《中央党校学报》、《理论前沿》等刊物发表文章50余篇。曾获得安徽省委党校科研突出贡献奖、泾县荣誉市民等奖励。

王云骏 男，1963年4月出生，江苏南京人。现为南京大学党委统战部长、政府管理学院教授、博士生导师。社会兼职有江苏省政协常委、中国政治学会理事、江苏省政治学会常务理事、江苏省中共党史学会常务理事。1981年入南京大学学习，先后取得理学学士、法学硕士和史学博士学位。曾在复旦大学公共管理博士后流动站从事博士后研究，读博期间师从张宪文老师。主要从事政治学与行政学、公共管理学、非政府组织管理等领域的教学与科研工作。近年来主持完成国家级科研项目2项、省部级课题7项，政府部门委托课题若干。出版有《民国南京城市社会管理》等专著4部，在《江海学刊》、《江苏社会科学》等刊物发表论文40余篇。曾获江苏省哲学社会科学优秀工作者称号，江苏省"五个一工程"奖一次，江苏省社会科学优秀成果三等奖两次，江苏省优秀工程咨询成果三等奖一次。

武菁 女，汉族，广东客家人，1958年4月生于南京。现为安徽大学历史系教授，博士生导师。1999年考入南京大学历史系攻读博士学位，师从张宪文老师。主要教学和研究方向为民国史、抗日战争史及安徽社会文化史。在读博期间及毕业后主持或参与了教育部基地重大项目"民国淮河治理与民间文化流变"，国家社科重点项目"抗日战争研究"、"清史文献"、"清史文物"等课题研究。合作进行了《宋美龄文集》、《中华民国史》等著作的撰写，主编《抗日战争纪事本末》，先后在《民国杂志》(美国)、《民国研究》、《安徽史学》、《安徽大学学报》等学术期刊发表学术论文20余篇。1997年7月及2000年10月应邀赴台北及纽约出席"抗日战争史及华族与美国的历史"国际学术讨论会。2001年10月、2009年9月、2012年4月先后赴台湾政治大学历史系、台北中央研究院近代史研究所及台湾逢甲、静宜、铭传等大学进行学术访问。

吴永明 男，1970年生，江西大余人。史学博士，法学博士后，教授。现任江西省社会科学界联合会副主席，兼任江西师大法学研究中心主任、江西省财政学会副会长、江西省税务学会副会长。曾任职江西师范大学财政金融学院院长、上饶师范学院副校长。2000 年至 2003 年就读于南京大学，师从张宪文先生，治民国法制史。荣获第十五届“江西十大杰出青年”称号，是江西省新世纪“百千万”人才工程一、二层次人选，赣鄱英才“555 工程”领军人才，江西省法学中青年学科带头人，享受省政府特殊津贴。主要研究领域为近现代法制史、法制现代化理论、法律文化学等。先后主持国家社科基金项目、全国教育规划重点项目、教育部人文社科招标项目、国家博士后基金项目、省社科规划重点项目等 20 余项，出版《理念、制度与实践：中国司法现代化变革研究(1912—1928)》、《太阳旗下的罪恶》等专(合)著 6 部，公开发表论文 40 余篇，获江西省第 8 届、第 11 届、第 13 届社科优秀成果二等奖。

徐畅　男，1965 年 9 月出生，安徽省金寨县人。现为山东大学历史文化学院教授、博士生导师。1983 年 9 月，考入山东大学历史系中国史专业学习，毕业后到安徽淮北煤炭师范学院政教系、历史系任教。1994 年 9 月，考入山东大学历史系攻读硕士研究生。1997 年 3 月，考入南京大学历史系攻读博士研究生，师从张宪文教授。2000 年 7 月毕业并取得博士学位，毕业后到山东大学历史文化学院任教。主要教学和科研方向为抗战时期的经济。主持或参与了国家社科基金项目“近代中国粮食进口问题研究”、山东省委宣传部《鲁商文化丛书》项目基金的《鲁商撷英》、香港“启智教育基金会”资助的“日军鲁西细菌战调查”等研究项目，出版了《鲁商撷英》等著作，先后在《近代史研究》、《文史哲》、《江海学刊》、《安徽史学》、《史学月刊》、《中国农史》等刊物发表论文 30 余篇。曾获得山东省社科联社科研究优秀成果三等奖。

薛恒　男，汉族，籍贯扬州，1957 年 1 月出生于江苏省盐城市城区。现为南京信息工程大学公共管理系教授、硕士生导师，兼中国现代史学会会员、江苏省科社学会理事、党史学会理事。曾在盐城市政协、中共盐城市委党校暨盐城市行政学院工作，先后任盐城市政协文史委助秘，盐城市党校副教授、教研室主任。1978 年 9 月至 1982 年 7 月在南京大学历史系读本科。2001 年 9 月至 2005 年 2 月在南京大学历史系攻读中国近现代史专业博士学位，师从张宪文先生。2005 年曾到澳大利亚国立大学做短期访问学者。主要从事中国近现代史、政府管理方向的教研。先后主持国家哲社规划办、教育部、江苏省哲社规划办、中国气象局等研究项目 8 项，南京信息工程大学“行政管理学”精品课程 1 项。出版专著《民国议会制度研究(1911—1924)》一部，与张宪文恩师等合著出版《共和肇始：南京临时政府研究》，主编出版《公共气象管理学基础》教材一部，参加撰写《中华民国史》等著作 5 部。先后在《近代史研究》、《世界宗教研究》、《江海学刊》、《民国档案》、《人文研究》(韩国)等刊物上发表文章近 50 篇。曾获得江苏省教育厅哲学社会科学研究优秀成果三等奖、南京市哲学社会科学研究优秀成果奖、南京信息工程大学教学名师、江苏省党校系统科研优秀成果二等奖等。

杨家余 男，汉族，1966年9月生，安徽肥东人。现为中国人民解放军陆军军官学院教授、硕士生导师，党史军史教研室主任，大别山红色文化研究所常务副所长，安徽历史文化研究中心兼职研究员，安徽省党史学会理事，安徽省教育史学会常务理事，军队优秀专业技术人才岗位津贴获得者。1993年毕业于东北师范大学历史系，获硕士学位。1999年3月入读南京大学，师从张宪文教授，2002年12月获得博士学位。主要从事中国近现代史、教育史、军事教育思想教学的科研工作。到目前为止，累计发表论文近60篇，出版个人学术专著两部，主编和参编著作多部，主持和参与各类课题8项。近年来先后两次获得安徽省社会科学文学艺术出版奖（省政府奖）著作类三等奖，主编的著作分别获全军优秀政治理论教学研究成果二等奖和总参优秀政治理论教学研究成果一等奖。

杨菁 女，1967年生，浙江温州人。现为浙江工业大学政治与公共管理学院教授，兼任浙江省历史学会理事，曾任杭州大学历史系（1998年合并为浙江大学）副教授、硕士生导师。1992年至1995年在南京大学历史系攻读博士学位，师从张宪文教授，研究中华民国史。曾赴澳大利亚等国作访问研究。主要从事中国现代史、中华民国史与当代台湾史的教研。独自或合作撰写了《中国战区"最高统帅"——抗战时期的蒋介石》、《宋子文传》、《百年宋美龄》、《宋子文家事》、《蒋介石与日本的恩恩怨怨》、《宋美龄、严倬云与中华妇女》（合著）、《探析浙江改革开放——温州经济变革史》（合著）等10余部论著。先后在《抗日战争研究》、《史学月刊》、《浙江大学学报》等刊物发表论文20余篇。

姚群民 男，1965年生，江苏昆山人，现为南京晓庄学院教授、校友会办公室主任、历史学博士，兼任江苏省孙中山研究会、江苏省中共党史学会理事等。1990年、2001年先后考入南京大学历史系，师从张宪文教授，攻读硕士、博士学位。历任南京晓庄学院历史系副主任、历史与社会学系党总支副书记、人文学院党总支书记兼副院长、学校八十周年校庆办公室常务副主任等。主持完成江苏省教育厅人文社会科学课题2项，发表论文30余篇，出版编著3部。入选江苏省高校"青蓝工程"第二期计划省级优秀青年骨干教师培养对象。

叶美兰 女，汉族，1966年2月生，江苏泰兴人。教授、博士生导师，中国国民党革命委员会中央委员、江苏省政协委员、省妇联执委、南京市人大代表，曾任民革扬州市副主委、省青年委员会联合会委员。1987年毕业于南京大学历史系，获学士学位，1997年9月至2000年7月在南京大学历史系攻读博士学位。1987 年至 2007 年在扬州大学工作，2002 年任扬州大学教务处副处长，2007 年 5 月任淮安经济开发区管委会副主任(挂职)，2007 年 7 月任南京邮电大学副校长。主要从事教学管理工作和党的现代化理论及城市现代化研究。现任江苏省近现代史学会副会长，江苏省党史学会会员、社会学会会员。先后主持和参加国家"十五"规划课题、国家社科课题、教育部重大课题、江苏省规划课题、省教育厅重大课题、省重点高校建设项目等 10 多项，发表论文 40 余篇，专著、论著 7 部。曾获江苏省民革优秀成员，省史学会二等奖，省优秀教学成果一等奖，省、市社会科学优秀成果奖等各类奖项 10 多项。

岳谦厚　男，1969 年出生，山西忻州人。现任山西大学历史文化学院教授(2010 年聘二级教授)、博士生导师、副院长兼山西大学近代中国研究所所长。曾任山西师范大学历史学院院长。学术兼职有山西省历史学会副会长(2000 年至今)、中共党史学会常务理事及中国城市史研究会常务理事、中国现代史学会理事、中国社会史学会理事、中国太平天国史研究会理事等。1999 年 9 月至 2001 年 12 月于南京大学中华民国史研究中心师从张宪文教授从事博士后研究工作。2000 年 9 月破格晋升教授。主要从事中华民国史、中共党史、中国近现代社会经济史研究。主持完成国家社科基金重点项目等国家级课题 10 余项，出版学术论著《顾维钧外交思想研究》、《媒体·社会与国家：〈大公报〉与 20 世纪初期之中国》及译著等 14 部，在《中国乡村研究》(*Rural China*)、《中国经济史研究》、《抗日战争研究》、《中共党史研究》、《当代中国史研究》、《党的文献》、《光明日报》等学术期刊发表论文 150 余篇。多项成果获山西省社会科学研究优秀成果一等奖及教育部高等学校人文社会科学研究优秀成果三等奖。2005 年入选山西省"高等学校青年学术带头人"，2006 年获教育部霍英东青年教师奖，2007 年入选教育部"新世纪优秀人才支持计划"，2009 年入选山西省"新世纪学术技术带头人 333 人才支持计划"，2012 年入选山西省"学术技术带头人"，2013 年入选山西省"中青年拔尖创新人才"。

查灿长　男，汉族，1954 年出生，山东青岛人，现任上海大学影视学院广告学系教授、博士生导师、主任。1979 年至 1988 年在东北师大读本科、硕士研究生。1995 年至 1999 年间，先后短期在意大利、美国、墨西哥工作学习。2000 年考入南京大学历史系中国近现代史专业读博，师从张宪文教授。2004 年 8 月通过博士论文《转型、变项与传播——澳门早期现代化研究》的答辩，获历史学博士学位。主要研究方向为世界近现代经济史、传播学。先后承担国家社科基金、国家体育总局社科研究项目等共 8 项，出版学术著作 3 部，教育部"十一五"国家级教材《公共关系学》一部，发表学术论文 20 余篇，获省部级奖一项。

张瑾 女，重庆人，1963年生，南京大学历史学博士、教授，硕士生导师。现任重庆大学人文社会科学高等研究院副院长，重庆市市级“五个一批”理论类人才，重庆市首届学术技术带头人后备人选，重庆市高校首批优秀中青年骨干教师。兼任国家教育部全国学位与研究生教育评估专家库专家，国家社会科学研究基金项目、教育部人文社科项目、教育部国家留学基金委项目通讯评审专家，重庆市历史学会、重庆市地方史研究会常务理事，重庆市外办史迪威研究中心、西南大学卢作孚研究中心、民生实业有限公司研究室兼职研究员。1981年至1988年，在四川大学历史系读本科和硕士研究生，1996年至1999年，在南京大学历史系攻读历史学博士学位，师从张宪文教授。1997年至2006年，多次赴美国康奈尔大学东亚研究中心、佛蒙特州立大学亚洲系，2011年至2012年在美国哈佛大学费正清中国研究中心做富布赖特访问学者。主要研究方向为中华民国史、重庆城市史、重庆国民政府史、陪都外交与人物、中外文献中的重庆形象研究。2002年，获得南京大学优秀博士论文奖。2005年，《重庆通史》(合著)获得重庆市第四次社会科学优秀成果一等奖，排名第四；《权力、冲突与变革：1926—1937年重庆城市现代化研究》(专著)获得重庆市第四次社会科学优秀成果二等奖。

张立杰 女，1973出生，黑龙江鸡西市人。现任天津行政学院副教授。1991年至1995年在黑龙江大学读本科，1995年至1997年在哈尔滨工业大学人文社会科学学院读中共党史硕士研究生。2001年9月就读南京大学历史系中华民国史研究中心，攻读博士学位，师从张宪文先生，2005年6月毕业。主要从事中国近现代史和中共党史的教学与研究。主持完成天津哲学社会科学规划基金项目“南京国民政府盐政现代化研究”等，出版专著《南京国民政府的盐政改革研究》一部，先后在《浙江学刊》、《抗日战争研究》、《历史教学》、《民国档案》等刊物发表多篇重要论文。曾获得天津哲学社会科学优秀成果三等奖，天津市委党校系统优秀教师等奖励。

张连红 男，汉族，1966年11月生，江苏东台人。现为南京师范大学历史系教授、博士生导师，南京师范大学南京大屠杀研究中心主任、教务处处长。兼任教育部历史学类专业教学指导委员会委员、江苏省中国近现代史学会副会长、侵华日军南京大屠杀史研究会副会长、南京历史学会副会长兼秘书长、中华民国史学会副会长等职。1989年9月从南京师范大学历史学本科毕业，考入南京大学历史系，师从张宪文教授，攻读中国近现代史专业中国民国史方向硕士学位。1992年6月毕业后到南京师范大学历史系任教。1994年9月继续跟从张老师攻读中华民国史方向博士学位，1997年6月获博士学位。主要从事中华民国史、抗日战争史、南京历史文化方向研究。先后主持国家社科基金项目2项，中国社科院中日历史研究中心项目1项。目前主要承担教育部重大招标课题“日伪统治下的民族资本家研究——以京沪为中心”等项目研究。出版的主要专著、合著及资料汇编有《整合与互动:民国时期中央与地方财政关系研究》、《南京大屠杀全史》(三卷)、《日侵时期新马华人受害调查》、《魏特琳传》、《南京大屠杀史料集》(72 册)、《创伤的记忆:南京大屠杀与战时中国社会》、《金陵女子大学校史》、《中华民国史》(四册)、《解放还是侵略?——评〈大东亚战争的总结〉》等,主持并合作翻译《魏特琳日记》、《黄金武士》(二战日本掠夺亚洲巨额黄金黑幕)、《南京事件争论史》、*The Undaunted Women of Nanking: The Wartime Diaries of Minnie Vautrin and Tsen Shui-fang* 等,发表学术论文 80 余篇。曾获江苏省优秀中青年骨干教师称号、教育部全国优秀青年教师三等奖、教育部高等学校科学研究优秀成果奖(人文社会科学)一等奖、江苏省哲学社会科学优秀成果一等奖和三等奖、江苏省“333 工程”培养人选等荣誉。

张佩国　男,汉族,1966 年 9 月生,山东成武人。现任上海大学社会学系教授、博士生导师,兼任中国农业史学会理事、法律人类学研究会理事、法律社会学研究会理事。1988 年毕业于聊城师范学院政治系,同年至山东省成武县第一中学任教。1993 年在复旦大学获政治学理论专业硕士,1995 年 9 月至 1998 年 6 月,在南京大学历史系师从张宪文教授,攻读中国近现代史专业中国现代化研究方向博士学位,博士学位论文为《地权分配・农家经济・村落社区——1900～1945 年的山东农村》。1999 年 8 月至 2001 年 6 月,在复旦大学历史学博士后流动站做博士后研究。教学和科研方向为历史人类学,研究兴趣集中在乡村公共产权、乡村福利实践、明清至民国徽州民间会社与宗族关系机制等方面。先后出版专著《地权・家户・村落》、《近代江南乡村地权的历史人类学研究》、《财产关系与乡村法秩序》、《林权、坟山与庙产》等 4 部,在《中国社会科学》、《社会学研究》等期刊发表论文 50 余篇。曾三次获得上海市哲学社会科学优秀成果三等奖(2002 年、2004 年、2010 年)。

张神根　男,汉族,1963 年 8 月出生,安徽桐城人。现任中央党史研究室第三研究部主任、研究员。先后就读于安徽师范大学历史系、云南省社会科学院、南京大学历史系,后获得历史学博士学位,在南京大学读博期间师从张宪文老师。近二十多年来主要从事中共党史和中国近现代史的研究。先后参与《中国共产党新时期简史》、《第三代领导集体与跨世纪的中国》、《执政中国》、《中国共产党新时期历史大事记》、《中国共产党历史二十八讲》、《中国共产党历史》等书的编写。主要代表作有《世纪的辉煌》、《科学发展的历程》、《十六大到十八大的中国》、《科学发展小丛书》。在《中共党史研究》、《当代中国史研究》、《历史档案》、《史学月刊》等刊物发表重要论文多篇。

张生　男,1969 年 6 月生,安徽天长人。现任南京大学历史系教授、博士生导师。1984 年至 1988 年,就读于华东师范大学历史学系,取得学士学位;1988 年至 1991 年,南京大学历史系中国近现代史专业，取得硕士学位，导师为张宪文教授；1991年至1994年，南京大学历史系中国近现代史专业，取得博士学位，导师为茅家琦教授和张宪文教授 。主要教学和研究方向为抗日战争史、民国经济史。主持国家社科、教育部基金、江苏省基金项目等5项，参与教育部重大课题攻关项目、教育部重点基地重大项目等7项。出版有《南京大屠杀史研究》、《南京国民政府的税收》、《华东地区日伪关系研究(1937—1945)》等著作5部(含合作)，参加了《中华民国史》(四卷本)、《南京大屠杀史料集》(72卷)、《南京大屠杀全史》(三卷本)等书的撰写和编辑。在《历史研究》、《近代史研究》、《民国档案》等海内外刊物发表论文60余篇。2004年入选江苏省青蓝工程青年骨干教师，2007年入选教育部新世纪优秀人才，2008年入选南京大学首批优秀中青年学科带头人。2007年获得江苏省社科优秀成果一等奖(参与)，2009年获得教育部优秀成果一等奖(排名第二)。

张燕萍 女，汉族，1965年8月生，山西太原人。南京陆军指挥学院教授、西南财经大学兼职教授，博士生导师，大校军衔。1986年考入南京大学历史系，师从张宪文教授，攻读硕士，1989年毕业分配到南京陆军指挥学院工作至今。2002年7月到2006年7月，在南京大学历史系攻读博士学位，2006年7月获历史学博士学位。主要从事党的创新理论、国防经济学研究。先后主持和参加国家社科基金、总参重点课题、江苏省“333工程 ”课题、全军军事经济研究中心课题若干项，出版专著、教材10多部，发表学术文章50余篇。曾获中国人民解放军育才奖银奖，享受军队专业技术三类岗位津贴，获全军政治理论研究优秀成果一、二等奖，总参政治理论研究优秀成果一、二、三等奖，江苏省哲学社会科学优秀成果奖等。

张玉龙 男，1963年12月出生，湖南泸溪人。现为江西省赣南师范学院中央苏区研究中心主任、教育部人文社科重点研究基地中国共产党革命精神与文化资源研究中心常务副主任，教授、硕士生导师，兼为江西省省情专家。2000年9月至2005年12月，在南京大学历史系师从张宪文老师学习，主要研究方向为民国政治史。2005年12月至今，在江西省赣南师范学院中央苏区研究中心工作，主要研究方向为中央苏区史、民国史。先后主持国家社科基金项目、教育部人文社科规划一般项目等研究项目10余项，主编或出版《民族主义与现代化：20世纪30—40年代蒋廷黻社会政治思想研究》等学术著作10部，在《当代中国史研究》、《历史档案》等刊物发表学术论文50余篇，研究成果先后获江西省高校优秀社科成果一等奖、三等奖。所主讲的“中央苏区史专题讲座”入选国家精品课程。

赵兴胜 男，1968年12月生，山东泰安人。现任山东大学历史文化学院教授、博士生导师、副院长，兼任中国现代史学会理事、山东省社会科学优秀成果评委、山东省史学会常务理事、山东省档案系统高级职称评审委员会评委。1991 年至 1997 年间，跟随张宪文先生攻读硕士、博士学位研究生，在此期间获得南京大学中华民国史研究奖学金、南京大学优秀研究生奖学金等。毕业后任教于山东大学历史文化学院，主要教学和科研方向为中华民国史、中国近现代乡村史。主持国家社科基金课题"华北乡村传统文化的近现代转型研究"以及其他省、部、校和横向重点课题 7 项，主要参与并完成国家社科基金重大招标课题"经济全球化趋势下中华民族精神的认知与教育对策研究：以历史学和公共历史教育体系为重心"和国家社科基金重点项目"山东区域现代化研究"等课题。出版《传统经验与现代理想：南京国民政府时期的国营工业研究》、《新词语新概念：晚清西学译介与晚清汉语词汇之变迁》等专著、译著、教材 8 部。在《文史哲》、《江海学刊》、《安徽史学》、《光明日报》等报刊上发表文章 20 余篇。独立或合作获得省部级人文社科优秀成果奖 3 项，各级各类教学成果奖 7 项。曾赴香港中文大学、台北中央研究院近代史研究所，以及澳大利亚拉筹伯大学、日本外务省国际问题研究所从事学术访问和交流。

中村元哉　男，日本人。1999 年 9 月至 2000 年 8 月来南京大学跟随张宪文教授等老师研究中国近现代史，特别是中国宪政史。2003 年 3 月东京大学毕业（博士），现任日本津田塾大学国际关系副教授。主要研究成果有《战后中国的宪政实施与言论自由（1945—1949）》（专著）、《宪政与近现代中国》（编著）、《新编原典中国近代思想史》（第 5—7 卷）（参编）。

钟声　1963 年 11 月生，湖南湘阴县人。现为湖南师范大学历史文化学院教授、博士生导师、副院长，武汉大学"国家公共文化政策实验室"特约研究员，中国辛亥革命史研究会理事，湖南省辛亥革命史研究会副会长。1985 年毕业于湖南师大历史系，获历史学学士学位。1987 年考入南京大学，师从张宪文老师，1990 年获得历史学硕士学位。2000 年在湖南师范大学获得历史学博士学位。先后在湘阴一中、湖南理工学院、湖南师大历史文化学院工作，主要从事中华民国史、近现代湖南历史与人物、文化资源保护与开发等方面的研究。参与国家社科基金重点项目"中国人的道德生活研究"，主持了教育部人文社科基金项目"1929—1933 年世界经济危机与中国社会的变动"，还先后主持了湖南省教育厅的重点项目，共 8 项。出版专著和参编著作 6 部，主要有《从重商思想到实业振兴思潮》、《中华民国史大辞典》等，发表论文 30 多篇。

周益跃　男，1958 年 7 月生，汉族，安徽省砀山县人。现为徐州医学院社会科学部副教授、副主任。1993 年 9 月考入南京大学历史系，师从茅家琦、张宪文教授攻读历史学博士学位，1996 年 10 月毕业，获历史学博士学位。1996 年 10 月至 1999 年 7 月在河海大学任教。1999 年 7 月至今在徐州医学院任教，发表论文 20 余篇。

朱宝琴 女，汉族，1949 年 3 月生，江苏江都人。1977 年毕业于南京大学历史系，并留校至今。现为南京大学历史系教授、博士生导师，兼任江苏省中国近现代史学会副会长。主要从事中华民国史、抗日战争时期的沦陷区方面的研究。目前承担了国家社科重点项目的子课题，参加《孙中山评传》、《中国对日作战史(1937—1945)》、《中华民国史》等著作的撰写，发表《论南京国民政府的工业政策》、《浅析运用心理史学研究魏特琳》、《早期汪精卫对日政治心态述评》等多篇重要论文。

六 / 媒体访谈

驰骋史学天地　写就经典华章

夏　蓓

他是一位优秀的教师，在风华正茂的年龄，服从祖国的需要，当了一名教书育人的园丁，为学生们解读中国现代史。时光如梭，半个世纪的岁月风尘染白了他的鬓发，年逾古稀的他，仍坚守三尺讲台，为本科生讲解全新的“认识中国”。“认识中国”是学生们追捧率很高的通识课，只要这门课开课，教室里总是座无虚席。这两年要不是提携后辈，让更多的年轻教师在教学岗位上锻炼成长，他会一直站在讲台上挥洒人生。饱经风霜的他就像一个永不疲倦的园丁默默地在南京大学的校园里耕耘了53载，如今他桃李满天下。

他是一位资深的学者，在做好教学工作的同时，总是孜孜不倦地潜心研究中国历史，对中华民国史的研究更是倾注了全部热忱和心血；他治学态度严谨，学术品德端正，研究能力突出，对学术问题高屋建瓴的认识，对学术发展趋势的宏观把握，总是成为国内外同行中的翘楚。《中华民国史纲》、《中华民国史》、《抗日战争的正面战场》、《蒋介石全传》、《南京大屠杀史料集》等，一部部如雷贯耳的学术著作，都是观点新颖、见解独特、位列学术前沿的经典之作。他在史学天地里驰骋纵横，他用智慧写就史学华章。

他是一位睿智的学术大家，喜欢用心灵读历史、用慧眼看世界，由此历练出了当代知识分子独特的探索精神。他是中华民国史研究的开拓者，民国史研究框架体系的构建者，他的学术思想影响了民国史学科建设和研究的方向。他领导的充满活力和创新精神的学术团队，被海内外史学界称为“南京学派”，他创造了“名家＋团队”的研究模式。他破除学术藩篱，为海峡两岸构筑起学术桥梁。他对各种学术观点都秉持开放的态度，坚守学术诚信，帮助人们重新思考民国的历史并借之了解当代中国。他优秀的学术道德和真诚善良的人格魅力以及出色的学术成就奠定了他在史学领域里受人尊崇的地位。

他就是南京大学中华民国史研究中心的主任张宪文教授，这位德高望重、充满睿智的中华文化的坚守者，在2011年获得了南京“第二届十大文化名人”的桂冠，给他瑰丽多彩的人生画卷上又新添了靓丽的一笔！

相伴一生的史学缘

1954年，浑身洋溢着青春气息的张宪文考入了南京大学历史系。大学期间他参与了南京北阴阳营新石器时代晚期遗址等多项考古挖掘工作，爱好体育运动的他在田野郊外如鱼得水、流连忘返，亲手挖出尘封数千年的古迹遗存，真是一件愉悦的事情。考古实践让他感受到了华夏文明的灿烂辉煌，欣赏了六朝古都的山水城林，体味了南京深厚的历史文化积淀带来的魅力和韵味。因此，张宪文疯狂地爱上了考古这一行，每当他徜徉在南京广阔的历史文化的天地里，他就无数次地在心里默默地告诉自己：考古就是我要为之奋斗的事业。他毕业论文研究的就是"新石器时代晚期遗址"。因为喜爱，所以用心；因为用心，所以优秀。1958 年，张宪文用心血写就的毕业论文被南京大学送到北京，参加了教育部全国高校科研成果展。接着，张宪文以优异的成绩毕业了。

一天，年轻的张宪文正在憧憬着自己毕业后的美好未来，突然被著名的元史专家、南京大学历史系主任韩儒林教授叫去谈话，系主任告诉张宪文：学校师资力量缺乏，希望品学兼优的爱徒能够留校当老师，教授"中国现代史"课程。此时的张宪文没有思想准备：当初自己考大学时想学经济，一心想学成后直接投身到祖国火红的建设热潮中去，报考的也是北京、上海、沈阳等地大学的经济系，可是阴差阳错，被分配进南京大学学历史；现在我喜爱考古，准备在文博天地里大干一场，又要叫我牺牲自己的兴趣爱好，站在三尺讲台上做老师。四年前"被历史"，现在又"被老师"，张宪文有点想不通，十分犹豫。但在那个"个人的前途必须服从祖国的需要"、"党叫干啥就干啥"的年代，经过一番思想斗争，张宪文还是听从了主任的教导，收起个人理想的风帆，服从了组织安排，愉快地留校当了一名普通的历史教员。他开启了在校园里"教书育人，培养人才"，在史海里"探究历史真相，服务国家社会"的人生征程。

干一行就要爱一行，爱一行就要钻一行，是金子就要发光，这就是张宪文的个性。很快，张宪文爱上了教师这个职业，爱上了历史研究这个领域，与史学结下了不解之缘。他一生埋头读书、刻苦钻研、淡泊名利，曾经三次婉拒省委要他担任正厅职领导的人事安排。他始终以学术研究为乐，潜心著书立说，正如他自己说的那样："我的生命与民国史研究融合在一起了。"

铁肩担道义

上个世纪 50 年代末，南京大学历史系包括张宪文在内只有两个讲授"中国现代史"的老师，而且还没有教材，甚至连参考资料都很少。面对这样一门无学科体系、无学术积淀、无史料资源的"三无"课程，年轻的张宪文倔劲上来了，他要对历史教学进行挑战，他要编一本好教材，让这门课成为一个有缜密科学体系的学科。可他当时身处的是"大跃进"年代，接着"文革"开始，高校成了重灾区，老师、学生们都忙着大串联，文攻武斗，几乎没有时间教与学，仅有的少量教材还充斥着大量歪曲、颠倒史实的内容，研究工作也停滞中断，大气候让他刚刚展开的理想翅膀又收了回来。

物换星移，转眼间到了1978年，这一年成了中国社会发生重大变革的分水岭，党的十一届三中全会的胜利召开，吹响了改革开放的号角，掀起了惊天动地的波澜。随着科学文化春天的到来，到处都是热气腾腾、春意盎然的新气象。这一年张宪文的同事、哲学系老师胡福明撰写的《实践是检验真理的唯一标准》的文章在《光明日报》上发表，在全国特别是在知识界掀起了思想解放的大讨论。走在领风气之先的南大校园里，张宪文看到树枝梢头沉睡了一冬的绿芽又顽强地向外伸出鲜嫩的生命和美丽的颜色，他敏锐地感到了时代变迁的气息，以及思想解放给学校和他个人带来的悄然变化。他找到了史学研究的尚方宝剑，那就是解放思想、实事求是、反映历史真实面貌。责任感和使命感把埋在张宪文心里二十年的愿望又重新激发出来，他要做二十年前就想做的事，给学生们编一本观点鲜明、史实准确、体系科学、通俗易懂的历史教材。

过去，有些历史教材，因为政治斗争的需要，歪曲事实，观点错误，愚弄学生。张宪文深知作为历史学者应该有这样的品德，那就是：在历史研究中应该追求真理、坚持真理、实事求是，寻找、挖掘、揭示、维护历史真相，不说假话。编一本符合“史德”要求的教材成了张宪文当时最大的工作目标。他知道要编出符合历史真相的教材，一定要占有大量真实的史料，真实史料从哪儿来，当然是要去档案馆里挖。于是张宪文来到中国第二历史档案馆，要求尽可能多地查阅民国档案。可那时档案的开放程度是被严格控制的，但他锲而不舍，多次找二档馆领导请求帮助，工作人员也被感动了，二档馆终于第一次开放了全部民国档案目录，让张宪文查阅了大量档案。民国时期一段段鲜活的历史，一个个生动的人物通过档案展现在张宪文面前，张宪文占有了史料，理清了思路，多少个日日夜夜伏案工作。那时工作条件差，空调、冰箱对普通人来说都是奢侈品。他，夏天忙得汗流浃背，冬天披着大衣干活。1985年，张宪文主编的国内第一部《中华民国史纲》出版了。该书50余万字，对民国时期若干历史问题进行了重新认识，对许多重要人物进行了重新评价。譬如，对蒋介石这个人物，学术界一直说他投机革命，早年张宪文上课时也给学生这么讲。可是，在查阅了有关蒋介石的档案后，他认为并不是那么回事。张宪文认为早期的蒋介石在孙中山的影响和带领下，参加了民族民主革命，是一个民主主义革命者，不是投机分子。譬如，当年孙中山因陈炯明背叛，避难于永丰舰上，档案中蒋介石自己说：“总理在危难中，我赴难广东，不杀叛贼，誓不生还。”表现了蒋介石维护革命的决心。蒋介石是抗日的，不是卖国贼。可是，上世纪80年代以前，人们长期否定蒋介石抗战，否定或贬低正面战场。张宪文带领他的弟子在80年代初写出了国内第一篇关于正面战场的文章——《简论台儿庄战役》、第一本关于正面战场的著作——《抗日战争的正面战场》。一石激起千层浪，对蒋介石的这些新认识在当时是不敢想象的。《史纲》出版后引起了海内外学术界的广泛关注，《人民日报》、《文汇报》、《团结报》、《中国日报》、《瞭望》等许多中央、省市媒体相继作了大量报道。《北京日报》报道了该书在1986年全国书展上受到读者欢迎，被争购一空的消息。《光明日报》四次报道该书的消息和书评。1986年，正好赶上全国高校政治理论课改革，中共党史课改为中国革命史，全国高校马列主义教研室许多中国革命史教师都以《史纲》作为教学参考书。在许多学者和媒体的评论中，大部分对《史纲》给予了充分的肯定，当然也有怀疑、批评的声音。张宪文说："那个时候，'文革'给人们套上的精神枷锁还未完全解开，民国史研究虽然已经不是'禁区'，但还是'雷区'。1986 年，反对资产阶级自由化时，大陆就有两篇文章送到国家级的报纸和刊物上准备批判我，说我为国民党和蒋介石树碑立传。台北的《中央日报》在头版头条也评论我，说我'不得不承认蒋公(介石)的伟业，大陆出版这本书是对台湾统战的新方式'。有些书刊也点名道姓说我为共产党作宣传。"遥想当年，张宪文平静地说："我两边不讨好！两边都批判我，这说明也许我是对的，做学术研究是要敢于接受挑战！"

该书出版不久，恰逢蒋经国先生在台湾宣布开放台胞赴大陆探亲，台湾的大陆热和大陆的台湾热，带动了民国历史热潮，《中华民国史纲》一书的影响也因此超越了学术意义。1986 年 7 月 15 日，新华社向海外发出《中华民国史纲》出版的电讯报道后，美联社立即转发，并指示该社驻华记者采访主编张宪文。一天，张宪文在办公室埋头备课，突然有人大喊他的名字，要他到校长办公室接电话。张宪文不由一愣，是谁胆子这么大，把找我的电话打到校长办公室，一边想着，一边不由地加快脚步朝校长办公室奔去。美联社的记者在电话里直截了当地问张宪文："你为什么要编这本书？有政治背景吗？"张宪文告诉这位美国记者："编这本书没有任何政治背景，我们编书一是因为爱好，二是为了教学需要。"美联社在后来发出的报道中还把《中华民国史纲》的出版与中国的改革开放、学术思想突破禁锢联系起来。

《中华民国史纲》一书深深影响了一代人，后人评价说："此书是新中国成立以来，我国第一部大型地、系统地、全面地阐述中华民国史的学术专著。该书纠正了当时许多'左'的观念与认识，使得民国史研究中的一些问题都摆了出来，推动了学术界对这些问题开展讨论，从而促进了民国史研究的繁荣与进步。"《中华民国史纲》一书奠定了张宪文的学术地位，使其成为国内民国史研究的开拓者，大家纷纷称赞张宪文的学术勇气，而张宪文只是淡淡地说道："秉笔直书历史，还历史以本来面目，是历史工作者义不容辞的责任。"

妙手著文章

上世纪 90 年代后，民国史研究在全国已形成热点，从许多人不敢碰的"险学"变成了一门充满活力的"显学"，如何构建更科学的民国史学术体系，成为学者们关心的重要问题。正当大家对《中华民国史纲》一片赞扬声时，张宪文却清醒地说道："尽管《中华民国史纲》的编写对推动民国史研究的发展起了重要作用，但从客观上来说，史料还不够全面，运用也不够规范，主观认识上还有局限性，再加上人们对历史真实的认识有一个缓慢接受的过程，故当时对某些历史问题没能说透，并有所保留，所以说《史纲》对历史真实来说只走了半步，我们还必须把没走的半步走下去。"

因此，在1996年张宪文提出：为了全面、客观反映民国时期的历史风貌，将编写新的《中华民国史》。经过十年的辛苦，2005年，220万字四卷本的《中华民国史》完成并出版。在这套书中，张宪文以历史唯物主义为导向，摒弃了单一的阶级分析的方法，运用各学科的不同理论和方法重新认识民国史上的各种历史问题，以最能反映历史事实的主线构建了民国史的基本框架和学术体系，对许多历史问题和历史事件提出具有开创意义的真知灼见。

张宪文在《中华民国史》中对民国史研究的主线和学科体系作了精辟的概括。他认为：民国史研究应以近代中国人民追求建立独立、自由、民主、统一、富强的现代中国为主线，构建民国史的基本框架和科学体系。历史事实、历史过程都必须围绕建设现代中国这一主线展开。确实，张宪文这一体系和框架的建立，比较明确地将中华民国史与中共党史、中国革命史，甚至与中国现代史的体系和分期区别开来，遵循这一体系框架，对许多重大历史问题，如北洋政府、国民政府以及国共关系等较难处理的重大历史问题，会得到科学、完善的解决。这样的学科体系，能让人们对民国史的认识更加透彻，更加全面，更符合民国史研究的客观实际。

张宪文还认为构建新的民国史学科体系，要十分注重体现历史的连续性、国际性和现代性，在研究中必须将一个个孤立的，甚至是被割裂的相关历史事件、历史问题有机地联系起来，放在一个较长的历史阶段给以整体的、全面的考察。张宪文说："过去我们简单地以阶级斗争的理论和方法，去分析复杂的民国历史，以国共两党的政治对立来划分社会阶级和解释社会各种问题是十分不妥的。在中国历史研究中，民国史的研究难度最大，这不仅在于资料多，有的还未解密，更在于对一些重要事件、重要人物的评价很难把握，在民国史的研究中有很多'禁区'。许多学者不敢轻举妄动。但是民国这段历史虽然只有短短的37年(1912—1949年)，却是中国的历史长河中一个十分重要的时期，对民国史的深入研究，对为现实服务具有深远的历史意义和重大的现实意义。"

民族记忆不能忘却

2011年7月6日上午，南京西康宾馆会议室，《南京大屠杀史料集》第四批新书发布会在这里举行。南京大学党委常务副书记张异宾的讲话获得了雷鸣般的掌声，张异宾书记动情地说道："张宪文教授以史学家的胆识和睿智，以他崇高的学术品德带领海内外近百名学者，历时10年，完成了72册，近4000万字的《南京大屠杀史料集》的编纂任务，这是一项功德无量的学术工程，为国家、为民族作出了贡献。"

发布会现场的采访区，张宪文被众多的媒体记者包围着，摄像机、照相机的灯光一直追踪着他，面对一位记者的提问，他掷地有声地说："如果把这72册史料集放在日本前首相小泉纯一郎的办公桌上，看他还有什么话可说！日本的右翼势力还有什么话说！"当另一位记者再次向他发问时，他两眼透出坚定的目光说："中国人民是胸怀宽广的人民，日本侵略的历史可以宽恕，但真相不能抹杀，民族记忆决不能忘却。"

众所周知，日本在第二次世界大战中对中国人民犯下了滔天罪行，其中尤以南京大屠杀最为残暴，日军对南京城造成的浩劫给中国人民带来了深重的灾难。可是，长期以来，日本政府在对待战争性质和战争责任的问题上基本采取暧昧的态度，而且其国内的极右势力越来越猖獗。这些右翼势力否认对华战争的侵略性质，否认南京大屠杀的事实，极大地伤害了中国人民的感情，严重影响了中日关系。为了揭示历史真相，教育中日两国人民特别是两国年轻一代，中国和日本有良知的学者从上世纪60年代就开始了南京大屠杀史实的研究，一大批有影响的研究成果先后问世。但是还有很多同时代的铁证散落在海内外各地的档案馆、图书馆及一些文化部门甚至私人手中。张宪文认为：历史学家要把历史史实搞清楚，提供给广大民众和政治家去作出正确的判断，历史学家应该超越情感，使历史有一个可信的认识。他认为把世界各地关于南京大屠杀的史料尽可能地搜集、整理、汇集出版，用铁的事实来驳斥日本右翼否定和歪曲南京大屠杀的谬论，非常迫切和重要。在这一思想的指导下，从2000年起，张宪文带领他的团队开始了在海内外搜集南京大屠杀史料的艰辛之路。

为了尽可能全面地收集资料，张宪文组织了南京大学、南京师范大学、中国第二历史档案馆、南京市档案馆、江苏省社科院等机构，合作开展工作。他一家一家地上门与合作单位领导沟通，争取他们的支持，希望合作单位把最强的学术力量抽调出来，把相关的档案资源开发出来。十年间，先后有100多位专家学者参加了这一宏大的学术工程。其中部分学者先后奔赴美国国家档案馆、美国国会图书馆、英国国家档案馆、德国外交档案馆、德国西门子公司档案馆、日本外交史料馆、日本防卫省战史研究室资料室、俄罗斯档案馆、意大利档案馆，以及中国台湾地区的国史馆、中研院近代史研究所等机构，查阅、收集档案，形成了完整的南京大屠杀的证据链。72册近4000万字的档案史料分为三个方面：第一方面是加害方日本的史料，一类是日本的官兵日记，另一类是日本的军方文件；第二方面是被害方的史料，包括国民政府当年在南京挨家挨户的调查材料，幸存者的回忆材料；第三方面是西方的史料，有西方国家的外交文件和当时在南京亲眼目睹惨案发生的传教士、教授、商人、医生、新闻记者等的来信、日记、书信、回忆录、报道等。

2005年《史料集》陆续出版以来，犹如一颗重磅炸弹，引起国际学术界的高度关注，沉重打击了日本右翼势力对这一重大事件的歪曲和诽谤。《史料集》出版后，日本、法国、丹麦、以色列等国的驻沪总领事等外交官陆续来南京交流观点，美国《纽约时报》、《基督教科学箴言报》，英国BBC，日本《朝日新闻》，韩国、德国的电视媒体纷纷来到南京采访张宪文。日本外务省责令上海领事馆副总领事陪同日本军方代表来南京采访。其采访结果影响了日本外务省在内阁会议上就这一问题的咨询答辩，并在外务省网站作了报道。他们表示：根据现有资料和证据，不能否定南京大屠杀的存在。

十年磨一剑。一部72册共4000万字的《南京大屠杀史料集》相当于10部《资治通鉴》、20部《史记》，带来的影响力是非常震撼的，张宪文和他的团队为此付出的艰辛也是巨大的。这么大的学术工程，没有经费是不可想象的，因此，《南京大屠杀史料集》立项之初，筹钱就成了张宪文的燃眉之急。南京大学中华民国史研究中心副主任、张宪文的弟子张生教授回忆说："老爷子多次到省市有关部门游说，讲这项工作的政治意义、学术价值，在他的软磨硬泡下，有关部门同意拨款。一天，财政部门通知我们去拿钱，喜笑颜开的师生俩刚坐下就得到经费黄了的消息。真的就像晴天霹雳一样，不是叫我们来拿钱的吗？沮丧的张老师没有气馁，没有放弃，回到办公室就开始给省市主要领导以及中央领导写信，他的真诚和锲而不舍终于有了结果。正月初五那天，人们还沉浸在春节的喜庆之中，张老师又被通知去拿钱。师生两人再次来到财政部门，这次终于如愿以偿，拿到了第一笔启动资金。走在漫天飞雪的大路上，老爷子的笑容就像冬日的阳光一样灿烂。"

张宪文不断地跟团队里的学者们说：钱来得不容易，一定要花在刀刃上，要用在搜集史料上。于是去国外搜集史料的学者，乘夜车去上海坐飞机，为的是省一个晚上的住宿费；去日本查阅档案的学者在日本连吃一个月的面条，以至于回国后见了面条都要吐。十年间，仅工作协调会开了不下40次，这些会要么放在晚上7:30开，要么放在双休日下午开，既给大家腾出了工作时间，又避免了饭局消耗的时间和金钱，大家都善意地开玩笑："老爷子真抠门，叫我们吃完饭再来开会。"张宪文对工作抓得紧，哪一阶段必须完成什么任务，他都有时间表。你拖沓了，他不断地催促你、甚至严厉地批评你，于是大家又善意地开玩笑："老爷子是黄世仁，经常逼债。"不过，你可别以为张宪文专会指挥别人干活。这么大的学者，完全可以只是动动嘴，差遣差遣下属。可是从整部《史料集》的框架结构搭建到总序的撰写，从编辑人员素质的提升到翻译外文史料的老师能力的考核，他都亲力亲为或亲自过问，甚至就连后记也是他一笔一笔写出来的，写完后，还召集会议，一句一句地读给大家听，大家你一言我一语地提出修改意见，他都逐字逐句地认真修改，神情就像个订正作业的小学生，大家风范跃然纸上。十年来，张宪文不知道寒暑假、节假日的状态应该跟平时不一样。朋友跟他开玩笑："你这是当的什么教师啊！都不知道寒暑假是怎么回事！"

2006年南京市首届"十大文化名人"、"十大文化精品"评选在即，许多人劝他参加"十大文化名人"的评选，但是张宪文坚持报送《南京大屠杀史料集》(前8卷)参加"十大文化精品"的评选。《史料集》当选为南京首届"十大文化精品"后，得到了一笔不菲的奖金。作为主编，张宪文没有多拿一分钱，而是把这笔奖金全部分给了团队的成员们，以弥补平时对他们的"抠门"，并作为对大家辛勤工作的奖励。2006年，《史料集》(前28卷)获第20届华东地区优秀哲学社会科学图书特等奖；2009年，《史料集》(前55卷)作为南京大学标志性成果，获得教育部高校科学研究优秀成果奖(人文社会科学)中国历史类一等奖，张宪文作为获奖代表在北京人民大会堂举行的颁奖典礼上致词。

2005年教育部对国家“211工程”学校进行全面考评，专家组组长、原北京大学校长吴树青教授在南京大学全体干部总结大会上说：《南京大屠杀史料集》是南京大学继《实践是检验真理的唯一标准》后对社会作出的又一重大贡献。南京大学党委书记洪银兴曾经动情地握着张宪文的手说：“《南京大屠杀史料集》是体现南京人民、江苏人民乃至全国人民民族愿望的民心工程，体现和平文化、和谐文化建设的学术精品工程，也是南京大屠杀研究中的一个里程碑式成果。老张啊，你为南京大学作出了贡献！”

呕心沥血建基地

在南大的逸夫管理科学楼里有一个在国内外赫赫有名的研究机构，它就是教育部“百所人文社会科学重点研究基地”之一的南京大学中华民国史研究中心。这里是张宪文每天工作的地方，也是世界各地研究民国史的学者们访问、交流、沟通的平台。作为中心的主任，张宪文为中心的建立、发展、壮大竭尽全力，奉献出了全部的心血与智慧。

中心成立近20年来，研究工作始终秉承张宪文提出的历史学者应遵循的学术道德，始终奉行张宪文倡导的史学研究应遵循的“三新”——新史料、新方法、新观点，以及“三性”——现代性、国际性、历史延续性的治学原则。中心采取“请进来、走出去”的办法，先后聘请了海内外在民国史研究领域卓有成就的62位学者担任客座教授，中心的学者奔赴十几个国家和地区做访问学者，参加国际会议，参与国际合作。张宪文的思路是：与世界各地的知名大学和研究机构建立合作机制，广泛搭建国际学术平台，让更多的研究者在第一时间了解和掌握国际最新的史学研究新动向，始终站在学术研究的最前沿，做一个有中国良知、国际视野、世界胸怀的学者。基于这样的理念，张宪文认为，新时期史学研究要摈弃中国传统的“单干”模式，一辈子一个人躲在书斋里查资料、爬格子，一个成果出来，不是学者自己白发满头，就是学术成果已经过时。因此，张宪文创立了“名家＋团队”的模式，他聘请了校内外的著名史学家组成学术委员会，作为“名家”，有了项目后，再邀请校内外的中青年研究人员组成“团队”。这种模式最大限度地发挥了领军人物的作用，能够快速地在项目实践中培养一大批人才。无论是《中华民国史》，还是《南京大屠杀史料集》，无一不是这种模式运作的成功典范。在这个科研模式支撑下，逐渐形成了团结奋斗、求真创新、学术奉献和开放合作的精神特质，于是也有了国际史学界认可的“创新意识强、团队协作好、成果水平高”的“南京学派”。

从1984年起，中心先后5次联合国内外大学和研究机构召开了“中华民国史国际学术讨论会”。2010年张宪文更是利用自己在学术界的影响，先后给哈佛大学、剑桥大学、牛津大学、东京大学、莫斯科国立大学五所世界顶级大学的朋友们写信，希望联合举办国际学术讨论会，通过国际交流合作，提升中心的学术水平，扩大国际影响。跟世界这么多顶级大学联合举办国际学术讨论会在全国开了先河。现在，南京大学中华民国史研究中心已经在国际史学界有了相当的知名度。

2009年，教育部150个基地中评出25个优秀基地，南京大学中华民国史研究中心榜上有名；更在全国历史学科的15个基地排名中，南京大学中华民国史中心名列前茅。中心的副主任、张宪文的女弟子姜良芹博士说："老爷子是把中心当自己的家来经营的，他不仅智商高，情商也超高，中心的每个人都是他的孩子和朋友，他都能把大家团在一起，中心就是一个和谐大家庭。"姜良芹还说："老爷子不仅学术上是大学者，还有高超的组织协调能力，第六届'中华民国史国际学术讨论会'是一个有140多位来自20多个国家和地区的学者们参加的大型国际会议，作为会议的东道主，老爷子的繁忙是可以想象的，可他居然在会议期间还套开了两个中小型专题学术会议，其精力之旺盛、运筹帷幄之气魄不能不令人佩服。"

海峡两岸的深情

2011年6月20日，在南京电视台流光溢彩的演播厅内，南京第二届"十大文化名人"、"十大文化精品"的颁奖典礼正在举行，与张宪文并肩站在一起接受颁奖的是身居台湾的南京老乡余光中先生，他是流传甚广的诗歌《乡愁》的作者："小时候，乡愁是一枚小小的邮票，我在这头，母亲在那头。……而现在，乡愁是一湾浅浅的海峡，我在这头，大陆在那头。"看着身旁的耄耋老人余光中，张宪文不由想起了另一个台湾老人——邱进益。

邱进益，1936年生，浙江嵊泗人。早年毕业于台湾政治大学外交系。1988年10月，出任"总统府"副秘书长，1990年5月又兼任"总统府"发言人。1993年3月，出任海峡交流基金会副董事长兼秘书长。他主张抓住一切机会，发展两岸关系，在出任海基会副董事长兼秘书长期间，多次同大陆海协会副会长唐树备为"汪辜会谈"进行预备性磋商，是"汪辜会谈"台湾方面的主要谈判成员和重要推手，为两岸交流作出了贡献。长期的政坛生涯，使得邱进益深感知晓、了解、研究中国历史对于加强同祖同根的两岸人民之间的相互了解是多么的重要。于是，能够跟随大陆的一位品德高尚、学识卓越的大师学习、研究中国历史成了他的一个夙愿。2003年9月，邱进益在新加坡举办的南京大学MBA班上，认识了南京大学商学院著名教授张二震，提出想到南大学习民国史，张二震推荐了张宪文。不久，邱进益来到南京，拜访了敬仰已久的张宪文并表达了欲攻读历史学中国近现代史专业博士学位的愿望。经过慎重考虑和有关部门的批准，南京大学及张宪文决定招收邱进益就读，68岁的邱进益成了张宪文教授将要关门的博士研究生。张宪文风趣地说："我的老博士学习十分刻苦。六年来，他不顾年事已高，多次往返于南京、台北之间，以优良的成绩修完了学位课程。因为他特殊的从政经历，我建议他的博士论文就写‘“汪辜会谈”与两岸关系’。”经过努力，邱进益12万字的博士论文《从国统纲领到汪辜会谈》写就。论文以一个历史亲历者的身份，回顾并点评了台湾政坛围绕两岸关系的风云变幻。南京大学聘请了5个资深教授组成答辩委员会，对邱进益的博士学位论文水平和质量给予了充分肯定。2009年4月其博士论文顺利通过答辩。2009年6月18日，邱进益先生专程从台湾来到南京，参加南京大学陈骏校长亲自主持的“邱进益博士学位授予典礼”。至此，73岁的邱进益成为南京大学和张宪文教授的学生中年龄最大的毕业生。68岁的学生攻读70岁导师的博士研究生，73岁的老博士成为75岁的老导师的得意门生，一时成为海峡两岸史学文化交流的佳话。

张宪文始终认为：不管两岸的政治纷争如何，两岸人民是同祖同宗的一家人，共同承载着中华民族精神和文化传承，一家人的历史和文化是不能分割的，一家人必须常走动、常联系。可以说张宪文是大陆最早与台湾进行学术交往的学者。1982年，张宪文通过澳大利亚学者费约翰，与台湾的著名学者吕芳上(现任台北国史馆馆长)有了历史文献资料互换的行动。这在当时来说是无先例的，也惊动了江苏省委主要领导，他们给予了大力支持。1987年台湾开放探亲，张宪文率先邀请台湾的著名历史学家张玉法、张朋园、张忠栋三位教授到南京进行学术交流，两岸的“张教授们”深入地交换了各自的研究成果，分析了两地的学术状况，达成了合作交流的共识。1994年张宪文到台湾进行了为期一个月的访问，结识了许多台湾地区的学者。以后，大陆、台湾学者互访、合作、交流，大都通过张宪文这座“人桥”。这些年，两岸的学术交流更是日益频繁，合作研究项目不仅数量众多，而且层次很高。张宪文自己曾多次到台湾作学术交流和讲学。2009年，在台湾与前国民党主席连战、吴伯雄等人会面，就两岸的交流合作进一步交换了意见并很快有了实质性的结果。其中，张宪文率领众多女博士赴台交流，与台湾妇联会合作，开展宋美龄研究，台湾的名士名媛也纷纷参与。辜振甫的夫人、严复的孙女辜严倬云女士亲自挂帅这个项目。最近，张宪文联合两岸四地(大陆、台湾、香港、澳门)60多位学者共同开展两岸四地合撰《中华民国专题史》研究，在共同研究中求同存异、求同化异，以达成共识，共同为中华民族的灿烂历史和文化增添新的光彩。

张宪文一生中曾得到过无数的掌声和鲜花，而在2009年他更是享受了一次规格极高的待遇。这一年是中华人民共和国成立60周年，中共中央决定邀请60名新中国成立以来各个时期、各个领域有突出贡献的优秀人才代表携带配偶赴北戴河进行暑期休假，张宪文是教育部在全国高校文科中遴选出来的两名代表之一。8月3日，代表们来到北京集合，盛夏的北京，骄阳似火、花木繁盛，宽阔的长安街以二级警卫的方式迎接为新中国的建设和发展作出突出成绩的功臣们，雄伟的天安门广场见证了这一令人难忘的时刻。五十载，一年四季终日忙碌的张宪文也因为党中央的关怀有了难得的休息之机，对此，张宪文充满了感激之情。在北戴河休假期间，中组部部长李源潮亲自主持召开了“编制《国家中长期人才发展规划纲要(2009—2020年)》专家座谈会”，直接听取各位专家对国家人才规划和人才工作的意见。会上，张宪文情深意切地谈道：“……学术剽窃、急功近利不能再继续下去。人才发展不仅是技术、科学水平的提高，要特别注重人才思想素质的提高，特别重视学术道德的建设，特别提倡学术奉献精神。”

“三个特别”诠释了“天下兴亡，匹夫有责”的深刻内涵，表达了张宪文对祖国的深情与忠诚，对事业的执着与热爱。只有始终把国家和人民的利益放在首位，胸怀大志、光明磊落，无私奉献、爱岗敬业，并为其筚路蓝缕、鞠躬尽瘁，才能成大业、立大功。这就是张宪文的成功密码。

莫道桑榆晚，为霞尚满天！

(原载《青春》2011年2月增刊“第二届南京十大文化名人报告文学专辑”)

南京大学历史学系张宪文教授访谈录

杨　涛

因材施教，严格要求

记者：张教授，硕士生、博士生作为当下学术研究的主力军，他们的素质和能力问题已经引起了很大的关注。您作为一个著名学者，对处于21世纪社会大环境中的研究生有什么看法？

张宪文：现在的研究生，太多了！上个世纪，学位证还是国家批准的时候，博导很少，学生也很少，导师学生之间经常接触，对学生的要求也十分严格。自从国家权力下放到各个学校，博导和学生的数量急剧增加，互相照应不过来。导师太忙，忙着出国、讲座、出书，已经难得和学生见面，对学生的培养要求也就放松了。现在的大学生吧，可以夸张点说，就类似于批量生产，而研究生的质量也是整体下降啊。

记者：那么南京大学一直很好地秉持着朴实而又踏实的学风，我们是用什么样的方法来面对现状的？我们如何解决这个问题呢？

张宪文：以前我们一直控制着研究生的数量，想要进入南大历史学系，要求十分严格，首先外语水平就必须要高。后来数量上不再能控制好，就另图他法吧。我向其他博导提出：数量可以多，但是绝对不能降低质量。我们采取"因材施教"的方式来培养。对于认真踏实，想从事学术研究的学生，我们就给他们加大培养力度，很负责地指导他们，提升他们的能力；而对于只想拿到学位证书的学生，我们也要求他们必须达到南大要求的最低水平，决不允许他们在其中混！来南大读研究生，读完一定要有收获，一定要与三年前的自己有不同的地方。

记者：最近几年的学生，他们存在什么样的优点和问题？他们很好地体现出南大的学风精神了吗？

张宪文：学风要踏实严谨，在这一点上，我们与其他学校相比，还是比较好的。但是我希望他们能够更加踏实，安心做学术。不要受外界诱惑的影响，不要管别人在做什么，作为研究生，首先就应该把学术做好。我们可以在这个过程中成长，在这个方面做好了，我相信到哪儿都会有更好的发展。当然，现在的硕士生、博士生也有很多优点，最突出的就是能够充分利用信息。以前的学生很难做到多学科多领域的研究，而现在，学生能够在论文中很好地将多学科多领域的知识结合起来，将同学科里国内外的信息都利用起来，在这一方面，有了很大的进步。

思维敏捷，视野开阔；踏实严谨，回馈社会

记者：那么您理想中的优秀研究生应该具备什么样的素质和能力呢？

张宪文：首先，思维敏捷，视野开阔，这是我对他们最基本的素质要求。做历史一定要有敏锐的历史感，有开拓精神，这就对学生的视野提出了要求，不能故步自封。其次，踏实严谨。做学问，一定不能急功近利，不能"跨越式发展"，要一步一个脚印。比如，为一个标点符号，我们可以讨论半天，这就是严谨踏实，不能马虎。以前客观条件不太好时，我们上一辈的学者可以蹲在大英博物馆里抄档案，抄很长时间而不会怠慢。著名历史教授茅海建先生，能够花上五六年的时间去国外的档案馆查资料，去日本，去欧洲多国，从这些第一手的资料中挖掘信息，提出自己的看法。这些都是我们当下需要的研究精神，不得不佩服啊！现在很多学生直接从网上摘寻资料，别人错的地方，他也跟着错。还有一些老师，每年都会出很多书，但是这些书能像老一辈学者的书那样经得起时间的检验吗？能经得起历史的推敲吗？都是利益在竞争啊！最后一点，回馈社会。黄花岗起义中的那些烈士，几乎都是年轻人，他们有理想，有信念，一心为国为民，不惜以生命为代价。现在中国，不再有战争，生活条件大为改善，但是我们仍然应该有奉献精神，回馈社会。我们做学术，要有理想和信念，要有海纳百川的胸怀，为社会奉献力量。

让材料说话

记者：在历史学科的学习和研究过程中，最重要的是什么？

张宪文：南大历史学系的历史学科研究一直保持着这样的传统：重视第一手材料、原始材料。在研究过程中，只有拥有了大量的、第一手的、原始的材料，我们才能客观地看待历史问题，做到"追求真理，坚持真理，不说假话"。另一方面，拿到原始材料，我们能够从中间发现问题，形成自己的观点，发掘出新的历史问题，而不是跟在别人后面亦步亦趋。同时，无论涉及什么方面和领域的内容，即使是经济学的、社会学的、政治学的、心理学的，我们都要求去查原始材料，要做到从多学科的角度来看待问题。我常常将历史研究比作体操运动场上的裁判，多个裁判从不同的角度观察体操运动员，各自的感受不同，评价也就不同，这样才能更加客观真实。在历史研究上，也就更接近历史真实。

记者：那么，面对如此之多的材料，您认为学生应该具备什么样的分析能力呢？比如，南大历史学系的强项在于民国史，这其中有很多敏感问题，您是这一研究领域的领军人物，您觉得学生们应该如何处理？

张宪文：有了材料，就必须要实事求是。我说过，要做到"追求真理，坚持真理，不说假话"，决不能歪曲历史事实。但是在现实社会中，要彻底地实现这一点会有难处。比如民国史研究，在上

个世纪 80 年代以前，想要客观地呈现这段历史是很难的，材料不多，政治斗争也让你不得不敏感起来，在当时是一种“险学”。而慢慢地，思想解放了，这段历史也渐渐地不再敏感，蒋介石的形象在人们心目中大有改观，现在已经变成了一门“显学”。这一过程需要我们“半步走”。人们对于历史真实的认识在各种因素影响下有一个缓慢接受的过程，所以当时对某些历史问题没能说透，还有所保留。如果说历史真实应该一步到位的话，当时只走了半步，在历史时机成熟时，我们就要将剩下的半步走完。比如《蒋介石全传》，在 1996 年的版本里，材料是不完备的，而现在的版本里，我们搜寻到了更多的资料：蒋介石的日记、书信、年谱、会访记录，蒋介石亲信们的各类有关史料，以及美国、日本等国家的文献资料等。半步半步走，我们才有了更加真实的历史，才会知道蒋介石早期参加革命并非投机革命，而是真实地参与其中。我任何时候都会强调：“让材料说话！”我们拥有原始材料，才能研究历史。

为国为民，我们应有的学术品德和责任

记者：我们当下应该如何对待历史学科，如何处理好我们自身与历史、与社会的关系呢？

张宪文：历史学科在各门学科中是一门基础学科，我们学习它不能仅仅停留于历史史实的记忆，我们要从中加深对这个社会的认识。学习历史，是“向后看”，它更着重于启迪我们的作用，从中总结历史的经验和教训，是为了更好地看清前面，所以我们要有这样一种回馈社会的思想认识。历史改变我们的精神面貌，我们要追求真理、坚持真理，树立理想，坚定信念，为国为民。这是每一个历史学者都应有的学术品德和责任。

（原载《南大研究生》第 52 期，2009 年 4 月 17 日）

张宪文:解封民国

陈 曦

[对话]

六十年曲折民国史

一部史书的编纂有时候与它身后的历史一样耐人寻味。

梳理民国的遗产,历史学家们发现,那38年的时间跨度,更像是一个舞台,充斥着各种不同的剧本演绎。而它的遗产也从来都不是单一的,1949年之后,那份遗产花开三枝,一部分留在了大陆,一部分东去岛内,另一部分流落到了海外。此后,更是形成了对于民国遗产的三种不同的剧本:大陆的民国史、岛内的民国研究及以费正清为代表的"剑桥话语"。

在这其中,南京大学的民国史研究因其起步早、研究者众、成队伍,又有着特殊的地缘与档案资料优势,被称为"南京学派"。40多年来,以张宪文为首的"南京学派",以冷静的史家态度谨慎叙事,无意成为"先锋",却一次次走到时代的前面。

头二十年,没有开始就停了下来

上世纪五六十年代,民国史研究是禁区,虽然每次辛亥革命逢十纪念的时候,领导层都曾提出过修纂民国史,但政治形势天天变,民国史的研究没有开始就停了下来。

柒周刊:中国历代修史的传统,后代修前代史,从来都是惯例。新中国成立后,领导层对编修民国史提出过什么指导性的意见?

张宪文:董必武就曾提出要编纂中华民国史,却始终悬而未决。建国后,社会上"土改"接着"镇反",军事上抗美援朝,民国史自然无暇顾及。直到1956年,当时,国家制定十二年科学发展规划,周总理拍板提出建立民国史研究项目。第二年,"反右"开始,接着搞"大跃进",自此运动不停,政治形势天天变,民国史的研究没有开始就停了下来。

再后来,到了1961年,又是一个纪念日,辛亥革命50周年,董必武在纪念大会上再次号召重修清史,研究民国史。可到了第二年,阶级斗争观念加强,大家都去搞"四清",谁敢响应董必武的号召,民国史更没人碰了。

1966年,"文化大革命"开始了,历史不是没人碰,而是彻底变样了。那时候,在书店看不到社科类的书，一片红海洋，到处是毛主席语录。

这种局面直到1972年，此前一年是辛亥革命60周年。当时，周恩来看到整个文化到了崩溃的边缘，在中央政治局会议上提出编写中华民国史，随即在召开的全国出版工作会议上，民国史的出版计划正式确立。任务交给了人民出版社，人民出版社又转给了中华书局，中华书局找到了李新和孙思白。1973年，中国科学院(后来的中国社会科学院)近代史研究所在李新和孙思白的领导下，建立中华民国史研究室，编写民国史的工作正式开始。后来，他们派人来南大，动员我们参与这个项目，问我们愿不愿意干。1974年，南大也参与到官修民国史的工作中来。

柒周刊：官修民国史的计划确立后，实际进展如何？

张宪文：当时，史学界的顾虑并没有打消，想到毛主席说的"文化大革命每七八年就要来一次"，大家心里都不踏实。我找了一条"中间路线"，即时刻做两手准备——一手研究江苏籍的民国人物，一手研究中共党史。

改革开放，思想解放，眼界开阔了

进入20世纪80年代，社会的眼界仿佛一下子开阔了。改革开放，思想解禁，人心求变，热潮不断，从读书热逐渐延伸出了对历史的最初追问，史学界最大的愿望和特点是加强学术交流。

柒周刊：20世纪80年代，这个时期民国史研究呈现出什么特点？

张宪文：这个时候，最大的特点是学术交流加强。20世纪80年代初，国内各类书刊影印甚多，也引进了一些国外的和中国台湾地区的书刊，扩大了我们的视野。

澳大利亚访问学者费约翰两次来南京大学访问研究，学校指定我作为他的指导教师。一次，他打算去台湾搜集史料，问我需要台湾的什么资料，我说可以购买一套《革命文献》。费约翰回来后，带了中国国民党中央党史委员会吕芳上研究员赠送的这套资料。同时，吕芳上先生也希望我们帮他在大陆上复印一套《星期评论》和《民国日报》"觉悟"副刊。我们迅速将材料复印好，请示学校及省有关部门，他们都表示这是一件好事，但是谁也不承担批准与台湾交流的责任，中共江苏省委宣传部副部长还专程来南大与校党委领导协商处理此事，最后决定经邮局寄出。这件事整整花了两个月时间。多年后，我去台湾访问见到吕芳上先生，我说海峡两岸史学界我们两人最早开启了交流的大门。

柒周刊：对于大陆开展的民国史研究，台湾学者有何看法？

张宪文：大陆要官修民国史的消息传到台湾，引起学术界的高度紧张，台湾学者议论，这不是明摆着把他们丢弃于历史车轮之后吗。这部皇皇巨著要是编好了，一旦放入图书馆，台湾就处于一个被批判的地位，活人都将走入坟墓。当时，岛内弥漫两种声音：一个是咱们自己也要编一部民国史；另一种声音是，千万不能官修民国史，按照中国传统，后代修前朝史，岛内这么一做，无异于自掘坟墓。一时间,台湾学界闹得沸沸扬扬。两种思想矛盾了好些年,最终在学界领导人秦孝仪的主持下,编纂了一部《中华民国建国史》。

柒周刊:两岸学者有了面对面交流的机会,肯定免不了一些争论吧。

张宪文:1981 年,大陆基本上属于官修的民国史出版了第一本,两岸的争论开始表面化。

第二年,两岸的民国史研究者第一次有了面对面交流的机会。那年四月,于芝加哥,美国学者也有意促进,借美国亚洲研究学会召开之际,把两岸学者拢在一起研讨民国史。两岸学界颇为重视,大陆胡绳带队,岛内秦孝仪领衔,两人都是学界领导人。双方见面不握手,关系挺紧张,观点很对立。

面对面,两岸学者一上来,就先拿辛亥革命说事,大陆学者认为辛亥革命是资产阶级革命,岛内学者坚持是全民革命,分歧明摆着,谈不拢。这个问题直到 2001 年,纪念辛亥革命 90 周年的时候才解决。江泽民说,辛亥革命是一次伟大的民族民主革命。

这个提法具有颠覆性,被认为是一次思想上从革命史观到民族史观的转变,他把之前两个阵营的分歧,用一句话就统一到了一起,对民国史的研究具有划时代的意义。

《中华民国史纲》出版,"台湾和大陆都有人批判我"

1985 年《中华民国史纲》出版,这是新中国建立后大陆出版的第一部简明中华民国史。这本书提出了新中国建立后第一个民国史的研究体系,纠正了过去一些受意识形态影响较大的错误观点和片面认识,有利于学术研究进一步发展。

柒周刊:《中华民国史纲》的出版无疑是当时史学界的一件大事。这本书是怎么出炉的?

张宪文:1984 年,近代史所修纂的《中华民国史》刚刚出版了第二本,南京大学已经率先开始在全国高校里招收民国史方向的研究生,但是没有教材。我找到了孙思白,说这套民国史至今编不出来,可是学生们要教材,能不能先编一套简明的民国史给学生看。当时,近代史所编写组的专家们经过反复讨论,答案是,条件还不成熟。但是我们要讲课,没个教材怎么行。回去后我决定自己来编。

中华民国史的研究体系,没有任何先例可循。为了与现有的中国现代史、中国共产党史体例有所区别,我们采取了一个"过渡性"的民国史体系,即少讲中国共产党的活动,加强北洋政府和国民政府的内容,从而制定了一个较新的民国史研究体系。它虽然很不完善,但在中国大陆也算是初创。

我们大量采用未曾公布过的新档案、新史料。中国第二历史档案馆向我们开放全部档案目录,这在二档馆历史上是空前的。

柒周刊:众所周知,民国史当中许多问题比较"敏感",何况当时人们的思想才刚刚解禁,如何保证《史纲》顺利“落地”?

张宪文:编写这本书时,我坚持的第一个原则是有真实史料根据的历史事件、历史人物,该肯定的就应肯定,该否定的就应否定,否则历史认识不能进步。第二个原则是对历史认识的改进,采取“半步走”的方针,即反映历史真实的应“一步到位”,但是现实状况不能做到这一点,就像一部汽车如果采取90度急转弯,就可能翻车。

柒周刊:这本书出版后,当时社会各界怎么看?

张宪文:一度很轰动。新华社向海外播发了《史纲》出版的电讯,立即引起美联社关注。美联社记者第一句话就问我,您编这本书有没有政治背景?我告诉他,没有政治背景,他哈哈大笑。我说你别笑,我确实没有政治背景。我们编书的目的,第一是爱好,我们喜欢研究民国史;第二是教学的需要,我们培养学生,需要一部民国史教材。美联社最后以“中国重写历史——中国给国民党人、美国人以历史声誉”为题进行了报道。

1986年,反对自由化的势头高涨,矛头直指理论界和人文社会科学界,气氛有些紧张。由于《史纲》纠正了一些不当观点,并提出一些新的认识,这让当时有些人想不通。如东北两位老干部和北京某单位写了文章准备公开批判我为蒋介石、国民党“树碑立传”,要求北京的某国家级刊物刊出,但最后没被刊登。

台北地区的《中央日报》头版头条报道,说张宪文“不得不承认蒋公的伟业”,同时批评我“为中共作宣传”,是对台“统战的新方式”。

后来,我去台湾讲学,在课堂上我对学生说,台湾和大陆都有人批判我,并持截然不同的观点。我说,大概我是对的。

辛亥革命的评价和绕不开的“1949年问题”

上世纪八九十年代,两岸民间交往已经展开,学界的争论已经沸腾。两岸学者争论的这十年,也是两岸的政治气氛越来越好的十年,从民间“三通”到“九二共识”再到后来的“汪辜会谈”,圆桌的范围越来越大。

柒周刊:困扰着两岸学者的都有哪些问题?

张宪文:有一些重大问题绕不开,除了辛亥革命的评价,再就是抗日战争领导权问题和孙中山的三大政策问题,等等。

关于抗日战争,两岸的分歧由来已久。大陆教科书讲国民党抗日是一击就溃、消极抗日、积极反共;而岛内话语则认为中共是游而不击,坐待变局。

这个问题,两岸交流了十年,也吵了十年。直至1995年,抗战胜利50周年,双方才达成共识。

再一个,就是有关孙中山的三大政策。在大陆这个早有定论,就是“联俄、联共、扶助农工”,

而这一点海外和岛内学者却与大陆学者有分歧，他们认为孙中山没讲这个话，是被人为制造出来的。

这一吵也是十年，最终基本上达成了一致。那就是，孙中山有"联俄、联共、扶助农工"的思想，但是没有把这三个观点连在一起讲过，确实没有。"联俄"没话说，还派蒋介石去苏联学习过。"联共"也有，第一次国共合作都是事实。"扶助农工"的文件也是有的。但是孙中山从来没有把这三个内容连起来公开提过。

大陆学者的看法是，作为后人对一个领袖的思想进行研究而作的一个高度的概括，这是正常的。比如讲邓小平，就概括为改革开放，建设有中国特色的社会主义理论。这都是高度的概括，不能说是错误的。

柒周刊：有没有一些问题始终不能达成共识？

张宪文："1949 年问题"，但历史学者解决不了这个问题。1994 年，我在台湾，秦孝仪请我吃饭，说："你们大陆研究民国史就到 1949 年。"我笑笑说，我们分段研究，有人研究 1912 年至 1949 年，有人研究 1949 年到现在的台湾，有人研究 1949 年到现在的大陆，将来这三段历史要合起来，这三段历史合起来的时候，我们两个人大概都看不到了。前几年，秦先生已过世。

柒周刊：对于两岸学界的分歧，您怎么看？

张宪文：我想，对历史问题达成共识，求同化异，求同存异，这对未来和平发展、和平统一是有利的。

民国史研究，从"险学"变"显学"

梳理民国的遗产，历史学家们才发现，那 38 年的时间跨度，更像是一个舞台，充斥着各种不同的剧本演绎。剑桥版、南京大学版、四川版的民国史相继出版。进入新世纪，民国史带头人李新和孙思白已经相继故去，而当初北京近代史所计划 10 年完成的民国史，直到 2011 年辛亥革命 100 周年时才出齐，留下一代人的遗憾和叹息。

柒周刊：新时期的民国史研究显得很热闹。

张宪文：民国史到 20 世纪 90 年代成为学术界热门，从"险学"变成"显学"，学界面临着提高学术水平的问题。这个时候，史料更加丰富了，环境更加宽松了，重写民国史有了条件。90 年代，费正清主编的《剑桥中华民国史》在国内翻译出版，在两岸引起了不小的轰动。这本书从外国人的角度，记录了民国那 38 年中国发生的事，这是一部在世界上有代表性的民国史著作，但史料不多，是专题式的。2005 年的南大版《中华民国史》，在体系架构上与之前的《史纲》相比有了进一步完善，不仅仅是政治体系，还包括经济、思想、文化、社会，讲民国怎样由一个传统社会走向现代国家。2006 年四川版则是吸收了传统纪传体史书（二十四史）的优点而编纂的一部新纪传体史书。

进入新世纪，先是 2001 年张学良在美国夏威夷逝世，引发了华人文化圈共同的追忆。两年之后，106 岁的宋美龄去世。2007 年 4 月，美国斯坦福大学胡佛研究院开放了 1932 年到 1945 年的蒋介石日记原本。2008 年 3 月 28 日，胡佛研究院又联合复旦大学公布了首批宋子文档案。学者纷纷前往美国，如过江之鲫，社会上掀起一股民国热。

柒周刊：您如何看待“民国热”现象？

张宪文：历史研究应该冷静理性，现在有一种倾向，一些人看了蒋介石日记后写了一些文章，认为蒋说的都是真的，把蒋说得高、大、全，“蒋公很伟大”、“蒋公可以安息了”，诸如此类。而历史研究很忌讳根据某一个材料下结论，而应将档案、信件、日记、口述材料、第三者等多方史料来描述历史、解释历史、评价历史。史家的语言要平实，形容词一多就容易走样。

［个人史］

张宪文和他的“南京学派”

明年，张宪文在南京大学学习、任教将满 60 年。从一个热爱考古的热血青年到史学大家、耄耋老者，张宪文亲历了南大历史学系的发展和成长，也见证着民国史研究的发展历程。从业 60 年，他交出了一系列具有重大影响力的学术成果。在他的带领下，南京大学的中华民国史研究中心也从一张白纸成为国家基地。如今，80 岁高龄的他依然奋战在科研第一线，最新的动作是两岸四地合撰《中华民国专题史》和编辑《宋美龄全集》，“合作者们”是一群中青年学术精英，有望明年初出版。

动乱年代的特殊使命

1958 年，张宪文从南京大学历史学系毕业后留校任教，被分配讲授“中国现代史”。当时，这门课程没有教材，连参考资料都很少。限于政治因素，上课的内容仅仅是解释“毛泽东思想”和阐述革命斗争史。可以说，在那个时候，“中国现代史”是一门既无学术积淀，也无史料资源，甚至连研究自由都没有的课程。“文革”时期，“中国现代史”这门课程先后被改为“中共党史”、“两条路线斗争史”、“十次路线斗争史”，教材中也充斥着大量被歪曲、颠倒的史实。不过，也正是这段经历，让张宪文与“中华民国史”结下了不解之缘。

正面战场的首次全面认识

上世纪 70 年代至 80 年代初期，张宪文潜心阅读了大量史料。1985 年，张宪文所著的《中华民国史纲》出版，在海内外引起轰动，一举奠定了张宪文在民国史研究领域的地位。

历史的客观真实，主要体现在历史事件的真实和历史人物的真实。民国史要经得起质疑，也绕不开这两条。在写作《史纲》的同时，一部关于抗日战争正面战场的新书也在酝酿之中。

长期以来，都是讲蒋介石国民党不抗战或消极抗战、积极反共。对于正面战场，人们了解得很少，只知道“八一三”淞沪抗战、台儿庄战役。惨烈的豫湘桂作战被说成是“豫湘桂大溃退”；实际上是一场战斗的平型关伏击战，夸大它的效果和影响，“战斗”被说成是“战役”；比较符合历史史实的影片《血战台儿庄》一度被禁止放映。

1987 年，张宪文主编的《抗日战争的正面战场》出版，这部著作在中国大陆第一次全面论述了正面战场的 22 次战役，它对开拓抗日战争正面战场的研究，纠正人民的片面认识，起了积极作用。

“四大家族”这个概念不恰当

在当时，很多民国人物被抹去痕迹，或是形象被脸谱化。上世纪 70 年代末，张宪文开始把目光投向这些人物。

1978 年，张宪文给学生上课时，指出不应称“四大家族官僚资本主义集团”，因为除宋孔两家有较多资产外，蒋介石没有什么财产，更未经营实业，而陈立夫是国民党的大管家，掌管的国民党党产，非他个人所有，他去美国办养鸡场，资金还是向朋友借的。但张宪文不是经济学者，缺乏第一手资料来论证。后来，他跟著名经济学家、上海社会科学院经济研究所丁日初研究员交流，问他是否赞同修改“四大家族”这个概念。丁日初十分赞同，并且说：“文章由我写，您别写。”后来，丁日初撰写了关于抗战时期官僚资本的论文，在学术界产生了重大影响。

蒋介石是谁？民国人物“去脸谱化”

20 世纪 80 年代初期，虽然“全民公敌”、“独夫民贼”的帽子被摘掉了，但关于蒋介石的人物评价还是没有从“鬼”变成“人”，他一直都被讲“投机革命”。张宪文通过查阅大量档案史料，提出一个颠覆性的观点：“蒋介石是一个在孙中山影响带动下参加民族民主革命的民主主义革命者。”

80 年代中后期，张宪文在完成《中华民国史纲》、《中国现代史史料学》、《中国抗日战争史(1931～1945)》、《抗日战争的正面战场》等著作基础上，在学术环境进一步宽松的形势下，开始转入《蒋介石全传》的写作。《全传》于 1996 年出版，对蒋的一生作了比较实事求是的评述，备受学术界、图书市场关注，该书至少出现了五种盗版。

以铁证揭示南京大屠杀真相

作为一名史学家，张宪文坚持历史研究要为国家服务的观点。

2000年，中日关系再度紧张，日本右翼势力否认南京大屠杀这一史实。张宪文决心担当起搜集关于南京大屠杀史料的重任。

“历史学者要把历史搞清楚，提供给广大民众或者政治家去作出正确的判断。”在《南京大屠杀史料集》的收集、编纂过程中，为了进一步扩展史料和突破既定思维束缚，张宪文的团队十年中足迹踏遍美、日、德、英、意、俄、法、西等国及我国台港地区。

2005年，28卷共1500万字的《南京大屠杀史料集》问世，并引起日本官方外务省的高度关注。北大老校长吴树青教授称其是“南大继《实践是检验真理的唯一标准》之后，为国家做的第二件影响深远的大事”。2010年，耗时10年，分3批出版，达72卷共4000万字的《南京大屠杀史料集》在南京出版齐全。至此，世界上关于南京大屠杀的最翔实的史料集出齐。

以身引领“南京学派”新发展

1984年，南大成立了历史研究所，所内建有中华民国史研究室，起初只有张宪文及其学生陈谦平两人。1993年南京大学成立中华民国史研究中心，一批学者加入研究队伍。2000年9月，南京大学中华民国史研究中心成为教育部“百所人文社会科学重点研究基地”之一。

2009年，教育部150个基地中评出25个优秀基地，南京大学中华民国史研究中心榜上有名，在历史学科15个基地中，南京大学民国史研究中心的评估结果名列前茅。这个基地已同英国、美国、日本、澳大利亚和中国台港地区许多大学开展了多项深层次合作。

2012年，张宪文上书校领导，对如何将中华民国史研究中心建成国际一流学科提出建议，包括建立民国史史料馆，与美国斯坦福大学、哥伦比亚大学、美国国会图书馆建立合作关系，建立世界大学中华民国史学术合作委员会等内容。

（原载《现代快报》2013年7月28日，A8版）

编后记

岁在癸巳，张门弟子迎来待望已久之恩师张宪文教授耋耄喜寿，阖门欢欣，大庆大喜，歌之颂之！

十年前，恩师古稀之寿时，张门弟子各献得意论文一篇，辑成《中华民国史新论》两卷，由北京三联出版贺寿。

斗转星移又十年，恩师之声誉，如日中天，张门之兴盛，前所未有，四世同堂，人才济济。祝寿文章不限题材内容，随意抒情。邀稿函出，张门子弟稿件纷至沓来。或论恩师学术业绩，或述恩师教诲，或记个人成长，或忆同门情谊。文字百花齐放，内容异彩纷呈，不一而足。对恩师师母诚挚深情，同门手足一心，尽倾笔端。

吾等受命编此书稿，得先睹为快，满眼皆是情深意切好文章。所有文章内容，不敢稍动，只对明显笔误略加修饰，确保“原汁原味”。

恩师贡献宏文《我在南大六十年》，并提供大量珍贵照片，尽述求学教书心路历程，筚路篮缕，柳暗花明。吾等拜读，无异再受师训与洗礼。

感谢南京大学洪银兴书记拨冗撰写“序言”，高屋建瓴，对恩师生平事业学术贡献多所褒奖。恩师是南大“校宝级”的学术明星，他在南大学习教书一甲子，热爱母校，忠贞不移，为南大争光添彩甚多。

感谢南大出版社出版祝寿集。恩师著作多在此付梓，杨金荣先生着力甚多。他对恩师执弟子礼，恭敬孝顺，不输吾等。金荣全程参与本书筹划，并撰写祝寿文章。

所有祝寿文章，以作者姓名的汉语拼音排序。

本书图片编辑配文由李继锋承担，文字编辑由齐春风、陈红民、薛恒分任。姜良芹参与部分工作。吕晶、王莉亦有调度联络之功。其他同门贡献良多，恕不一一。

谨以此文集贺恩师大寿，壮张门声威！

陈红民执笔

2013 年 9 月 6 日

图书在版编目(CIP)数据

民国史巨子:张宪文教授学术生涯纪传 / 陈谦平,陈红民主编. —南京:南京大学出版社,2013.9

ISBN 978-7-305-12195-1

Ⅰ.①民… Ⅱ.①陈… Ⅲ.①张宪文—传记 Ⅳ.①K825.81

中国版本图书馆 CIP 数据核字(2013)第 214727 号

出版发行 南京大学出版社
社　　址 南京市汉口路 22 号　　　邮　编 210093
网　　址 http://www.NjupCo.com
出 版 人 左　健

书　　名 民国史巨子——张宪文教授学术生涯纪传
主　　编 陈谦平　陈红民
责任编辑 李鸿敏　黄继东　编辑热线 025-83593947

照　　排 南京紫藤制版印务中心
印　　刷 南京爱德印刷有限公司
开　　本 889×1194　1/16　印张 26.25　字数 598 千
版　　次 2013 年 9 月第 1 版　2013 年 9 月第 1 次印刷
ISBN 978-7-305-12195-1
定　　价 199.00 元

发行热线 025-83594756　83686452
电子邮箱 Press@NjupCo.com
Sales@NjupCo.com(市场部)